일제 강점기 계몽운동의 실제

이 연구는 한국학중앙연구원이 지원하는 2014년 한국학총서(한국 근현대 총서) 개발 사업 (AKS-2014-KSS-1230003)에 따라 이루어진 것입니다.

지은이

허재영: 단국대학교 교육대학원 교육학과 부교수. 일본연구소장. HK+ 사업 책임자.
『일제 강점기 교과서 정책과 조선어과 교과서』, 『우리말 연구와 문법교육의 역사』 외
다수의 논저가 있음
강미정: 건국대학교 국어국문과 강사.
『고전문학을 바라보는 북한의 시각』 외 다수의 논저가 있음
윤금선: 동덕여자대학교 교양교직학부 조교수.
『경성의 劇場漫談』, 『우리 책읽기의 역사』(1~2), 『그림연극에서 뮤지컬 대본까지』, 『우
리말 우리글 디아스포라의 언어』 외 다수의 논저가 있음
김슬옹: 연세대 교육대학원 강사.
『한글의 탄생과 역사』, 『조선시대 훈민정음 발달사』 외 다수의 논저가 있음
김정애: 건국대학교 국어국문과 초빙교수.
「문학치료를 위한 구비설화 활용 방식에 대한 연구」 외 다수의 논문이 있음

한국 근현대 학문 형성과 계몽운동의 가치 06

일제 강점기 계몽운동의 실제

© 허재영·강미정·윤금선·김슬옹·김정애, 2019

1판 1쇄 인쇄_2019년 03월 05일
1판 1쇄 발행_2019년 03월 10일

지은이_허재영·강미정·윤금선·김슬옹·김정애
펴낸이_양정섭

펴낸곳_도서출판 경진
　　　등록_제2010-000004호
　　　이메일_mykyungjin@daum.net
　　　블로그(홈페이지)_mykyungjin.tistory.com
　　　사업장주소_서울특별시 금천구 시흥대로 57길(시흥동) 영광빌딩 203호
　　　전화_070-7550-7776　팩스_02-806-7282

값 21,000원
ISBN 978-89-5996-603-5 93300

일제 강점기
계몽운동의
실제

허재영·강미정·윤금선·김슬옹·김정애 지음

학문은 어떤 현상에서 문제를 발견하고 그것을 해결하는 논리적인 사고 과정과 그로부터 이론이나 법칙을 산출하는 과정을 말한다. 학문의 목적이 진리를 탐구하는 데 있다는 말은 학문적 성실성을 의미할 뿐 아니라, 학문적 진리가 곧 지식 또는 이론이나 법칙을 탐구하는 데 있다는 말과 같다. 학문의 본질이 합리성과 실증성에 있다는 데카르트나 베이컨적 사고 역시 학자라면 누구나 공감하는 바이다.

학문의 발달, 곧 지식과 이론의 발달은 한 사회와 역사의 발달을 의미한다. 특히 전근대의 '수기치인(修己治人)'을 목표로 하는 학문과는 달리, 지식 산출을 목표로 하는 근대의 학문 발달은 한 사회의 발전뿐만 아니라 역사적 진보를 기약하는 전제가 된다. 이 점에서 최근 한국의 근대 학문 형성과 발전 과정에 대한 관심이 높아진 것도 자연스러운 현상일 것이다.

이 총서는 2014년 한국학중앙연구원이 지원하는 한국학 총서 개발 사업 '근현대 학문 형성과 계몽운동의 가치'의 결과물이다. 연구를 처음 시작할 때, 연구진은 근현대 학문사를 포괄할 수 있는 지식 기반 데이터 구축과 근현대 분과 학문의 발전 과정을 기술하고자 하는 거시적인 목표를 세우고 출발하였다. 그 과정에서 근현대 한국 학문사의 주요 정신적 기반이 '계몽'에 있었음을 주목하였다.

지난 3년간의 연구 과정에서 연구진은 수많은 자료와 씨름하였다. 출발 당시 1880년대의 자료를 기점으로 1945년까지 각종 신문과 잡지,

교과서류의 단행본 등을 수집하고, 이를 주제별로 분류하는 작업을 진행하였다. 그 가운데 근대 계몽기 잡지의 경우 '학문 분야별 자료'를 분류하여 9종의 자료집을 발간하기도 했다. 자료집은 학회보(잡지)에 수록된 논설·논문 등을 학문 분야별로 나누어 8종으로 출판하고, 권9는 분류 기준과 결과를 별도로 편집하였다. 연구 과정에서 시행착오를 줄이기 위해 지속적으로 월례발표회를 가졌으며, 연구진 각자 개별 논문을 쓰기도 하였다. 그러면서도 근현대 학문 형성과 발전, 계몽운동의 전개 과정 등과 관련된 자료가 수없이 많음을 확인하게 되었다.

총서는 제1권 '한국 근현대 지식 유통 과정과 학문 형성 발전', 제2권 '한국 근대 계몽운동의 사상적 기반', 제3권 '계몽의 주체로서 근대 지식인과 유학생', 제4권 '학문 사상과 근현대 계몽운동의 지향점', 제5권 '계몽의 이데올로기와 대상', 제6권 '일제 강점기 계몽운동의 실제', 제7권 '계몽의 수단: 민족어와 국어'로 구성되었으며, 집필 과정에서 통일성을 기하기 위해 집필 원고에 대하여 각 연구원의 동의를 얻어 연구 책임자가 일부 가감하기도 하였다. 특히 6권의 경우 계몽운동과 관련한 자료 발굴과 해석에 주안점을 두고자 하였다.

다행히 3년의 연구 기간을 거쳐 제출한 결과물에 대해 익명의 심사자들께서 '수정 후 출판' 판정을 해 주셔서, 수정 의견을 반영하여 책을 출판할 수 있게 된 것을 기쁘게 생각한다. 여전히 아쉬움이 많지만, 이번에 다루지 못한 내용은 후속 연구를 기약하며 총서 집필을 마무리한다. 과제 심사를 맡아 주신 심사위원 여러분과 책의 출판을 맡아 주신 양정섭 경진출판 사장님께 거듭 감사의 말씀을 올린다.

2018년 12월 연구 책임자 씀

제1장 일제 강점기 계몽운동의 실제

: 독본 자료를 중심으로

허재영

1. 일제 강점기 계몽운동의 특징

1.1. 일제 강점기 계몽운동의 본질

일반적으로 계몽운동은 민중교화(敎化)를 위한 문자보급운동을 떠올
린다. 이는 일제 강점기 농민이 민중의 대다수를 차지한 상황에서 문맹
퇴치가 급선무로 인식되었기 때문에 발생한 현상이라고 할 수 있다.

그러나 계몽의 본질은 몽매한 대중에게 지식을 보급하고 의식을 개
혁하는 데 있다. 이러한 차원에서 한국의 계몽운동은 개항 이후 근대
학문이 형성되면서 각종 단체가 출현한 데서 출발한다. 독립협회가 조
직되고 근대식 학교의 학생 단체가 출현하며, 일본으로 관비 유학생을
파견하고, 아울러 각종 지식 전파 매체가 출현하면서 계몽운동이 본격
화되었다. 특히 국권 침탈기에는 지식층과 학생을 중심으로 각종 학회
가 등장하고, 국권 침탈에 맞서 '애국'과 '민족'을 환기하는 활동이 활발

했기 때문에 이 시기를 이른바 '애국 계몽기'라고 부른다.

'애국 계몽기'는 말 그대로 '계몽'의 목적이 '애국심' 환기에 있었음을 의미한다. 그렇기 때문에 선행 연구에서도 '계몽'을 키워드로 한 연구에서는 많은 학자가 이 시기를 주목해 왔다. 예를 들어 정관(1995)의 『구한말기 민족계몽운동연구』(형설출판사)는 '대한자강회', '서우학회', '호남학회', '기호흥학회', '교남학회', 일본 유학생 단체인 '태극학회' 등을 중점적으로 연구했고, 최기영(1997)의 『한국 근대 계몽운동 연구』(일조각)에서는 '황성신문', '국민수지', '월남망국사', '유년필독', '교육월보' 등의 계몽 자료와 '공진회', '헌정연구회', '국민교육회', '미주 대동보국회', '한말 서울 소재 사립학교' 등을 연구 대상으로 삼았다. 또한 이송희(2011)의 『대한제국기의 애국계몽운동과 사상』(국학자료원)은 한말 사회진화론의 수용 과정과 전개 양상, 일본 유학생들의 교육관, 서우학회의 애국계몽운동과 사상, 한북흥학회의 조직과 활동 등 이 시기 단체의 활동뿐만 아니라 그들의 활동을 지배했던 중심 사상이 무엇인지도 연구하고자 하였다.

이처럼 계몽운동은 '지식 보급'과 '의식 개혁' 차원에서 교육과 대중운동(출판, 강연 등)을 주요 수단으로 삼는다. 그렇기 때문에 '계몽운동'이라는 표현을 쓰지는 않았을지라도 근현대 교육운동사를 주제로 한 연구는 계몽운동과 불가분의 관계에 있다. 예를 들어 노영택(1979)의 『일제하 민중교육운동사』(탐구당)와 같이 '민족교육운동', '민중교육운동' 등을 연구한 사례나, 양동순(1988)의 『개화기 민중교화사』(창문각)의 '종교 단체의 민중적 교화 운동'(기독교, 동학, 불교), '교육기관의 구국운동'(사립학교, 근대학교), '사회 단체의 민중교화운동'(개화파, 문화 단체, 독립협회, 여성단체) 등도 교육적인 면에서의 계몽운동 연구 사례라고 할 것이다. 특히 양동순의 경우 '교화(敎化)'를 키워드로 하여 종교 단체의 계몽운동을 포함했다는 점에서, 계몽의 연구 영역이 단순한 지식 보급뿐만 아니라 종교적인 의미까지 포함할 수 있음을 추론하게 한다. 달리 말해 '교화'는 지식뿐만 아니라 '도덕'이나 '신념', '신앙'의 문제까지 포함할 수 있기 때문이다.

이와 같은 흐름에서 일제 강점기의 계몽운동은 지식 보급뿐만 아니라 다양한 민중운동을 포함한다. 애국 계몽기의 민족운동으로부터 교육운동, 학생운동, 종교운동, 노동운동, 농민운동, 여성운동, 국학운동 등에 이르기까지 각각의 운동은 모두 계몽성을 띤 운동들이었다. 이러한 흐름은 1920년대 사회운동을 개관한 각종 자료를 통해서도 확인할 수 있다. 예를 들어 『개벽』 창간호(1920.6)와 제2호에 연재된 이돈화의 '최근 조선에서 기(起)하는 각종의 신현상'이나 이 시기 대표적인 사회문제로 인식되었던 '노동문제', '부인문제(여성문제)', '인종문제'와 관련한 담론은 모두 사상 보급을 통한 민중 계도를 의도한 것이었다. 이른바 '해방운동(解放運動)'으로 불리는 각종 사회운동은 서구의 계몽철학과 마찬가지로, 전통적 속박에서 벗어나 '이상향', 곧 '신사회(新社會)'를 건설하는 운동으로 간주되었다. 창간 직후 『동아일보』의 신사회론을 살펴보자.

【 新道德을 論하야 新社會를 望하노라[1] 】

朝鮮의 兄弟姉妹의게 告하노라. 諸君은 무엇을 보는가. 무엇을 바라는가. 무엇을 行하고자 하는가. 舊世界는 運命의 輪回를 當하야 破滅하고 그 중에서 新世界는 現出하랴 하는도다. 幾億萬의 世界 民衆은 男女를 勿論하며 貧富를 莫論하고 新理想의 光明을 見하야 그를 실현코자 고민하며 노력하는도다. (…中略…) 舊社會를 維持하랴 하는가. 임의 破船하얏도다. 舊道德을 그대로 墨守하랴 하는가. 임의 權威를 일엇도다. 諸君은 將次 엇더한 길을 取하야 混亂을 突破하며 이 회리바람을 避하야 平和한 彼岸에 到達하랴 하는고. 諸君을 引導하는 胱胱한 별은 무엇이며, 諸君의 依支할 바 健健

1) 『동아일보』, 1920.7.18.

한 힘은 무엇인고, 吾人은 玆에 <u>新道德</u>을 論하고자 하노라. (…中略…) 그러면 人性에 基礎할 바 新道德의 內容은 如何한고. 在來의 道德은 '사람'을 보지 아니하고, '사람의 관계'를 몬저 보앗나니 父子有親, 君臣有義, 夫婦有別, 長幼有序, 朋友有信이란 在來 道德의 根本 所謂 五倫은 사람 그 자체를 보미 아니라 사람의 존재에 必然히 附隨하는 關係를 규율함이로다. 물론 사람은 사회적 동물이라 관계를 離하야 생존할 수 업스니 그 關係를 규율함이 道德의 내용의 대부분이나, 그러나 대개 그 관계를 규율하는 所以는 何오. 必코 個個의 性命을 發揮하야써 圓滿한 人格을 成하고자 함이니, 換言하면 忠臣이 되고자 함이 아니오 일개 圓滿한 사람이 되고자 함이라. 關係는 存在를 전제하는도다. 然則 道德은 個個人의 最高 最深한 생명을 發達케 함으로서 目的한다 할지니, 이 재래의 도덕을 社會的이라 稱하는 동시에, <u>新道德을 個人的이라</u> 하는 <u>所以</u>며, 關係에는 尊卑貴賤의 別이 有하나 그러나 그 人格은 곳 사람된 바에는 萬人이 平等한지라. 故로 舊道德을 階級的이라 하는 동시에, <u>新道德을 平等的이라</u> 하는도다.

人性은 그 本質이 自由라. 自由가 無하면 싸라 그 發達을 期치 못할지니 道德은 此 <u>自由를 充分히 保障</u>하야써 그 發達을 期함에 在한지라. 이 충분한 발달의 人性은 곳 인격이니, 이 現代 道德을 가라처 <u>(1) 自己 目的</u>과 <u>(2) 自主 自行</u>을 要素로 하나니 故로 현대 도덕은 自由로 始하야 自由에 終한다 하는도다.

이 논설에서 '신이상', '신세계', '신사회'는 '남녀', '빈부'를 막론하고 모든 민중이 성취해야 할 사회를 의미한다. 이를 뒷받침하는 '신도덕'은 사회적 구속성과 계급질서를 중시하는 구사회와는 달리 '개인적', '평등적', '자유적' 속성을 갖고 있다고 강조한다. '자유'와 '평등'이 서구 계몽철학의 핵심 가치였듯이, 각종 해방운동에서도 이를 지향한 계몽 담론이 보편화된 것은 1920년대 사회운동의 특징 가운데 하나이다. 1920년대 계몽운동이 서구의 계몽사상과 동질성을 띠고 있음은 청년 계몽을 목표로 한 다음 사설에서도 확인할 수 있다.

【 啓蒙期와 知識階級의 靑年[2] 】

　조선의 現實은 구습에 저져 잇다. 풍속과 습관이 그대로 잇고 관혼상제가 넷날의 전설에서 버서나지 못하고 잇슴으로 社會的 實際가 非現代的 空氣에 壓倒되고 잇슬 쑨 아니라 정치가 쏘한 專制主義에 일관되고 잇스니 이에 自由를 絶叫하고 平等을 渴望하야 사상이 급류에 오르고 운동이 鬱憤에 低迷할 것은 부득이한 형세라고 할 것이다. 啓蒙思想으로 역사에 사실을 전한 18세기 佛獨의 예를 들지라도 오늘날 조선의 현실에 대하야 그 유래를 간파하기에 어렵지 아니한 것이다. 그럼으로 조선의 현실을 오즉 無秩序한 混沌과 탁류의 분잡으로 보아서 憂慮할 것이 아니라 그 所以然을 究明하야 대책을 수립하는 것이 필요하다.

　18세기의 佛獨에서 성행되는 啓蒙思想은 그것이 佛讀의 독창이라고 하는 것보다 영국에서 잔달된 것이라고 할 것이다. 즉 영국에서 17세기말부터 18세기 초에 亘하야 勃興된 經驗主義, 實際主義 思想이 정치적으로는 民主主義로 出現되야 自由思想의 골자를 이르엇나니 主智的이오 唯理的인 당새 사상은 모든 방면에서 自由를 부르지지게 된 것이다. 풍속과 습관은 물론이오 종교와 정치에 대하야도 쏘한 猛烈한 氣勢를 표시하얏다. 그 결과가 18세기 말엽에 이르러서 佛國의 大革命을 이룬 것이다. 그런데 이것은 佛國과 獨逸이 다뭇 영국에서 發達된 思想을 그대로 바다가지고 極端化식히여서 實際 行動에 낫타낸 것이 아니라, 佛獨 兩國의 國情은 당시 이 사상을 흡수하기에 適應한 상태에 잇섯던 바도 간과하여서는 아니될 것이다. 佛國의 루이14세의 政事나 法王과 敎會의 宗敎에 억압을 참지 못하고 鬱憤하던 인심을 살피여야 될 것이오, 이러한 인심과 영국에서 발달한 사상이 佛國에 傳播되는 동시에 그것이 그 근본 發生地인 영국에서보다

---

[2] (사설) 『동아일보』, 1928.2.5.

일보 進하야 극단으로 感覺主義로까지 이른 것을 대조하야 보면 啓蒙期의 사상이 엇더한 경우에 엇더한 형식과 성질로 流動하는 것인지를 推斷할 수 잇다.

　그럼으로 계몽기에 잇서서는 사상이나 행동이 서로 反動的 性質을 가지기 쉬우니 쌀하서 급격한 바에 흐르기도 쉬운 것이다. 이러한 處地에서 知識階級 靑年의 임무가 크다는 것을 새삼스럽게 역설하게 된다. 즉 현실과 경험에 치우처서 너머 현실에 墮落할 念慮가 잇고, 또 한편으로는 論理的 構想에 치우처서 理論的 空想에 急走하야 공상적 행동에 出하기 쉬운 위험이 잇는 것이다. 이러한 점이 극히 삼갈 바이니 啓蒙期에 처하얏다고 볼 수 잇는 우리 社會의 知識階級靑年은 실로 自重하고 嚴肅한 태도를 취할 必要가 잇는 것이다. 현실을 여실히 간파하야 非理와 惡毒에 대항하는 동시에, 사회의 진화에 脫線되지 아니함이 잇서야 할 것이다. 우매한 것을 쌧트리고 광명을 주는 啓蒙運動은 지식계급청년들의 책임인 것을 말하는 동시에 그 청년들의 언행이 任務를 다하도록 堅忍하고 자중하여야 하며 엄숙하고 泰然하여야 하는 것이다. 그리하야 理致를 밋고 理致에서 殉死하는 신념을 굿게 직히여야 한다는 것을 역설하야 마지 아니한다.

이 사설에서는 서구 계몽사상의 역사를 소개하면서, 조선 사회의 지식계급, 청년들이 계몽기에 처해 있다고 주장한다. '우매한 것을 깨트리고, 광명을 주는 것'이 계몽운동의 본질임을 고려한다면, 지식 청년들은 자중하며 엄숙하게 계몽운동을 실천해야 한다는 논리이다. 여기서도 계몽의 철학적 기반은 '자유주의', '민주주의'이다. 개인의 가치와 개성을 존중하고 평등의 원리를 기반으로 하는 사회제도를 추구한다는 뜻이다.

　1920년대 해방운동은 억압의 본질과 해방하고자 하는 대상에 따라 다양한 운동으로 나타난다. 민족운동과 사회운동이 주를 이루던 1920년대 전반기에도 각종 청년운동, 소작쟁의, 부인운동 등의 명칭으로 사회운동이 전개되었으며, 『동아일보』 1925년 1월 1일자 적성산인의 '조선 사회운동 개관: 과거 일 년 간의 사회상'에 정리된 바와 같이, '사상운동', '노농운동', '청년운동', '형평운동', '여성운동', '학생운동' 등으로 나타난다. 이러한 해방운동은 본질적으로 계몽철학의 기반을 이루는 '자유'와 '평등', '개성'과 '인격'을 존중하는 이성적 성격을 띠고 있다.

그러나 일제 강점기의 정치·사회적 현실은 자유와 평등, 개성과 진보를 쉽게 허용하는 체제가 아니었다. 계몽 담론이 이러한 이상을 부르짖는다고 해도, 본질적으로 식민 체제의 한계를 벗어날 수 없었으며, 더욱이 계몽을 부르짖는 사람들의 의식 속에도 민중에 대한 신뢰, 민족의 앞날에 대한 신념이 확실하지 못할 경우가 많았다. 일제의 식민 정책과 계몽에 대한 불확실성은 일제 강점기 계몽운동의 방향이 모호하거나 이질적인 계몽운동이 착종되는 현상을 가져오는 중대한 원인이 되었다.

1.2. 민중운동과 계몽의식의 착종(錯綜)

재일 한국인 역사학자인 조경달(2008)의 『식민지기 조선의 지식인과 민중: 식민지 근대성론 비판』[3]에서는 일제 강점기 식민 상황에서 조성된 조선인에 대한 편견이 비교적 상세히 연구된 바 있다. 그 가운데 대표적인 것이 '조선인 나태론의 형성', '조선인의 노동관과 식민지적 전개', '이단과 민중의 배제(천도교의 사례)', '민중의 폭력과 공론', '농촌 진흥운동과 민중' 등이 그것이다.

이른바 식민지적 근대화론은 국내에서도 경제사학계를 중심으로 많은 논란이 있었다. 신용하(2006)의 『일제 식민지 정책과 식민지 근대화

---

3) 趙景達(2008), 『植民地期朝鮮の知識人と民衆: 植民地近代性論批判』, 有志社. 이 책은 조경달 지음, 정다운 역(2012), 『식민지기 조선의 지식인과 민중: 식민지 근대성론 비판』(선인)으로 출간된 바 있다. 여기서는 정다운의 번역본을 사용하였다.

론 비판』(문학과지성사)에서도 확인할 수 있듯이, 일제의 식민사관이나 제국주의의 식민지 정책을 '조선의 근대화'와 관련지어 다소 긍정적인 해석을 가하고자 하는 시도는 일본인뿐만 아니라 현재의 일부 한국인 학자에게도 나타난다.

신용하(2006)에서는 식민지 근대화론이 정치적, 사회적, 문화적, 경제적으로 모두 타당하지 않음을 비판하고 있는데, 정치적으로는 '전제군주체계'에서 '입헌대의체제'로의 전환이 주권 상실 상황에서 무의미한 것이었으며, 사회적으로 신분제 사회에서 시민사회로 전환되는 과정에서 극소수의 친일 매국노를 우대하는 정책이 근대성과는 거리가 있고, 문화적으로 귀족 문화에서 민중 중심의 민족문화가 제대로 형성되지 않았으며, 경제적으로 식민 수탈은 산업자본주의 공업화를 저지한 것이라고 하였다.

이와 같이 식민 통치 하에서 진행된 각종 사회변화는 자주적 근대화와는 큰 거리가 있다. 사상과 의식 면도 마찬가지인데, 일제 강점기 계몽운동이 갖는 착종 현상도 마찬가지이다.

일제 강점기의 각종 계몽 담론에는 '자유'와 '평등', '개성'과 '이상'에 대한 논의가 담겨 있다. 그럼에도 각각의 담론에는 식민 통치의 현실을 통찰하거나 정면으로 맞서고자 하는 의식이 드러나지 않는다. 반봉건 의식이나 계급 담론이 뚜렷해지면서도 제국주의의 식민 침탈을 비판하기는 어려웠다. 이른바 '정치적인 문제를 언급할 상황'이 아니었다는 뜻이다. 그렇기 때문에 사회문제를 비판하면서도 식민 통치에 대해서는 '말할 수 없는 상황'임을 고백하거나 때로는 의도적으로 회피하는 경우도 생겨난다. 이러한 상황에서 일제 강점기의 계몽 담론은 주로 봉건 의식, 구습 타파 등과 관련된 내용으로 채워진다. 앞서 살펴본 '신도덕론'도 마찬가지이다.

【 新道德을 論하야 신사회를 望하노라4) 】

在來 朝鮮에서는 國家를 君主와 同一視하얏스니 故로 君主를 稱하야 '나라님'이라 하얏도다. 이는 勿論 우리 在來 조선에서만 誤解한 것이 아니라 佛蘭西와 如한 나라에서도 亦 그러하엿스니 例하면 루이14세와 如한 이는 '朕은 國家라.'하얏도다. (…中略…) 이제 吾人은 國家에 대하야 <u>新道德을 主張하노니 國家는 人民의 團體라. 그 政治는 人民이 自擔하여야</u> 할지로다. 參政權은 人民의 固有한 權利라. 엇지 政府가 賦與할 바리오. 人民이 스사로 그 權利를 擴大하여야 할지니 大槪 權利는 國家가 創造하는 것이 아니라 오즉 承認 保護하는 것이로다. 自主 自營은 道德의 一 根本 要素라. 然則 人民 團體 卽 國家의 生活을 그 인민 자체가 지배 경영함은 當然한 바니 不在其位하얀 不謀其政이라 하야 <u>一國의 政治를 少數 官僚에 委托함은 實노 吾人의 不取하는</u> 바라. (…中略…) 이 <u>現代國家를 稱하야 有産階級의 國家라 하는 所以</u>로다. 사람은 물론 쌩으로만 사는 것이 아니나 그러나 쏘한 쌩을 써나 살 수 업스니 現在 <u>私有財産 下의 自由競爭制度는 一般 民衆을 驅하야 經濟的 奴隷를 作하는 동시에 一部分 富豪로 하야금 社會의 暴君이 되게 하는 것이로다. 그럼으로 社會의 改造, 勞動의 解放을 絶叫하나니 이에 鑑한 바 有하야 現今 社會政策과 如한 協調政策을 行하는 者 無함은 아니나 그러나 그 엇지 徹底한 解決策이라 할 수 잇스리오, 畢竟은 각자가 '搾取'의 野慾을 타파하고 共同扶助의 정신을 擴充</u>하며, 所有를 標準하지 아니하고 文化創造를 目的하야 각자의 天性을 발휘하며 自由와 喜樂한 萬人 一致의 社會를 建設하여야 할지니 이 各階級의 解放이오 쏘한 新道德의 要點이라 하노라.

이 논설에서 주장한 '신도덕'은 '가정', '국가', '사회'로 구성되어 있다. 가정에 대한 신도덕은 '신도덕의 기초'에서 언급한 전통적인 오류 질서

---

4) 『동아일보』, 1920.7.20.

(五倫秩序)를 비판한 것이므로, 식민 질서와는 큰 관련이 없다. 그러나 '국가론'에서 '인민 주권(참정권)의 문제'로 귀결된 신도덕은 식민 통치의 현실을 고려할 때, 민족국가의 앞날을 기대할 수 있는 논리는 아니다. '유산계급국가', '사유제산제도'와 '자유경쟁'의 폐해, '착취의 야욕 타파', '공동부조' 등은 사회주의 이데올로기를 반영한 것이지만, 식민 지배 하에서 계급투쟁의 논리가 단지 봉건 계급, 또는 소수 관료에 대한 투쟁만을 의미할 수는 없다. 이 논설의 '사회에 대한 신도덕'에서 '사유재산 문제'와 '귀족 문제'에 집착하는 것도 이러한 한계를 의미한다.

이와 같은 상황에서 식민지적 계몽 담론의 착종 현상은 문화주의를 주창하는 '개조론' 또는 '준비론'과 식민 정책이 혼효(混淆)되는 결과로 나타난다. 특히 1920년대 대표적인 매체인 『동아일보』와 『개벽』에서는 민중 계도를 목표로 문화주의를 표방하면서 계몽의 전제로 조선인의 단점을 부각하는 사례가 많았다. 다음을 살펴보자.

【 朝鮮人의 短處를 論하야 反省을 促하노라[5] 】

(一) 犧牲의 氣風이 無함: 사랑 밧는 자는 쏘한 兼하야 鞭撻을 맛나니 대개 사랑하는 자의 生長과 發達을 渴望함은 自然한 도리이오, 又 生長과 發達을 希望할진대 사랑하는 자를 혹 引之導하며 혹 制之退之하노라, 그럼으로 혹 新道德을 論하야 그의 向할 바를 指示하며 혹 世界의 新潮流를 紹介하야 그의 참고할 바를 供하얏노라. 吾人의 觀察하는 바에 의하건대 실로 朝鮮人은 現今 無限한 事爲의 道程에 立하얏도다. 맛당히 充分한 光明을 受하야 目的을 確立하여야 할지며 쏘한 스사로 反省하야 自身의 準備를 完全히 하여야 할지라. 愛兒가 鄕閭를 出함에 慈母가 夜를 徹하야 그 行裝을 準備함이 엇지 無心한 事이리오. 그 無事하기를 希望하며 健康하기를 祝禱하며 그 威功하야 歸省하기를 熱望함이라. 이제 吾人이 兄弟의 短處를

5) (사설), 『동아일보』, 1920년 1920년 8월 9일, 10일, 17일, 18일, 19일, 20일(5회).

指摘하야 天下에 公布함이 엇지 그 惡意로써 하며, 憎惡로써 함이리오. 오즉 朝鮮 民族의 行裝을 準備코자 하며 前進에 急하야 反省에 疎한가 저어함이로다. 엇지 鞭撻이라 云하리오만은 一方에 光明을 受하며 一方에 自身을 省하야 取長棄短함이 進步 發達의 一原則이오 完全한 行裝의 一要件임으로 이에 筆을 擧하야 朝鮮人의 短處를 論하고자 하노라.

이 논설은 조선인의 단점을 밝혀 드러내는 것이, 사랑하는 어머니가 자식을 위한 일과 같이, 조선인의 진보 발달을 위해 사랑하는 마음에서 비롯된 것이며, '반성'과 '준비'를 위한 것이라는 전제로부터 출발한다. 무려 5일에 걸쳐 연재된 이 사설에서는 조선인의 단점으로 '희생의 기풍이 없음', '지속성이 없음', '신앙심이 부족함', '게으름의 폐해가 있음', '당파열이 심함', '관을 숭배하는 열기가 심함'의 다섯 가지를 들고 있다. 이러한 주장은 이 시기 개조론자들이 흔히 예시하는 조선 민족의 약점으로, 1920년대 개조론의 토대를 이룬다. 이광수의 '민족 개조론' 뿐만 아니라 그 이전 『동아일보』는 창간 직후부터 '개조'를 주장하였다. 예를 들어 1920년 4월 2일부터 4일까지 연재된 '세계 개조의 벽두를 당하여 조선의 민족운동을 논하노라'라는 사설은 민족자결주의의 영향을 받은 논설이지만, 개조론을 취한 점에서는 이 시기 시대사조와 크게 다르지 않다. 이러한 예의 하나로 서춘(徐椿)의 개조론을 살펴보자.

【 改造에 대한 覺悟6) 】
只今 時代는 改造時代라. 인류생활의 모든 방면에 向하야 不完全한 것은 完全한 것으로, 缺點은 長處로, 圓滿한 것은 더 圓滿한 것으로 개조하는 時代라. (…中略…) 近日에 我 朝鮮人도 世界의 風潮를 싸라 口로 改造를 絶叫하며 筆로 改造를 力說하나, 뭇노라. 諸君아. 제군은 果然 我朝鮮 生活

---

6) 『동아일보』, 1920.9.4~9.5.

의 各方面에 대한 개조의 方針을 定하엿는가? 왜 개조의 必要가 生하느냐 하면, 吾人이 吾人의 生活을 一步一步 理想鄉으로 引導하랴면 過去 及 現在 의 制度 組織으로는 缺點이 만흐며 不滿이 不少함을 自覺하는 까닭이라 함은 前述한 바어니와, 改造의 先導者인 朝鮮 靑年 諸君아. 諸君은 果然 我 朝鮮人의 缺點에 대하야 진실한 自覺이 잇는가? 我朝鮮 社會의 不滿을 다만 直覺으로, 瞬間的으로 感得함에 至치 아니하고 確實히 그 불만에 대한 自覺이 잇는가? (…中略…) 改造라 하는 것을 字義 그대로만 해석하면 고 처 만든다는 뜻이니, 現社會의 制度를 고침도 改造요, 現社會의 組織을 고 침도 改造라. 다시 한 층 드러가서 말하면 善하게 고침도 개조요, 惡하게 고침도 개조라. 또 한번 뒤집어 말하면 고친 結果가 善하게 되는 改造도 有하고 고친 結果가 惡하게 되는 改造도 有한 것이라. 雖然이나 吾人의 希 望하는 바 眞正한 改造는 其結果야 아모러케 되던 不問하고, 다만 現在의 事物과 形貌를 달니 한 事物을 作出함이 아니요, 반다시 吾人을 吾人의 目 的하는 바 理想鄉으로 引導하는 바 改造요, 吾人의 희方하는 바 改造는 惡 하게 고치는 改造가 아니요, 고쳐서 善하게 되는 改造라. 그런데 今日 我朝 鮮에 잇서서 改造를 絶叫하는 知識階級 諸君이 果然 改造에 대하야 이만한 自覺과 覺悟를 가지고 잇는가 하는 데 대하야 余는 疑問이 업지 못하노라.

이 글에 나타난 바와 같이 1920년대 개조론은 '생활 개선', '사회 제 도'와 '조직' 개조 등을 내세웠지만, 본질적으로는 식민시대 문명화 담 론을 기반으로 한다. 이 문명화 담론은 근대 계몽기부터 일제의 식민 통치 정책의 하나로 널리 유포되었던 담론이다. 권태억(2014)의 『일제 의 한국 식민지화와 문명화』(서울대학교 출판부)에 따르면, 근대 계몽기 '언론 매체를 통한 문명화론 유포', '유학생, 시찰단, 관광단 파견', '연설 회, 박람회 개최' 등은 문명화 담론을 일반화하는 데 큰 효과를 거두어, 1910년대 이후에는 강제 병합과 식민 통치를 정당화하는 데 유용한 논 리를 제공하게 되었다.

이러한 상황에서 세계대전과 민족자결주의, 3.1독립운동 등의 결과로 조성된 제한적인 '문화정치' 하에서 민족 담론과 문화 개조론이 계몽운동의 기반을 이룬 셈이다. 특히 서춘의 논설에 나타난 바와 같이 계몽의 주체로 청년을 환기하며 그들을 계도하기 위한 각종 계몽 매체를 등장시킨다. 이 맥락에서 일제 강점기 계몽운동과 관련된 자료를 좀 더 심층적으로 분석해 볼 필요가 있다.

2. 일제 강점기 지식 보급과 계몽운동 교재

지식 보급 차원에서 서적 편찬과 역술 사업이 필요하다는 담론은 근대 계몽기부터 활발한 논의가 전개된 바 있다. 이러한 논의는 근대 계몽기 학교교육의 미비에 따른 야학 개설,[7] 학술에 대한 '독수(獨修)'의 필요성과 방법론[8] 등이 본격화되면서 활발하게 전개되었다. 근현대 계몽운동과 문자보급 자료를 수집하여 공개한 허재영(2012)에 따르면, 대중 계몽 독본은 1908년 유길준의 『노동야학독본』 이후, 1910년대부터 본격적으로 등장하기 시작하였다. 예를 들어 회산 이원규(晦山 李元圭)의 『노성인 강습용 목민집설(老成人 講習用 牧民集說)』은 책명에서 알 수 있듯이 성인용 계몽 자료로, 현토체와 한문, 일본문을 혼합한 교재이며, 경상북도 내무부(1912)의 『잠업지남(蠶業指南)』은 국한문체에 일본문을 병기한 농업 개량서이다. 이원규의 '목민집설'에 등장하는 '노성인'이라는 표현은 일제 강점기 '청년'과 대립되는 용어이다. 이 책은 제1장 목민통론(牧民通論), 제2장 흥학(興學), 제3장 권농(勸農), 제4장 경제(經

---

7) 근현대 야학 활동에 대해서는 강동진(1970)의 「일제 지배하의 노동야학」(『역사학보』 46, 역사학회), 김형목(2000)의 「한말·1910년대 여자 야학의 성격」(『중앙사론』 14, 한국중앙사학회), 김형목(2001)의 「1910년 전후 야학 운동의 실태와 기능」(중앙대학교 박사논문) 등을 참고할 수 있다.

8) (논설) 『대한매일신보』, 1908.5.20~21 참고.

濟)로 구성되었는데, 내용과 문체 면에서도 성인 지식층을 대상으로 한 것임을 짐작할 수 있다. 또한 식민 지방 통치 기관에서 발행한『잠업지남』은 일본문을 부속했지만,[9) 국한문체를 중심으로 했다는 점에서 일제 강점기 생산성 향상을 목표로 한 책임을 알 수 있다.

이처럼 일제 강점 초기 식민 정책 차원에서 통치 체제에 순응하게 하거나, 농업 생산성 제고, 또는 일본어 보급의 필요 등에 따라 자습(自習)할 수 있는 교재가 출현한 것은 자주적 계몽운동과는 무관하지만, '의도적 지식 보급 형태'의 하나라는 점에서 계몽성을 띤 자료로 볼 수 있다. 이러한 차원에서 일본 농업장려회(1911)의『조선농사시교(朝鮮農事示教)』(대일본농업장려회출판, 우문관)도 비슷한 성격을 띤다. 이 책은 이른바 '조선 개발 지원'을 명목으로 조선총독부의 후원을 받아 일본의 농법을 소개하는 데 목적을 둔 것으로, 국한문과 일본문을 부속한 형태의 서적이다. 조선총독부 권업모범장장(勸業模範場長) 혼다(本田幸介), 조선총독부 농업과장(農業課長) 나카무라(中村彦)의 일본어 서문과 주요 저자인 이나가키오도헤이(稻垣乙丙, 1863~1928)의 자서(自序), 국한문의 발행 취지, 본문으로 구성된 이 책은 제1편 총설, 제2편 종예(種藝), 제3편 양축(養畜)으로 구성되어 있다. '종예'와 '양축'은 각종 작물 재배와 가축 사육에 관한 것이지만, '총설'에 들어 있는 '사람의 생업', '농업', '농민', '농지', '토양' 등은 농법뿐만 아니라 문명론적인 계몽성을 띠고 있다.

일제 강점기 식민지 생산성 향상을 위한 교재는 선행 연구에서 큰 주목을 받지 못했다. 그 이유는 이와 같은 유형의 교재가 식민 통치를 위한 일본인의 저술이거나 조선총독부의 후원을 받은 자료이어서 한국의 계몽운동과는 무관한 것으로 간주되었기 때문이다. 더욱이 문체 면에서 일본문으로 작성된 것이거나 국한문에 일본문을 부속한 형태이기 때문에 순국문 또는 국한문 자료만을 계몽운동 자료로 인식한 때문으

---

9) 부속 문체는 국문 또는 국한문 옆에 한자 또는 일본어를 병기한 문체를 말한다.

로도 보인다.

그러나 일제 강점기 계몽운동 자료 가운데 조선총독부의 식민 정책 수행 차원이나 일본인 저술의 농촌 개발서가 매우 많으며, 이러한 자료도 일제 강점기 계몽 담론에 적지 않은 영향을 미쳤다는 점에서 이를 소홀히 다룰 수는 없다. 특히 1920년대부터 등장하기 시작한 농촌문고의 경우, 일본문 부속 문체의 계몽서나 일본문으로 쓰인 각종 수양서(修養書), 농촌 개발서(農村 開發書)가 다수를 차지했다는 점에서 계몽운동의 착종(錯綜) 현상으로 이러한 교재의 성격을 규명해야 한다.

이를 고려할 때, 일제 강점기 계몽 교재는 편찬 목적(주체)과 계몽 대상에 따라 유형화가 가능하다. 편찬 목적은 계몽운동의 주체에 따라 달라진다. 예를 들어 조선 총독부의 농업 정책에 따라 이루어진 각종 강습회용 자료나 농촌진흥, 자력갱생운동 자료, 또는 청년 수양 자료 등은 일본문으로 이루어진 것들이 많고, 조선문이나 일본문 부속 형태일 경우라도 그 내용이 식민지 농업 생산성 향상과 밀접한 관련을 맺고 있다. 이에 비해 조선인 계몽가나 계몽 단체가 조선 민중을 대상으로 교재를 편찬하는 경우, 대중의 문자해득력을 높이거나 상식을 제공하는 데 목표를 둔다. 특히 일제 강점기에는 최남선(1917)의 『시문독본(時文讀本)』과 같이 일반 민중을 대상으로 한 독본과 노농(勞農)을 대상으로 한 독본, 청년이나 여성(특히 어머니)을 대상으로 한 독본, 『가정독본』 등과 같이 계몽의식을 목표로 한 독본이 일반화된 시대였다.

3. 계몽운동의 방법과 교재 개발

일제 강점기 대중 계몽의 차원에서 가장 널리 보급된 책 가운데 하나로 최남선(1917)의 『시문독본』(신문관)을 들 수 있다. 이 책은 1917년 초판이 발행된 이후, 1922년에 6판을 발행할 정도로 널리 퍼졌는데, 그 주된 이유 가운데 하나가 그 시기 대중이 필요로 하는 상식, 곧 '시문(時文)'을 보급하는 데 목적을 두었기 때문이다. 이 책의 6판에서 저자는 "아름다운 내 소리, 넉넉한 내 말, 한껏 잘 된 내 글씨, 이 올과 날로 나이된 내 글월이로도 굿센 나로다. 버린 것을 주우라. 일흔 것을 차즈라. 가렷거든 헤치라. 막혓거든 트라. 시므라. 북도두라. 걸음하라. 말로 글로도 나. 나를 세우라. 온갖 일의 셈이니 생각의 나부터 안치라. 온갖 생각의 흐름이니 글월의 나를 일이키라. 두 즘의 침침을 헤칠 째인 저 샘골의 잠잠을 깨칠 째인저. 나즘부터, 쉬움부터, 작음부터, 쑤준히만 곳장만, 싯까지 더 나갈지어다. 오를지어다. 아름다움, 넉넉, 잘의 나로 왼 남을 다 쌀지어다."라고 적고 있다. 문구 그대로 대중의 수양을 위해 이 책을 짓고 보급하고자 하는 뜻을 드러낸 것이다.

『시문독본』은 '예언(例言)'에서 밝힌 바와 같이, '시문(時文)을 배우는 사람의 계제(階梯)'가 되게 하는 데 있었다. 그렇기 때문에 자료의 선택이나 문체, 용어 등을 대중이 쉽게 알 수 있도록 하는 데 주안점을 두었다. 이러한 형태에서 유형은 다르지만 '시문'을 대상으로 한 몇 종의 독본이 더 있다. 예를 들어 황응두(1931)의 『일선한 시문신독본(日鮮韓時文新讀本)』(영창서관)도 '시문'을 제목으로 한 독본이다. 그러나 이 독본은 최남선의 독본과는 달리 국문과 일본문을 대조하고, 한자를 익히도록 하는 데 주안점을 둔 독본이다. 황응두는 이 책을 내기 이전 1921년 『통학경편(通學徑編)』(혜연서루)을 저술하기도 했는데, 이 책은 한자 낱자와 쉬운 한문 학습을 목표로 한 것이었다.

이처럼 대중 독자를 대상으로 한 계몽서는 대부분 대중 상식에 해당하는 '시문(時文)'을 대상으로 하거나 초학용 문자 학습을 내용으로 하는 경우가 많았다. 항미거사 노명호(1918)의 『한자용법』(화성인쇄소), 『초학요선』(화성인쇄소) 등은 초학용 한자 학습서로 조선총독부의 검정을 받은 책이다. 이처럼 기초 교재가 출현한 것은 학교교육이 정상화되지 못한 상황에서 일반 상식이나 문자 해득에 대한 대중의 요구가 있었기 때문이다.

이와는 달리 본격적인 계몽활동이 전개됨에 따라 특정 목적을 고려한 계몽 교재가 등장하기 시작하는데, 그 중 하나가 강습회나 야학 등에 필요한 교재 개발이다.

일제 강점기 강습회는 지식 보급의 전형적인 방식 가운데 하나로 선호되었다. 강습회는 조선인뿐만 아니라 식민 정책 수행 차원에서도 빈번히 나타나는데, 일본인 교장이나 교감, 또는 헌병 등을 위한 각종 강습회가 열렸음은 『조선총독부 관보』를 비롯한 다수의 자료에서도 확인할 수 있다.

【 敎員講習會10) 】

一人의 耳로 百人 千人의 聞흔 바를 盡聞키 難ᄒ며 一人의 目으로 百人 千人의 見흔 바를 盡見키 難ᄒ니 若 一人의 聞과 一人의 見으로 更히 他聞 他見을 不求ᄒ면 엇지 孤陋野昧를 免ᄒ리오. 是以로 万事萬物을 勿論ᄒ고 一人의 聞見으로 能히 盡精盡美를 得지 못ᄒ지라. 文明列邦은 一事一物에 대ᄒ야 必有會가 有ᄒ니 農에는 農會가 有ᄒ고, 商에는 商會가 有ᄒ고, 工에는 工會가 有ᄒ야 各其 知識을 交換ᄒ며 長短을 取捨ᄒ야 百人 千人의 耳로 一人의 耳를 作ᄒ고 百人 千人의 目으로 一人의 目을 作ᄒ야 蒸蒸 日上의 勢를 得ᄒ거던, 況 風化를 陶冶ᄒ고 知識을 啓發ᄒᄂ 敎育機關에 엇지 講習會가 無ᄒ리오. 近日 各地方에서 敎員 講習會를 設ᄒ야 敎員 事務를 講習ᄒᄂ 處가 往往ᄒ니 此ᄂ 幾個人의 知識을 交換홈에 不止ᄒ고 卽 朝鮮 將來의 文明 起點을 作ᄒ리라 ᄒ노라.

1910년대 교원 강습회와 관련된 이 사설은 그 당시 강습회의 근거가 무엇인지, 또는 이러한 강습회에서 어떤 내용을 누가 왜 강습하고자

---

10) 『매일신보』, 1912.8.25.

했는지를 드러내지 않고 있으나, '강습회'가 지식 보급, 또는 식민 정책 홍보 차원에서 주요 수단의 하나였음을 의미한다.[11] 일본인 관료나 기관원을 대상으로 한 강습회는 시기상 다소의 차이가 있으나, 식민 통치가 종료되기까지 지속적으로 쓰인 통치 활동 가운데 하나였다. 특히 1930년대 농촌진흥정책과 자력갱생운동, 1930년대 말의 총동원 체제에서는 일본인뿐만 아니라 조선인을 대상으로 한 각종 강습회가 열렸으며, 그 과정에서 식민 정책을 홍보하는 다수의 강습용 홍보 책자가 만들어지기도 하였다.

1920년대 계몽활동의 주된 방식 가운데 하나는 강연회였다. 이 시기에는 각종 강연단이 조직되어 전국적인 활동을 전개한 경우가 많았는데, 재일 유학생 단체, 각 지역 청년단, 기독교계, 천도교청년회, 고학생회, 여학생 단체 등 헤아릴 수 없는 단체에서 전국 강연을 실시하였다. 다음을 살펴보자.

【 朝鮮人 産業大會 講演[12] 】

27일 하오 8시 臨時朝鮮人産業大會 主催로 鐘路 中央基督敎靑年會館에서 大講演會를 개최하얏는대 청중이 場外까지 충만하야 非常한 성황을 呈하얏고 該會 發起 準備委員長 朴泳孝 씨가 박수 중에 등단하야,

"조선에도 신라와 고려 시대에는 各般 産業이 比較的 發展되얏스니 고유한 농업은 莫論하고 貿易業 卽 商業으로 말할지라도 남과 북의 국경에 開港場을 設置하고 日本과 中國과 통상하야 物貨의 往來가 頻繁하얏고, 工業도 長足의 進이 有하야 각종 일용품을 국내에서 공급하고, 別로히 외국에 依賴함이 無하얏스니 예를 擧하면 新羅의 彫刻과 高麗의 磁器는 지금까지 歎賞하는 바이니 此事實은 역사에 斑斑히 考徵할지라. 그러나 李朝에

---

11) 예를 들어 『조선총독부 관보』 1911년 9월 14일자의 '보통학교 교감 강습회'나 10월 16일자 '부군서기 강습회'의 경우 일본인 교감 또는 일본인 서기를 대상으로 한 강습회이다.
12) 『동아일보』, 1921.7.29.

至하야 사회의 제도와 階級의 等次가 심히 酷烈하야 上級 人士는 斂膝而坐
하야 漢文만 專修하야 官吏된 希望을 抱하고, 下級 民衆은 救活할 方策으로
써 工商에 勉勉 從事하나 (…中略…) 그러함으로 우리는 傳來하는 慣習을
打破하고 各種 産業에 대하야 學術을 연구하며 실지로 경영하야 實力을
養成함이 急務로 思하며 更히 一言을 加할진대 目下 우리의 日常 消費하며
사용하는 물품은 我朝鮮人의 製造한 것으로 出한 것이 幾種類나 되는가.
우리는 매양 此를 유감으로 思하야 臨時 朝鮮人産業大會를 發起하야 將來
산업의 진흥할 方針을 公表하고자 하는 바 諸君은 贊同하심을 바라노라.”

하는 의미로 개회의 禮辭를 겸하야 산업대회의 趣旨를 述하고 次에 李
範昇 씨가 등단하야 ‘산업대회와 吾人의 覺悟’이란 문제로 現今 朝鮮人 産
業의 不振함을 論及하고 救濟方策에 言及하야 조선인 산업을 발전케 하자
면 吾人의 一致 努力하는대 잇다, 羅馬의 衰敗함은 그 爲政者가 無能한 것
도 아니오 軍隊가 弱한 것도 아니오, 財政과 文物制度가 열등한 바도 아니
라, 國民이 團結的 精神을 일흔 데 잇다고, 吾人의 團結이 第一 必要함을
熱誠으로 부로짓고 박수 중에 下壇한 後 張德秀 씨가 不得已한 事由로 수
분간 지체됨으로 기간 李豊載 씨는 吾人은 日常 實地가 업다지만 말고 실
제상으로 내일 삼아 노력하라고 熱辯을 吐할 째 장덕수 씨가 臨場하야
同氏를 紹介할 째 장씨는 登場하야 ‘경제발전과 조선의 將來’라는 題下에
조선의 경제현상과 列國의 산업정책을 論한 후, 조선의 산업은 조선인 本
位로 하지 아니함이 不可하다 力說하고, 경제발전에도 일반 문화 향상이
必要하다 論한 후 拍手裡에 開會하얏다더라.

이 기사는 박영효, 이범승, 이풍재, 장덕수 등이 중심이 되어 조직한
‘조선인사업대회’의 개회식 장면으로, 네 사람의 대중 강연이 소개되어
있다. 강연 내용은 조선 산업의 현실과 장래에 관한 것이지만, 이들의
활동이 경찰 당국으로부터 저지를 당한 것은 아니다.

그러나 1920년대 대중 강연단은 강연단의 성격에 따라 큰 차이를 보

인다. 식민 통치에 부합하는 강연의 경우 경찰로부터 보호를 받을 수 있었지만, 대부분의 청년 학생 강연이나 종교 단체의 강연 등에 대해서는 경찰의 철저한 단속이 뒤따랐다. 다음을 살펴보자.

【 生活難의 叫呼13) 】

地方來報에 의하면 目下 全南地方에 순회 강연 중인 '조선기독교청년회 연합회'의 講演隊는 去五日에 木浦 小學校에서 '日本物産을 購買치 말며 또 日本 商人과 相從치 말라'는 主旨로 강연하얏다 하야, 경찰 당국의 해산명령을 受하고 그 관계자는 目下 嚴重한 調査를 當하는 중이라 하며, 또 高陽郡 漢之面 新堂里에 目下 施行 중인 저수공사에 從事하든 朝鮮人 人夫 十餘名이 그 解雇 當함을 분개하야 隊를 作하야 中國人 人夫를 襲擊하고 그 住家 器具를 破壞하며 그 所持金을 奪取하얏슴으로 (…中略…) 朝鮮人이 日貨를 排斥하고 日本人 商人과 相從치 말기를 勸誘 講說함은(기독교청년회연합회의 순강단이 과연 如此한 주지로 강연하얏는지는 未詳하나 그와 갓흔 주지로 講說한 것을 가정하고) 法律的 眼光으로 觀察하야 물론 국가의 통일성, 국민의 協致性을 파괴하는 것과 如한지라. 국권의 발동을 掌하는 것은 경찰이 此에 대하야 엄중한 조사를 행함은 當然하다 할 것이다.

이 사설에서는 조선기독교청년회연합회 강연대의 강연 내용과 경찰의 단속 과정이 실려 있다. 목포 소학교에서 열린 강연은 그 당시 조선의 경제 사정과 일본인의 수탈 과정을 짐작하게 하는데, 강연 내용이 배일사상(排日思想)을 담고 있으므로 경찰의 저지를 받은 셈이다.

강연 자료 가운데 남아 있는 형태는 많지 않다. 다만 『조선농민』 제5권 7호(1929.4)부터 제6권 3호(1930.3)에 연재된 이성환의 '농촌 순회강연 자료'와 같이 잡지에 수록된 강연 자료를 확인할 수 있다. 이 자료는

---

13) 『동아일보』, 1922.11.10.

'농촌문제의 사회적 지위'라는 부제 아래, 농민 계몽 강연을 목표로 한 것이다. 이 자료를 수록한 이유를 살펴보자.

【 農村巡廻講演資料 】

이 農村巡廻講演資料를 草함에 다다라 한 말슴을 머리에 부치려 하는 것은, 이 資料는 筆者가 四五年間 地方을 巡廻하면서 農民 大衆을 相對로 하야 講演으로 講座로 여러 차례 經驗한 것을 그 草稿에 다소의 整理를 더하여 이와가치 發表하는 것입니다.

그러나 出版法에 의해서 許可를 어드려니까 到底히 壇上에서 말하든 그대로 發表하기에는 넘우도 걸리우는 데가 만허서 不得已 혹은 말을 잘나 버리고 혹은 먼방으로 슬적 도라가거나 혹은 열마듸 할 데서 단 한두 마듸의 말로 움추러드리는 수박게 업시 됨낫.

號를 싸라 새 題目 밋헤서 말슴을 드리게 되겟습니다. 그러나 農村問題라는 一貫한 줄거리를 연구하는 態度을 일치 아니할 것을 말슴해 둡니다. (筆者)

이 글에서는 농촌문제를 연구하고 강연한 경험을 토대로 강연집을 출간하고자 하였으나, 출판법의 통제를 받기 때문에 자유롭게 강연집을 낼 수 없는 상황을 밝히고 있다. 이는 일제 강점기 농민 대중을 대상으로 한 강연이 자연스럽게 행해질 수 없음을 의미한다. 이 점에서 민족운동이나 문화운동, 또는 사회운동 차원에서 이루어지는 각종 강연 관련 구체적인 자료를 찾는 일은 쉽지 않다. 다만 식민 통치에 부합하는 각종 강연 자료는 다양한 형태로 남아 있는데, 허재영(2012)의 자료집 가운데 '부인강습회 강연록'이나 다양한 형태의 유인물 강습 자료가 이에 해당한다.

대중 계몽 자료 가운데 가장 널리 알려진 형태는 신문과 잡지에 소재하는 대중 독서물(讀書物), 대중을 대상으로 한 독본(讀本) 등이다. 신문과 잡지에 소재하는 독서물은 특정 독자층을 대상으로 한 경우가 많다. 예를 들어 농민을 대상으로 한 독본의 경우, 조선농민사의 『조선농민』 제1권 제1호(1925.12), 제2권 제1호(1926.1), 제2호(1926.2)에 연재한 이성환(李晟煥)의 '현대 농민독본', 제4권 제1호(1928.1), 제4권 제3호(1928.3)에 수록된 '문맹퇴치용 농민독본 중권(中卷)' 등이 대표적이다. 제목이 암시하는 바와 같이, 이 독본은 농민 교양과 문맹퇴치를 목표로, 자수(自修)와 농민의 위치, 농촌 경제 등과 관련된 기초적인 지식을 내용으로 하였다. 또한 개벽사의 『학생』에도 이러한 형태의 독본이 발견되는데, 제2권 제7호(1930.7)의 '하휴특집(夏休特輯)'에는 '귀향학생에게의 부탁'이라는 사회 각계 인사의 당부의 말과, 별책부록 심의린의 '계몽독본', 귀향 사업에 도움이 될 강연 자료 등이 수록되었다. 현재까지 별책 부록의 '계몽독본'은 실체를 확인하기 어려우나, '3대 강연 자료'는 방정환의 '아동문제 강연 자료', 서춘의 '경제문제 강연 자료', 박사직의 '농촌문제 강연 자료'로 구성되어 있다.

농민이나 노동자용 독본의 경우 신문에서는 자료를 찾기 어렵다. 그러나 '소년', '청년', '여성', '가정'과 관련된 독서물은 신문의 '가정란'에서도 빈번히 찾을 수 있는데, 『동아일보』 1928년 8월 4일부터 8월 28일까지 연재된 '세계 동무들의 독본', 1933년 9월 1일부터 9월 17일까지 연재된 이은상의 '아동독본(소년독본)', 1939년 7월 6일부터 9월 25일까지 38회에 걸쳐 연재된 이만규의 '가정독본' 등은 특정 독자를 대상으로 한 전형적인 독본 형태의 독서물이다. 그뿐만 아니라 『동아일보』 1933년 10월 12일부터 28일까지 12회에 걸쳐 연재한 '화장독본', 1937년 10월 29일부터 12월 3일까지 32회에 걸쳐 연재된 '새며느리독본', 1938년 4월 8일부터 7월 18일까지 연재된 '어머니독본' 등도 일제 강점기 여성교육과 관련된 독본 형태의 자료이다. 이러한 자료 가운데 일부는 대중 독자를 위해 단행본으로 발행되기도 하였다.

대중 독자를 대상으로 한 독본 출판은 대상 독자와 출판 목적에 따라 다양한 모습을 띤다. 그 가운데 대표적인 것으로 '청년 수양', '노농', '문자보급', '가정 또는 여성'을 목표로 한 것을 들 수 있다. 청년 수양을 목표로 한 독본은 1920년대 초부터 지속적으로 출간되었다. 이는 1920년대 초 문명론과 개조론의 차원에서 청년 수양을 강조하는 담론이 널리 퍼졌기 때문이다. 안확(1920, 1921)의 『자각론』, 『개조론』(회동서관, 조선청년연합회, 한일서점), 이광수(1923)의 『조선의 현재와 장래』(홍문당서점), 강화형(1922)의 『20세기 청년독본』(태화서관), 박준표(1923)의 『현대청년수양독본』(영창서관), 박준표 번역(1923)의 『삼대수양론』(태화서관) 등이 대표적이다.

노동자와 농민을 대상으로 한 독본에는 이성환(1928)의 『현대농민독본』(조선농민사),[14] 신명균(1928)의 『노농독본』(조선교육협회), 김일대(1931)의 『대중독본』(조선농민사) 등이 있으며, 조선농민사에서 발행한 『대중산술』, 『조선 최근사 13강』 등도 농민 대상의 계몽운동 자료에 해당한다.

'농민독본'이라는 제목의 계몽서 가운데는 경기도(1933)의 『농민독본』, 충청북도(1934)의 『간이농민독본』, 황해도(1943)의 『전시농민독본』 등과 같이 총독부 지방 행정기관에서 발행한 것들도 있다. 이러한 독본은 조선인 농민단체의 활동을 억압하고, 그 대신 농촌진흥이나 자력갱생운동을 통하여 농업 생산성을 향상하고자 하는 목적 아래 저작한 독본류이다. 일제는 1930년대 초부터 관주도의 농촌진흥운동과 자력갱생운동을 대규모로 추진해 왔는데, 그 과정에서 농업 생산성 향상을 위한 국문 계몽 자료를 개발한 경우가 많다. 조선총독부에서는 한글판 『조선(朝鮮)』 잡지를 발행하고, 『자력갱생휘보』의 부록으로 한글판을 발행하기도 하였다. 이뿐만 아니라 응세농도원(應世農道圓)과 같이 농민 구제를 표방하는 사설 단체가 발행하는 농민독본도 발견된다.

---

14) 이 책은 현재까지 소장처가 확인되지 않았다. 그러나 『조선농민』 제4권 제3호(1928.3)에는 이 독본 발행에 대한 안내가 비교적 자세히 소개되어 있다.

문자보급 교재는 1930년대 동아일보, 조선일보를 중심으로 한 문맹퇴치 운동과 관련된 교재를 의미한다. 정진석(1999)의 『문자보급운동교재』(LG 상남재단)에서 정리한 바와 같이, 문자보급운동은 3.1운동 이후 고조되던 문화운동이 일제의 억압으로 위축되어 가는 과정에서 문맹퇴치를 시급한 과제로 설정하고, 학생들을 동원하여 문자보급을 전개한 운동이다. 이 운동은 1929년부터 시작하여 1934년까지 비교적 광범위하게 전개되었으며, 신문사의 지원 아래 교재 보급도 활발하게 이루어졌다. 그러나 교재의 내용은 총독부의 통제를 피할 수 있는 수준의 한글 낱자, 단어와 문장 읽기, 숫자 계산 등에 국한되었다.

4. 농촌 지식 보급 방법과 식민 시대 농민문고

신문 종람소(新聞縱覽所)나 도서관 설립, 문고(文庫) 운영 등은 대중을 대상으로 한 지식 보급의 주요 수단 가운데 하나였다.

신문 종람소는 신문 보급이 활발하지 못한 상태에서 신문을 공동으로 구매하여 열람할 수 있는 방편의 하나로 근대 계몽기부터 활발하게 전개되었다. 1920년대에도 각 지역에서 '신문잡지 종람소'를 운영한 사례가 많은데, 『동아일보』에도 다음과 같은 사례가 나타난다.

【 신문잡지종람소 】
ㄱ. 1920년 6월 17일: 법성포청년회의 신문잡지종람소
ㄴ. 1921년 9월 일: 함남 이천군 천도청년회종람소
ㄴ. 1921년 7월 11일: 마산구락부의 신문잡지종람소

이뿐만 아니라 종람소는 1920년대 후반까지도 지식 보급과 문맹퇴치의 장소로 활용된 사례가 많다. 다음은 귀농 활동과 관련한 기사 중

의 하나이다.

【 蒙古生, 歸農運動-文盲退治編(34): 향리에 돌아와서 글놀잇방을 設置[15] 】

방학 동안의 글 연습을 시키고자: 趣味에 適當할 書籍 備置

야학이 쉬고 봄이 기퍼감을 쌀하서 모든 사람들은 농사에 더욱 밧브게 되엇다. 그러나 이미 방학을 하얏고 쏘 여러 사람이 이러케 밧브다 하야 그러타고 그는 그들을 그대로 내버려 둘 수가 없엇다. 만일 날마다 몬지를 뒤집어 쓰고 흙덩이를 주물르고 하는 대로 그들을 그대로 내버려 둔다 하면 그들이 모처럼 욕을 보아서 어든 약간의 그 지식이나마 그것은 곳 수면 지식(睡眠智識)이 되고 말을 쑌인 것이다. 지식은 수면시키는 일가티 허망한 일은 업는 것이다. (…중략…) 이에 그는 다시 여러 사람과 의론하야 동각(東閣)을 말씀하게 수리한 뒤에 '글놀이ㅅ방'이라는 것을 새로 설치(設置)하얏다. 이것은 이름 그대로 글을 가지고 노는 것을 의미한 것이니 몇 가지의 신문과 아울러서 그들의 정도에 가장 알마즌 잡지라든지 서적을 여러 가지로 늘어노코 그들로 하야금 놀면서 이것을 보게 하랴는 것이엇다. 말하자면 이것은 간이한 도서 종람소(圖書縱覽所)이엇다.

몽고생이라는 필명의 '귀농운동(歸農運動)'은 『동아일보』 1929년 9월 12일부터 다큐멘터리 형식으로 기록된 귀농일기이다. 이 일기는 '향리에 돌아와서', '농촌 개조편' 등의 부제와 함께 12월 29일까지 97회에 걸쳐 연재되었다. 이 글에 나타난 바와 같이 농촌 계몽의 차원에서 종람소를 설치하고, 신문과 서적을 열람할 수 있도록 하는 것은 지식 보급 운동의 가장 쉽고도 보편적인 형태 가운데 하나였다.

이러한 흐름에서 농민 계몽운동은 문맹퇴치와 같은 근본적인 문제와 함께, 어떻게 지식을 보급할 것인가에 대해서도 다양한 형태의 시도가

---

15) 『동아일보』, 1929.10.16.

나타났다. 엄밀히 말하면 농민 문제는 식민지 농업 수탈 정책과 밀접한 관련을 맺고 있다. 1920년대 각종 문화운동은 이러한 제한적인 조건에서 진행되었는데, 농촌을 대상으로 한 지식 보급운동도 마찬가지였다.

1920년대 이후에는 종람소 형태보다 좀 더 진취적인 '순회문고(巡廻文庫)'가 등장하기 시작한다. 예를 들어 『동아일보』 1920년 4월 23일자 '구락부 강연회(俱樂部 講演會)'에서는 천안군의 유지 인사들이 신문·잡지 순회문고와 우리 민족의 지식 계발 및 산업 발달에 관한 제반 강연을 매월 1차씩 개최하기로 하였다는 기사가 등장하고, 1921년 12월 6일 경성 도서관 관련 기사에서도 순회문고 관련 내용이 등장한다.

【 三十萬 市民을 爲하야: 가난한 령혼에 량식을 주고자 비로소 생겨난 「경성 도서관」[16) 】

삼십만 시민을 가지고 잇는 경성(京城)에는 모든 것이 발달하야 가는데에 따라서 새로운 설비가 필요하며, 또 일반 시민 사이에는 각방면으로 여러 가지의 운동이 이러나는 터인대 무엇보다도 교육과 문화를 즉접으로 도웁는 것은 시민의 지식을 넓히는 것이 지금 우리 경성 시민으로는 가장 간절히 바라는 바이나 (…중략…) 경도(京都)에서 뎨국대학(帝國大學)을 졸업하고 도라온 리범승(李範昇) 씨가 전력을 다하야 도서관 설립을 운동하든 바, 사업이 착착 진힝되야 구월 십일부터 탑골 공원 뒤에 잇는 전양악대(洋樂隊)가 잇든 집을 비러서 <u>위선 준비가 되기 전에 신문잡지 종남소를 몬저 공개하야</u> 사십여 종의 각처 신문과 일빅 오종의 잡지를 갓추어 매일 수빅여 명의 관람자가 뒤를 이어 드러오며, 구월 십일부터 문을 연 이릭로 일자가 오히려얼마되지 아니하얏는대 종람자의 총 수효가 구천 명에 달하야 매우 성황을 이루엇는 바, 본관 서칙실의 준비도 거이 다 되야 느저도 오는 십오일 경에 개관하야 일반에게 종람메 할 터

---

16) 『동아일보』, 1921.12.6.

이라 하며, 금년 봄에 비로소 조선 사람 손으로 설립한 취운뎡(翠雲亭) 안에 잇는 도서관도 역시 리범승 씨가 인계하야 경성 도서관(京城圖書館)의 분실(分室)로 사용하야 한문서적(漢文書籍)을 전문으로 장치하고, 본관에는 전부 신간 서적으로만 지금 준비하야 잇는 것이 오천여 권이오, 계속하야 신간 서적을 사드릴 계획이라는대 도서관의 내부도 최신식으로 설비하야 지금 「카트」를 분명히 정리하는 중이며, 관람료금은 물론 공익을 주장으로 하는 사업인 까닭에 입장료금은 지극히 저렴하야 한사람에게 한달 표는 사십전으로 뎡하고 개관 시간은 당분간 오전 아홉시 반부터 오후 다섯시 반까지로 한다는대 이에 대하야 리범승 씨는 말하되 즈금은 설지한 처음이오 모든 설비가 아직 정돈이 못 되얏스나 뎡년부터는 야간에도 개관을 할 터이오 도서관의 주최로 장리에는 시민강좌(市民講座)가 튼 것도 설시하야 전문의 학술 강연도 순회문고(巡廻文庫) 가튼 제도도 실시할 터이라 말하는데 여하간 경성에 이와 가튼 완전한 도서관이 설립된 것은 삼십만 시민의 큰 힝복이라 하겟더라.

이 기사에서 확인할 수 있듯이, 일제 강점기 도서관의 설립은 지식보급 형태에도 일정한 변화를 가져오게 하였다. 물론 일제 강점기의 도서관은 조선인 스스로 설립한 것보다 식민 통치 차원에서 '만철 도서관 경성지부', '경성 도서관' 등과 같이 식민 통치 차원에서 이루어진 것이 먼저이다. 그렇기 때문에 순수하게 조선인의 민지 향상(民智向上)을 목표로 한 것이라기보다 식민 통치에 관여하는 일본인, 거류민들을 위한 성격이 강했다. 그럼에도 도서관 제도는 '시민강좌', '순회문고' 등의 새로운 지식 보급 형태를 고안하게 한 것이다. 이러한 흐름에서 총독부 각 지방행정 기관이 순회문고를 운영한 사례도 나타나는데, 『동아일보』 1923년 1월 16일자 '순회문고 도서수'에서는 평안남도청이 순회문고를 설치하고 각부군에 서고를 두어 순회 열람하게 하였다고 보도한 바 있다. 이 기사에 따르면 당시 순회문고는 정치·사회·법률서류

93부, 재정·경제 서류 64부, 농업·공업·상공업 서류 127부, 교화 지방 개량 서류 145부, 역사 지리서류 68부, 잡서류 86부 등 총 583부였다고 한다. 서류 분류 항목을 통해 짐작할 수 있듯이, 이 순회문고에 비치한 도서는 대부분 일본어로 이루어진 서적이었을 것으로 추정되며, 일본어 해득자가 읽을 수 있는 전문서이거나 식민 통치 이데올로기와 배치되지 않는 서적이었을 것임은 쉽게 짐작할 수 있다.

이러한 순회문고는 1920년대 전반기부터 농민 계몽의 대안으로 제시된 경우가 많았다. 『동아일보』 1923년 5월 13일자 '조선교육학회' 관련 기사에서도 박승영(朴勝英), 유진태(兪鎭泰) 등이 조선교육학회를 조직하고, 향촌 학생들을 위한 중학강의록 발행과 순회문고 설치를 계획하고 있음을 보도한 바 있다. 이 학회는 통신강의록 발행과 같은 통신교육을 목적으로 설립된 단체[17]로, 이 시기 일본의 와세다 대학(早稻田大學) 통신강의록과 같이, 조선에서 통신교육을 통한 지식 보급을 꾀하였다. 이 과정에서 향촌 청년을 위한 강의록 발행과 순회문고 운영을 시도한 셈이다. 순회문고는 때로는 '소도서관'으로 불리기도 했는데, 1920년대 중반에는 전국 각처에 이러한 형태의 지식 보급 기관이 확장되었다.

그러나 농촌 순회문고가 절대 다수의 문맹자로 구성된 조선 농민을 위한 계몽의 대안이 될 수는 없었다. 이 점에서 1925년 조선 농민사설립과 1927년 조선어연구회의 한글 정리 운동, 1928년 이후의 동아일보사, 조선일보사의 문맹퇴치 운동 등이 전개되면서 농민 계몽운동은 그 성격이 뚜렷해지기 시작했다. 뒤에서 상술할 예정이지만, 문맹퇴치 운동은 일제 강점기 농민 계몽에서 가장 중요한 문제가 될 수밖에 없었다. 이 운동은 '계몽'의 성격을 띠고 있지만, 운동의 시작과 전개 과정에

---

17) (사설) 「통신교육의 효시, 조선통신중학관과 조선교육학회의 미거」, 『동아일보』, 1921. 7.26 참조.

서 각 주체에 따라 서로 다른 목적과 형태를 띨 수밖에 없었다. 민족운동 차원에서 전개한 농민운동이나 문맹퇴치운동은 한글보급을 최우선 과제로 삼고 농민을 교양하고자 하였으나, 식민 통치 차원에서 감시와 통제를 받지 않을 수 없었고, 조선총독부 및 각 지방행정기관의 계몽운동은 그 자체가 식민지 농업 정책 실행 차원에서 '자력갱생', '모범촌 형성', '농촌 진흥'의 슬로건 아래 진행되었으므로, 그 자체가 생산성 문제로 귀결될 수밖에 없었다.

이러한 흐름에서 농촌을 대상으로 한 지식보급운동도 일반 농민을 대상으로 한 경우와 문식성을 갖고 있는 농촌 청년 또는 지식인을 대상으로 한 경우가 구분될 수밖에 없었는데, 이른바 '농민문고'도 후자를 대상으로 한 지식 보급 운동이라는 점에서 한계를 갖는 운동이었다.

농민을 대상으로 한 '문고'를 운영하고자 한 시도는 1926년부터 나타난다. 도서관이 충분하지 못한 상황에서 문고는 간이 도서관 역할을 할 수 있는데, 이 사업은 일제 강점기 행정기관에서 실행한 경우도 있고, 각 교육 단체나 계몽단체에서 실행한 경우도 있다. 특히 농민운동이 본격화되면서 이른바 '농촌문고' 설치 운동이 활발히 전개되었는데, 다음은 그 중 하나이다.

【 農村開發에 全心全力[18] 】

중앙긔독교 청년회 농촌부(中央基督敎靑年會 農村部)는 작년 이월에 조직되여 이래 유지 제씨의 후원으로 그 사업이 날로 발뎐되여 오는 중이라는데 양주군(楊州郡), 고양군(高陽郡), 시흥군(始興郡), 경주군(慶州郡) 등에는 '간이교육강습회(簡易敎育講習會)'를 조직하야 여러 가지 상식에 필요한 과뎡을 가르친다는 바 현재 륙백 구십여 인의 강습원이 잇다 하며, 또 각처를 통하야 한주일에 한 번식 강화회(講話會)를 열고, 일반 농민에

---

18) 『동아일보』, 1926.1.9, 사회면.

게 즉접으로 리익이 잇슬 만한 여러 가지 강화도 하엿다 하며, 한달에 한번 혹은 두달만콤 한번식 위안회(慰安會)를 열고 활동사진회, 긔타 환등회를 열엇다 하며, 그 외에 종돈(種豚)과 종계(種鷄)를 배부하며, 농우회(農友會)를 조직하고, '농촌교육문고(農村敎育文庫)'를 설치하는 등 각 방면의 활동이 만핫다는 데 새해에도 여전히 농촌의 계발을 위하야 힘쓰리라더라.

1920년대부터 시작된 문고 설치 운동은 아동, 소년, 학생, 농민 등 사회 각층을 대상으로 활성화되었다. 특히 농민을 대상으로 한 '농촌문고'는 농민 계몽의 주요 수단 가운데 하나로 간주되었다. 1927년 동아일보 현상 논문 당선작의 하나인 노동규의 '농촌진흥책 여하'에서도 '농민 교화안'의 하나로 이를 제시하고 있다.

【 盧東圭, 農村振興策如何 】

第四節 農民敎化案

우리는 上二節에서 農村生活 改革案과 農民輸入 增進案에 대하야 考察한 바가 잇섯스나 其二案은 장차 고찰하랴는 農民 敎化와 有機的 關係에 잇슴으로 何先何後 何急何緩을 論할 수 업다. 三案은 성질상 병행할 것이다. 그러하고 各地方의 형편을 따라 엇던 運動을 몬저 始作함을 反對함은 아니다. 도리혀 실제에는 항상 그러한 방법을 擇할 거이라 하엿다. 몬저 農民 敎化의 目標를 考察하기로 하자.

第一 農民敎化의 目標: 第一步로서는 文盲打破를 目標로 할 것이다. 그 다음에는 그들에게 사회생활 즉 其變革에 대한 基礎的 觀念을 너어줄 것이다. 즉 사회는 進化한다는 생각, 現社會組織은 歷史的 一階段에 不過하다는 생각, 現組織 下에서 被壓迫 民族, 被搾取 階級이 엇더한 地位에 잇는가. 또 其他 位에서 벗서날 수 잇다는 생각, 그것은 其民族, 其階級의 一致團結에 의하야만 可能하다는 생각을 너어줄 것이다. 如此히 하야 그들을 封建

時代의 思想的 拘束에서 解放하며 小有産者的 退嬰思想에서 分離식힐 것이다. (…中略…)

第二 敎化機關

가. 農民學校: 吾人의 目標로는 各村落마다 農閑期를 利用하야 農民夜學을 開하여야 하겟스며 적어도 郡單位로 農民組合聯盟 혹은 靑年聯盟의 사업으로 일년 일차식은 농민학교 교원의 연구회를 개최하야써 農村問題의 理論 及 實際를 硏究하야 敎員의 養成을 圖할 것이다.[19]

나. 婦人夜學: 장래의 조선은 남자만이 擔當할 것이 아니요, 여자의 活動에 俟할 者 多함은 물론이니, 부녀자를 규중에서 사회로 引導하기 위하야 부인 야학은 절대로 필요하다.

다. 社會問題硏究班: 농촌청년회가 중심이 되야 農村에 산재하는 知識階級을 糾合하야 연구반을 조직하야 사회문제를 연구함은 절대로 필요할 것이다.

라. 巡廻文庫 巡廻講師: 窮僻한 農村에 일일이 필요한 圖書가 具備하고 고명한 지도자를 得함을 期하기 甚難할 것이다. 其補充 方法으로 巡廻文庫 及 巡廻講師制로 절대로 필요한 바, 각 연합단체의 사업이 될 것이다.

마. 特種 刊行物: 第一 農民雜誌가 필요할 것이다. 현재 『조선농민』이라는 훌륭한 것이 잇스니 든든하다. 장래는 純農民雜誌와 지도자 계급을 위한 연구 잡지를 分別할 필요가 잇슬 것이다. 다음에 농민학교, 부인학교용 讀本, 농민총서 등이 필요한 바, 此亦 조선농민사에서 발행한다니 반가운 消息이다.

이 방안에 나타난 바와 같이, 농민학교, 농민문고, 농민잡지, 독본 발행 등은 일제 강점기 농민 계몽운동의 주된 수단이었다. 그러나 이 논

---

19) 농민학교 운영과 관련한 주장은 이성환(1926)의 「조선 농민교육의 이상과 방법」(『조선농민』 2(11), 1926.11)에서도 비교적 상세히 제안된 바 있다.

문에서 언급한 농민총서는 체계적으로 발행되지 못했고, 농민사는 출판사 겸 서점의 기능을 병행하여, 다수의 소설, 역사, 정치·경제·사상, 농촌문제 등을 대상으로 하는 서적을 보급하는 역할을 담당하기도 하였다. 특히『조선농민』제5권 제7호(1929.4) '농민사 출판부 취차 서적 일람'을 참고하면, 소설·전기, 역사류 서적의 경우 조선인 저술의 국한문본 22종이 등장하나, 정치·경제·사상 분야는 김준연의『노농 노서아의 진상』, 배성룡의『조선경제론』, 이돈화의『인내천요의』만 국문일 뿐, 다른 서적은 일본어 서적이다. 또한 농촌문제를 다룬 서적도 선우전의『조선의 토지 겸병과 그 대책』을 제외하면 국문 서적이 없다. 이러한 경향은 한성도서주식회사의『학등』제3호(1934.1)에 광고된 '학등 독자 사은 특매 도서목록'도 유사함을 확인할 수 있다. 이 목록에서도 종교·철학, 문예를 제외한 대부분의 서적은 일본문으로 이루어진 것들이다.

이러한 차원에서 농촌문고의 주된 독자는 농민보다 농민을 지도하는 학생 또는 농촌 지도자들이었다. 그럼에도 농촌문고는 도서관과 함께 지식 보급, 문맹퇴치의 가장 적절한 수단으로 인식되었기 때문에, 이에 대한 논의가 지속되었다. 특히『동아일보』1936년 2월 28일부터 3월 11일까지 연재된 강진국(姜辰國)의 '농촌사업을 부대한 농촌문고설창의 급무'는 흥미로운 논문이다. 그는 농촌 교육의 실상을 전제하고, '농촌문화를 배경으로 한 일종의 도서관'으로서 농촌문고 창설을 주장한다. 이를 위해 농촌문고를 운영하는 지도자를 양성하고, 중앙 기관을 창설하며, 위정자나 도시 사업가가 적극 참여할 수 있는 방안을 모색해야 한다고 한다.

【 農村文庫 設創의 急務[20] 】

이에 <u>농촌 중심의 常設的 文化敎育機關이오 積極的 文盲退治 運動 機關</u><u>이 되고</u>, 또 가장 簡易하고도 效用이 클 농촌문고의 創設이 절실히 必要하고도 緊要하고 또 緊急한 것이다. 이 等閑視된 급무 중의 최급무가 문화 투자를 뜻하는 高潔한 慈善家에 남긴 唯一한 사업이오, 또 최대의 功果를 收穫할 수 잇는 새로운 방면이라 하겟다. 여기 내게 이런이런 資本이 잇다고 가정하고 그 具體案을 설명하건대, (…中略…) <u>指導敎育은 國語, 朝鮮語, 算術, 理科를 주로 하되 文盲退治를 主眼</u>하야 이삼년 내에 보통학교 졸업 정도의 국어, 조선어의 실력을 養成할 것이다. 이 실력과 讀書力을 배양한 연후에는 적극적 文盲退治 敎育에서 實踐生活에 즉면한 탐색 교육에 引導하야 各自의 必要에 應하야 문고에서 讀書 혹은 獨習케 할 것이다. 또 이 문고에는 그들의 취미에 가장 적당한 정도의 <u>農村改良, 副業指導 등등, 農村開發에 적당한 圖書를 중심으로, 具備케 할 것</u>이며, 此種 비치할 도서는 중앙에서 簡易하게 譯出하고 혹은 平易하게 移植하야 그들의 程度에 適應하게 出版할 것이다.

이 운동은 표면상으로 볼 때, 농촌 계몽의 유용한 수단으로 간주될 수 있다. 그러나 식민 통치 하에서 농촌 계몽이 농업 생산성 향상에 초점이 맞추어져 있고, 조선어 교육을 억압하고 일본어 보급을 목표로 하는 동화주의 교육 하에서 농촌문고의 운영도 식민 지배하의 소수 지도자를 위한 지식 보급 운동에 그칠 수밖에 없었다. 지도 교육에서 '국어(일본어)'를 중심으로 '조선어, 산술, 이과'와 '문맹퇴치'를 함께 언급하였으나 농촌 계몽의 주요 내용은 '농촌 개량, 부업 지도, 농촌 개발' 등을 중심으로 한 것이었다. 이러한 상황에서 1930년대 중반 이후 농촌에 보급된 계몽 서적 가운데 상당수는 일본문으로 이루어진 서적이거

---

20) 『동아일보』, 1936.2.29.

나 자력갱생운동과 관련된 것이었음을 확인할 수 있다. 이에 대해 강진국은 다음과 같이 설명한다.

【 農村文庫 經營論[21) 】

내가 몇 가지 農村 指導 圖書를 本稿의 말단에 추천 소개하고저 하나 그것은 모두 國文의 것일뿐더러 그 중에는 조선 농민의 敎育 現象으로서는 좀 難解한 것도 잇을 것이다. 물론 필자가 府內 各館의 書庫를 추어서 엄밀히 考選하고 그 정도를 가급적으로 低級하고 平易한 그러고도 比較的 充實한 것을 골르는 것이다. 그러나 필자의 經驗에 의하면 農漁村 參考 書籍이 일반으로 우리 조선의 農漁村 農漁民을 지도할 指導 圖書로서는 매우 不合當한 점이 없지 안흐니 그것은 日本의 該 參考書는 兩極端에 流陷하여서 中庸을 밟은 穩富健實한 것이 極少하기 때문이다. 즉 기술적으로 比較的 내용이 충실하다고 사려되는 것은 擧皆가 化學禮式과 어려운 物理學的 符號로 충만되어 현실을 超越한, 학자의 學術 論議처름 되어 잇고 그 우에도 오륙원 이상의 高價品이니 우리 農村文庫로서는 바랠 수도 없는 것이오, 그러치 안코 비교적 평범하고 보통학교 육년제 졸업생에게 근근히 뜨어 읽힐 만한 것은 그 모도가 都市의 好奇心 만혼 讀者 大衆에게 農村의 皮相的 常識을 주입하려는 데 그 目的이 잇는 것 같다. 그러고 보니 實質 指導者로서 평이하게 쓴 著書, 즉 우리 農山漁村의 주민을 위한 指導圖書는 그 구할 길이 참 漠然한 感이 잇다. 그런대다가 내가 받은 農山村 指導 靑年들의 書函에는 모두 普通學校 卒業生을 標準한 정도의 것이오 그 우에 대부분이 朝鮮語로 된 것이어서 필자의 心痛은 실로 적지 아니하엿든 것이다.

『동아일보』 1937년 10월 8일부터 12월 12일까지 27회에 걸쳐 연재된 이 논문은, 그 당시 농촌문고 경영과 관련하여 상당히 정치하게 작성된

---

21) 강진국(1937), 「농촌문고 경영론(15)」, 『동아일보』, 1937.11.17.

논문으로 평가된다. 이 논문에서는 농촌문고의 필요성, 도서의 중요성, 농촌문고 운영 방법 등을 상세하게 설명하고, 도서 확보 방법과 분류 방법, 비치해야 할 도서 등을 세밀하게 제시하였다. 이때 제시한 도서로는 농업 일반(어업) 17종, 토지 개량·경지 정리 2책, 농업 기초과학·농기술 4종, 토양 비료학 17종, 육종·종묘·품종개량 6종, 작물병해·구제법 6종, 농촌 약제학 6종, 농업기구·농산물 이용 제조법 13종 등 농업기술 관련 서적이 대부분이며, 이러한 서적은 모두 일본문 서적이다. 이 목록에 제시된 조선문 서적은 소설류로 이광수의 『흙』, 『이순신』, 심훈의 『상록수』, 『영원의 미소』, 역사·전기류로 최남선의 『조선역사』, 이선근의 『조선최근세사』, 이윤재의 『성웅 이순신』, 한글 연구와 관련한 최현배의 『우리말본』, 『한글의 바른길』, 경제 서적으로 배성룡의 『조선경제의 현재와 장래』, 김우평의 『금융조합론』 등 11종에 불과하다. 이 점에서 1937년 강진국이 제안했던 농촌문고는 '지식보급'이라는 당위성에도 불구하고 식민시대 농민 계몽의 대안이 될 수는 없었음을 알 수 있다.

제2장 청년 계몽과 수양론

강미정

1. 일제 강점기 청년 담론

1.1. 1910년대 문명진화론과 청년 담론의 특징

일제 강점기 대중운동을 목표로 한 계몽 담론에서 가장 먼저 출현한 것은 '청년 계몽운동'이라고 할 수 있다. 앞서 살펴본 것처럼 근대 계몽기 청년 담론은 주로 종교 단체로부터 출발했다. 그러나 강제 병합 직후 청년 문제는 식민 지배자들의 입장이나 민족운동 차원에서 모두 주목할 만한 현상이 되었다. 그 이유는 식민 현실에서 청년의 상실감은 가장 우려할 만한 현상의 하나였기 때문이다. 국권 침탈기부터 지속된 사상 통제와 강제 병합에 따른 무단통치 하에서 청년의 기개를 드러내거나 저항심을 나타내는 일 자체가 불가능한 상황에서 조선 청년의 기백과 의지를 표현하는 일은 불가능했다.

이와 같은 상황에서 1910년대 조선의 청년 담론은 근대 계몽기의 소년에 머물러 있을 뿐 성숙한 청년의 모습을 담아낼 수 없었다. 허재영(2016)에서 밝힌 것처럼, 1910년대의 청년 담론은 애국 계몽가들의 소년 입지론에 등장하는 지각(知覺)과 기백(氣魄)과는 거리가 먼 '청춘(青春)'으로서의 청년일 뿐이었다. 이는 최남선의 『청춘』에서도 확인할 수 있다. 제호를 '청춘'으로 삼고, 창간호(1914.10)의 축시에 "아츰해에 취(醉)하야 낫붉힌 구름/인도(印度) 바다의 김에 배부른 바람/홋홋한 소근거림 너 줄 째마다/간지러울사 우리 날카론 신경(神經)"으로 시작하는 '어린이 꿈'을 게재한 이 잡지는 1908년 창간한 『소년』의 연속일 뿐이지, 그 자체가 청년으로 성숙한 것은 아니다. "아모라도 배화야 함내다. 그런대 우리는 더욱 배화야 하며, 더 배화야 함내다."라는 창간호의 논설을 읽어보아도 이 잡지가 소년 시기를 지난 청춘예찬에 한정되어 있을 뿐이지, 의지와 자각을 바탕으로 사회를 이끌어 가는 '청년'의 모습에 관심은 그리 깊지 않다는 것을 알 수 있다. 더 흥미로운 것은 1910년대의 대표적인 잡지 『청춘』에서는 통권 8호(1917.6) 이전에는 '청년' 관련 독서물이 등장하지 않는다는 점이다. 창간호부터 '소년'을 내세운 이 잡지에는 '새 아이'(제3호), '독일의 소년'(제7호), '어린 아이'(제7호), '소년의 비애'(제8호) 등과 같이 소년 담론이 지속된다. 청년 담론은 제8호에 이르러 백헌 나석기(羅錫璣)의 '아청년(我青年)의 전도(前途)', 제14호(1918.6) 최린의 '청년의 수양과 그 가치', 임경재의 '청년의 자각을 규(叫)함', 최정순의 '청춘(青春)'에 정도만 나타날 뿐이다.

【 아청년(我青年)의 전도(前途)[1] 】

古語에 云호딕 鵬程萬里오 驥步千里라 ᄒ얏스니 此言은 何謂오. (…中略…) 現今 五千二百萬里 面積되는 地球上에 五大洋이 森茫하고 六大洲가 曠漠한대 何者가 我青年의 航海處가 되지 안이하며 何者가 我青年의 車輪

---

1) 나석기(1916), 「아청년(我青年)의 전도(前途)」, 『청춘』 제8호(1917.6).

處되지 안이하리오. 然이나 此에 <u>航行할 準備와 車轉할 資料</u>가 無하면 畢竟은 狂妄顚蹟(광망전지)하야 半途自廢의 歎을 不免홀지로다. (…中略…) 吾人의 準備와 資料는 專혀 此에만 不在하고 <u>德智體 三育을 善히 發達함</u>에 在하다 할지로다. 所以로 孔孟의 <u>道德</u>이 안이면 轍環天下의 準備가 無할지오, 哥倫布士가 海藻의 漂着함을 見하고 多年 實驗하야 地球의 圓轉하는 것을 證明한 <u>智識과 勇進力</u>이 無하면 阿米利加를 發見키 不能할지오, 其他 蒸氣 輪船을 發明한 瓦妬의 學識과 汽車를 創造한 德微低(토마스)의 巧術이 안이면 陸海에 駛行키 不能한 것은 眼鑑이 孔昭하도다. (…中略…) 我一般 靑年은 何事業으로 目的을 定하던지 <u>堅確히 跟脚을 立하고 活潑히 步武를 進하야 百里를 行하난 者ㅣ 九十里를 半으로 함</u>과 如히 不怠不休하면 萬里의 鵬程과 千里의 驥步가 我靑年의 前途를 讓할지니 勖哉(욱재)어다. 我一般靑年이여.

<u>**번역**</u> 옛말에 이르기를 붕새가 만리를 가고, 천리마가 천리를 간다 하였으니, 이 말은 무엇을 말한 것인가. (…중략…) 지금 5천 2백만 리 면적의 지구상에 5대양이 드넓고 6대주가 광막한데, 어디가 우리 청년의 항해할 곳이 아니며, 어느 곳이 우리 청년이 운전할 곳이 아니겠는가. 그러나 항행할 준비와 운전한 자료가 없으면 결국 어지럽고 뒤집혀 반도 가지 못해 스스로 넘어지는 안타까움을 면하지 못할 것이다. (…중략…) 우리의 준비와 자료는 오직 이것에만 있지 않고, 덕육 지육 체육을 잘 발달시키는 데 있다 할 것이다. 그러므로 공맹의 도덕이 아니면 천하를 주유할 준비가 없고, 콜럼버스가 해조류가 표착한 것을 보고 몇 년 동안 실험하여 지구가 도는 것을 증명한 지식과 용진력이 없다면 아메리카를 발견하기 어려울 것이요, 기타 증기 윤선을 발명한 와트의 학식과 기차를 만든 토마스의 교묘한 기술이 아니면 육지와 바다를 마음대로 다니기는 불능한 것이 틀림없다. (…중략…) 우리 일반 청년은 어떤 사업을 목적으로 하든지 견실 확고하게 발을 딛고 활발하게 보무를 나아가 백리를 가는 사람이 구십 리를 반으로 하는 것과 같이, 게으르지 않고 쉬지 않으면

만 리 붕새의 노정과 천리마의 걸음이 우리 청년의 앞길을 허락할 것이니 힘쓸지어다. 우리 일반 청년이여.

『청춘』에 등장하는 청년 담론은 근대 계몽기의 소년 영웅론과 크게 다르지 않으며, 문명론적 진보를 위한 준비론에 불과하다. 지식과 용진을 내세우고, 덕육·지육·체육을 강조하며, 이를 바탕으로 한 청년의 입지(立志)를 내세운다. 여기서 한 걸음 더 나아가면 '청년의 수양', '자각'을 강조하게 되는데, 이는 제14호 최린과 임경재의 논설에서 확인할 수 있다.

【 青年의 修養과 其價值[2] 】

吾人이 自己의 願하는 바 幸福을 求得코저 함에는 其幸福의 發源地되는 自身을 理想的으로 修練하야 無上한 價値를 有한 自己를 造成함이 最善의 方便이오, 人人의 天職이라. 然而 吾人은 元來 形而上 形而下 即 精神的 物質的 雙方으로 組成한 者인즉, 此를 亦 雙方으로 修養치 아니치 못할지라. 玆에 吾人을 精神的 我와 物質的 我로 分하야 觀할진대, 物質的 我는 有機體오, 必死物인 故로 吾人은 畢竟 永生을 得지 못하는 者오, 亦無病함을 得키 難한 者라. (…中略…) 精神的 我에 至하야는 元來 神秘的인 故로 余의 智識으로써 言及키 難한 者이나 此를 修練함에 隨하야 愈神愈聖하고 愈光愈明하며 此를 放縱함에 隨하야 愈淫愈邪하고 愈暗愈愚함은 吾人의 歷史上 實驗上으로 明確한 證據를 得한 배라.

번역 우리가 자기가 원하는 바 행복을 구하고저 하면 행복의 발원지인 자신을 이상적으로 수련하여 더 없는 가치를 가진 자기를 만드는 것이 최선의 방책이요, 사람마다 천직이다. 그러나 우리는 원래 형이상 형이하, 곧 정신적 물질적 쌍방으로 만들어진 존재이므로 이 또한 쌍방으

---

2) 최린(1918), 「청년의 수양과 其價值」, 『청춘』 제14호(1918.6).

로 수양하지 않을 수 없다. 이에 우리를 정신적 자아와 물질적 자아로 나누어 살피면, 물질적 자아는 유기체요, 반드시 죽는 존재이므로 우리는 결국 영생을 얻지 못하는 자요, 또한 무병(無病)이 어렵다. (…중략…) 정신적 자아에 이르러서는 원래 신비적인 까닭에 내 지식으로 말하기는 어려우나, 이를 수련할 때에는 더욱 신성하고 광명해야 하며, 이를 방종하면 더욱 음사하고 어리석음은 우리의 역사와 실험을 통해 볼 때 명확한 증거를 얻을 수 있다.

최린의 수양론은 물질적 자아와 정신적 자아를 구분하고, 청년의 가치를 높이기 위해 양방면의 수양이 필요하다는 논리이다. 이러한 양방면 수양의 필요성은 인간의 자아가 정신적·물질적으로 분리되어 있음을 전제로 한 것이기도 하다. 여기서 물질적 자아는 유기체설, 곧 진화론적 사상에 바탕을 둔 것임은 물론이다. 나아가 이러한 수양론은 문명진화론의 영향에서 도덕적인 의미를 지녀야 함을 강조하는 방향으로 전개된다. 임경재(任璟宰)의 자각론도 이와 크게 다르지 않다.

【 靑年의 自覺을 따함3) 】

靑年은 愛線의 焦點이다. 참으로 사랑 만히 밧기는 靑年이다. 父母의 慈愛로부터 親戚, 師長, 知者, 不知者를 勿論하고 靑年을 사랑치 안는 者는 아마 絶無하리라. 그러나 靑年의 大部分은 이가치 사랑을 바드면서도 조금도 感謝한 줄 모르는 것 갓다. 甚한 자는 誤解까지 하는 모양이다. 사랑을 誤解치 마라. 父兄이 楚之撻之하고 師長이 叱之責之함은 靑年의 過誤를 矯正하야 善美한 人物을 作코자 하는 참사랑이다. 이것이 靑年을 貴重히 保護하는 最高의 사랑이다.

---

3) 임경재(1918), 「청년의 自覺을 따함」, 『청춘』 제14호(1918.6).

번역 청년은 사랑을 받는 초점이다. 참으로 사랑을 많이 받는 것은 청년이다. 부모의 자애로부터 친척, 스승, 지자, 부지자를 물론 청년을 사랑하지 않는 자는 아마 없을 것이다. 그러나 청년의 대부분은 이같은 사랑을 받으면서도 조금도 감사할 줄 모르는 것 같다. 심한 자는 오해까지 하는 모양이다. 사랑을 오해하지 말라. 부형이 회초리를 치고, 스승이 꾸짖는 것은 청년의 잘못을 바로 잡아 선미(善美)한 인물을 만들고자 하는 참사랑이다. 이것이 청년을 귀중히 보호하는 최고의 사랑이다.

임경재의 '자각론'에 등장하는 청년은 '보호(保護)'의 대상이며 사랑받는 존재이다. 그리고 청년이 '자각'해야 할 것은 '자신이 지극히 사랑받고 있음'이다. 또한 임경재는 '자각'의 구체적인 내용으로 '허영심을 버릴 것', '정도(正道)를 선택하여 나아갈 것', '욕망을 버리고, 덕성과 학문에 매진할 것' 등을 강조한다. 이로 본다면, 임경재의 '자각론'은 곧 전형적인 도덕 설교에 해당하는 청년론인 셈이다.

이처럼 1910년대 『청춘』의 청년 담론이 보호적 청년, 도덕적 청년을 전제로 했다면, 같은 시대 재일 유학생들의 잡지인 『학지광(學之光)』은 '자각'과 '수양'을 좀 더 강조하는 입장에 서 있었다. 이는 '이상(理想)'을 전제로 '도덕적 자각', '준비'를 강조하는 경향을 의미한다. 현재까지 창간호가 발굴되지 않아 그 전모를 확인하는 데 한계가 있지만, '학지광'이라는 제호가 상징하듯, 이 잡지가 '문명론'과 '청년론'을 기조로 하고 있음은 분명하다.

【 二號之光이 出現[4] 】
春風이 淡蕩(담탕)에 百花가 含艶ㅎ야 吾人의 滿目恍惚을 提供흠은 自然界의 美術이오, 文明이 波動에 萬邦이 感號ㅎ야 人權問題의 鋒矢가 激烈함

---

4) 편집인, 二號之光이 出現, 『학지광』 제2호(1914.4).

은 東西界의 政爭이오, 思潮가 一新에 氣魄이 復活하야 <u>理想的 融合</u>의 祥氣
를 頗呈함은 現今 我學界의 狀況이라. 玆에 <u>學界의 理想</u>을 綜合 又는 融合
코자 ᄒ야 本誌의 繼續 刊行ᄒ을 必要가 有ᄒ으로 千障萬碍에 不拘ᄒ고 第二
號의 光이 出現된 所以라 ᄒ노라.

번역 춘풍이 맑게 흩어지고 백화가 아름다워 우리들의 눈을 가득히 황
홀하게 하는 것은 자연계의 아름다운 기술이요, 문명이 파동하여
세계 모든 나라를 일깨워 인간의 권리 문제가 예리하고 격렬함은 동서양
정치계의 쟁점이며, 사조가 일신함에 기백이 되살아나 이상적 융합의 상
서로운 기운을 두루 미침은 현재 우리 학계의 상황이다. 이에 학계의 이
상을 종합 또는 융합하고자 하여, 본지를 계속 간행할 필요가 있으니 온
갖 장애에도 불구하고 제2호의 광(학지광)이 나타난 이유이다.

『학지광』의 '광(光)'은 문명(文明)의 '명(明)'과 다르지 않다. 이 '광명
(光明)'이 의미하는 바는 '이상 세계'이다. 그리고 『학지광』은 학계에 미
치는 문명에 관한 각성이 이상적으로 융합하는 것이 이상세계 실현의
단초가 됨을 강조하면서 그 역할을 적극 담당하고자 한 것이다. 그렇기
에 이 잡지에서도 유학생으로서 '문명 진보'의 책임을 담당하는 청년의
역할을 '도덕'과 '수양'에 두게 된 것이다. 이에 관하여 제2호(1914.4) 추
성인(秋城人)의 '도덕론(道德論)'을 들어볼 수 있다.

【 道德論5) 】
  如何ᄒ 時代와 如何ᄒ 社會를 勿論ᄒ고 人類의 眞實ᄒ 生命을 支配ᄒ며
靈界의 無限ᄒ 快樂을 供給ᄒᄂ 大勢力은 道德이 是라. 是以로 道德이 發達
ᄒ면 社會가 文明ᄒ며 進步ᄒ며 圓滿ᄒ야 興旺ᄒ 活氣를 呈ᄒ고 道德이
腐敗ᄒ면 社會가 支離ᄒ며 滅裂ᄒ며 沈滯ᄒ야 衰頹ᄒ 慘劇이 至ᄒᄂ니 然

---

5) 추성인(1914), 「道德論」, 『학지광』 제2호(1914.4).

則 社會之於道德과 道德之於文明인 其干係之重且切焉이 不容贅說이로다.

번역 어떤 시대와 어떤 사회를 물론하고 인류의 진실한 생명을 지배하며 영적 세계의 무한한 쾌락을 제공하는 큰 세력은 도덕이다. 그러므로 도덕이 발달하면 사회가 문명하고, 진보하며, 원만하여, 흥왕한 활기를 나타내고, 도덕이 부패하면 사회가 지루하고 멸렬하며 침체하여 쇠퇴한 참극에 이르니, 그러므로 도덕에 대한 사회와 문명에 대한 도덕이 그 관계가 얼마나 중요하고 절실한지 다시 더 덧붙여 말할 필요가 없다.

이 논설에 나타난 것처럼 '도덕론'은 '문명론'·'진화론'을 전제로 한 개념이다. 그에 따라 '도덕 발달=문명 진보, 원만, 흥왕'으로 도식화되고, '도덕 부패=사회 지리멸렬, 침체, 쇠퇴'로 등식화한다. 이러한 사유 방식은 이 시기 논설에서 보편적으로 확인할 수 있는 것이기도 하다. 특히 추성인의 논문에서는 "도덕관념은 개인과 사회를 전제로 한 것"이며, 인생에서 도덕은 "자기를 발전시키기 위해 사회를 발전시켜야 하며", 도덕에는 시대와 지역, 동서의 차이가 있음을 주장한다. 이러한 도덕론은 곧 '사회 개량', '도덕 개혁론'으로 이어진다. 이와 같은 개량의 주체는 학생 청년이며, 개량의 방법으로 '수양(修養)'이 필요하다는 논리는 『학지광』뿐만 아니라 1910년대 개조론의 기본 논리라고 할 수 있다. 『학지광』 제3호(1914.12) 현상윤의 '구하는바 청년이 그 누구냐?', 김영섭의 '이상적 인물의 실력과 수양' 등은 이를 증명하며, 제4호(1915.5) 현상윤의 '반도 청년에게 붙임', 김리준의 '반도 청년의 각오' 등도 이러한 흐름을 반영한다. 다만 『학지광』은 『청춘』과는 달리 '소년'이라는 표현보다 '청년'이라는 표현을 더 내세운다. 이 점은 1910년대 청년 담론이 근대 계몽기의 '소년'이나 '청춘' 담론보다 사상적으로 성숙할 가능성을 갖고 있음을 의미한다.

그러나 1910년대 조선 사회에서 보호 대상자로서의 청년, 도덕적 자각과 수양의 책임을 진 청년 담론이 일반화된 데에는 강점 직후의 시대

사조와 식민 통치 하에서의 왜곡된 문명론이 중요한 역할을 한 것도 간과할 수 없다. 근대 계몽기부터 다윈과 스펜서로 대변되는 서구의 사회진화론이 유입되었음은 근대 학문 담론에서 쉽게 확인할 수 있다.[6] 특히 다윈 진화론의 핵심을 이루는 '자연도태설', '적자생존설'은 사회 진화에도 적용되어 각종 경쟁을 산출하였으며, 국권 침탈과 상실 과정에서 일제의 '보호주의', '동양평화론', '동화주의'의 이론적 근거가 되기도 하였다. 특히 일제 강점기 진화론의 식민지적 변용은 인종주의, 개조론 등으로 이어진다. 이 점은 박성진(2003)의『사회진화론과 식민지 사회사상』(선인)에서도 자세히 논증된 바 있는데, 그가 말한 바와 같이 "사회진화론의 사상사적 의미를 1910년 이전으로 한정하는 선행 연구자들의 견해는 재고"되어야 하는 이유는 1910년대의 청년 담론과 개조론, 1920년대 문화주의와 과학담론, 인종주의와 민족개조론, 1930 년대 격화된 국가주의와 황국신민 이데올로기의 성격을 고찰할 때 더욱 명료해진다. 엄밀히 말하면 1914년 이후 등장한『청춘』담론(소년과 구별되지 않는 보호적 청년, 도덕적 청년)이나 이 시기 재일 유학생회 잡지 『학지광(學之光)』의 '수양론'은 식민지적 상황에서 등장한 왜곡된 청년 담론이라고 할 수 있다.

---

6) 우남숙(2011),「사회진화론의 동아시아 수용에 관한 연구: 역사적 경로와 이론적 원형을 중심으로」,『동양정치사상사』제10권 제2호, 한국동양정치사상사학회, 119쪽. "사회진화론은 당시 각국이 지향하고 있던 정치사회적 목표인 부국강병에 의한 근대화와 자주독립을 동시에 달성가능하게 하는 최신 사회과학이론으로 인식되어 크게 공명된 사상이었다. 수용 시기는 일본이 가장 빠른 1870년대로서, 메이지시대(1868~1912)의 사상계를 주도하고 일생을 사회진화론자로 마감한 가토 히로유키(加藤弘之, 1836~1916)가 토착화의 선두주자이며 (…중략…) 중국의 경우는 아편전쟁(1840)의 굴욕과 청일전쟁(1895)의 패배를 겪은 1890년대 후반에, 양무(洋務)운동의 일환으로 (…중략…) 또한 한국의 경우는 1800년대로 거슬러 일본과 미국 유학생 출신 유길준(兪吉濬, 1856~1914)에 의해 최초로 한국에 수용하였으나, 당시의 갑신정변 이후의 보수적인 정치적 상황으로 인해, 본격적인 전파는 일본의 식민지로 전락해 가는 과정에서의 사상적 대응 운동이라 할 수 있는 1890년대 후반의 '자강'·'독립'사상의 선두주자였던 박은식(1859~1925), 장지연(1864~1920), 신채호(1880~1936) 등을 중심으로 전개되어, 개화사상가들의 동도론서기론이나 문명개화론과 다른 독자적인 세계관으로 국력강화운동을 벌였던 것이다."

1.2. 문명진보론과 청년 담론의 식민지적 변용

1910년대 사회진화론에서 현실 인식의 수단으로 자연도태론이 만연되어 있었음은 박성진(2003)에서도 밝힌 바와 같다. 그는 일제 강점기의 사회진화론이 "사회 변화의 역학 분석에 관한 논의를 이루어내지 못하고, 한국 사회를 어떻게 변화시킬 것인가"에만 집중되어 있었다고 설명한 바 있다. 이 점은 1920년대 문화운동에서 더 극명하게 드러난다. 그러나 엄밀히 말하면 1920년대의 문화운동도 1910년대의 사회적 분위기를 이해하지 못한다면 그 운동이 갖는 성격을 이해하는 데 한계가 따른다.

1910년대 문명진보론의 질곡(桎梏)은 식민지적 상황에서 내재적으로 형성된 사유방식일 수도 있지만, 그 근본에는 식민 통치자들의 왜곡된 논리가 작용한 것으로 볼 수 있다. 왜냐하면 국권 침탈기 이후 만들어진 '한국 보호론'이나 '동양 평화론', 강점의 논리였던 '일시동인(一視同仁)'과 '조선 발전론' 등은 기본적으로 사회 변화 또는 역사 발전의 원리와는 무관한 지배 이데올로기일 뿐이기 때문이다.

이 이데올로기의 근저에 진화론이 작용하고 있음은 지배 논리를 가장 적극적으로 홍보한 『매일신보』에서 빈번히 확인할 수 있다. 예를 들어 『매일신보』1914년 1월 21일부터 27일까지 5회에 걸쳐 연재된 일본 의학박사 겸 이학박사 마스시다데이지(松下禎二, 1875~1932)의 '진화론상(進化論上)으로 추단(推斷)한 인생의 미래'도 그 중 하나이다. 이 글의 필자인 마스시다는 1897년 독일에 유학했던 학자이자, 1902년 교토제국대학 교수로서 위생학 강좌를 담당했으며, 1920년 교토 제국대학을 퇴임하고 중의원 선거에서 당선되어 의원을 지낸 인물이다.

【 進化論上으로 推斷흔 人生의 未來[7] 】
生物은 如何흔 것이라도 長久흔 年月을 經ᄒ면 漸漸 變化ᄒᄂ 것이나

如何흔 部分이 如何흔 模樣으로 變化ᄒᆞᄂᆞ지는 豫知키 難ᄒᆞ야 (…中略…) 生物은 進化ᄒᆞᄂᆞ 것인ᄃᆡ 人이 猿으로브터 變化ᄒᆞ얏다는 說도 信키 難ᄒᆞ고 亦是 全能의 造物主가 天地開闢之時에 人이니 犬이니 馬이니 乃至 魚鳥草木ᄭᆞ지 皆造作흔 것일 쑨더러 現今 生存ᄒᆞᄂᆞ 最初에 造物主가 造作흔ᄃᆡ로 잇셔 增ᄒᆞ지도 안코 減ᄒᆞ지도 안이ᄒᆞ야 少毫도 變化홈이 無흔 줄로 思ᄒᆞ나 此ᄂᆞ 誤解가 안이리오.

> **번역** 생물은 어떤 것도 오랜 세월을 지나면 점점 변화하는 것이나, 어떤 부분이 어떤 모양으로 변화하는지는 미리 알기 어려우며 (…중략…) 생물은 진화하는 것인데, 사람이 원숭이로부터 변화했다는 설도 믿기 어렵고, 또 전능한 조물주가 천지 개벽할 때 사람이나 개나 말이나 어류 조류 초목까지 모두 창조했다는 것과 지금 생존하는 것이 최초 조물주가 만든 그대로 증가하지도 줄어들지도 않고 조금도 변화가 없는 것으로 생각하기도 하나, 이는 오해가 아니겠는가.

이 논문은 이학박사의 입장에서 진화론을 소개하고자 하는 목적을 갖고 있는 글로 보이지만, 궁극적으로는 진화론을 근거로 일본 민족을 예찬하고, 일본인의 발전을 기원하는 내용으로 종결된다. 특히 생물계의 우승열패를 인종(人種)에 적용하여, 구미인(歐米人)보다 월등한 일본인이 되기를 희망하며, "일본 민족의 행복을 영구히 보전할 것"을 기원한다.

이처럼 생물학적 진화론을 근거로 사회진보를 내세우고자 할 때, 빈번히 사용하는 논리가 '미개' 또는 '반문명(半文明)'의 폐단이다. 달리 말해 식민지 조선인의 단점과 구습이 '미개'와 '반문명'의 원인이었음을 지적하고, 이를 개조해야 한다는 논리를 산출하는 셈이다.

---

7) 松下禎二(1914),「進化論上으로 推斷흔 人生의 未來」,『매일신보』, 1914.1.21.

【 文明國의 皮相흘 模習흠이 不可8) 】

近日 奢侈의 風은 可히 極度에 達ㅎ얏다 홀지라. 今日 朝鮮人의 衣食住를 수십년 이전 朝鮮人의 衣食住에 比ㅎ면 宵壞로 論홀지라도 可홀지라. (…中略…) 朝鮮人은 其知力이 內地人에 不及ㅎ고 其衣食住는 反히 內地人보다 增加ㅎ니 엇지 可憐치 안이ㅎ리오.

번역 근일 사치 풍조는 극도에 달했다고 할 것이다. 금일 조선인의 의식주를 수십 년 이전 조선인의 의식주와 비교하면 조금만 논해도 될 것이다. (…중략…) 조선인은 그 지력이 내지인(일본인)에 미치지 못하고, 그 의식주는 오히려 내지인보다 더하니 어찌 가엾지 않겠는가.

이 논설에는 조선인이 일본인보다 '지력(知力)'이 열등하다는 표현이 자연스럽게 등장한다. 이처럼 열등하다고 폄하하는 것은 조선인의 사치스러움으로부터 연유한다. 그렇지만 사치스럽다고 판단할 수 있는 근거는 분명하지 않다. 그럼에도 조선인의 사치를 논하는 과정에서 '지력 열등'은 자연스럽게 언급되는 것이다. 1910년대『매일신보』의 사설에서 이와 같은 '조선인의 열등성', '비문명'을 거론한 사설을 찾는 것은 어렵지 않다. 이러한 사설에 등장하는 '구습', '사치', '허영'은 조선의 식민지화의 근본 원인이라는 것이다. 이를 극명하게 드러내는 논설 가운데 하나가 1914년 11월 21일부터 12월 12일까지 15회에 걸쳐 연재된 '조선민족관'이다. 이 사설에서 필자는 강제 병합 1년 후 총독 정치를 오해하는 자를 위해 쓴 글이라는 변명과 함께 일제의 강제 병합을 옹호하는 논리를 전개하고 있다. 이 사설은 '낙관 비관의 분기점'(21일), '조선의 국체와 정체'(22일), '조선민족의 성질'(25일), '조선민족의 계급'(26일), '조선민족의 국가에 대한 관념'(27일), '지리상의 일한 관계'(28일), '일한 병합의 원인(遠因)'(29일), '일한 병합의 근인(近因)'(12월 4일), '병합

---

8) (사설)『매일신보』, 1914.7.2.

후의 총독 정치'(5일), '병합 후의 조선민족'(6일), '낭인(浪人)의 실소(失所)'(8일), '전염병의 유행'(9일), '경제의 곤란'(10일), '조선민족은 자멸(自滅)'(11일), '오직 심각히 반성하고 분발할 뿐(惟在狂省奮發而已)'(12일)로 구성되었는데, 그 가운데 강제 병합에 대한 왜곡된 시각을 살펴보자.

【 併合 後의 朝鮮民族[9] 】

或者는 日韓併合 後의 朝鮮民族을 亡國 遺民이라 ᄒ니 此ᄂᆫ 愚之甚也ㅣ로다. 大抵 亡國遺民이라 ᄒᆞᆫ 其 國家가 滅亡ᄒᆞᆫ 後 人民이 從前의 權利를 保有치 못ᄒᆞᆨᄅ 渙散의 境에 陷ᄒᆞ며 奴隷의 役을 免치 못ᄒᆞᄂᆫ 者를 謂ᄒᆞᆷ이니라. 然즉 併合 後에 在ᄒᆞᆫ 今日의 朝鮮 民族은 果然 如何ᄒᆫ 地位에 在ᄒᆞᆫ가 ᄒᆞ면 朝鮮 民族은 從前의 權利를 失ᄒᆞᆷ이 無ᄒᆞᆯ ᄲᅮᆫ 아니라 도로혀 文明ᄒᆫ 法律 下에서 生命과 財産의 保護를 安全히 ᄒᆞ고, 仁善ᄒᆫ 政令下에서 智識과 産業의 增進을 計圖하게 되얏스니 盖 併合의 實質은 前韓國의 惡政 下에 在ᄒ던 國民의 統治權을 仁聖ᄒᆫ 日本 天皇의 委任ᄒᆞᆷ에 不過ᄒᆫ즉 實은 亡國의 遺民됨이 안이라 一躍ᄒᆞ야 世界의 一等 國民의 列에 參加ᄒᆞᆷ에 至ᄒᆫ 것이오, 朝鮮 民族의 權利ᄂᆫ 如何ᄒᆫ가 ᄒ면

번역 혹자는 일한병합 후 조선 민족을 망국 유민이라고 하니, 이는 어리석음이 심한 것이다. 대저 망국 유민이라고 하는 것은 그 국가가 멸망한 후 인민이 종전의 권리를 보유하지 못하고, 흩어진 지경에 빠지며, 노예의 역할을 면하지 못하는 자를 일컫는 것이다. 그러므로 병합 후 금일의 조선 민족은 과연 어떤 지위에 있는가. 조선 민족은 종전의 권리를 잃은 것이 없을 뿐만 아니라 도리어 문명한 법률 아래에서 생명과 재산의 보호를 안전하게 하고, 인선(仁善)한 정치 법령 아래에서 지식과 산업의 증진을 계도(計圖)하게 되었으니, 모두 병합의 실제 사정은 이전 한국의 악정 아래 있던 국민의 통치권을 인자하고 성스러운 일본 황제께

---

9) 『매일신보』, 1914.12.5.

위임한 것에 불과하니 실은 망국의 유민이 된 것이 아니라. 약진하여 세계의 일등 국민의 반열에 들게 된 것이요, 조선 민족의 권리가 어떠한가 하면

이 논설은 강제 병합이 조선 민족을 세계 일등 국민이 되게 한 것이라고 강변하고, 그 근거로 구한국 시대의 학정을 벗어나 권리를 되찾고 문명한 법률의 지배를 받게 된 것이라고 주장한다. 논설의 부제로 짐작할 수 있듯이, 문명 진보의 차원에서 조선인의 열등성을 부각하고, 오직 반성하고 분발해야 한다는 논리를 펼치고 있다. 이러한 논리는 1910년대 청년 개조론과 동일한 논리이다. 다음을 살펴보자.

【 靑年의 將來10) 】

嗚呼라. 民族 將來의 文明도 必靑年에 在ᄒᆞ며 民族 將來의 野昧도 亦靑年에 在ᄒᆞ지라. 一家로 言ᄒᆞᆯ지라도 現時에ᄂᆞᆫ 家勢가 剝落(박락)ᄒᆞᆯ지나 其家의 靑年이 聰俊ᄒᆞ면 他人이 慢視치 못ᄒᆞ며 現時에ᄂᆞᆫ 家勢가 豐富ᄒᆞᆯ지나 其家의 靑年이 愚魯(우노)ᄒᆞ면 他人이 重視치 아니ᄒᆞᄂᆞ니 此로 由ᄒᆞ야 觀ᄒᆞ면 一部 民族도 亦然ᄒᆞ도다. (…中略…) 近來ᄂᆞᆫ 敎育機關이 完備ᄒᆞ야 實用學問을 敎授ᄒᆞ야 全道 靑年으로 ᄒᆞ야곰 事業의 方向을 知케 ᄒᆞᄂᆞᆫ 同時에 往日의 不公平은 亦 掃地無餘ᄒᆞᆯ지라. 然ᄒᆞᆫ즉 今日의 富豪라도 相當ᄒᆞᆫ 事業이 無ᄒᆞ면 엇지 來日의 貧寒을 免ᄒᆞ며 今日의 貧寒이라도 相當ᄒᆞᆫ 事業이 有ᄒᆞ면 來日의 富豪를 可期ᄒᆞᆯ지라.

此際를 當ᄒᆞ야 靑年된 자는 勉勵 前進ᄒᆞ야 今日의 富豪로 自信치 勿ᄒᆞ며, 今日의 貧寒으로 自傷치 勿ᄒᆞ고 各種의 實用 學問을 肄習ᄒᆞ야 將來의 應用을 準備ᄒᆞᆯ지어늘 (…中略…) 往日에도 一時의 權勢와 一時의 地位를 可信치 못ᄒᆞ거던 況 時與古異ᄒᆞ야 世界가 日明ᄒᆞᄂᆞᆫ 今日에 頑昧ᄒᆞᆫ 舊習으로만 果

---

10) (사설)『매일신보』, 1914.2.26.

然 其生活을 自圖치 못홀지라.

번역 　아. 민족 장래의 문명도 반드시 청년에게 있고, 민족 장래의 야만
우매도 역시 청년에 있다. 한 집안으로 말할지라도 지금 가세가
쇠락하더라도 그 집안의 청년이 총준하면 다른 사람이 모멸하지 못하고,
지금 가세가 풍부하더라도 그 집안의 청년이 어리석고 노둔하면 타인이
중시하지 않으니, 이로 보면 민족도 또한 그러하다. (…중략…) 근래는 교
육기관이 완비되어 실용 학문을 가르쳐 전국 각도 청년으로 하여금 사업
방향을 알게 하는 동시에 옛날의 불공평은 또한 사라져서 남아 있지 않다.
그러므로 금일 부호라도 그에 맞는 사업이 없으면 어찌 내일의 빈한을
면할 수 있으며, 금일 빈한하더라도 상당한 사업이 있으면 내일의 부호를
기약할 수 있다.

　이러한 때를 당하여 청년된 자는 면려 전진하여 금일의 부호를 스스로
믿지 말며, 금일의 빈한을 스스로 상심하지 말고 각종 실용 학문을 마음
대로 익혀 장래 응용을 준비할 것이다. (…중략…) 옛날에도 일시의 권세
와 일시의 지위를 가히 믿지 못했거늘, 하물며 지금 시대가 옛날과 달라
세계가 날로 개명하는 금일, 완고하고 우매한 구습으로 과연 그 생활을
도모하지 못할 것이다.

이 논설에 등장하는 청년은 민족 문명의 발전과 퇴행을 결정짓는 존
재이면서 책임자이다. 그렇기에 청년은 집안과 민족을 이끌어갈 수 있
는 주체자로 실용학문을 익혀야만 하는 책무를 가질 수밖에 없다. 더욱
이 식민 통치가 시작된 이래 '교육기관이 완비'되고, '부호와 빈한의 차
별'이 없어진 외적 현상이 강조되면서 변화의 책임은 청년에게 오롯이
짐 지워진다. 그리하여 옛날의 불공평이 사라진 이 시점에서 노력하지
않은 청년은 어리석고 노둔한 존재에 지나지 않는다. 그런데 이와 같은
논의는 강점 직후의 전형적인 청년 담론의 질곡 양상에 해당한다. 왜냐
하면 문명진보론을 수용하며, 그 주체로 청년을 전제하고, 청년의 준비

를 강조하는 형국이기 때문이다.

【 有爲흔 靑年의 學問 修養의 必要흠 : 내지 유학생 韓萬熙11) 】

噫라. 我半島 靑年 諸君이여. 諸君은 有爲흔 靑年이 되고자 ᄒ는가. 不然
흔가. 万若 諸君이 有爲흔 靑年이 되고자 ᄒ면 一言을 告ᄒᄂ니 靑年은 一
生의 春이라. 春에ᄂ 萬物이 擧皆 生氣가 充滿ᄒ야 希望과 活氣가 多大흔
時期이니 靑年은 人生의 春인즉 一生 中 最히 多大흔 希望과 活氣가 有ᄒ고
體力과 智力도 最히 發達ᄒᄂ 時機로다. 然則 諸君은 此 時機를 空過ᄒ지
말지오, 時機ᄂ 有爲의 靑年을 待ᄒ니 文明 進步와 共히 各種 事業이 發達
ᄒ고 各種 事業이 發達흠과 共히 此 事業에 從事흘 物을 要求흠이 益加흠이
卽是也로다. (…中略…) 夫 學問 修養의 道를 二者로 大別컨대 一은 安全의
道오, 他는 危險의 道ㅣ 卽是也라. 此 學問 修養에 대하야 吾等을 案內ᄒᄂ
者ᄂ 師長이니 前者는 此 案內者에게 從ᄒᄂ 道이오 後者는 此 案內者의
言을 不聽ᄒᄂ 道ㅣ라. 師長의 命令을 服從흠은 吾人의 身을 安全히 保持ᄒ
고, 兼ᄒ야 父母와 師長의 心을 安케 ᄒᄂ 道인바 靑年 中에 間或 師長의
命令을 服從흠을 卑怯과 苦痛으로 思ᄒᄂ 者ㅣ 有ᄒ니 靑年 時代에ᄂ 正邪,
善惡의 判斷力이 不足흠으로 危險의 道에 陷ᄒ기 易흔지라.

> **번역** 아, 우리 반도 청년 제군이여. 제군은 의미 있는 청년이 되고자
> 하는가. 그렇지 않은가. 만약 제군이 의미 있는 청년이 되고자 한
> 다면 한 마디 충고를 하고자 하니, 청년은 일생의 봄이다. 봄에는 만물이
> 모두 생기가 충만하여 희망과 활기가 다대한 시기이니, 청년은 인생의
> 봄인즉 일생 중 가장 많은 희망과 활기가 있고, 체력과 지력도 가장 발달
> 하는 시기이다. 그러므로 제군은 이 시기를 헛되이 보내지 말 것이며, 시
> 기는 의미 있는 청년을 기다리니 문명 진보와 함께 각종 사업이 발달하고,
> 각종 사업이 발달함과 함께 이 사업에 종사할 인물을 요구하는 것이 점점

---

11) 『매일신보』, 1915.1.3.

그러할 것이다. (…중략…) 대저 학문 수양의 도를 두 가지로 나누건대, 하나는 안전한 길이요, 다른 하나는 위험한 길이 그것이다. 이 학문 수양에 대해 우리를 안내하는 자는 스승이니, 전자(안전의 길)는 이 안내자를 따르는 길이요, 후자는 이 안내자의 말을 듣지 않는 길이다. 스승의 명령을 복종하는 것은 우리의 몸을 안전히 보호 유지하고 아울러 부모와 스승의 마음을 안심케 하는 길이니, 청년 중 간혹 스승의 명령에 복종하는 것을 비겁과 고통으로 생각하는 자가 있으니 청년 시대에는 정과 사, 선과 악의 판단력이 부족하니 위험한 길에 빠지기 쉽다.

청년의 특징을 '판단력이 부족함'에 두고, '문명 진보 사업'을 위해 스승의 말에 복종해야 함을 강조한 이 논설은 청년기의 준비론과 복종 담론을 반영한 글이라고 볼 수 있다. '학문 수양'의 길이 '안전'에 있고, 그것을 위해 복종해야 한다는 논리를 곧 '도덕'과 동질한 것으로 강변하는 셈이다. 이를 고려할 때, 일제 강점기 청년 담론의 기반을 이루는 '도덕론', '책임론', '준비론' 등은 변용된 사회진화론이자, 사회 개혁의 본질보다 진화의 '방법'에만 매달린 담론을 뒷받침하는 논리가 되었다. 이러한 변화는 근본적으로 민족과 사회의 자주 독립을 목표로 한 것이 아니라, 개인과 사회의 관계 속에서 '성공한 삶'을 목표하도록 강요되었다. 이 논리는 일제 강점기 청년 계몽을 목표로 한 각종 독본에도 반영된다.

2. 청년 계몽서의 내용과 청년 담론

2.1. 일제 강점기 청년 계몽서 발행 실태

1895년 근대식 학제 도입 이후 학부에서 편찬된 독본은 1900년대에는 개인이 저술한 여러 권의 독본류 교과서가 등장하면서 읽기를 독려하는 중요한 교과자료로 적극 활용된다.[12] 이러한 활용도로 본다면 기왕의 독본류는 근대에 처음 등장할 때부터 교과서 형태로 인지되면서 확산된 자료임을 알 수 있다.[13] 특히 독본들은 1906년부터 가속화되는 근대적 지식을 배워야하고 가르쳐야 한다는 민족 및 사회의 요구에 따라 다양하고 실용적인 자료로서의 특징을 갖추면서 등장한다. 그에 따라 1916년 최남선의 『시문독본』이 저술된데 이어, 1920년대에 이르러서는 수양독본, 어린이 독본, 농민독본, 노농독본, 등 다양한 독본들이 개인저술이나 번역물로 출간되기에 이른 것이다.

1910년대 청년 독자만을 대상으로 저술된 계몽서는 현재까지 발견된 것이 없다. 그러나 최남선(1916)의 『시문독본』이나 그가 번역한 스마일스의 『자조론』은 1910년대 대표적인 계몽서이다. 『시문독본』은 1916년 1월 15일 초판 발행 이후 1918년 4월 정정판, 11월 제3판, 1920년 7월 제4판, 1921년 6월 제5판, 1922년 5월 제6판이 발행될 정도로 대중들에게 지속적인 관심을 끌었다. 이에 비해 『자조론』은 1918년 4월 상권만 간행되고, 하권은 간행되지 못했다. 최남선이 '자조론'을 번역한 것은 『소년』 제2권 제9호(1909.9)부터인데, 번역 과정을 확인할 수 없으나 1918년 4월 『청춘』 제13호에 '자조론 서 급 역서(自助論序 及 譯敍)'와

---

12) 허재영·김경남(2012), 「근대 계몽기 독본류 교과서의 교재 연구」, 『동방학』 제24집, 한서대학교 동양고전연구소, 239~263쪽.

13) 구자황(2004), 「'독본(讀本)'을 통해 본 근대적 텍스트의 형성과 변화」, 『상허학보』 13, 상허학회, 213~244쪽.

광고문이 실려 있다. 이처럼 '자조론'과 '시문'을 중심으로 한 계몽서가 보급된 것은 1910년대 청년 계몽 담론이 자기 반성과 준비론에 입각해 있기 때문으로 볼 수 있다.

이러한 경향은 1920년대 문화운동 차원의 계몽서에도 이어진다. 특히 1920년대는 일제강점기였음에도 불구하고 언어운동에 대한 각성 및 근대 지식을 체화하고자 하는 열의가 강했던 시기이다.[14] 또 한편으로 학교 내에서의 학습자료로서의 활용되는 텍스트와 일반 대중이 읽고 싶어 하는 내용을 담은 텍스트의 다양성이 반영된 시기이기도 하다. 따라서 1920년대에 교과자료로서의 독본 중심이 아닌 일반 대중의 계몽의식을 고취할 수 있는 다양한 독본의 저술이 활성화된 것은 당시의 필요성에 부응한 결과라 할 수 있다. 또한 이렇게 교과과정에 활용될 독본이 아닌, 일반 대중을 위한 독본이 국정교과서 형태가 아니라 개인 저작물로 출간하게 된 배경에는 1920년대에 견고해진 식민지교육도 빼놓을 수 없을 것이다. 다시 말하자면, 당시의 정식교과과정에서 사용된 독본은 식민지 시대가 요구하는 수동형 인간을 배출하는 데에 소용될 형편이었기에, 계몽적인 민족인을 양성하는 책무는 일반 대중을 위한 독본들이 짊어지게 된 것이다.

그리하여 1920년대에 청년들을 주요 독자층으로 상정한 청년독본과 수양독본은 제도권 밖에서의 자유의지, 진보의식, 전근대적인 안목과 대치되는 근대적 안목, 도전의식과 자주적 노력 등을 강조하면서 개혁의 주체로서 성장할 청년들이 반드시 읽어야 할 필독서로 홍보되고 인지되었던 것이다. 특히 1920년대에 필독서로 분류된 청년독본으로는 최남선(1916)의 『시문독본』, 안확(1920, 1921)『자각론』, 『개조론』, 강하형(1922)의 『20세기 청년독본』, 박준표(1923)의 『현대청년 수양독본』,

---

14) 구자황(2008), 「1920년대 독본의 양상과 근대적 글쓰기의 다층성」, 『인문학연구』 35집 2호, 충남대학교 인문과학연구소, 35~59쪽.

박준표 역(1923)의 『삼대 수양론』 등을 들 수 있다. 이 독본들은 당시의 권장필독서이고, 그에 담긴 내용은 1920년대에 청년으로 살아가는 세대들에게 중요한 지침이었음은 해당 독본을 소개한 신문의 지면 광고, 관련 논설, 독본의 범례 및 내용 등을 통하여 알 수 있다.

그러면 본격적으로 이들 청년독본을 검토하기 전에 그간 독본에 관한 연구들을 약술하면 다음과 같다. 그간 독본에 관한 연구는 주로 근대식 학제가 도입된 이후 교과서 형태로 개발된 교육자료로서의 의의, 문화사적인 맥락, 민족의식, 서사인식 등 여러 맥락을 다루면서 전개되어 왔다. 그런데 이러한 선행연구는 주로 초등교본, 중등교본 등 국어교육과정에서 사용된 교과서류에 해당되는 독본을 중심으로 이루어진 것이다. 교과과정에 해당되는 자료가 아님에도 활발하게 연구된 독본으로는 최남선의 『시문독본』을 들 수 있다. 그렇지만 최남선의 『시문독본』에 관한 선행연구는 일제강점기 청년의 계몽과 관련된 논의 보다는 주로 『시문독본』에 수록되어 있는 작품들의 문학성을 탐구하거나, 『시문독본』이 갖고 있는 문학사적 위상, 『시문독본』에서 찾는 글쓰기 원리 등을 밝히는 것에 중점을 둔 경향이 있다.[15]

최근에는 독본이 대중계몽에 중요한 역할을 담당한 읽기자료였음이 구자황(2004),[16] 조정봉(2007),[17] 허재영(2012)[18] 등에 의하여 강조되면서, 일제 강점기 시문독본류(時文讀本類), 농민독본류(農民讀本類) 등 대중

15) 구자황(2006), 「최남선의 『시문독본』 연구: 근대적 독본의 성격과 위상을 중심으로」, 『과학과 문화』 3(1), 1~12쪽; 임상석(2009), 「『시문독본』의 편찬 과정과 1910년대 최남선의 출판 활동」, 『상허학보』 25, 47~78쪽; 김지영·전용호(2007), 「최남선의 『시문독본』 연구」, 한국현대문학회 학술발표회자료집, 123~138쪽(이 논문은 『시문독본』 전체를 지배하는 주지는 개개인의 노력을 모아 문명발달에 도달하여야 하다는 계몽의 논리임을 언급한 바 있다. 그러나 해당 논문의 주요사안은 근대적 글쓰기의 특성을 밝히는 데 있었다).
16) 구자황(2004), 「'독본(讀本)'을 통해 본 근대적 텍스트의 형성과 변화」, 『상허학보』 13, 상허학회, 213~244쪽.
17) 조정봉(2007), 「일제하 야학교재 『農民讀本』과 『大衆讀本』의 체제와 내용」, 『정신문화연구』 30(4), 한국학중앙연구원, 63~87쪽.
18) 허재영(2012), 『계몽운동·문자보급 자료 총서』 4, 역락.

독본에 대한 연구도 적극적으로 이루어지고 있다. 특히 허재영(2016)의 논문에서는 안확(1920, 1921)의 『자각론』, 『개조론』, 강하형(1922)의 『20세기 청년독본』, 박준표(1923)의 『현대청년 수양독본』, 박준표 역(1923)의 『삼대 수양론』 등을 주요 자료로, 1920년대 청년운동과 당시의 청년독본과의 상관성을 밝히고, 이들 독본에서는 청년에게 기대되는 덕목과 사회적 책임을 강조하는 반면에 식민지 시대 상황에서 기치를 내걸어야 했던 사상의 자유와 민족의 독립운동에 대한 목소리는 상대적으로 잦아들었다고 주장한 바 있다.[19]

이로 본다면 청년독본류는 그 당시의 청년운동과의 긴밀성, 일제강점기 청년담론의 주요 맥락 등을 알아볼 수 있는 주요한 자료라는 것을 알 수 있다. 이제 다음에서는 각 시대별 청년 계몽서의 내용과 청년담론을 살펴보기로 한다. 그 가운데 최남선(1916)의 『시문독본』, 강하형(1922)의 『20세기 청년독본』, 박준표(1923)의 『현대청년 수양독본』 등은 시대별 계몽의식을 살피는 데 중요한 자료가 될 것이다.

2.2. 1910년대 자조론과 『시문독본』

1910년대 청년 계몽서는 '자조'와 '수양'을 위한 '입지(立志)'를 기반으로 한다. 이 점에서 최남선 역(1918)의 『자조론』 상권(신문관)과 『시문독본』은 중요한 의미를 갖는다. 스스로를 돕는 자가 그 뜻을 펼 수 있다는 논지를 담지하고 있는 자조론과 사람이 세상에 나면 반드시 큰 사업을 경영하여 진보에 공헌해야 한다는 『시문독본』 권지 일의 '입지'의 도입부는 서로 겹쳐지는 것이기 때문이다. 앞서 밝힌 바와 같이 『소년』 제2권 제9호(1909.9)에서 '용기론'이라는 제목 아래 스마일스의 저서를

---

19) 허재영(2016), 「1920년대 초 청년운동과 청년독본의 의의」, 『어문논집』 제68집, 중앙어문학회.

번역했던 최남선은, 『청춘』 제13호(1908.4)에서 '자조론 서문'에 대한 번역문과 번역자의 '서언수칙(敍言數則)'을 게재하면서 자조론의 청년계몽적 성향을 강조하기에 이른다. 다음에서는 '자조론 서문'을 통하여 이 책이 청년 계몽서로서 어떤 의미를 갖는지 살펴보기로 한다.

【 自助論序[20] 】

宇宙와 人生을 通하야 確實한 一理는 物物이 다 自己라는 本體가 有함이라. 다른 것이 다 幻影이오, 모든 것이 다 虛構라도 오즉 自己란 것은 實在일지니 自己가 無하고는 何物이든지 存在할 理가 亦無한 것이라. 拳石片木에도 自己가 有한 것이오, 微蟲小魚에도 自己가 有한 것이오, 人物에는 人物의 自己가 有한 것이오, 邦國에는 邦國의 自己가 有한 것이며, 世界는 世界라는 一自己오, 宇宙는 宇宙라는 一自己라. 一物의 消長存亡도 該物 自己의 消長存亡이오 一事의 起蹶興廢도 該事 自己의 起蹶興廢니라. 大塊가 一局인대 萬國이 碁布라. 輪嬴(윤영)과 張縮이 不斷하고 世間이 一海인대 兆生이 波多라. 流移와 轉變이 無常하야 歷史 推移의 跡은 幻滅이 走馬燈에서 甚하며 人生昇沈의 態는 倏忽이 活動寫眞에서 過하니 이러틋 激烈한 <u>生存競爭이란 何오. 自己와 自己들이 各其 勢力을 角함이오 自然淘汰란 何오, 自己와 自己들이 各其 虛實을 決함이라.</u> 各自己가 對立하야 觭角이 되고, 各自己가 幷存하야 追逐이 되며 小自己가 大自己를 成하려 하고, 部分 自己가 全體 自己를 作하려 하매 人間에 殺活의 機變이 愈多하고 世上에 風雲의 飜覆이 漸繁한 것이로다. (…中略…) <u>自助는 人生의 一事實이니라. 그러나 이는 곳 自己를 知하는 것이며, 自己를 知함은 곳 宇宙를 知함이오 完全한 自助로써 人生의 本務를 行함은 곳 自己의 生命이 宇宙에 合一하고 自己의 事業이 造化에 渾和함이니라.</u> 自助 自助여. 吾人의 功業芽를 此畦(차휴)에 培할 것이오, 生命水를 此泉에 汲할지니 此書가 今日 吾人에게

---

20) 최남선(1918), 「자조론서」, 『청춘』 제13호(1918.4).

將來하는 利益이 엇지 際涯가 有하리오, 歲甲寅 嘉俳日에 崔南善은 曲橋畔 光文會樓에서 書하노라.

번역 우주와 인생을 통하여 확실한 하나의 이치는 사물마다 모두 자기 라는 본체가 있다는 것이다. 다른 것은 다 환영이요, 모든 것이 다 허구라고 할지라도 오직 자기라는 것은 실재하는 것이니, 자기가 없고 는 어떤 사물이든지 존재할 리가 없는 것이다. 권석편목(拳石片木)에도 자기가 있고 작은 벌레나 물고기에도 자기가 있는 것이요, 인물에는 인물 의 자기가 있는 것이요, 나라와 국가에는 나라와 국가의 자기가 있는 것 이며, 세계에는 세계라는 하나의 자기요, 우주는 우주라는 하나의 자기이 다. 한 사물이 소멸하고 성장하며 존재하고 망하는 것도 이 사물의 자기 가 소장존망하는 것이요, 한 사건이 흥기하고 사라지는 것도 이 사건의 자기가 흥기 소멸하는 것이다. 지구가 모두 하나의 국면이니 세계 모든 나라는 바둑판의 돌이다. 세상이 돌고 번창하며 성장과 위축이 끊임없고 세상이 모두 하나인데, 억조창생이 수도 없다. 유리와 전환 변화가 무상하 여 역사가 추이한 흔적이 사라지는 것이 주마등보다 심하며, 인생이 승화 하고 침체하는 모습은 홀연히 활동사진에 지나가니 이렇듯이 격렬한 생 존경쟁이란 무엇인가. 자기와 자기들이 각각 세력을 다툼이다. 자연도태 란 무엇인가. 자기와 자기들이 각각 허실을 결정하는 것이다. 각자 자기가 대립하여 기각을 이루고, 각자 자기가 병존하여 추종 축출하며 작은 자기 가 큰 자기를 이루고, 부분의 자기가 전체의 자기를 이루고자 하니 세상 의 죽고 사는 기제의 변화가 더욱 많고, 세상의 풍운 번복이 점점 복잡해 진다. (…중략…) 자조는 인생의 한 사실이다. 그러나 이는 곧 자기를 아는 것이며, 자기를 아는 것은 곧 우주를 아는 것이요, 완전한 자조로 인생의 본무를 행하는 것은 곧 자기의 생명이 우주에 합일하고 자기의 사업이 조화에 혼연 화합하는 것이다. 자조, 자조여. 우리의 공적과 업적의 싹을 이 밭두둑에 기를 것이며, 생명수를 이 샘에 댈 것이니 이 책이 오늘날 우리의 장래에 가져오는 이익이 어찌 끝이 있겠는가. 갑인년 가배일(추석)에 최남선은 곡교 언덕 광문회루에서 쓴다.

'자조론'의 서문이라고 되어 있지만, 이 글은 최남선이 자조론에 대해 평한 글이다. '자조론'이 '생존경쟁', '자연도태'의 진화론에 기반하여, 자신의 삶을 개척하는 지표가 될 수 있다는 이 글의 내용을 고려하면 이 책은 1910년대 사회진화론에 기반을 둔 준비론이나 수양론의 기저(基底)와 크게 다르지 않다. 이러한 사상은 근대 계몽기 일본 문명에 경도된 유학생들을 중심으로 만연되어 있었는데, 『조양보』 제1호~제3호(1906.6)의 '자조론(自助論)', 『서우』 제12호(1907.11)에 수록된 '자치론(自治論)' 등도 스마일스의 『자조론』을 번역한 사례이다. 최남선도 이 책을 번역하면서21) 일본의 나카무라마사나오의 번역22)이 일본 근대화에 미친 영향이 매우 컸다고 주장하며, 청년들에게 이 책이 왜 필요한지를 역설하고 있다. '서언 수칙' 끝에 붙어 있는 다음 설명을 살펴보자.

【 일본의 자조론 번역 소개 】

中村正直 博士의 譯한 「西國立志篇」, 곳 自助論이 明治 以後의 精神上에 偉大한 影響을 與한 것은 實로 福澤 氏의 著譯이 物質上으로 偉大한 開化를 與한 것과 共히 新日本史上에 特筆大書될 事實이니, 대개 方今, 社會上의 要地에 據하고 重望을 荷한 者로 此書의 感化를 受치 아니한 者ㅣ 幾無하다

---

21) 최남선의 자조론 번역에 대해서는 최희정(2011), 「1910년대 최남선의 자조론 번역과 청년의 자조」, 『한국사상사학』 39, 한국사상사학회, 213~250쪽; 황미정(2008), 「최남선역 『自助論』: 中村正直譯, 畔上賢造譯과의 관련성에 관해서」, 『언어정보』 9, 고려대학교 언어정보연구소, 141~163쪽 등을 참고할 수 있다. 황미정(2010), 「최남선역 『自助論』의 번역한자어 연구＝崔南善譯『自助論』の翻譯漢字語研究:日本語譯の受け入れと譯語の創出」, 『日本語學硏究』, 한국일본어학회, 271~283쪽을 비롯하여 다수의 논문이 있다.

22) 나카무라마사나오(中村正直, 1832~1891): 일본 메이지 시대의 계몽사상가. 한학과 난학(蘭學)을 익히고, 1866년 영국 유학생 감독으로 파견되었다. 1868년 귀국하여 밀의 「자유론」을 「자유지리(自由之理)」, 「자조론」을 「서국입지편」으로 번역하였다. 이에 대해서는 마루야마마사오·가토슈이치, 임성모 옮김(2013), 『번역과 일본의 근대』(이산)를 참고할 수 있다.

함이 可한지라. 僅僅 四十五年 間에 過人한 建設을 造就한 日本 文明은 此書에 負함이 大타 할지니라.

번역 나카마루마사오 박사가 번역한『서국입지편』, 곧 자조론이 메이지 이후 정신상 위대한 영향을 준 것은 실로 후쿠자와의 저역이 물질상으로 위대한 개화를 제공한 것과 함께, 신일본 역사상 대서특필할 사실이니, 지금 사회상의 주요 지위에 있고 미래의 중요한 임무를 담당한 사람으로 이 책의 감화를 입지 않은 사람이 별로 없다고 할 수 있다. 겨우 45년 사이에 지난 사람이 건설한 일본 문명은 이 책에 힘입은 바 크다 할 것이다.

일본에서의『자조론』번역은 1870년 나카무라 마사나오가 번역한『서국입지편』(1877년 개정판)과 1906년 아제가키겐조(畔上賢造)가 번역한『자조론』이 있다.『서우』제12호에 번역한 '자치론'도 이 두 번역본을 참고하여 중역(重譯)한 것이다. 황미정(2008)에 따르면 최남선의『자조론』도 이 두 번역본을 참고하여 번역한 것으로, 일본 유학생활을 통해 '청년입지'에 대한 신념을 갖게 된 것으로 보인다. 문명론에 기반을 둔 청년사상은 자조론 번역과 관련한 '역자조론 서언 수칙(譯自助論 敍言 數則)'을 통해서도 확인된다.

【 譯自助論 敍言 數則23) 】
一. 此書는 實際 敎育의 大家 故 스마일쓰 博士의 名著로 世界에 廣布하야 <u>幾多 靑年의 進路를 開示</u>하고 더욱 東洋에 來하야는 <u>新日本 役軍에게 偉大한 感化를 與한</u> 'Self Help'를 譯한 者 ㅣ 니 諸社會 諸國民에게 皆然한 것처럼, <u>우리 新靑年의 立志 處身上에 寶鑑을 作하려는</u> 微意로써 此書를 譯出하얏노라.

---

23) 최남선(1918), 「譯自助論 敍言 數則」, 『청춘』 제13호(1918.4).

一. 時勢가 不變한 後로 가장 危殆에 陷한 者는 精神界오, 더욱 無窮한 將來를 擔責할 靑年의 心事ㅣ니 아즉 新穀은 耕作하지도 아니하엿스나 깁히 舊穀을 厭棄하고 兼하야 閉守하든 時代의 敎訓이 암만하야도 開放된 時世에 適合하지 못함으로 先輩 後生의 關係가 一時에 頓絶하야 靑年者流가 覇를 風潮에 脫하매 初에는 奔放하고 橫逸하고 侈靡(치미)하다가 後에는 懶散(나산)하고 萎縮하고 沈鬱하고 煩悶하야 統히 繼往開來의 大任을 堪치 못하게 되엇스니 哀惜과 損失이 此에서 大한 者ㅣ 無한지라. (…中略…)

一. 新風潮에 震蕩된 지 이제 四十年이라. 牛步라도 學한 것이 有하여야 可하고 蠢蠢(제준)이라도 成한 것이 有하여야 可하겟거늘 다만 新을 得하지 못할 쑨 아니라 아울러 舊까지 烏有되엇스니 그 大理由가 外圈의 變移가 劇猛함에 在함은 吾儕도 否認치 아니하거니와 然이나 그만 못하지 아니한 大理由는 新時勢에 順應할 만한 精神的 何等 準備가 有치 아니함이라. 新文明의 基礎와 組織을 理會한 者ㅣ 幾人이나 되엇는가. 新文明의 精神과 骨髓를 體得한 者ㅣ 幾人이나 되엇는가. 此를 說明한 論客과 此를 啓示한 導師와 此를 踐履하는 實際家의 殆無하얏슴을 見하면 後日의 蕭條(소조)와 寂寞을 當初부터 豫斷하얏슬 것이라. 대개 今日의 文明은 본대 國家的으로 醞釀하고 生出한 것이 아니라. 各個人의 忍耐와 堅忍으로써 發揮한 各種 慧能이 做出한 것이오, 國家는 實로 그 效益만을 收合한 것이니, 文明을 學하는 者ㅣ 이 綱領을 執하면 節目이 自從하고 이 蹊逕(혜경)을 遵하면 信地에 自抵할 것이어늘, 今日까지 所謂 新思想家 新經綸家가는 此點에 대하야 顚倒의 見을 持한 故로, 小分子로부터 磨往하기보담도 大團體로부터 風下하려다가 그 大가 壞하는 時에 그 小까지 幷棄하야 短치 아니한 時日과 少치 아니한 勞力을 雲煙에 附하고 自抛自傷할 쑨이니 吾人은 特히 此를 此種 先輩에게 獻하야 反省의 機를 作하시게 하며 (…中略…)

一. 民生이나 人生이 다 進步와 活動으로써 연방 推移하는 外圈에 對하야 順應 同流하는 大約束下에 存立하는 者ㅣ니 이 最根本的 原理에 合하지

못하면 그 努力은 實로 徒勞오, 그 經綸은 實로 空想이며 徒勞와 空想 外에 無他한 民人의 後末이야 可知할 싸름이라. (…中略…) 吾人은 信하기를 今日 吾人이 福地로 臻(진)하는 大正路 最捷徑은 勤勉, 忍耐, 熱心, 專力 等으로 合成한 自助主義 곳 個別의 自助로 團體의 大福을 將來하는 主義로써 항상 進步的 經營과 活動的 生涯를 取하는 一路라 하노니, 此書는 實로 그 가장 信賴할 嚮導와 鞭策이라 하노라.

一. 混亂한 중에 端緒를 抽示하고 迷昧한 裏에 光明을 投與하는 것이 先輩의 後進에게 負한 大義務가 아닌가. 더욱 今日 此時와 如히 思想 物質과 外面 內部로 아울러 無前한 變象과 罕有의 艱會를 際하야 擧世가 도모지 荊棘이오, 全面이 왼통 昏闇하니 此時에 先輩된 者ㅣ 그 任이 尤重하다 할지라. (…中略…) 吾人은 今日 少年의 父兄과 師傅된 者ㅣ 진실로 後生을 愛하는 心이 有하면 혹 家庭의 訓席과 혹 學校의 講壇과 혹 鄕黨의 論場에서 골고로 此 自助進明主義로서 誨說하고 飭勵(칙려)하야 그 眩難으란 覺醒하고, 그 疑惑으란 解決하야 줄 것이라 하노니, 一部 此書는 혹 敎材와 혹 讀本과 혹 談欛(담파)로 廣布하면 廣布되는 대로 世益이 大하리라 하노라.

번역 일. 이 책은 실제 교육의 대가인 고 스마일스 박사의 명저로 세상에 널리 유포되어 수많은 청년의 진로를 열어주고, 더욱 동양에서는 '신일본 역군에게 위대한 감화를 준' '자조'를 번역한 것이니 모든 사회 모든 국민에게 다 그런 것처럼, 우리 신청년의 입지 처신에 귀중한 모범을 보이려는 뜻으로 이 책을 번역 출판한다.

일. 시세가 불변한 후 가장 위태에 빠진 것은 정신계이며, 더욱 무궁한 장래를 담당한 청년의 심사이니 아직 새 곡식은 경작하지도 않았는데 깊이 구곡을 싫어하고, 폐쇄 묵수하던 시대의 교훈이 개방된 시대에 적합하지 못하니, 선배 후생의 관계가 일시에 끊어져 청년들이 패기 있는 풍조를 벗어나 처음에는 분방하고 횡일하고 사치 위미하다가 나중에는 나태하고 위축되고 침울하고 번민하여 전적으로 시대의 대임을 감당하지 못하게 되었으니, 애석과 손실이 이보다 큰 것이 없다. (…중략…)

일. 신풍조에 흠뻑 물든 지 이제 40년이 되어, 조금이라도 배운 것이 있어야 하고, 굼벵이처럼 꿈틀거린 것이라도 있어야 하는데, 다만 새로움을 얻지 못했을 뿐 아니라 옛것까지 까마귀처럼 되었으니 그 큰 이유가 외부의 변화가 맹렬한 데 있었음을 우리도 부인하지 않겠지만, 그에 못지않은 큰 이유는 새로운 시세의 순응할 '정신적인 어떤 준비'가 없었기 때문이다. 신문명의 기초와 조직을 이해한 자가 얼마나 되며, 신문명의 정신과 골수를 체득한 자가 얼마나 되었는가. 이를 설명한 논객과 이를 계시(啓示)한 선도자와 이를 실천한 실제가가 전혀 없었음을 보면, 후일의 소조(蕭條)와 적막을 처음부터 예단하였을 것이다. 대개 금일의 문명은 본래 국가적으로 길러 만들어낸 것이 아니라, 각 개인의 인내와 견인으로 발휘한 각종의 지혜와 능력으로 주조한 것이요, 국가는 실로 그 효과와 이로움만 거두어 합친 것이다. 문명을 배우는 자가 이 강령을 지키면 절목(節目)이 저절로 따르고, 이 길을 지키면 신념을 갖게 될 터인데, 오늘날까지 이른바 신사상가, 신경륜가는 이 점을 뒤집고 작은 개인으로부터 연마에 힘쓰기보다 큰 단체로부터 운동을 일으키고자 하여, 큰 것이 무너질 때에는 작은 것까지 포기하여 짧지 않은 시일과 적지 않은 노력을 연기처럼 없애버리고, 스스로 포기하며 마음 상해 할 뿐이니, 우리들은 특히 이 책을 이러한 선배들에게 제공하여 반성의 기회를 갖게 하며 (…중략…)

　일. 민생이나 인생은 다 진보와 활동으로 끊임없이 옮겨가는 외부에 대해 순응하며 함께하는 큰 약속 아래 존재하는 것이니, 이 가장 근본적인 원리에 합당하지 못하면 그 노력은 실로 헛된 노력이요, 그 경륜은 실로 공상이다. 헛된 노력과 공상 이외에 다른 것이 없음을 사람들이 가히 알 따름이다. (…중략…) 우리는 믿기를, 금일 우리를 행복한 당으로 이끄는 크고 바른 길, 가장 지름길은 근면, 인내, 열심, 전력 등으로 합성한 '자조주의' 곧 개별의 자조로 단체의 큰 행복을 가져오는 주의로, 항상 진보적 경영과 활동적 생애를 취하는 하나의 길이라고 주장하니, 이 책은 실로 그것에 가장 신뢰할 길잡이와 방책이라고 할 수 있다.

일. 혼란한 중에 단서를 제시하고, 혼미 우매한 속에서 빛을 제공하는 것이 선배가 후진에게 지고 있는 큰 의무가 아닌가. 더욱 금일 이때와 같이 사상 물질과 외면 내부가 아울러 전에 볼 수 없던 변화무쌍함과 끝 없는 고난을 당하는 이때, 세계는 모두 가시밭이요, 모든 면이 온통 혼미하니 이때 선배된 자는 그 책임이 더욱 중요하다 할 것이다. (…중략…) 우리는 금일 소년(젊은이)의 부형과 스승된 자가 진실로 후생을 사랑하는 마음이 있다면 혹 가정에서 가르치는 자리, 혹 학교의 강단, 혹 마을의 공론장에서 골고루 '자조 진명주의(自助進明主義)'로 가르치고 격려하여, 어둡고 미혹한 것을 깨치게 하고, 의혹을 풀어주어야 할 것으로 믿으니, 일부 이 책은 혹 교재와 독본과 담화의 주제로 널리 유포하면 유포되는 대로 세상의 이익됨이 클 것으로 생각한다.

다섯 개의 항목으로 구성된 이 '서언 수칙'에서는 이 책이 '청년 계몽'을 목표로 하고 있음을 분명히 하고 있다. 이는 '신청년의 입지 처신상의 보감'이 되게 하는 것이라는 표현에서 명료하게 제시되었다. 그럼에도 최남선의 계몽 담론은 '신일본 역군에 위대한 감화를 준', '자조 자주상에 우리들이 최대 결함을 갖고 있음', '금일의 문명은 본래 국가적으로 온양(醞釀)하고 생출된 것'이 아니라 '개인의 인내와 견인'으로 만들어진 것, '진보적 경영과 활동적 생애를 취하는 것', '가정의 훈석(訓席)과 학교의 강단(講壇)과 향당(鄕黨)의 논장(論場)'에서 '자조 진명주의(自助進明主義)'로 가르치고 '각성(覺醒)'하도록 하는 것이라는 표현에서 1910년대 청년 계몽주의의 본질을 드러내고 있다. 특히 개인의 '근면, 인내, 열심, 전력' 등을 바탕으로 '준비'를 해야 한다는 취지는 일제 강점기 개조주의가 취하는 전형적인 논리이다. 이를 바탕으로 이 책은 '교재(敎材)와 독본(讀本)', '담파(談欛, 담화의 중심축)'의 역할을 충실하게 수행했다. 상권 번역에 그쳤지만, 이 책을 발행하면서 『청춘』에서는 다음과 같은 광고문을 실었다.

【 自助論 上卷, 스마일쓰 博士 崔南善君 原著 譯說: 此書가 出하야 現代의 靑年이 精神上 標柱[24] 】

時下 吾人의 千要萬求를 一言으로 蔽하면 文明上 進에 在하니 我의 力量을 此로써 示現할지며, 我의 地位를 此로써 向上식힐지며, 我의 世界的 存立을 此로써 保障할지며, 我의 現代的 生活을 此로써 發展할지라. (…中略…) 文明上 進은 吾人의 足下에 橫在한 一條路ㅣ니 光明을 此路의 彼方에 認得하며 幸福을 此路의 前頭에 進取할지어다. 百念을 此에 注集하며 萬力을 此에 傾倒하며 一切 機會를 文明上 進에 利하도록 因用하며, 一切 境遇를 文明上 進에 便하도록 改化할지어다. 最先 一着으로 時代의 繼主일 靑年 少年을 文明上 進의 有力한 役軍으로 教導할지어다. 彼等에게 篤摯(독지)한 文明上 信念과 旺盛한 進步的 精神과 活潑한 建設의 勇氣를 皷發할지어다.

> **번역** 지금 우리의 천만가지 모든 요구를 한마디로 말하면 '문명상 진보'에 있으니, 우리의 역량을 이로 보일 것이며, 우리의 지위를 이로 향상시킬 것이며, 우리의 세계적 존립을 이로써 보장할 것이며, 나의 현재 생활을 이로써 발전시켜야 할 것이다. (…중략…) 문명의 진보는 우리의 발아래 놓여 있는 하나의 길이니 광명을 이 길에서 저 방향으로 인지하고 깨달으며, 행복을 이 길의 앞에 두고 나아가 취할 것이다. 모든 생각을 이에 집주하고 모든 힘을 이에 기울이며, 모든 기회를 문명의 진보에 이용하도록 하며, 모든 경우를 문명의 진보에 편리하도록 고쳐야 할 것이다. 가장 먼저 시대를 이어갈 주인인 청년 소년을 문명의 진보에 유력한 역군으로 가르쳐 이끌어야 한다. 저들에게 돈독하고 확실한 문명의 신념과 황성한 진보적 정신과 활발한 건설적 용기를 고취 발동하게 해야 할 것이다.

비록 광고문이지만, 이 글에는 오직 '문명(文明)'이라는 용어가 가득 차 있다. 광고문의 제목에서 '현대의 청년이 정신상 표주'라는 표현을

---

24) 『청춘』 제13호(1918.4).

썼음에도, 광고문에 '청춘 소년'을 지칭하는 표현이 나타나고, '소년 독자(少年讀者)에게 십조(十條)'라는 교훈을 제공한 데서 알 수 있듯이, '청년', '청춘', '소년'이라는 모호한 개념이 '문명 진보'라는 표현 속에 가리워져 있다. 이 10개 조의 교훈언(敎訓言)은 1910년대 개조론적 수양 담론이 어떤 내용으로 구성되어 있는지 잘 보여준다.

【 少年讀者에게 十條 】

一. 新文明의 物質的 結果는 傳來한 지 久하고 그 影響이 자못 深大한 者ㅣ 存하건마는 그 精神的 原由에 關하야는 아즉도 留眼과 用心이 아울러 幾無하야 驚奇의 情만 徒深하고 角逐의 心이 不足한지라. 此書는 尋常한 一讀本에 不過하되 實로 西人德行의 根基와 西國 思想의 精華를 傳하는 者ㅣ니 (…中略…)

二. 此書의 가장 注重하야 論述한 바는 文明進步와 事業 成就의 根本 原理ㅣ니 모다 躬驗體察의 實踐이오 空理와 浮談은 一無한지라. 特別히 精讀深味를 要할지니라.

三. 此書는 實로 世界 歷史의 實際的 發展을 展覽하는 것이니라.

四. 此書는 人世의 幾多 英雄—더욱 平常한 중에 偉大를 成한 萬人可學의 英雄—今日 文明의 先導者가 되어 吾人으로 더부러 直接 交涉이 特多한 近世的 英雄의 實行的 敎訓을 收載하야 尙友의 機를 與하고 觀感의 資를 作케한 것이니라.

五. 此書는 好事業이라고 반드시 그 逕路가 坦夷(탄이)하지 아니하고, 善人物이라고 반드시 그 遭遇가 平順치 아니하며 公益의 事일스록 世情이 더욱 冷薄하고 高尙한 人일스록 試鍊이 더욱 深酷한 幾多 實例를 提供하는 者ㅣ니 (…中略…)

六. 此書는 貧賤도 有志人의 進路를 阻礙하지 못하고 逼害도 有爲人의 經營을 倒壞하지 못하며 아모리 險惡한 境遇라도 制服하고 已하는 人에게는 制服되고 已하며, 아모리 不塞한 運數라도 降伏 밧고 已하는 人에게는

降伏하고 已한 幾多 活證을 擧示한 者 l 니 (…中略…)

七. 此書는 世에 가장 可畏한 者가 外來하는 壓制와 權力이 아니라 <u>自己
自身의 懶散</u>이니 懶散하고 敗치 아니한 者 l 無하며 (…中略…)

八. 無實한 不平과 孤獨의 感傷처럼 少年의 心思를 害毒하는 者 l 無하니
故로 少年된 者는 맛당히 <u>不平心을 轉化하야 實行力</u>을 삼으며 知己를 百代
의 上下에 求하야 孤獨의 悲를 慰安할지니 此點으로 看하야 此書는 少年의
斯須라도 可離치 못할 師友일지니라.

九. 此書는 小說과 如히 淺近한 興味를 求하거나 卑俗한 情을 滿足할 양
으로 讀할 것이 아니라 <u>人生의 活訓과 處世의 寶箴</u>으로 深深玩讀하야 眷眷
服膺할 것이며 (…中略…)

十. 要하건대 此書는 無數한 傳記의 集合이오, 切要한 格言의 類聚오 人
生의 大問題에 대한 가장 切實한 答案이오, <u>文明 發達과 人事成敗의 파노라
마오 修齊治平에 관한 一大 論文이니 就하야 思想을 涵養할 것이오, 性行을
訓練할 것이오, 常識을 修養할 것이오, 勇氣를 奮勵할 것</u>이라. 新時代 靑年
의 日夕親炙하야 啓沃과 滋益을 受할 無等한 良師友니라.

이 글에 나타난 '서양 사상의 정신적 원유'와 '덕행의 근기', '문명
진보와 사업 성취', '역사의 실제적 발전', '문명의 선도자', '좋은 사업이
라도 평탄하지 않음', '빈천·험악의 경로', '자기 자신의 게으름과 흐트
러짐', '불평과 고독을 벗어남' 등은 억압과 갈등의 원인을 역사와 사회
적인 문제 대신 자기 자신의 문제로 귀결하게 하고, '덕성 수양'을 통한
'인생 성공'의 논리를 확산시킨다.

근대 계몽기부터 일제 강점기를 거쳐 확산된 '자주주의', '진명주의'는
한국 계몽운동의 주된 특징 가운데 하나로 자리 잡았다. 최남선 역(1918)
의 『자조론』 상권은 표지 상단에 'SELF-HELP BY SAMUEL SMILES',
우측에 세로로 '최남선 역설(譯說)', 중앙에 대문자로 '자조론(自助論)',
좌측 세로로 '경성 신문관장판(京城 新文館藏版)'이라고 쓰여 있다.25) '총

목'에 따르면 자조론은 13장으로 구성되었는데, 그 가운데 상권에 번역된 것은 6장까지이다. 13장의 내용은 다음과 같다.[26]

【 자조론 총목 】
제1장 자조: 국가와 인민의 관계
제2장 '공예의 대가: 발명가와 생산가'
제3장 '도공 삼대가: 팔리시, 뵈트게르, 웨지우드'
제4장 '전심(專心)과 견인(堅忍)'
제5장 '방조(幫助)와 기회: 과학상 연구'
제6장 '예술계의 노작자(勞作者)'
제7장 '귀작가(貴爵家)와 개창인(開創人)'
제8장 '정력(精力)과 원기(元氣): 강의(剛毅)'
제9장 '실무가(實務家)의 성행(性行)'
제10장 '금전(金錢): 당용(當用)과 망용(妄用)'
제11장 '자수(自修)'
제12장 '의범(儀範)-전형(典型)'
제13장 '품행(品行)-진군자(眞君子)'

『자조론』 상권에서는 각 장의 번역에 앞서 '병언(幷言)'이나 '나카무라의 서(序)'를 두고 있는데, '병언'은 최남선의 계몽 담론에 해당하며, '나카무라 서'는 일본어 번역 당시의 서문을 옮긴 것이다. 총목과 번역 내용, '병언'의 논리를 살펴볼 때, 개인의 인내와 성실, 노작과 성공을 목표로 하는 자조 논리는 식민지 시대의 어떤 제약도 받지 않는 적절한 계몽 담론으로 수용될 수 있었다. 이러한 흐름에서 1923년 홍영후도

---

25) 이에 대해서는 황미정(2008)에서 자세히 소개한 바 있다.
26) 최남선 역(1918)의 『자조론』은 동방문화사(2008)의 『최남선 전집』 권13에서 현대어로 번역되었다.

나카무라 번역본을 토대로 『청년입지편』(박문서관)이라는 책명으로 번역본을 낸 바 있다.27) 이 책의 제목처럼 '청년 입지'는 1920년대 청년 수양론의 기저를 이룬다.

이와 같은 차원에서 최남선(1916)의 『시문독본』(신문관)도 청년 입지의 계몽서로서 큰 영향을 미친 독본임을 확인할 수 있다. 이 책은 1916년에 저술된 것이지만, 1920년대에도 독본을 읽는 독자들에게 미치는 영향이 컸던 독본 중의 하나이다. 교과자료로서의 독본과는 체제를 달리하는 초기 독본으로 등장하여, 다양한 글감을 읽기 자료로 묶어낸 특별한 독본으로 인정받는 것이 최남선의 『시문독본』이다. 『시문독본』의 인기 혹은 영향력은 출간물이 여러 번 인쇄된 기록을 통하여 짐작할 수 있는데, 최남선의 『시문독본』은 1918년에 3판이 매진되고, 1923년까지 7판까지 발행할 정도로 많은 독자층을 확보한 기록을 갖고 있다. 『시문독본』의 인기는 1920년대 소설에서 언급될 정도였는데, 이를테면 이태준의 「사상의 월야」에서 이태준의 페르소나라 할 수 있는 송빈이란 인물이 졸업식장에 갖고 가는 책은 『시문독본』이었고, 현진건의 「타락자」에서 주인공이 읊었던 시조는 『시문독본』에 실려 있던 것이었다.28) 이처럼 『시문독본』이란 책과 그 내용에 대한 관심은 상당했던 것이다. 그리고 『시문독본』이 전적으로 청년의 계몽과 각성에 기여하는 독본임은 최현배의 「조선민족 갱생의 도」의 결말부에서 짧지만 강하게 언급되었기에 해당 부분도 참고할 수 있다.

【 朝鮮民族 更生의 道29) 】

여태까지 나는 나의 淺薄한 學問과 固陋한 見識으로써 감히 우리 조선

---

27) (광고) '청년입지편(青年立志編)', 「원명 자조론」, 『동아일보』, 1923.3.23. 이 책은 현재 국립중앙도서관 디지털라이브러리에서 열람할 수 있다.

28) 김지영·전용호(2007), 「최남선의 『시문독본』 연구: 근대적 글쓰기의 형성과정을 중심으로」, 『한국현대문학회 학술발표회자료집』, 한국현대문학회, 123~138쪽.

29) 최현배(1926), 「조선민족갱생의 도(43)」, 『동아일보』, 1926.11.12.

민족의 정신의 偉大함과 特質의 탁월함을 辨證코자 하엿다. 이미 변증자의 견식으로 淺하며 狹한지라 어찌 그 辨證의 圓滿 無缺하기를 바라리오마는 이만큼 하드라도 우리 민족의 特質이 결코 어느 다른 민족보다 劣惡하다든지 하는 妄念과 杞憂는 一掃될 줄로 밋는다. 그뿐 아니라 우에 말해온 論이 조곰도 虛構 假設이 아니오, 모다가 鐵石가튼 歷史的 實踐인즉 이상의 변증이 결코 忘自尊大의 과장이거나 浮虛孟浪의 空談이 아님도 明白한 일이다. 그 대부분이 이미 世界學界의 公認과 驚異의 嘆賞을 어덧스며 또 어드가는 중에 잇는 것이다. 우리는 이 과거 旣成의 文化的 功績만 하드라도 넉넉이 人文 進運에 莫大한 寄與를 한 민족으로 向上하여 가는 인류사회에 영구히 존재 發展하야 增進하여 가는 文化的 幸福을 充分히 享樂 繁榮할 자격이 잇슬 것이언 하물며 이러틋한 超越한 특질의 충분한 발휘와 완전한 收穫은 오히려 今後에 잇슴에랴.(나는 이 論文에는 參考書를 적지 아니하기로 하엿지마는 이 節을 쓰기에 입은 崔南善 님 撰『時文讀本』의 德을 特히 들어 적지 아니할 수 업다. 그는 다만 感謝의 뜻을 表하기 때문이 아니라 더욱 冊을 靑年 修養書로 民族 激勵書로 時文讀本으로 널리 朝鮮 靑年에게 그 必讀을 勸하고자 함이다.)

위 내용은 1922년 11월 12일에 최현배가 동아일보에 기고한 칼럼 「조선민족 갱생의 도」의 결말부이다.[30] 최현배는 우리 민족이 문자에 대한 탁월한 독창력이 있기에, 세계적으로 탁월한 한글이 창제되었음을 강조하면서 우리의 한글이 지배층의 문자만이 중심이 되던 시대를 벗어나 피지배층을 위한 문자로의 자리를 굳히면서 이후 교육민중문화의 인류화에 기여하는 바가 클 것이라 전망한다. 나아가 최현배는 이상을 수립하고, 갱생을 확언하면서, 부단히 노력할 것을 전제로 민족 갱생의 도에 대한 논지를 전개한다.

---

30) 최현배의 칼럼, 『동아일보』, 1922.11.12.

이러한 글은 당시의 청년들이 민족적 자부심을 갖고 각성하기를 바란 취지를 담고 있는 것이라 할 수 있다. 그렇기에 결말에 이르러 조선 민족의 정신이 위대하고 그 특성이 탁월함을 강변하고 과거로부터 축적된 문화적 공적을 바탕으로 금후에는 완전한 수확을 거둘 수 있으리라 전망한 것이다. 그리고 말미에 이르러 최현배는 최남선의 『시문독본』의 도움으로 이와 같은 논지를 전개할 수 있었음을 언급하면서, 그의 견해가 『시문독본』의 취지와 흐름을 같이하고 있음을 강조하고 있다. 동시에 최남선의 『시문독본』이 청년수양서이며 민족격동서이기에 조선청년들이 읽어야만 하는 책임을 확언한다. 이와 같이 자신의 논지를 마무리하는 즈음에서 주요한 참고서적으로 『시문독본』이 언급한 것을 보아도, 『시문독본』은 1920년대 청년들의 각성에 매우 중요한 서적으로 인지되었음을 생각해볼 수 있는 것이다.

그러면 이제 『시문독본』에 실려 있는 여러 글 가운데에서 1920년대 청년을 향한 계몽의식과 긴밀한 내용들을 중심으로 『시문독본』에 전제되어 있는 청년 계몽담론을 살펴보기로 한다. 총 4권(각 30장)으로 이루어져 있는 『시문독본』의 내용 중에서 청년 계몽의 성격이 두드러진 것은 『시문독본』 권지 1의 제일 입지(立志), 제이십삼 확립적 청년(確立的 靑年) 등이다. 먼저 청년의 입지에 관한 내용을 살펴보자.

【 立志[31) 】

사람이 世上에 나매 반듯이 一大 事業을 建設하야 人文의 進步에 貢獻함이 잇슬지니라. 잇서야 잇는 표가 업고 살아야 사는 보람이 업스면 사람되어 난 意義와 價値가 어대 잇스리오, (…中略…) 맛당히 스스로 發奮하기를 사람의 天性은 다 가튼 것이요, 古偉人 碩士도 別種人이 아니니 진실로 志만 立하고 行만 篤하면 그만콤 되기가 能할 쑨 아니라 그보다 지나긴들

---

31) 최남선(1916), 『시문독본』 권1(신문관), 第一 立志.

무엇이 어려울가. (…中略…) 萬古 天下 大事業이 그 種子는 다 <u>靑年의 大志</u>요, 萬古天下 大人物이 그 起點은 문득 <u>立志한 靑年</u>이니 우리의 志는 온갖 事業을 다 作成하도록 能力이 無限한 것이오 가즌 文化를 다 産出하도록 造化가 無窮한 것이라. 大하다 靑年의 志여. 志가 이미 立하면 맛당히 全力을 거긔 集注하야 念念不退할지니 이 둘을 兼하면 아모러한 大事業이라도 어려움이 업슬지라. <u>奮鬪와 努力은</u> 아모에게든지 大功과 盛名을 줄지니라.

사람은 반드시 인류 문명에 진보를 더할 수 있는 사업을 이루어야 한다는 것을 강조한 것으로부터 입지가 지향하는 바가 분명하게 드러난다. 그런데 그와 같은 진보는 스스로 발분하면서 얻어야 하는 것이기도 하다. 그리고 만고천하의 큰 인물의 기점이 '뜻을 세운 청년'임을 언급하여 청년이 곧 인류 진보의 주체이고 청년의 입지는 곧 '대사업', '인문 발전'의 전제 조건임을 강조하기에 이른다. 그런데 청년의 입지를 예찬하면서, '분투와 노력'으로 '대공(大功)'과 '성명(盛名)'을 목표하는데 치중되어 있다. 이는 전형적인 성공 담론의 하나이다. 이러한 '대공'과 '성명'은 '확립적 청년'에서도 강조된다.

【 確立的 靑年[32]) 】

과연 吾輩 靑年에게 今日만큼 希望의 富한 時代ㅣ 無하도다. 그러나 또 吾輩 靑年에게 今日만큼 危險의 多한 時代ㅣ 無하도다. (…中略…) 오즉 自我의 價値를 正覺하고 一己의 脚跟을 確着ㅎ야 作事의 正路 正方을 遵하고 <u>成功의 原理原則에 合하게 刻苦 勵精, 熱心 努力으로써 進步 前進, 層層上昇</u>하는 亭立的 靑年만 彩飾한 舞臺에 榮譽를 荷하는 花郞이 될지라. <u>大功과 盛名</u>이 어찌 一自己도 確立하지 못하고 一自己도 堅持하지 못하는 者의 物이며 正路를 尋出하는 識鑑과 行役을 堪耐하는 氣力도 無한 者의 物이랴.

---

32) 최남선(1916), 『시문독본』 권3(신문관), 제23 확립적 청년.

번역 과연 우리 청년에게 금일만큼 희망이 풍부한 시대가 없다. 그러나 또 우리 청년에게 금일만큼 위험이 많은 시대도 없다. (…중략…) 오직 자아의 가치를 바르게 깨닫고, 자기의 발꿈치를 확실히 디뎌 일하는 바른 길을 준수하고, 성공의 원리원칙에 합당하게 각고의 노력과 열심히 진보 전진, 층층 상승하는 정립된 청년만이 채색한 무대에 영예를 짊어지는 화랑이 될 것이다. 큰 성공과 이름을 날리는 일이 어찌 자신도 확립하지 못하고 자신도 견지하지 못하는 자의 물건이며, 바른 길을 찾는 식견과 행역(行役)을 감내하는 기력도 없는 자의 것이겠는가.

지금의 시대가 곧 청년에게 희망을 줄 수 있는 시대임을 언급하는 이면에는 이 시대의 주역으로 개척적인 역할을 해야 할 임무의 강조가 뒤따르고 있다. 그렇기에 청년의 희망과 입지 확립, 견인 불굴 등의 자질을 강조하면서 '자아'의 가치를 깨닫는 일과 바른 길과 바른 방향을 준수하는 일이 '성공'의 원칙이라고 주장하는 담론은 앞서 살펴본 스마일스의 '자조론'과 함께 근대 이후 일제 강점기의 개조론과 수양론의 본질을 이룬다.

2.3. 1920년대 개조론과 청년 독본

1920년대는 각종 청년 단체가 활발한 활동을 전개했던 시대이다. 이 시대 청년 계몽의 주된 사조는 '개조론(改造論)'과 '수양론(修養論)'을 바탕으로 한다. 문화운동의 기치를 들고 탄생한 『동아일보』나 『개벽』은 창간 당시부터 이러한 개조주의를 표방하고 있다. '개조', '개혁', '진보', '수양'이라는 용어는 이 시대 청년 담론의 핵심어들이다. 이 시대의 개조론은 1910년대의 자조론과 입지론이 개인과 사회적인 차원에서 전면적으로 확장된 개념으로 볼 수 있다.

이 시기 개조론에 대해서는 김택호(2003), 허수(2009), 장규식(2009),

김용달(1997), 최주한(2004, 2011), 오병수(2006), 박슬기(2011), 허재영 (2016) 등 다수의 논문이 존재한다. 특히 허재영(2016)에서는『동아일보』 1920년 4월 28일자 '내적 개조론의 검토'를 근거로 이 시기 개조론이 '인심 개조', '정신 개조', '내적 개조', '물적 개조', '사회 개조', '제도 개조', '자아 개조' 등 다양한 명칭으로 쓰이고 있음을 확인한 바 있다. 이처럼 1920년대 개조론은 논자에 따라 다양한 성격을 띤다.

그 가운데 안확(1920, 1921)의 『자각론(自覺論)』(회동서관), 『개조론(改 造論)』(조선청년연합회), 이광수(1923)의『조선의 현재와 장래(민족개조론)』 (홍문당서점), 최현배(1930)의『조선민족갱생의 도』(동광당서점) 등은 1920 년대 이후 청년 계몽을 이끈 대표적인 저서로 꼽힌다.

정승철(2012)에 따르면 안확은 1886년 서울에서 태어나 수하동 소학 교를 다니면서 독립협회의 연설 지도를 받았다고 한다. 이에 따르면 그에게 큰 영향을 준 책은 량치차오의『음빙실문집』과 유길준의『서유 견문』이라고 하는데, 1910년 강제 병합 직후 마산에 내려가 창신학교 교사를 지내고, 1914년 일본 니혼대학에서 정치학을 공부하기도 하였 다. 재일 유학생회의『학지광』에는 그가 남긴 글이 다수 남아 있는데, 그는 이 시기부터 조선의 국학(國學)에 관심을 기울이고, 1920년에는 그 시기 대표적인 청년운동 단체였던 조선청년회연합회에 참가하여 기 관지『아성(我聲)』의 편집을 맡고, 1922년에는 신천지사의 편집인이 되 었다.『아성』에는 '청년회의 사업', '조선문학사', '정신의 정리', '세계문 학관' 등과 같은 글을 남겼으며,『조선문학사』(1922, 한일서점),『조선문 명사』(1923, 회동서관),『조선문법』(1917, 1923년 수정판, 회동서관) 등을 발 표하였다.

안확의 자각론과 개조론은 도덕의 주체성을 자각하고, 개인적 인격 을 수양해야 한다는 차원에서 최남선과 비슷한 맥락을 보인다. 그가 자각의 대상으로 삼은 것은 '인생', '가족', '도덕', '학문', '예술' 등이다. 이를 드러낸 것이『자각론』인데, 이 책은 표지와 판권을 포함하여 38쪽에 해당하는 소책자이다. 이 책은 '천도(天道)와 인도(人道)의 구별', '인생의 본분(1), (2)', '선악의 표준', '가족의 신도덕(新道德)', '학자(學者)의 본령(本領)', '예술 급 예술가(藝術及藝術家)', '시 급 시인(詩及詩人)', '신생활(新生活)' 등 9개 항목으로 구성되어 있다.

그가 주장한 '자각'은 철저히 이성을 중심으로 한 계몽사상을 바탕으로 한다. 그는 '천도와 인도의 구별'에서 다음과 같이 '이성(理性)'을 예찬한다.

【 天道와 人道의 區別33) 】

世人의 未開는 自覺치 못함에 在하고 自覺치 못함은 天道의 拘束을 脫化치 못함에 在하니 實相 天道의 脫은 自己의 價値를 覺함과 文明의 路를 開함의 關鍵이라. 何者오. 東洋의 人事哲學은 天道로써 其本을 樹ㅎ야 人格을 自然法則에 埋한 故니라. (…中略…)

人이 萬物之中에 靈長된 理由는 何也오. 無他라. 理性이 有한 故니, 理性은 思慮를 分別하야 心의 動作을 統一 槪括하는 精神을 謂함이라. 植物은 生長力만 잇고 他動物은 生長力 外에 感覺力이 잇고 惟人은 生長力 感覺力 外에 理性이 特有하니라.

번역 세상 사람의 미개는 자각하지 못하는 데 있고, 자각하지 못하는 것은 천도(天道)의 구속을 벗어나지 못하는 데 있으니 실상 천도를 벗어나는 것은 자기의 가치를 자각하는 것과 문명의 길을 여는 것의 관건이다. 무엇을 말함인가. 동양의 사람과 관련된 철학은 천도로 그 근본을 수립하여 인격을 자연 법칙에 매몰한 까닭이다. (…중략…) 사람이 만물 가운데 영장이 되는 것은 무슨 까닭인가? 다름 아니라 이성(理性)이 있는 까닭이니 이성은 사려를 분별하여 마음의 동작을 통일하고 개괄하는 정신을 일컬음이다. 식물은 생장하는 힘만 있고 다른 동물은 생장력

---

33) 안자산(1921), 『자각론』, 회동서관.

이외에 감각력이 있으며, 오직 사람만이 생장력과 감각력 이외에 이성을 갖고 있다.

안확이 말한 '천도(天道)'는 '자연의 법칙'을 의미하는 용어이다. 이와 대립되는 용어가 '이성(理性)'인데, 동양의 철학은 자연법칙에 매몰되어 이성을 자각하지 못했다는 뜻이다. 그렇기 때문에 사람의 본분은 이성을 자각하는 데 있고, 문화는 자연법칙에 굴종하지 않고 이성으로 도덕과 행복을 추구하는 활동이라는 것이다. 그가 주장하는 '이성'은 계몽주의의 일반적인 특징과 마찬가지로 '자유(自由)'와 '이상(理想)'으로 이어진다. 그는 '선악의 표준'을 논하면서 "사람의 모든 활동은 자기만족, 곧 자유로 생활하고자 하는 욕망"에서 비롯되며, "이 본성에 따라 입지(立志)한 목적을 달성하기에 노력하는 데서 도덕(道德)이 수반하는 것"이라고 하였다. 문명 계몽 담론에 기반한 그의 사상은 인간 사회의 '진보 발달'을 확신하고, 그것을 이끌어 가는 힘을 '지식·학문(智識學問)'에서 찾았다. 이 지식과 학문을 발달시키는 사람이 곧 지도자(指導者)이며 학자(學者)라는 것이다. 그는 학자의 본령을 일곱 가지로 제시한다.

【 學者의 本領34) 】

(1) 凡人은 自己의 成功을 認치 안하고 將來 義務를 思함이 可하니 이는 人間行爲의 第一要件이니 더욱 學者는 不可不然이라. (…中略…)

(2) 思想의 交換을 怠치 말지니 卽 他人의 思想을 容하며 自己의 思想을 傳하기로 勉치 안이키 不可하다. (…中略…)

(3) 學者의 一擧一動은 社會의 耳目이라. 故로 恒常 利他的 業務로 根本的 生活을 作치 아니키 不可하다. (…中略…)

(4) 空想과 理論에만 主할 것이 안이라 經驗과 相伴하고 實行과 結托하

---

34) 안확(1920), 『자각론』, 회동서관.

야 人生의 實踐的 手段을 敎하여야 되나니 故로 率先으로 其道를 盡하야 言行을 一致케 할지라. (…中略…)

(5) 學者는 各階級에 對하야 尊敬치 안이키 不可하니 此를 尊敬함은 階級 其者가 안이오 其階級에 賦與한 天職의 遂行이라. (…中略…)

(6) 學者의 責任은 神聖함으로 業務에 就하야도 其撰擇을 注意치 안이함이 不可하니 自己의 技倆을 超하고 重職에 就함은 不可하고 熟練한 手腕이 업시 長官되기 不可하니 各自의 기량 수완에 의하야 몬저 從屬的 職務에 赴함이 可하다. (…中略…)

(7) 學者의 責任에 관하야는 二途가 有하니 一은 實際應用的이라 爲政者로 始하야 實地의 指導者가 皆此에 属한 것이오, 二는 理論學術的이라 敎育家, 著述家가 卽此라.

번역 (1) 보통 사람도 자기의 성공을 인정하지 않고 장래 의무를 생각함이 가능하니 이는 인간행위의 첫 번째 요건이니 학자는 더욱 그렇게 하지 않으면 안 된다. (…중략…)

(2) 사상의 교환을 게을리 하지 말 것이니, 즉 다른 사람의 사상을 담고 자기의 사상을 전하는 것에 힘써야만 한다. (…중략…)

(3) 학자의 행동은 사회의 이목을 끈다. 그러므로 항상 다른 사람에게 이로운 업무로 근본적 생활을 해야만 한다. (…중략…)

(4) 공상과 이론에만 안주할 것이 아니라 경험과 서로 짝을 하면서 실행에 의탁하여 인생의 실천적 수단을 가르쳐야 되니 그러므로 솔선수범하여 그 도리를 다하고 언행을 일치하게 할 것이다 (…중략…)

(5) 학자는 각 계급에 대하여 공경하지 않음이 불가하니, 그 공경함은 계급에 대한 것이 아니오, 그 계급에 부여된 천직에 대한 공경함이다. (…중략…)

(6) 학자의 책임은 신성함으로 업무에 나아가야 하므로 가도 그 가리고 가림에 주의하지 않으면 안 되니 자기의 기량을 넘어서서 중요한 직분에 나아가서는 안 되며, 숙련한 수완이 없이 높은 직위에 오르는 것도 안

되며 각자의 기량 수완에 의하여 먼저 종속적 직무에 나아가는 것이 옳다. (…중략…)

(7) 학자의 책임에 관해서는 두 가지 길이 있으니, 첫째는 실제 적용이라. 다스리는 자로 시작하여 실지의 지도자가 모두 이에 속한 것이오. 두 번째는 이론 학술에 대한 것이라, 교육가와 저술가가 이에 속한다.

안확의 자각론이 '이성'과 '이상'을 바탕으로 지도자의 덕목을 강조한 데는 안확의 학문 사상적인 경험뿐만 아니라 1920년대의 사상적 배경이 전제되어 있다. 달리 말해 1920년대에는 문명론과 함께 서양 철학에 대한 지식도 대중들에게 널리 퍼지기 시작했다. 서양 교육사나 철학사와 관련한 연재물은 『동아일보』에서도 빈번히 찾을 수 있는데, 예를 들어 1921년 5월 15일부터 6월 30일까지 36회에 걸쳐 연재된 신정언의 '태서 교육의 사적 관찰'이나, 1922년 3월 8일부터 6월 22일까지 84회에 걸쳐 연재된 '구주 사상의 유래' 등에서는 서양의 계몽철학이 갖는 특징을 자세히 설명한다. 이러한 시대적 배경에서 안확의 자각론이 계몽철학의 논리를 기반으로 한 것은 자연스러운 현상이다.

'이성'과 '이상'의 관계를 고려할 때, '이성적 자각'은 '이상 세계로의 개조'로 이어진다. 안확(1922)의 『개조론』(회동서관)은 이를 잘 나타낸다. 이 책은 윤익선(尹益善)의 서문, 제1장 '서언', 제2장 '민족성의 약점을 개(改)', 제3장 '윤리의 개조', 제4장 '근래 경향의 개조', 제5장 '결론', 부록으로 구성되었다. 진보에 대한 신념 아래 '개조 운동'을 주창(主唱)한 그는, '노동문제', '부인문제', '인종문제'를 세계 3대 개조운동이라고 전제하고, 조선도 바야흐로 개조의 시기가 도래하였다고 주장한다. 그런데 그가 주장하는 개조는 물질과 제도 방면의 외적 개조가 아니라 '심성(心性)'과 관련된 내적 개조가 필요하다고 강조한다. 이 점에서 안확의 개조론도 '조선 민족성론'으로 이어지며, 1920년대 전반기의 민족적 문화주의의 색채를 띠게 된다. 비록 민족성에 장점과 단점이 모두 존재함을 전제로 하였지만, 그가 내세운 조선 민족성의 '반도성(半島性)', '감상성(感傷性)'은 일본 제국주의자들의 식민 지배 논리를 떠올리게 한다. 그는 조선 민족의 '편협한 고립성'이 반도적 성격에서 기인했다고 주장한다. 이는 일제 관학자들이 주장하는 '반도적 성격론', 곧 '타율성론'의 논리와 비슷하다. 내용상 차이는 있을지라도 '반도'라는 지리적 요인이 민족성을 결정한다는 논리를 벗어나지 못하고 있는 셈이다. 더욱이 '감상성(感傷性)'은 "조선인은 추상적 관념(抽象的 觀念)과 이상적 정신(理想的 精神)이 박약하여 섬세한 상위점(相違点)은 감별(鑑別)치 못하고, 오직 외계(外界)의 자극적 원인에 지배를 당하기 때문에 모든 행위가 다 감상적"이라고 주장한다.

이와 같은 개조주의는 1920년대 전반기 민족주의를 내세운 문화운동의 기반을 이루었지만, 근본적으로 식민지 조선 사회의 문제를 해결하는 근본 방침은 될 수 없었다. 그렇기 때문에 '계급주의', '사회운동'이 본격화되면서, 안확이 제시했던 개조주의도 많은 비판에 직면한다. 더욱이 이광수의 '민족개조론'(『개벽』, 1922년 5월)은 개조의 전제로 조선 민족성을 비하하고, 식민지 조선의 현실을 무시한 도덕 개조론에만 치중했다는 점에서 거센 논란을 일으키기도 하였다. 물론 같은 개조론일지라도 최현배의 『조선민족 갱생의 도』(동광당서점)는 그 성격이 다르다. '현재의 민족적 질병의 진찰', '민족적 쇠약증의 원인', '민족적 갱생의 원리', '민족적 갱생의 노력' 등으로 구성된 이 책은 조선 민족성의 장단점을 논하는 대신, 식민지 현실에서 조선 민족이 처한 상황을 진단하고 그것을 개선하고자 하는 데 중점을 두었다. 그렇기 때문에 이 책은 일제 강점기 금서(禁書) 가운데 하나로 알려져 있다.

이러한 흐름에서 개조론을 주장한 안확, 이광수, 최현배 등 논자에 따라 사상적인 차이가 뚜렷했음에도 그 근저에는 계몽철학의 '이성주의', '이상주의', '입지론', '청년론'을 바탕으로 한다는 점에서는 공통점이 있다. 1920년대 청년을 대상으로 한 대중 독본도 마찬가지이다. 이 시기 대표적인 청년 독본으로는 강하형(1922)의 『20세기 청년독본』(태화서관), 박준표(1923)의 『현대청년 수양독본』(영창서관)을 들 수 있다. 강하형(姜夏馨)의 독본은 독자층을 청년으로 특화하고, 청년시기에 놓쳐서는 고민해야 할 사안, 청년시기를 통하여 얻을 수 있는 성취 요인, 청년의 인생관과 행로에 대한 내용을 집약하였다. 일명 '수양론(修養論)'이라는 제목처럼, 청년기의 수양을 강조한 독본이다. 이 책의 성격은 '범례'에 명시되어 있는데, 이를 살펴보면 다음과 같다.

【 凡例35) 】

一, 本 讀本은 現代 靑年의 思想과 危機를 洞察하야 靑年의 圓滿한 理想과 高尙한 修養에 普及]토록 編纂한 것이다.

一, 本 讀本은 特히 切實緊要한 二十章에 解明으로 簡易詳捷을 目的하야 自習自解에 必要토록 한 것이다.

一, 本 讀本은 修養에 關한 諸方面에 適材를 蒐集하야 靑年處世의 寶典이 되며 現代에 適當토록 有意한 것이라.

一, 本 讀本은 人類生活에 幸福과 高遠한 理想의 建設者되는 靑年의 立脚地를 開拓코자 한 것이라.

一, 附錄으로 座右銘과 修身要領과 東西格言은 靑年의 一日이라도 不可缺할 金訓이다. 靑年은 반다시 警箴을 삼어 實行躬踐하면 處世에 入門에 進路하엿다 하리로다.

번역 일. 본 독본은 현대 청년의 사상과 위기를 통찰하여 청년의 원만한 이상과 고상한 수양에 보급토록 편찬한 것이다.

일. 본 독본은 특별히 절실하고 긴요한 것을 20장으로 밝혀 간이하고 상세함을 추구하여 스스로 익히고 이해할 수 있도록 하였다.

일. 본 독본은 수양에 관한 여러 방면의 적합한 재료를 수집하여 청년

---

35) 강하형(1922), 「범례」, 『20세기 청년독본』, 태화서관.

의 처세에 보감과 전범이 되며, 현대에 적당하도록 힘썼다.

일. 본 독본은 인류생활의 행복과 고원한 이상을 건설하는 청년의 입각지를 개척하고자 한 것이다.

일. 부록의 좌우명과 수신 요령과 동서 격언은 청년이 하루라도 빠뜨려서는 안 될 귀중한 교훈이다. 청년은 반드시 경구와 잠언으로 삼아 실천궁행하면 처세의 입문에 나아갔다고 할 수 있을 것이다.

범례에서 밝힌 것처럼, 이 독본은 청년의 수양을 목표로 한 독본이다. 특히 수양은 성공의 전제이며, 성공은 행복의 전제라는 자조론적(自助論的) 개인주의를 바탕으로 한다. 이는 필자의 서문에 명확히 제시된다.

【 自序36) 】

우리에 幸福은 <u>自取者의 幸福</u>이며 <u>責任은 擔當者의 責任</u>이다. 萬般의 智識은 攻究者의 智識이며 超越한 人格은 修養者의 人格이라. 事業은 爲爲者의 事業이며 名譽는 <u>自助者의 享有物</u>이라. 우리는 耳目이 聰明하여야 萬般 事理를 覺得할 수 잇으며 우리의 手足은 强壯하여야 人間 到處에 揮動할 수 잇난이라. 吾儕난 實社會의 敎訓과 懲戒를 積하야 비로소 一個의 獨立한 人格을 造成하난이 그러나 修身養心에 勞을 積치 안니치 못할지라. 이난 곳 橫으로 雜駁한 智識을, 縱으로 統一케 함이니 우리난 무엇보다도 各自의 天能을 發揮하며 天與의 幸福을 利用하라. 圓滿한 人格을 養成하야 自力的 價値를 挑得할지니 吾人의 人格, 價値난 決코 臂力 脚力의 體的 强健에만 在한 것이 아니라, 知的 識的의 充實한 精神에 잇도다. 故로 우리난 人生의 波蘭에 잇서, <u>內的 奮鬪의 生活</u>를 血과 淚을 溢하라. 淸新한 思想과 敬虔한 修養의 綠光과 白熱을 相扶하야 心胸의 一味 靈光에 悶하난 眞의 徹底한 光輝의 生活를 憧憬하라.

---

36) 강하형 著, 구자황·문혜윤 편(2011), 『20세기 청년독본』, 도서출판 경진.

'자서'에서 확인되듯이, 이 책에 가장 많이 등장하는 어구는 '청년'과 '자조', '인내', '내적 분투' 등이다. 청년들이 행복에 도달하려면 스스로 쟁취하고 책임지는 삶의 노력에서 이루어지는 것이라는 논리를 전제로 자조(自助)를 강조하기 때문이다. 청년들은 세상의 진리를 깨우치면서 동시에 실제 사회, 실제 생활에서 교훈과 징계를 쌓아 가면서 하나의 독립된 개체로 성장해야 하며, 청신한 사상과 경건한 수양하는 자세로 번민에서 벗어나 영광스러운 생활을 동경할 수 있다고 주장한다.

　이 책은 '청년의 이상과 목표'(제1장 청년편, 제2장 청년의 전진편, 제3장 입지편), '처세와 생활'(제4장 처세편, 제5장 지기편, 제6장 생활편, 제7장 정육론), '청년의 희망과 활동'(제8장 희망편, 제9장 활동편, 제10장 노력편, 제11장 번민편, 제12장 실천편), '책임과 자각'(제13장 책임편, 제14장 자각편), '수양의 방법'(제15장 수양편, 제16장 자제편), '수양의 결과'(제17장 성공편, 제18장 행복편), '청년의 도덕과 행로'(제19장 도덕편, 제20장 청년의 행로) 등 총20장으로 구성되었다. 각 장의 이름이 암시하듯이, 그가 강조한 덕목은 개인과 자아(自我)에 중점을 두고 있다. 특히 수양을 통한 '성공' 담론을 강조한 것은 1910년대 이후의 자조론적 계몽주의를 계승한 것으로 볼 수 있다. 제17장의 '청년의 성공편'에서 그는 "성공은 노력의 보상이며 노력의 대가"로 규정하고, "인내를 제공하면 성공이 올 것"이라고 주장한다.

　그 당시 이 독본에 대한 사회적 관심은 적지 않았다. 이는 그때의 신문 광고를 통해 확인할 수 있는데, 광고 기사가 중요한 이유는 책의 취지와 당시의 기대치를 함의하고 있기 때문이다. 예를 들어 독자층을 어떻게 정할 것인지, 해당 책에서 어떤 장점을 가장 인상적이고 기억에 남을 수 있도록 추려낼지의 여부는 광고에 선명하게 드러난다. 다음에서는 1922년 11월 14일 동아일보에 소개된 『20세기 청년독본』에 대한 광고를 살펴보기로 한다.

【 滿天下 靑年 諸君에게 特히 此書를 推薦: 『二十世紀 靑年讀本』】

本書는 靑年時代의 緊切한 要求에 應하야 模範的 新案을 案出한 것인바 豫備的 靑年의 人格 修養에 涵蘊하도록 가장 平易하며 明確하야, 理論的이 아니요, 迷路에 彷徨하는 靑年의 處世 捷徑으로 實行躬踐的 眞髓이다. 光明한 生活 眞理의 生活을 憧憬하는 靑年은 絶好한 良師友요, 至極無上한 好侶物됨은 勿論이니 將來의 新文明을 開拓할 靑年아. 鞏固한 立場에서 高潔한 理想으로 人類生活에 가장 幸福스러운 新文明에 建設者되는 靑年아. 見하라. 讀하라. 處世에 初程이오 靑年의 使命에 關鍵이다. 絶大한 修養으로 偉大한 人格을 得할 靑年은—

위 광고 글에 따르면 『20세기 청년독본』은 만천하 청년제군의 필독서이다. 그에 따라 책에 관한 내용 소개도 청년층에 절박한 요구에 부응하면서 새로운 대안이 제시되었음에 착안하여 전개되고 있다. 그와 함께 현재의 청년들이 방황 속에서도 갈피를 잡고 실천적인 인물로 거듭나서 장래의 신문명을 개척할 수 있는 진수가 『20세기 청년독본』에 담겨져 있음이 강조된다.[37] 그리고 4일이 지난 1922년 11월 18일 동아일보 기사에서는 20개의 장별 목차까지 자세하게 소개하면서, 이 책이 청년에게 얼마나 필요한 독본인지를 확언하기에 이르는 것이다.[38] 이처럼 청년독본에 관한 홍보 자료를 통하여 알 수 있듯이 청년독본의 내용은 1920년대 전반기의 격렬한 청년운동에 비하여 '자각', '개조', '성공' 담론을 중심으로 청년들을 이끌어가려는 취지가 더 강한 편이다. 그것은 시대와 사회의식의 불명료성, 식민지 계몽운동이 갖는 한계

---

37) 1922년 11월 14일에 신간소개가 이루어진 이후 1922년 11월18일, 1922년 12월 1일, 1923년 3월 30일, 1923년 4월 27일, 1924년 2월 19일 등 6차례에 걸쳐 동아일보에 청년의 필독서로 홍보된 것으로 보아, 『20세기 청년독본』이 상당히 관심 받은 청년독본이었음을 짐작할 수 있다.

38) 1922년 11월 18일자 동아일보 기사의 출처는 네이버 뉴스 라이브러리(newslibrary.naver.com)임.

성에 봉착한 와중에 선택한 방향전환일 수도 있다.

이러한 맥락에서 박준표(1923)의 『현대청년 수양독본』(영창서관)을 살펴볼 필요가 있다. 이 책도 출간 직후부터 여러 차례 신문 광고를 통하여 적극적으로 홍보된 바 있다. 이 책의 중심 내용도 수양과 개조를 목표로 하고 있다. 저자의 친구인 최문하(崔文夏)가 쓴 '서문'에서도 "무릇 지식은 인격 수양의 재료이며, 사업 성공의 첩경이라. 남보다 인격을 더 향상코저 하며, 사업을 더 발전하려는 자는 더욱 이를 갈구할 것이다."라고 썼듯이, 개조와 수양을 통한 성공 담론을 취하고 있음은 틀림없다. 그럼에도 이 독본은 다른 계몽서보다 좀 더 사회운동에 가까운 느낌을 준다. 이 점은 '범례'에서 "본서 2편 각장에는 시대사조(時代思潮)에 사상(思想)을 편술(編述)하야 인류(人類)의 향상적 발전(向上的 發展)을 탐구(探求)하며 인생(人生)의 진가(眞價)를 발휘(發揮)케 한 것이다." 라고 밝힌 데서도 확인할 수 있다.39) 이 책은 최문하(崔文夏)의 '서문', '범례', '자서', '제1편 수양론'(청년, 수양, 가정, 교훈, 습관, 자각, 생활1, 생활2, 천직, 인격, 면학, 학생, 노력, 운명, 재물, 성공, 학문, 직업, 향상, 책임, 행로 등 21장), '제2편 사상론'(시대, 교육, 문화, 문명, 역사1, 역사2, 문학, 희생, 개조, 사회, 노동, 종교, 경제, 봉사, 사상, 평등, 인성, 동권, 주의, 의식, 예술, 위기, 오류, 사조, 심미, 민족, 자유, 해방, 인생 등 25장)으로 구성되어 있다. 저자가 밝힌 '자서(自序)'는 다음과 같다.

---

39) 이처럼 시대사조를 좀 더 반영하게 된 까닭은 저자인 박준표의 사상에서 비롯된 것으로 보인다. 그의 생애에 대해 밝혀진 바는 없으나, 『동아일보』 1925년 9월 19일자 기사에서는 그가 '경성소년연맹회' 회원으로 토론 대회의 심판을 맡은 것으로 나타난다. 이를 반영하듯 박준표가 지은 『십분간 연설집』(1925, 박문서관), 『농촌청년의 활로』(1929, 삼광서림), 『실지응용 연설방법』(1934, 광한서림), 『청춘의 애인』(1931, 세창서관) 등의 저서가 발견된다.

【 自序[40] 】

宇宙는 劇場이며 萬衆은 背景이오, 世間은 舞臺이며 人生은 俳優이다. 靑年의 成功과 墮落은 그들의 努力과 怠慢에 表現이오, 失敗와 勝利의 發現이다. 怠慢은 惡魔이오, 努力은 人生의 珍寶이다. 그리하야 成功의 榮冠을 엇으랴 하는 希望이 가장 强烈한 靑年은 精勤勉勵의 修養과 宏遠持久의 思想으로 奮鬪 努力함이 無上의 適切을 感할 것이다. 悲境에서 奮鬪하며 敗場에서 勇進하며 困地에서 活躍하는 靑年이라야 新文明에 靑年으로, 新事業의 新主人이 되는 것이다.

번역 우주는 극장이며, 만물 중생은 배경이요, 세상은 무대이며, 인생은 배우이다. 청년의 성공과 타락은 그들의 노력과 태만의 표현이요, 실패와 승리가 드러나는 것이다. 태만은 악마요, 노력은 인생의 진귀한 보배이다. 그래서 성공의 영예와 왕관을 얻으려 하는 희망이 강렬한 청년은 힘써 근면하고 노력하는 수양과 원대하고 끈질긴 사상으로 분투 노력하는 것이 더 없는 적절함을 느낄 것이다. 비참한 경지에서 분투하며 실패의 장소에서 용진하며 곤란한 곳에서 활약하는 청년이라야 신문명의 청년으로, 신사업의 새 주인이 되는 것이다.

'노력', '분투', '용진', '활약' 등이 '성공'의 전제이며, 성공은 '신문명', '신사업'을 이루어 가는 길을 의미한다. 이는 전형적인 개조주의와 수양주의를 반영하는 논리이다. 그런데 이 책은 성공 담론을 뒷받침하는 과정에서 당시의 사회사상을 비판하고자 한 점이 특징이다. 그렇기 때문에 제1편은 '수양론'이라고 이름을 붙이고, 제2편은 '사상편'이라고 하였다. 사상편의 핵심은 '시대'를 인식하는 것이다. 이에 대해 그는 다음과 같이 진술한다.

---

40) 박준표(1923), 「자서」, 『현대 청년 수양독본』, 영창서관.

【 時代를 理解하야 順應하는 者는 發展이 되는 것이다[41] 】

人은 時代의 産物이다. 人이 時代를 離하야 生存치 못함은 魚가 水를 離하야 生存치 못함과 異할 것이 업다. 그럼으로 <u>個人과 國家를 不問하고 時代를 洞察 理解하야</u> 이것을 利用하며 <u>이에 順應하는 者난</u> 그의 生이 더욱 發展하며, 그의 生이 더욱 繁榮하야지고, 이에 反하야 時代에 逆行하는 자난 그의 生이 退縮에만 止할 쑨 아니라. 필경 衰滅에 歸하고 乃 已함은 史乘이 이것을 證明하는 바이며 (…中略…) 이와 가튼 全世界의 風潮가 滔天의 勢로 進하는 압헤는 所謂 學者輩가 이 主義를 率先 主唱하며 敎育家가 同一 敎壇 下에서 이 矛盾의 眞理(?)를 平然이 講述하얏고, 甚至於 宗敎家가 이 主義를 讚揚함에 至하야는 憫憐의 情을 禁할 수가 업섯다. 그리하야 <u>人類의 한업는 利己的 欲念과 唯物主義의 迷夢과 物質科學의 進步는 隱然한 중에 因이 되며 果가 되야</u> 금번과 如한 世界 未曾有의 大慘劇을 演出하게 된 것이다.

번역 사람은 시대의 산물이다. 사람이 시대를 떠나서 생존하지 못함은 물고기가 물을 떠나서 생존하지 못함과 다를 것이 없다. 그러므로 개인과 국가를 불문하고 시대를 통찰하고 이해하면서 이롭게 써야하니, 이에 순응하는 자는 그의 삶이 더욱 발전하며, 그의 삶이 더욱 번영될 것이고, 이에 역행하는 자는 그의 삶이 퇴행하고 위축됨에 그칠 뿐 아니라 마침내는 쇠퇴하고 멸망할 것이고, 이는 이미 역사에서 증명되었고 (…중략…) 이와 같은 전 세계의 풍조가 널리 퍼지는 형세로 나아가는 앞에는 소위 배웠다는 사람들이 이 주의를 솔선 주창하며, 교육자가 무리지어 모순의 진리를 아무렇지도 않게 강의하였고, 심지어 종교가가 이러한 주의를 찬양함에 다다라서는 안타까운 마음을 금할 수가 없다. 그리하여 인류의 한없는 이기적인 욕망과 유물주의에 홀린 어지러운 상태와 물질과학의 진보는 은연중에도 원인과 결과가 되어 지금 같은 세계 초유의 대참극을 연출하게 된 것이다.

---

41) 박준표(1923), 『현대 청년 수양독본』, 영창서관(제2편 제1장 참조).

저자의 계몽 담론은 시대에 순응하고, 이기적 욕망과 '유물주의'의 미몽, '물질과학'의 진보에 대한 신념 등을 버려야 한다는 것이다. 이런 생각들이 세계 미증유의 대참극(제1차 세계대전)을 일으킨 원인이라는 것이다. 청년 담론의 '자조', '개조', '수양'이 '순응(順應)'과 사회사상 비판에 이른 점은 1920년대 청년독본의 착종 현상 가운데 하나이다. 청년의 진취성과 사회적 책임을 강조하면서도, 결과적으로 시대에 순응해야 하고, 자신의 수양에만 몰두해야 한다는 논리를 펼치는 것은 식민 상황에 처해 있는 청년들에게 적절한 것만은 아니다. 다만 그는 사회주의를 무조건 배척하는 태도를 보이지는 않는다. 다음을 살펴보자.

【 第十五章 主義. 一. 一般 社會主義의 物質觀으로 重要한 點인 줄 안다[42] 】
現代에 이르러 어느 國家, 어느 民族을 勿論하고 써들고 일어나는 思潮에 이 소씨알니즘(社會主義)처럼 世人의 耳目을 驚動하는 것은 업슬 것이다. 더욱 近日에 와서는 여러 가지 分派가 일어나서 가튼 國家社會主義, 共産主義, 無政府主義, 볼셰비즘, 산듸칼리즘, 길드 社會主義 等이 서로 名義가 다르게 되고 짜라서 手段 方法이 다르게 되엿다. 그러나 그 根本으로 말하면 아 이 '소씨알니즘'에서 發源한 것이니, <u>나는 이에 一般社會主義의 共通되는 點과 差違되는 點을 들어 몃 바듸 陳述노써 紹介코저 한다.</u> (…中略…) 나는 이 우에 無産階級의 覺醒을 말하엿거니와 짜라서 한말 하고저 한 바는 歐米社會는 일즉부터 科學의 機械가 發達되야 生産이 豊富하다는 말이다. 저 電氣, 蒸氣, 모든 自然力이 사람으로 하여곰 奴隷에서 解放을 주엇다 하는 말이다. 다시 말하면 모든 自然力의 利用에 짜라 勞働 能率이 增加함으로 아즉도 完全한 狀態에는 못 이르럿다 하더라도 <u>얼마쯤 無産階級이 文化生活을 經營하게 되어 왓고, 또 現今 經營하여 가는 過程에 잇다</u>는 말이다. 올타. 사람이 좀 더 高尚하고 怜悧한 生活을 지어가기를 바라려

---

42) 박준표(1923), 『현대 청년 수양독본』, 영창서관(제2편 제15장 참조).

하면, 먼저 工業上으로 보와서도 必要할 生産品을 製造하여야 할 줄 안다. 그럼으로 나는 말하되, '소씨알니즘'이 完全히 行할 國家社會는 저 電氣, 蒸氣의 自然力을 充分히 應用하야 먼저 生産機關의 基礎를 充實히 하여야 할 줄 밋노니, 이것이 一般 社會主義의 物質観으로 重要한 點인 줄 안다.

이 글에서 알 수 있듯이, 저자는 사회주의를 긍정적으로 수용하는 태도를 보인다. 그러나 저자가 주장하는 수양론은 사회주의의 계급사상이 아니라 물질적 풍요를 목표로 하는 개조론에 한정된다. 달리 말해 사회주의의 그럴 듯한 이론도 '자연력의 이용'을 통한 '생산력 향상'으로 귀결된 셈이다.

이러한 차원에서 박준표 역(1923)의 『삼대 수양론』(태화서관)도 비슷한 경향을 보인다. 이 책은 '소국대학 교수(蘇國大學敎授) 쏜 쌕랏기 원저(原著), 박준표 번역'으로 되어 있는데, 원저자인 '존 부라키'에 대해서는 밝혀진 바 없다. 책의 구성은 역자 서문, 제1장 지육론, 제2장 체육론, 제3장 덕육론으로 이루어져 있다. 역자의 서문은 다음과 같다.

【 序43) 】

新文化의 曙光은 全世界에 새빗을 發하고 新警醒의 曉鐘은 全人類의 迷夢을 쌔친다. 全世界 人類는 暗黑의 世에서 저 새빗의 曙光을 向하야 前進코자 한다. 오날까지 矛盾 撞着의 生活, 虛僞의 生活에 온갖 苦痛과 煩惱에서 버서나 眞理의 生活을 渴望하는 靑年아. 果然 現代 生活의 疲勞하엿다. 過去의 罪惡을 悔悟하고 痲痺하엿든 良心을 本性의 復歸케 하는 一條의 光明이 放하엿다. 不侫은 금일까지 평범에도 不及하고 拙劣에도 不伴하나마 多少의 頭腦와 觀察을 가지고 本書를 譯함에 至大한 光榮이라 한다. 勝利의 光榮冠을 엇고자 하는 靑年아, 讀하라! 吾人의 意力과 神聖을 是認하야 理

---

43) 소국대학 쏜 부랏기 著, 박준표 역(1923), 『삼대 수양론』, 태화서관(「서」 참조).

想的 完美와 人格의 修養을 第一義로 삼엇다. 그리하야 道義를 謂하며 修養을 說하야 人類의 威嚴을 教하야써 青年의 榮譽를 唱導하야 人生 最高의 理想을 闡明하며, 新美한 光明를 心靈의 世界로 齎來하엿다. 青年아. 偉大한 靈光의 感化의 醇合하라. 不佞은 本書를 譯함은 世의 知己로 庶幾에 至할 바 아니다. 此로 人하야 青年의 活力을 養成함으로써 序를 詞한다. 癸未 三月 日 譯者 識.

역자 서문에 나타난 청년 담론은 '양심 회복', '이상적 완미', '인격 수양' 등과 같은 청년 수양의 필요성을 주장하는 내용으로 이루어져 있다. 본문은 제1장 '지육론(智育論)', 제2장 '체육론(體育論)', 제3장 '덕육론(德育論)'으로 구성되었으며, 지식을 함양하고 신체를 강건하게 하며 도덕적 관념으로 인생의 행로를 개척해야 한다는 논리를 담고 있다.

이와 같이 1920년대 청년 수양론에 바탕을 둔 청년 독본류는 문명진보론의 입장에서 개인의 수양을 강조하고, 개조를 주장하며, 이를 바탕으로 개인적인 성공과 민족의 문명화를 촉구하는 입장에 서 있었다. 이러한 사조는 민중 계몽서뿐만 아니라, 일제의 식민 지배 담론에도 반영된다. 이 점에서 일제 강점기 일본인이 저술한 청년 계몽서나 조선 총독부에서 저작한 청년 계몽서의 내용 분석이 필요하다.

3. 식민 통치와 청년 계몽

3.1. 식민 정책으로서의 청년 문제

근대 계몽기 문명론에 기반한 청년 담론은 일본이나 중국도 비슷한 경향을 보인다. 일본의 개화사상가 후쿠자와유키지(福澤諭吉)가 『학문을 권함』, 『문명론 개략』, 『서양사정』 등을 번역, 집필하면서 '학문 사상'과 '권리', '인망 있는 사람'을 역설한 것도, 문명론적 청년 계몽사상의 흐름과 다르지 않다. 이러한 맥락에서 일본의 청년 독본이 갖는 특징을 살펴볼 필요가 있다.

그 중 하나로 고다니시게루(小谷重, 1908)의 『청년야학독본』(金港堂, 東京)은 학교 교과서의 강박적 독서물을 탈피하여, 사회교육 차원에서 지식을 제공하고자 하는 목적에서 이루어진 독본이다. 이 독본은 1908년 초판 발행 이후, 1911년 재판이 발행되었는데, 그 당시 조선에도 비교적 널리 퍼져 있던 독본으로 알려져 있다. 이 독본은 28개 과로 구성되었는데, '독서, 신문잡지, 농가의 지조(志操), 다테시게자네(伊達邦成, 일본 전국시대의 무장), 활동(活動), 성공(成功), 호주와 가족, 교제, 은행, 회사, 마을 자치(町村自治), 모범자치촌의 정황 보고문, 공덕, 신민의 권리와 의무, 조세, 제국의회, 병역(兵役), 조선(朝鮮), 국체(國體)' 등과 같이, 일본 제국주의의 지배 담론을 반영한 독본이다.

다코가즈타미(田子一民)의 『청년공민독본(青年公民讀本)』(1917, 제국지방행정학회 발행, 1923년 개정판)도 '시정촌(市町村)의 현황, 나의 마을(鄉里), 헌법과 자치제, 공민의 자격, 공민의 의무, 자치강화회, 제국의회와 지방의회, 선거 이해(心得), 투표 이해, 시정촌 회의원 이해, 지방단체의 경비, 지방세, 납세의무, 문화생활, 산업조합, 청년단과 제국 재향군인회, 사상문제, 우리의 각오' 등과 같이 제국주의 지배 담론을 반영한 독본이었다.

청년의 수양을 강조한 다수의 일본어 독본도 발견되는데, 미우라도우사쿠(三浦藤作)의 『수양백기 취미독본(修養百記 趣味讀本)』(1927, 제국교육회 출판부), 가토타로(加藤太一郎[咄堂])의 『현대수양독본(現代修養讀本)』(1935, 學而書院) 등은 '수양'을 내세운 독본류이다. 또한 종교적 관점에서 아사노겐신(淺野研眞)의 『청년의 불교독본』(1936, 大東出版社), 산촌 청년을 내세운 일본산림학회(日本山林學會)의 『산촌청년독본(山村青年讀本)』(1940, 大日本山林學會), 제국주의 일본의 대륙 침탈과 관련된 후지다니시

게오(藤谷重雄)·후쿠다기로(福田義郎)의 『청년대륙독본(靑年大陸讀本)』(1940, 元宇館) 등도 식민 시대 일본어 청년 계몽 담론을 반영한 독본류이다.

이러한 독본류는 대부분 문명론적 관점에서 청년의 수양을 강조하며, 제국주의 지배 질서에 순응하고, 내적으로 인내하며 성공을 꿈꾸도록 하는 데 초점을 맞추고 있다. 이러한 순응 논리는 지배 질서에 대한 순응뿐만 아니라, 청년의 내면 심리, 또는 종교적 관점에서의 순응 논리로 이어질 경우도 있다. 예를 들어 아라이세키젠(新井石禪, 1865~1927)이 지은 『수양세심록(修養洗心錄)』(1935, 京文社書店 發行)은 종교적 관점을 반영한 수양론이다. 이 책은 '마음의 개척', '목적과 수양', '의미 있는 생활', '우주와 성도(誠道)', '조화와 신념', '복수무량(福壽無量)', '무병장명술(無病長命術)', '부인과 자각', '성재성금(聖財成金)', '선(禪)의 계통', '활살(活殺)의 영험한 힘', '심기일전', '불교의 인생관', '유심소조(唯心所造)', '인간의 가치', '믿음은 생명이 된다'와 같이 불교의 선의 논리를 반영한다. 그럼에도 이 책의 저자는 '일본정신의 근본 기조를 이루는 신교와 불교'를 융합하여 '일본정신'을 고양하고자 하는 목표에서 썼다고 밝힌다.44)

근대 계몽기 일본의 청년 담론이나 일본어로 쓰인 청년 독본류가 식민지 조선의 청년 담론과 독본에 일정한 영향을 주었을 것임은 쉽게 추론할 수 있다. 1920년대 개조론과 수양론의 착종 현상은 결국 이러한 시대 상황을 반영한 것으로 볼 수 있다. 더욱이 1930년대 이후 조선총독부의 청년 정책은 식민 지배와 관련하여 다수의 청년 독본 편찬으로 이어졌는데, 이러한 교재는 식민시대 청년 담론의 착종 현상을 이해하는 데 꼭 필요한 자료들이다.

---

44) 아라이세키젠(新井石禪, 1935), 『수양세심록(修養洗心錄)』, 東京: 京文社書店(「序」 참조).

3.2. 조선총독부의 청년 정책과 청년 독본

일제 강점기 청년 정책은 식민 지배 정책을 수용하는 인물을 양성하는 차원에서 이른바 '사회교화 정책(社會敎化政策)'의 하나로 지속되었다. 특히 1920년대 사회교화 정책은 학교 시설을 활용하거나 강연회, 도서 보급 등을 통해 진행되었는데, 특별히 '청년'을 내세우지는 않았지만, 청년 교화도 당연히 그 중의 하나로 간주되었다. 다음을 살펴보자.

【 學校를 中心으로 ᄒᆞ는 社會敎化[45] 】
◇ 社會 敎化의 必要: 可及的 多數人에게 高尙흔 程度의 敎育을 施흘 것이라 함은 現代의 良心의 要求이며 從하야 又 今日의 敎育行政의 大眼目으로 할 바이라. (…中略…) 朝鮮에 在하야는 敎育機關이 不充分하며 又 無敎育者가 大多數를 占하고 文化의 惠澤이 普及치 못한 現狀이라. 從하야 世界의 大勢를 理解치 못하고 <u>總督 政治의 悅服치 안는 者도 有ᄒᆞ며 又 動輒裡裡의 流言蜚語에 迷惑되어 猜疑 不安 中에 漂迫ᄒᆞ는 者도 有한 貌樣</u>이니 <u>此等의 人에 對하야는 特히 敎化의 方法을 講치 안이하면 不可하며 又 朝鮮內에 在한 內地人일지라도 新政治의 趣旨를 十分 理解치 못하는 所以로 連連의 誤解를 朝鮮人에 對하야 生케 하는 者도 亦 不無하니</u> 如斯한 人을 그대로 放置한다 함은 人道上으로 言하던지 又 國家 政策上으로 言하던지 決코 可喜할 者이 안인즉 此等의 人ᄭᅵ지도 敎化하는 것은 朝鮮의 現狀에 照하야 最히 必要한 것임으로 思하노라.
◇ 朝鮮의 社會 敎育의 現況: 朝鮮에셔 社會敎育의 提唱되얏슴은 比較的 近年의 事에 屬흠으로 此 方面의 硏究도 不完全하고 又 實際 設備도 廖廖한지라. 多少間 可見할 者가 有할지라도 殆히 <u>內地의 模倣에 不過하고</u> 必히 其 全體가 朝鮮의 實情에 不適한 者가 多하도다. 現行되는 學校를 中心으로

---

45) 『매일신보』, 1921.12.2~3.

한 社會敎化의 施設을 見하건대 講演會라던지 展覽會 活動寫眞, 幻燈, 圖書의 閱覽, 印刷物의 配布와 如홈은 其 普通의 것이며 大槪 地方에 在한 社會敎化의 事業은 殆히 學校를 中心으로 한 것이오 其他 在하야는 何等 可見할 者가 無하니 此等의 種種인 施設에 就하야 次에 自己의 意見 及 希望을 述코져 하노라.

◇ 社會 敎化 施設에 對한 希望: 一. 民衆的일 事 (…中略…) 二. 時間과 場所와 人에게 適切할 事 (…中略…) 三. 社會 敎化의 氣風을 作興할 事 (…中略…) 取할 것은 勿論이오 進하야 社會敎育者로서 任하는 人人의 輩가 出하기를 望하는 바이라. 爲先 今日의 敎育에 從事하야 잇는 人人으로브터 此 氣風을 作興치 안이하면 不可하도다. 從來 朝鮮에셔는 此面의 事는 더구나 等閑에 附하얏슴과 如한 感이 有하나 時勢는 刻刻으로 變하야 今日은 文化政治의 時代로 되얏슴으로 從來와 如히 敎育者가 安閑하게 學校에만 籠蟄하야셔만 不可한 것이다. 勿論 學校敎育이던지 社會敎育이던지 其 窮極의 目的에 在하야는 別로 變함이 無하고 兩兩 相俟하여야 비로소 敎化的 使命을 完全케 할 수가 잇느니 況且 朝鮮과 如히 特殊한 事情이 有한 地方에셔는 一層 兩者의 聯絡을 要할 것이며 且 敎育者된 者는 少하야도 內地人의 品性을 向上하야셔 內鮮融和를 傷하게 함과 如한 事는 絶對로 無케 할 것과 又 此로부터 朝鮮의 同胞로 하여금 聖旨에 잇는 바와 新政의 方針을 理解케 하기에 努力하는 氣風으로 되지 안이하면 到底히 朝鮮의 敎化라고 云하는 것이 充分히 行치 못할지며 又 從하야 朝鮮의 統治라는 것도 充分한 結果를 收하기가 難할 줄노 思하노라.

번역 ◇ 사회교화의 필요: 가급적 다수인에게 고상한 수준의 교육을 실시하는 것은 현대의 양심적 요구이며, 따라서 금일 교육행정의 가장 중요한 문제로 해야 한다. (…중략…) 조선에서는 교육기관이 불충분하며 또 교육받지 못한 사람이 대다수를 차지하고, 문화의 혜택이 보급되지 못한 상태이다. 따라서 세계의 대세를 이해하지 못하고, 총독 정치에 기뻐하며 복종하지 않는 자도 있고, 또 민감하게 유언비어에 현혹되어 시기와 의심, 불안 중에 떠도는 자도 있는 모양이니 이들에게는 특히 교화의 방법을 강구하지 않으면 안 되며, 또 조선 내의 내지인(일본인)일지라도 신정치의 취지를 충분히 이해하지 못하는 까닭에 계속 조선인에게 오해를 사게 하는 사람도 또한 없지 않으니, 이와 같은 사람을 그대로 방치하면 인도상으로 말하든지 또는 국가 정책상으로 말하든지 결코 기뻐할 것이 아니니, 이러한 사람까지 교화하는 것은 조선의 현상태에 비추어 볼 때 가장 필요한 것으로 생각한다.

◇ 조선 사회 교육의 현황: 조선에서 사회교육이 제창되된 것은 비교적 최근의 일이므로, 이 방면의 연구도 불완전하고, 또 실제 설비도 거의 없다. 다소 볼 만한 것이 있을지라도 대부분 일본의 것을 모방한 데 불과하고, 반드시 그 전체가 조선의 실정에 적합하지 않은 것이 많다. 현행 학교를 중심으로 한 사회교화 시설을 보면, 강연회, 전람회, 활동사진, 환등, 도서의 열람, 인쇄물 배포와 같은 것이 보통이며, 대개 지방에 있는 사회교화 사업은 대부분 학교를 중심으로 한 것이요, 기타 어떠한 볼 만한 것이 없으니, 이런 종류의 시설에 대해서는 다음에 나의 의견과 희망을 기술하고자 한다.

◇ 사회교화 시설에 대한 희망: 일. 민중적일 것. (…중략…) 이. 시간과 장소와 사람에게 적당할 것 (…중략…) 삼. 사회교화의 기풍을 일으킬 것 (…중략…) 우선 금일 교육에 종사하는 사람마다 이 기풍을 일으키지 않으면 안 된다. 종래 조선에서는 이 방면의 일은 등한시한 느낌이 있으나, 시세는 각각 변하여 금일은 문화정치의 시대가 되었으므로, 종래와 같이 교육자가 안일하게 학교에만 들어앉아서는 안 된다. 물론 학교교육이든지 사회교육이든지 그 궁극의 목적은 다르지 않고, 둘 다 실시해야 교화적 사명을 완전하게 할 수 있으니, 하물며 조선과 같이 특수한 사정이 있는 지방에서는 한층 양자의 연결이 필요하며, 또 교육자가 된 사람은 적어도 내지인의 품성을 향상하여, 내선융화(內鮮融和)를 해치는 일은 절대로 없게 해야 하며, 또 이로부터 조선 동포로 하여금 성지에 있는 것처

럼 신정(新政)의 방침을 이해하도록 노력하는 기풍을 갖지 않으면 도저히 조선의 교화라고 일컫는 일을 충분히 행하지 못할 것이며, 따라서 조선의 통치도 충분한 결과를 거두기 어려울 것으로 생각한다.

이 논설은 1920년대 식민통치 차원에서 계획된 사회교화 정책의 방향을 자세히 설명한 논설이다. 사회교화의 근본 목적은 '총독 정치의 이해', '내선융화'에 있었으며, 사회교화를 해야 하는 이유는 '총독 정치에 열복(悅服)하지 않고, 유언비어에 미혹되어 시의(猜疑)와 불안 중에 있는 사람'이 많기 때문이다. 이 논설에서는 1920년대 전후로 사회교육가들이 등장하고, 다수의 사회교육을 실시하였으나, 그 방법은 일본의 것을 모방하고, 학교를 중심으로 이루어진 경우가 많았다. 이러한 경향은 일본인이 주도한 사회교육뿐만 아니라 조선인이 중심이 된 사회교육도 비슷했던 것으로 보이는데, 예를 들어 1930년대 농촌 계몽기관의 하나였던 '응세농도원(應世農道院)'처럼, 일본의 농촌계몽 활동을 답습한 사례도 있다.

이 논설에서는 대표적인 사회교육 수단으로 '강연회'와 '도서 열람'을 제시한다. 특히 강연회는 일시적으로 이루어지는 경우가 많기 때문에, 지속적인 강연을 통해 민중을 계몽해야 한다고 주장하며, 도서 열람은 도서관이 없는 곳에 순회문고를 설치할 것을 제안한다.

이러한 상황에서 '청년 지도' 문제도 총독부의 관심사가 아닐 수 없었는데, 『매일신보』1922년 9월 12일부터 13일까지 2회에 걸쳐 연재된 '청년 지도와 청년 심리'는 이를 잘 반영한다. 이 사설의 부제에는 '청년은 자아 사상이 강하다', '청년은 지식욕이 강하다', '청년은 사교욕이 강하다', '청년은 종교 심리를 이끈다'라고 하여, 조선 청년 지도가 식민정책에서 중요한 의미를 갖고 있음을 강조하였다. 이러한 논리에서 '청년 사상을 지도해야 한다'는 주장이 빈번히 제기되었는데, 다음을 살펴보자.

【 靑年 思想의 先導: 敎育者의 責任[46] 】

現代 靑年은 氣風은 此가 振作되지 안은 바는 아니나 그러나 아즉신지도 特立 不拔의 精神이 乏한 것은 事實이며 又 現代 靑年의 思想은 此가 進化되지 안은 바는 아니나 그러나 아즉신지도 趨向의 經路를 定치 못한 것과 如하도다. 換言하면 現代 靑年의 氣風은 緩急의 取捨와 先後의 量度의 無히 徒히 强剛을 事로 하는 傾向이 有하고 其 思想은 確立할 處에 確立치 못하고 進就할 處에 進就치 못하고 徒히 四街의 路頭에셔 彷徨하야 右로 傾하고 左로도 趨하리만치 一定한 方向과 一定한 徑路가 無함과 如한 傾向이 有한 것이로다. 그리고 彼等은 可否를 擇할 만한 智가 無하고 善惡을 辨할 만한 識見이 無하야 徒히 現代的 歐米 風潮에만 感染되야 그 流行의 菌이 內部에 深入함과 同時에 舊代의 道德 觀念을 根本으로써 此를 破壞코져 ᄒ야 一行一動과 一事一件를 모다 西洋의 儀式과 西洋의 習俗을 模倣하려 하는 者 等임으로 其 行動은 奇怪한 行動이 多하며 思想에는 危險한 思想이 多한 것이니 此가 決코 國民을 爲하야 慶賀할 것이 아니며 又는 國家를 爲하야 慶賀할 것이 아니오 차라리 靑年의 前途를 爲하야 憤然히 大息치 아니함을 不得하겟도다.

> **번역**　현대 청년의 기풍은 진작되지 않은 것은 아니나, 아직까지 특히 정립되어 뽑히지 않을 만한 정신이 결핍한 것은 사실이며, 또 현대 청년의 사상이 진화되지 않은 것은 아니나. 아직까지 갈 길을 정하지 못한 것과 같다. 달리 말해, 현대 청년의 기풍은 완급의 취사와 선후의 중요가 없이 헛되이 강하고 굳센 것을 중심으로 하는 경향이 있고, 그 사상은 확립되어야 할 곳에 확립되지 못하고, 진취해야 할 곳에 진취하지 못하며 쓸데없이 거리에서 방황하여 우로 기울고 좌로 옮겨가듯이 일정한 방향과 일정한 경로가 없는 것과 같은 경향이 있다. 그리고 저들은 가부를 선택할 지식이 없고, 선악을 분별할 식견이 없어 헛되이 현대 구

---

46) 『매일신보』, 1923.12.8.

미 풍조에만 전염되어 그 유행하는 균이 내부에 깊이 침입함과 동시에 구식의 도덕관념을 근본으로 이를 파괴하고자 모든 행동과 사건을 모두 서양의 의식과 서양의 습속을 모방하려 하는 자들이기 때문에 그 행동은 기괴한 행동이 많으며, 사상에는 위험한 사상이 많으니 이것이 결코 국민을 위하여 축하할 일이 아니며, 또 국가를 위하여 경하할 일이 아니요, 차라리 청년의 앞길을 위해 분연히 멈추지 않으면 안 될 것이라고 하겠다.

식민 통치 하에서의 청년은 계도의 대상에 한정되고, 국민과 국가를 이끌어 갈 중심인물은 아니다. 이 논설에 나타난 청년의 기풍은 지식이 부족하고 방향을 찾지 못하며, 유행에 민감하고, 서양의 의식과 습속, 사상을 모방하는 존재로 간주된다. 특히 '위험한 사상'이 많다고 한 데서는 그 당시 사회운동의 중심 세력이 청년이었음을 고려할 때, 단순히 서양의 의식·습속을 모방하는 경우를 지칭하는 것이 아니라, 청년이 갖고 있는 사회사상을 폄하하려는 의도가 담겨져 있음을 쉽게 짐작할 수 있다. 이러한 예는 『매일신보』에 등장하는 다수의 '동맹휴교사건'에 대한 태도에서도 찾아볼 수 있다. 이를테면, 1920년대 중반기 각 학교에서 발생한 동맹휴학 문제 가운데 상당수가 일본인 교사의 문제적 자질과 관련된 것이었음에도 불구하고 이 신문의 사설에서는 학생들의 불온한 사상문제 때문이라고 매도한 경우가 많았던 것이다.

이로 본다면, 식민 정책으로서의 청년 계도는 당연히 식민 질서를 수용하는 청년 양성으로 귀결될 수밖에 없다. 식민 질서를 수용하는 청년 양성의 시도는 청년 계몽활동으로 이어지는데, 식민 통치 하에서 청년 계몽 활동은 산미증산계획과 함께 본격화되고, '조선농회령'[47]이 공포된 1926년을 전후로 본격화된다. 임병윤(1985)에서 밝힌 것처럼, 산미증산계획은 1920년부터 시행되었으며(제1차 계획), 1926년부터 이

---

47) '조선농회령'은 1926년 1월 25일 공포되었으며, 1월 26일 시행규칙이 공포되었다.

른바 '갱신계획'(제2차 계획)이라는 이름으로 본격화된 것이다.48) 이에 따라 농촌 청년을 대상으로 '간이농촌학교', '신용조합', '농촌청년회' 설립을 강요되었으며,49) 이들을 계도하기 위해 '간이학교용' 교재가 개발되기도 하였다. 이 교재는 보통학교용을 재편집한 형태로, '일본어(국어)', '조선어', '산술' 등의 주요 교재를 대상으로 하였다. 식민지 농촌 계발, 곧 생산성 향상과 관련을 맺는 청년 정책은 1926년 이후 1930년대 전반기까지 지속된다. 특히 1930년대에 이르러서는 '모범촌(模範村)', '농촌진흥', '자력갱생' 등이 강조되면서, 조선총독부 지방행정기관에서 제작한 '농민독본'이 다수 발행된다.50) 이러한 독본류는 조선문으로 이루어져 있지만, 그 내용은 생산성 향상이나 식민지적 도덕관념(이른바 공민의식)을 목표로 한 것이 대부분이다.

그런데 일제의 대륙 침략이 본격화되면서 신사참배, 국체명징(國體明徵), 선만일여(鮮滿一如) 등의 이데올로기와 함께 '황국 청년(皇國靑年)'을 만들고자 하는 정책이 본격화되었다. 이른바 '전시체제'에서 '총동원'을 목표로 하는 황국 청년론은 1920~30년대 초의 생산성 향상을 위한 '지도자', '중견인물' 양성 등의 논리와는 달리 '비상시국 하에서 청년 동원'을 목표로 한다. 특히 1938년 이후에는 '청년훈련소(靑年訓練所)'라는 명칭 하에, 조선에 주둔하는 일본군 사단과 연합하여 '청년지도자 강습회'를 개최하고, 인력 수탈뿐만 아니라 징병으로 몰고 가고자 하였다.

이러한 상황에서 조선총독부는 『청년교본(靑年敎本)』, 『연성교본(鍊成敎本)』 등을 제작하였다. 이들 교재는 모두 일본어로 저작되었는데, 이

---

48) 임병윤(1985), 「산미증산계획: 그 추진 주체의 성격 규정을 중심으로」, 『일제의 한국 식민통치』, 정음사.

49) 『매일신보』 1927년 4월 30일자 사설에 따르면 이 시기 간이농촌학교 118개를 설립하고 2579명의 졸업자를 배출했으며, 4개의 신용조합을 창설했다고 한다. 그런데 일제 강점기 금융조합이나 신용조합은 농촌을 수탈하는 또 다른 기구의 하나였음을 고려한다면, 간이학교나 신용조합 창설이 농민생활 향상을 위한 것이 아니었음은 쉽게 짐작할 수 있다.

50) 이에 대해서는 5장에서 서술할 예정이다.

는 일본어 보급 정책과 조선어 말살 정책의 결과 1940년대 조선 청년들이 일본어를 해득하는' 수준에 이르렀다고 판단했기 때문으로 보인다. 『청년교본』은 1941년 5월 초판이 발행되었으며, 권1과 권2로 나누어 편찬하였다. '보통학과'라는 용도가 붙은 『청년독본』 권1은 '희망이 많은 조선(望多き朝鮮)'이라는 제목 아래, '조선의 위치', '조선의 지세와 지질', '조선의 기상과 생물(生物)', '조선의 산업', '조선의 교통', '조선의 인구와 취락', '내선일체(內鮮一體)의 연원', '국민총력조선연맹(國民總力朝鮮聯盟)'이라는 단원이 들어 있으며, '국어의 재미'라는 제목 아래 '아침', '잡초', '초하(初夏)', '완구(玩具)' 등의 일본어 학습 자료를 싣고, '흥국(興國)의 노래'라는 제목 아래 '황국청년가(皇國靑年歌)', '조선연맹행진가', '기원 이천육백년 송가'를 실었다. 또한 '생활의 수학(數學)'을 두어, '독·서·산(讀書算)'을 목표로 한 계몽 독본의 성격을 유지하기도 하였다. 편제 방식은 해당 단원의 읽기 자료에 '연구 문제'를 덧붙이는 방식을 취했는데, 근본적으로 조선 청년으로 하여금 일본 청년과 마찬가지로 황국 청년이 되게 하고, 그들로 하여금 식민 통치에 순응하며, 인적 자원이나 병력 자원으로 활용하고자 하는 데 목표를 둔 것이다.

조선총독부의 『특집 청년교본 전(特輯靑年敎本 全)』(1944, 조선교학도서주식회사)은 황국 청년 양성이 어떤 성격을 띠고 있는지 좀 더 극명하게 보여준다. 이 책은 본문 앞에 '히모로키·이와사카의 신칙(神籬磐境の神勅, 히모로키와 이와사카는 신성한 지역을 뜻하는 표현, 또는 신의 영역)', '군인칙유(軍人勅諭)', '교육에 관한 칙어', '미국과 영국에 대한 선전(宣戰) 조서'를 두고, '전진훈(戰陣訓)'이라는 제목 아래, '서(序)', '본훈 1(本訓 一)', '본훈 2', '본훈 3', '결(結)'로 구성된 별도의 자료를 편집하였다. 여기서 '본훈 3'은 '전진(戰陣)의 계(戒)', '전진의 기(嗜)'라는 부제에서 알 수 있듯이, 병력 자원으로 청년을 수탈하고자 하는 목적을 갖고 있음을 알 수 있다. 본문은 '전편(前篇)'과 '후편(後篇)'으로 편제했는데, 전편에서는 '황국(皇國), 황국의 사명, 경신(敬神), 거국일치(擧國一致), 공격

정신(攻擊精神), 총후(銃後, 후방)의 봉공(奉公), 준법, 국민개병(國民皆兵), 무사도(武士道), 침용(沈勇), 군인칙유, 의례(儀禮), 협동, 국망, 대국민(大國民)의 수양' 등 15과로 구성하였으며, 후편은 '대조봉대일(大詔奉戴日), 조선소 견학' 등 33과로 구성하였다. 각 과의 내용에서 짐작할 수 있듯이, 군국주의 일본의 전형적인 군사 교련 교범(軍事敎鍊敎範)인 셈이다. 특히 본문 앞에 1941년 1월 8일자 일본 육군대신 도조히데키(東條英機)의 '육훈(陸訓) 제1호'를 수록한 것도 이 책이 청년의 병력 자원 수탈을 목표로 하였음을 분명히 보여준다.

황국청년 이데올로기를 바탕으로 한 병력 수탈 차원으로 볼 때, 조선총독부의 『연성교본(鍊成敎本)』(1942)도 청년 교본과 같은 성격을 띤다. 이 책도 '천양무궁(天壤無窮)의 신칙', '교육에 관한 칙어', '미국과 영국에 대한 선전 조서'를 싣고, '입문', '회화', '문장'으로 구성하였는데, '문장'에서는 '천황폐하, 기미가요, 국기, 조선신궁, 대조봉대일, 대일본제국, 일본은 신의 나라, 대동아, 야스쿠니 신사' 등과 같이 전시 제국주의 일본의 식민 통치 이데올로기를 주요 내용으로 삼았다.

이처럼 일제 강점기의 청년 정책은 1920년대 순응하는 청년, 생산성 향상의 주체로서의 청년으로부터 산미 증산의 주역이자 자력갱생의 지도자를 거쳐, 1940년대 제국주의 인적·병적(兵的) 자원으로의 수탈 정책으로 변화하였으며, 이를 뒷받침하는 다수의 독본이 저작되었다. 이러한 흐름에서 일제 강점기의 청년 독본류는 민족주의 문화운동을 중심으로 하는 개조론과 수양론, 식민 정책으로서의 청년 문제를 대상으로 하는 농민독본류의 계몽서, 식민지 병력 자원 수탈을 목표로 하는 '연성 교본(鍊成敎本)' 등이 착종되어 있음을 확인할 수 있다.

제3장 노농단체의 야학운동과 노농독본

윤금선

1. 노농단체의 야학운동

1.1. 노농단체의 노농야학

1920년대부터 노농단체의 결성과 활동이 활성화되면서, '조선노동공제회(朝鮮運動共濟會)'와 '노동대회(勞動大會)'라는 단체가 설립되었으며, 그 지부(支部)도 전국 주요 도시에 속속 결성되었다. 또한 1923년에 이르러서는 노동조합들을 총결사체인 '조선노동연맹회(朝鮮勞動聯盟會)'가 결성되었고, 1924년에는 '노동운동공제회(勞動運動共濟會)', '노동대회(勞動大會)', '조선노동연맹회(朝鮮勞動聯盟會)', '조선노농총동맹(朝鮮勞農總同盟)', '조선농민사(朝鮮農民社)' 등 다수의 노농단체들이 결성되었다. 이 노농단체들은 강연회 및 문화활동을 통한 계몽운동, 경제 및 사회활동에서의 권익 보호 등을 위한 활동상을 전개하였다. 뿐만 아니라 노농단체들은 강습소 및 야학을 통한 교육 운동도 활발하게 전개하였으며, 특히 조선노동공제회는 창립 초기부터 교육부를 조직하고 일반 노동계급의 지식을 향상시키고자 노동야학을 개설하였다.

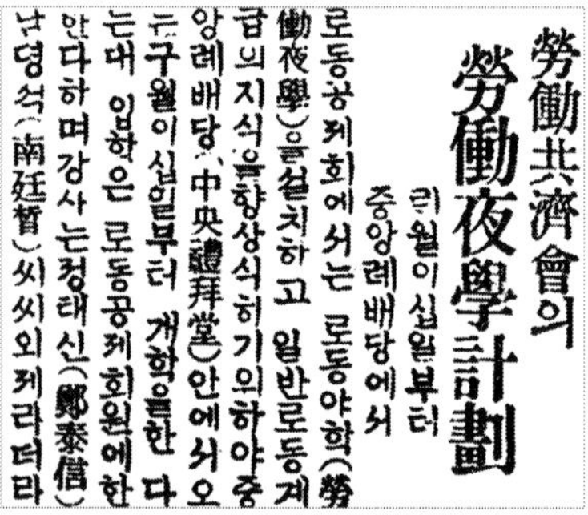

勞働共濟會의 勞働夜學計劃

九월이십일부터 중앙례배당에서

로동공제회에서는 로동야학(勞働夜學)을설치하고 일반로동계급의지식을향상식히기의하야중앙례배당(中央禮拜堂)안에서오는구월이십일부터 개학을한다는대 입학은 로동공제회원에한한다하며강사는정태신(鄭泰信)남뎡석(南廷晳)씨씨외제라더라

〈그림 1〉「노동공제회의 노동야학계획」(『동아일보』, 1920.8.28)

야학교가 설립되자 다수의 학생들이 참여하였으며, 특히 1920년대의 '조선노동공제회(朝鮮勞動共濟會)'와 1920년대 중반기부터 1930년대의 '조선농민사(朝鮮農民社)'의 야학 활동이 주목된다. 조선노동공제회는 1920년대 초·중기에 노동야학 설립과 이를 통한 교육 운동에 있어 활발한 움직임을 보였다. 노동공제회는 각지에 설립되었고, 이와 동시에 "勞働階級(노동계급)의 智識向上(지지향상)을 目的(목적)하고 經營(경영)"[1]한다는 목적으로 야학을 열고 "조선(朝鮮)의 최급착수(最急着手)할 근본문제(根本問題)는 무엇보다도 교육(敎育)이라"[2]는 인식 하에 농민과 노동자의 기초교육에 주력하였다. 한편 조선농민사는 1920년대 중반기부터 1930년대에 걸쳐 민족독립과 농민의 지위 향상을 위한 계몽운동과 실력양성운동에 선도 역할을 담당했다. 전국의 농민사마다 야학을 설립하고, 농민야학운동을 전개했는데, 이 단체는 무엇보다 농민들의 문맹퇴치 운동이 선결적인 과제라고 보고 야학운동을 활발하게 펼친 것이다. 아래에서는 특히 이 두 단체의 노동야학을 중심으로, 그 전개상을 보여주는 신문 기사를 통해 교육 내용, 교육진 및 학생 수, 기타 과외활동 등을 살펴보고자 한다.[3]

---

1) 「노동공제회야학」(『동아일보』, 1921.03.07).

2) 「군산공제회야학회」(『동아일보』, 1921.6.24).

3) 이 총서의 권5 제3장 참조.

1.1.1. '조선노동공제회(朝鮮勞動共濟會)'의 노동야학

아래 자료는 『동아일보』(1921~1927) 주요 기사를 토대로, 노동공제회의 야학교 교수 과목 및 교사진, 학생 수와 기타 활동상이 비교적 구체적으로 드러난 기사를 정리한 것이다.

〈표 1〉 '조선노동공제회의' 노동야학 교육 내용 및 교육 상황 정리(『동아일보』, 1921~1927)

번호	노동 단체	교수 과목	교사진 및 학생 수	기타	기사 출처
1	함흥 노동공제회		[학생수] 90여 명 참여		노동공제회 야학(1921.3.7)
2	대구 노동공제회	일어, 수신, 산술	[교사진] 이상훈(李相薰) 의무교사: 이종형(李鐘瀅), 한규석(韓奎錫)/ [학생수] 250여 명		대구노동야학 설립 (1921.3.29)
3	안주 노동공제회	상업학(商業學), 부기(簿記), 영어(英語), 일어(日語), 산술(算術), 한문(漢文)	[교사진] 부장 김형준(金瀅峻), 강사 김정환(金鼎煥) 김진성(金振聲)/ [학생 수] 39명 수료	안주청년회와 노동공제회 연합하여 안주협성야학부(安州協成夜學部) 설시, 6개월 교육. 제2회 졸업식	안주협성야학 수업 (1921.3.29)
4	신천 노동공제회		[학생수] 출석 40여 명	노동야학교 우수학생 김상도(金尙道) 지필(紙筆) 기증	노동공제회 야학교 (1921.6.16)
5	함흥 노동공제회		[교사진] 교사 6명/ [학생수] 야학생 80여 명	소풍	동회야학생 원족 (1921.6.16)
6	군산 노동공제회	조선문(朝鮮文), 한문(漢文), 일어(日語), 산술(算術)	[교사진] 담임교원 이정복(李貞馥), 이긍현(李兢鉉), 서희원(徐熙源), 이중환(李重煥), 양원용(梁元容), 박동기(朴東基), 박병호(朴炳虎), 최수현(崔壽鉉), 임희준(任熙準), 이원녕(李源寧), 조용관(趙容寬)/ [학생수] 60여 명 입학/ 출석생 100여 명	노동야학 2개 교실로 분반하여 교육	군산공제회 야학회 (1921.6.24)

번호	노동 단체	교수 과목	교사진 및 학생 수	기타	기사 출처
7	광주 노동공제회	조선어(朝鮮語), 일어(日語), 산술(算術)	[교사진] 강사 보통학교 훈도 계왕순(桂旺淳), 한진만(韓鎭萬), 정완섭(鄭完燮), 최정균(崔珽均)	야학 개시 이후 입학지원자 날로 증가	광주노동야학 개시 (1921.10.2)
8	광주 노동공제회		[학생수] 지원자 90여 명	산본보통학교강당에서 야학교 개학식. 산본보통학교 교장 축사, 이근홍(李根弘) 내빈축사.	노동야학 개학식 (1921.10.11)
9	함흥 노동공제회		[학생수] 갑반 7명, 을반 30여 명	야학강습소 진급식	야학강습소 진급식 (1921.10.12)
10	군산 노동공제회		[학생수] 통학생 50여 명	야학교 휴학하다가 추기개학	군산노동야학 계속 (1921.10.12)
11	군산 노동공제회		[교사진] 군산적성야학교 교장 한상계(韓相契)와 군산노동공제회 야학부 강사 조용관(調容寬)	야학부 '소인연주회'로 야학 기금 마련	적성 야학동정회 (1921.10.24)
12	신천 노동공제회		[교사진] 교장 김봉연(金奉淵), 의무집편 김봉연(金奉淵), 박승유(朴勝裕), 박명선(朴明善), 이맹영(李孟英)	야학교 의연금 모금	신천야학교 소식 (1922.3.28)
13	안동현 노동공제회		[교사진] 집편 회장 황천우(黃天佑), 이동석(李東奭), 오계상(吳啓尙)/ [학생수] 생도 100여 명	생활난으로 교육받지 못하는 청년교육을 위해 노동야학 개시. 2조로 나누어 교육	안동현 노동야학 (1922.3.20)
14	대구 노동공제회		[교사진] 총간사 정인해(鄭寅海)	노동야학생강습소 졸업식 및 진급식 갑을반 구분하여 수여.	노동야학생 졸업식 (1922.4.9)
15	신천 노동공제회		[교사진] 교장 김봉연(金奉淵), 교원 이제염(李悌廉)/ [학생수] 생도수 남녀 30여 명	인사들의 의연금으로 추기 개학	신천노동야학 계개 (1923.10.19)
16	신천 노동공제회		[교사진] 교장 김봉연(金奉淵)	야학교 졸업식, 증서수여 및 상품 수여. 내빈 축사	노동야학 졸업식 (1924.12.26)

번호	노동 단체	교수 과목	교사진 및 학생 수	기타	기사 출처
17	신천 노동공제회		[학생수] 야학교 1학년 40여 명, 2~3학년은 약간명 모집	야학교 1학년 모집 광고	노동야학생도 모집 (1925.1.3)
18	순천하송 노동공제회		[학생수] 40여 명 무료 수업	유지들의 도움으로 야학부 설립	노동야학경영 (1925.10.22)
19	황해도 노동공제회			야학교 교사 부족으로 휴학	노동야학 휴학 (1926.5.27)
20	대구 노동공제회			복명여자(復明女子), 덕산(德山), 배성여자(培聖女子), 계성(啓聖) 등 남녀 야학에서 작품 전람회	대구로동야학 작품뎐람회 (1927.3.27)

위 〈표 1〉에 제시된 내용에서 먼저 '교육 대상 및 교육 내용'을 보면, 노동공제회는 전국 각지에 분회를 설립하고 야학교 동시에 설시한 것을 볼 수 있는데, 교육 대상은 다음과 같이 제시되고 있다.

【 신천노동야학계개 】

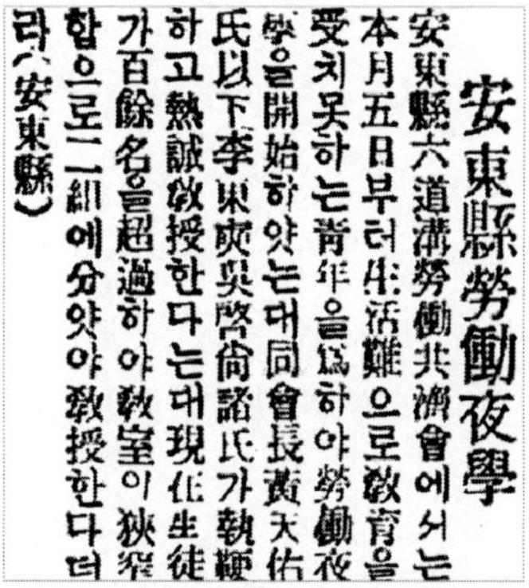
安東縣勞働夜學

安東縣六道溝勞働共濟會에서는本月五日부터生活難으로敎育을受치못하는靑年을爲하야勞働夜學을開始하얏는대同會長黃天佑氏以下李東奭吳啓尙諸氏가執鞭하고熱誠敎授한다는대現在生徒가百餘名을超過하야敎室이狹窄함으로二組에分하야敎授한다더라(安東縣)

〈그림 2〉「안동현노동야학」(『동아일보』, 1922.3.20)

① "安東縣六道勞動共濟會(안동현육도노동공제회)에서는 本月五日(본월오일)부터 生活難(생활난)으로 敎育(교육을)을 受(수)치 못하는 靑年(청년)을 爲(위)하야 勞動夜學(노동야학)을 開始(개시)하얏는대"(「안동현노동야학」, 『동아일보』, 1922.3.20)/ ② "信川勞働共濟會(신천노동공제회)의 經營(경영)으로 設立(설립)된 勞働夜學(노동야학)은 校長金奉淵氏(교장김봉연씨)와 李孟英 朴文奎 等 諸氏(이맹영 박문규 등 제씨)의 熱誠(열성)과 一般人士(일반인사)의 同情

(동정)으로 于今滿四個星箱(우금만사개성상)을 經過(경과)하얏는대 這間年齡(저간연령)의 초과(超過)와 學費(학비)의 困難(곤란)으로 就學(취학)치 못하는 兒童界(아동계)에 有益(유익)이 多大(다대)할터인대"4)

위에 제시된 「안동현노동야학」에서는 안동현 노동공제회에서 생활난으로 교육받지 못하는 청년교육을 위해 노동야학을 개시하며, 「신천노동야학계개」에서는 학비 곤란의 아동이나 학령 초과의 청년 및 일반인 모두를 대상으로 야학을 개시한다고 밝히고 있다. 성별면에서는 남녀 상관없이,5) 학비는 무료였으며,6) 유지들의 의연금, 자발적인 야학기금 마련 등7) 운영비 대부분은 유지나 주민들 기부금에 전적으로 의존하였다.8) 특히 각 청년단체는 운영비 조달을 위한 음악회·영사회·순회강연회 등을 개최하였다. 반면 운영비 용도는 야학생의 지필묵·교재 구입비나 교실 유지비 등 교육활동과 관련되었다. 교사는 거의 자원봉사자로서 무보수로 활동하였다. 하지만 대다수 야학은 만성적인 운영비 부족난에 직면하고 있었다. 교육 장소는 독립된 교사를 마련하기보다 교회·학교·청년회관·공회당 등을 이용하였다.9)

〈표 1〉에 제시된 학생 수를 보면 '함흥노동공제회, 90여 명'(1), '대구노동공제회 250여 명'(2) '함흥노동공제회 90여 명'(5), '군산노동공제회 100여 명'(6), '광주노동공제회 90여 명'(8) 등에서 나타난 바와 같이, 100명 내외에서 250명에 이르는 다수의 인원이 참여하는 경우가 많았으며, 야학 개시 이후 입학 지원자가 날로 증가하는 추세였다(7). 다수

---

4) 『동아일보』, 1923.10.19.

5) 「대구노동야학 작품전람회」(『동아일보』, 1925.10.22).

6) 「노동야학경영」(『동아일보』, 1927.3.27).

7) 「적성야학동정회」(『동아일보』, 1921.10.24), 「신천야학교소식」(『동아일보』, 1922.3.28), 「노동야학경영」(『동아일보』, 1925.10.22), 「신천노동야학계개」(『동아일보』, 1923.10.19)

8) 「노동야학호성적」(『동아일보』, 1926.01.30).

9) 김형목(1995), 『독립운동의 역사: 제35권 교육운동』, 독립기념관, 273쪽.

의 학생을 수용하기 위하여 분반하여 교육하는 경우도 있었으며(6) 교육은 갑을반(9), 1~3학년(17) 등으로 수준별 교육을 실시하였다.[10]

【 노동야학생도모집 】

勞働夜學生徒募集(노동야학생도모집) 黃海道信川邑勞働共濟會(황해도신천읍노동공제회)의 經營(경영)인夜學校(야학교)에서는昨年十二月二十日(작년십이월이십일)에 第一回卒業式(제일회졸업식)이잇섯는데 <u>方今新學期生徒(방금신학기생도)를 募集中(모집중)인바 一學年(일학년)은 四十餘命(사비여명) 二三學年(이삼학년)은 若干名(약간명)</u>을 募集(모집)한다고[11]

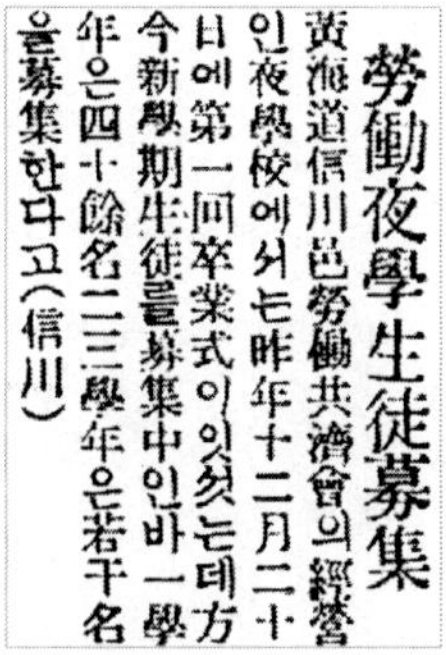
勞働夜學生徒募集
黃海道信川邑勞働共濟會의經營인夜學校에서는昨年十二月二十日에第一回卒業式이잇섯는데方今新學期生徒를募集中인바一學年은四十餘名二三學年은若干名을募集한다고(信川)

〈그림 3〉「노동야학생도모집」(『동아일보』, 1925.1.3)

위의 내용은 학생 모집 광고로서, 당시 1회 졸업생을 배출하고, 신입생을 1~3학년으로 나누어 학년별로 학생을 모집하고 있다. 또한 표 내용 (3)의 안주협성야학수업(『동아일보』, 1921.3.29)을 보면, 교육 기간은 대개 6개월(3) 정도의 속성 과정이었으며, 이와 함께 졸업식과 진급식[12] 등의 시기별 행사를 진행하였음을 알 수 있다.

한편 〈표 1〉에 제시된 교수 과목을 보면 일어, 수신, 산술(2), 상업학(商業學), 부기(簿記), 영어(英語), 일어(日語), 산술(算術), 한문(漢文)(3), 조

10) (1) 「노동공제회야학」(『동아일보』, 1921.3.7), (2) 「대구노동야학설립」(『동아일보』, 1921.3.29), (5) 「동회야학생원족」(『동아일보』, 1921.6.16), (6) 「군산공제회야학회」(『동아일보』, 1921.6.24), (7) 「광주노동야학개시」(『동아일보』, 1921.10.2), (8) 「노동야학개학식」(『동아일보』, 1921.10.11), (9) 「야학강습소진급식」(『동아일보』, 1921.10.12), (9) 「야학강습소진급식」(『동아일보』, 1921.10.12), (17) 「노동야학생도모집」(『동아일보』, 1925.1.3).

11) 『동아일보』, 1925.1.3.

12) 「안주협성야학수업」(『동아일보』, 1921.3.29), 「야학강습소진급식」(『동아일보』, 1921.10.12), 「노동야학생졸업식」(『동아일보』, 1922.4.9), 「노동야학졸업식」(『동아일보』, 1924.12.26).

선문(朝鮮文), 한문(漢文), 일어(日語), 산술(算術)(6), 조선어(朝鮮語), 일어
(日語), 산술(算術)(7) 등으로 드러나고 있다.[13]

【 안주협성야학수업 】

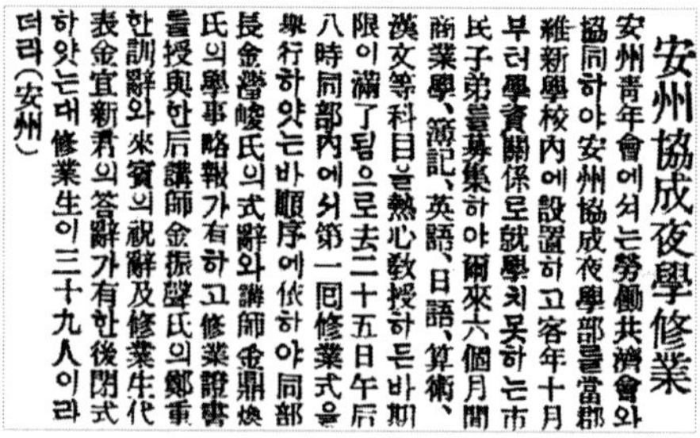

安州靑年會(안주청년회)에
서는 勞動共濟會(노동공제회)
와 協同(협동)하야 安州協成
夜學部(안주협성야학부)를
當君維新學校內(당군유신학
교내)에 設置(설치)하고 客年
十月(객년십월)부터 學資關係
(학자관계)로 就學(취학)치 못

〈그림 4〉「안주협성야학수업」
(『동아일보』, 1921.3.29)

하는 시민자제(市民子弟)를 募集(모집)하야 以來六個月間(이래육개월간)
상업학(商業學), 簿記(부기), 英語(영어), 日語(일어), 산술(算術), 한문등과
목(漢文等科目)을 열심교수(熱心敎授)[14]

위 기사와 더불어 〈표 1〉에 (2), (3), (5), (7) 등의 교수 과목을 정리하
면, '일본어와 조선어, 한문' 등의 어문교육과 '수신' 등의 도덕교육, '산
술, 상업, 부기' 등의 수학교육 등 '보통교육'을 실시했음을 알 수 있다.

【 함흥군노동공제회 교육사업으로 보통교육 보급 】

함흥군 노동공제회에서는 교육부 사업으로 일반노동자에게 보통교육
을 보급케 호기 위호야 작년 십일월 경부터 노동야학강습쇼를 설치코져

---

13) (2) 「대구노동야학설립」(『동아일보』, 1921.3.29), (3) 「안주협성야학수업」(『동아일보』, 1921.
3.29), (6) 「군산공제회야학회」(『동아일보』, 1921.6.24), (7) 「광주노동야학개시」(『동아일
보』, 1921.10.2).
14) 『동아일보』, 1921.3.29.

당국에 신청하얏스나 사정에 의흐야 중지되얏더니 이번에 허가를 엇어 함흥 중하리에 강습쇼를 정하고 이월 십육일에 기학식을 거힝ᄒ얏는ᄃ 입학자가 수빅여명에 달ᄒ얏스며15)

위의 예문에서는 야학 설립의 목적을, 일반노동자에게 '보통교육'을 보급하려는 것이라고 밝히고 있다. 교육 대상이 노농자 및 그 자녀들이라는 점에서 기초적인 어학과 실제적인 산술 지식 등을 교수한 것이라 할 수 있다. 노동야학에서의 우선적인 과제는 학령아동 구제와 성인에 대한 문맹퇴치를 의미한다.16) 위에서 살펴본 바, 그런 만큼 한글을 중심으로 간단한 한문·일본어와 셈하기 등 초보적인 산술은 거의 필수적인 교과목으로 채택된 것이다.

한편 '교사진 및 기타 과외 활동'을 보면, 각지 노동공제회는 청년회와 연합하여 야학을 운영하는 경우가 많았으며, 청년회가 교사를 담당하기도 했다. 뿐만 아니라 기존 학교의 교사가 야학교 교사로 활동하기도 했다.

〈표 2〉 '조선노동공제회' 야학교 교사진

번호	노동단체	교사진
1	대구노동공제회	[교사진] 이상훈(李相薰) 의무교사: 이종형(李鍾瑩), 한규석(韓奎錫)
2	안주노동공제회	[교사진] 부장 김형준(金灐峻), 강사 김정환(金鼎煥) 김진성(金振聲)
3	군산노동공제회	[교사진] 담임교원 이정복(李貞馥), 이긍현(李兢鉉), 서희원(徐熙源), 이중환(李重煥), 양원용(梁元容), 박동기(朴東基), 박병호(朴炳虎), 최수현(崔壽鉉), 임희준(任熙準), 이원녕(李源寧), 조용관(趙容寬)
4	광주노동공제회	[교사진] 강사 보통학교 훈도 계왕순(桂旺淳), 한진만(韓鎭萬), 정완섭(鄭完燮), 최정균(崔侹均)
5	군산노동공제회	[교사진] 군산적성야학교 교장 한상계(韓相契)와 군산노동공제회 야학부 강사 조용관(調容寬)

15) 『조선일보』, 1921.3.10.
16) 「노동독본재료수집」(『동아일보』, 1925.7.11).

번호	노동단체	교사진
6	신천노동공제회	[교사진] 교장 김봉연(金奉淵), 의무집편 김봉연(金奉淵), 박승유(朴勝裕), 박명선(朴明善), 이맹영(李孟英)
7	안동현 노동공제회	[교사진] 집편 회장 황천우(黃天佑), 이동석(李東奭), 오계상(吳啓尙)
8	대구노동공제회지회	[교사진] 총간사 정인해(鄭寅海)
9	신천노동공제회	[교사진] 교장 김봉연(金奉淵), 교원 이제염(李悌廉)

〈표 2〉에서 안주노동공제회는 "유신학교 내에 야학 설립"되었으며, 광주노동공제회는 "산본보통학교 강당에서 야학교 개학식. 산본보통학교 교장 축사" 등의 내용으로 기존 학교와 연합하여 야학교를 운영하고 있었음을 알 수 있다.17) 또한 야학교의 교육 장소는 독립된 교사(校舍)를 마련하기보다 교회, 학교, 청년회관, 공회당 등을 이용하였는데,18) 이 예는 기존의 교사를 활용한 경우라 할 수 있다. 교사진을 보면 보통학교 교사진인 경우와 노동공제회의 회원과 보통학교 교사가 '의무교사', '담임교원' 등을 담당하였다.19) 이윤미(1990)에서는 특히 지식인 문제를 다룬 부분이 주목되는데, 이 논문에 의하면 노동야학의 교사는 대부분 선각자, 지식인 출신들로 당시의 역사적 상황에 의식적으로 대처해 나가려는 자들이었으며, 이들은 스스로 야학을 설립하여 무보수로 가르친 경우가 많았다고 서술하고 있다. 교사들의 학력은 보통학교 졸업 수준 이상이면 누구나 자원하여 봉사할 수 있었는데, 이것은 야학의 교육 수준이 보통 정도의 지식을 전달하는 데 있었기 때문이라고 밝히고 있다.20)

한편 아래 기사는 신천노동공제회의 1회 졸업식 장면으로 학교 교장의 개회사, 학생들의 교가 제창 등 기존 학교와의 연계성을 잘 보여주

---

17) 「안주협성야학수업」(『동아일보』, 1921.3.29), 「노동야학개학식」(『동아일보』, 1921.10.11).
18) 김형목(1995: 274).
19) 「대구노동야학설립」(『동아일보』, 1921.3.29), 「군산공제회야학회」(『동아일보』, 1921.6.24), 「광주노동야학개시」(『동아일보』, 1921.10.2).
20) 이윤미(1990), 「일제하 야학운동의 교육사적 의의」, 『중등우리교육』 제6호, 중등우리교육학회, 72쪽.

고 있다.

【 노동야학졸업식 】

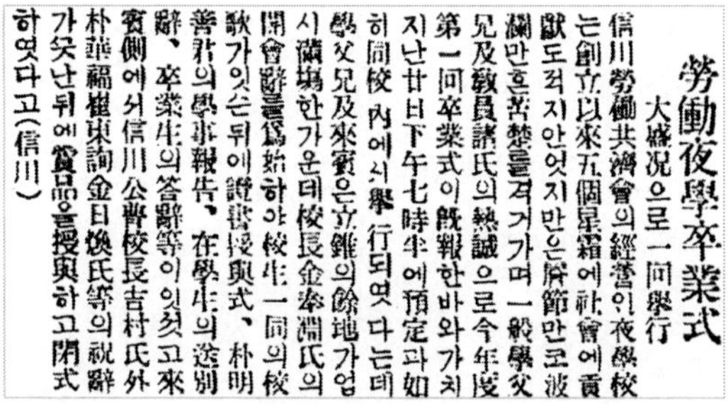

信川勞動共濟會(신천노동공제회)의 經營(경영)인 夜學校(야학교)는 創立以來五個星霜(창립이래오개성상)에 社會(사회)에 貢獻(공헌)도 적지 안엇지

〈그림 5〉「노동야학졸업식」(『동아일보』, 1924.12.26)

만은 層節(층절) 만코 波瀾(파란) 만흔 苦楚(고초)를 격거가며 一般(일반) 學父兄及敎員諸氏(학부형급교원제씨)의 熱誠(열성)으로 今年度第一會卒業式(금년도제일회졸업식)이 旣報(기보)한 바와가치 지난 卄日下午七時半(입일하오칠시반)에 豫定(예정)과 如(여)히 同校內(동교내)에서 擧行(거행)되엿다는데 學父兄及內賓(학부형급내빈)은 立錐(입추)의 餘地(여지)가 업시 擧行(거행)되엿다는대 (…中略…) 校長(교장) 金奉淵氏(김봉연씨)의 開會辭(개회사)를 爲始(위시)하야 校生一同(교생일동)의 校歌(교가)가 잇슨 뒤에 證書授與式(증서수여식)21)

다수의 학부형이 참석하고 증서식을 수여하는 등 일반 학교의 졸업식과 유사한 행사를 진행했음을 보여주는 자료이기도 하다. 뿐만 아니라 야학교에서는 학생들의 소풍, 운동회, 웅변대회, 학생 전람회 등 다양한 과외활동을 펼치기도 했다는 점이 주목된다.22)

---

21) 『동아일보』, 1924.12.26.
22) 「노동회야학생원족」(『동아일보』, 1921.6.16), 「신천춘기대운동회」(『동아일보』, 1922.4.2), 「각단체현상응변회」(『동아일보』, 1922.4.18), 「대구로동야학 작품뎐람회」(『동아일보』, 1927.3.27) 등.

1.1.2. 조선농민사(朝鮮農民社)의 농민야학

아래 자료 또한 『동아일보』(1926~1934)의 주요 기사를 대상으로, 조선농민사의 야학교의 교수 과목 및 교사진, 학생 수와 기타 활동상을 정리한 것이다.[23)

〈표 3〉 '조선농민사의' 노동야학 교육 내용 및 교육 상황 정리(『동아일보』, 1926~1934)

번호	지역별 조선농민사	교육 내용	교사진 및 학생 수	기타	기사 출처
1	안주 조선농민사	조선문(朝鮮文), 산술(算術)	[지역별 교사진 및 학생 수] 용화면 운천리: 강사 안봉연(安鳳淵)/학생 10여 명 동면 금서리: 강사 백재온(白在瑥)/회원 20여 명 동면 용흥리: 강사 김낙구(金洛龜)/회원 20여 명	안주 지역 용화면 운천리, 동면 금서리, 동면 용흥리 등 3개소에서 개강	『조선농민강습 안주에 삼개소』(『동아일보』, 1925.12.21)
2	의주 조선농민사	상식보급(常識普及), 한글 강습		농한기를 이용하여 농민야학 개최. 도처 20여 곳 설립, 의주 지역 30여 곳 야학	도처에 농민야학 의주 농촌에 (『동아일보』, 1926.11.25)
3	순창 조선농민사	『조선농민(朝鮮農民)』, 『농민(農民)』, 『노동독본(勞動讀本)』		문맹퇴치를 위한 야학 설치	가성노야설치 (1927.3.10)
4	맹산조선농민사	『대중산술(大衆算術)』, 『대중간첩(大衆簡牒)』, 『대중독본(大衆讀本)』, 주산(珠算), 작문(作文), 회화(會話), 농민창가(農民唱歌)	〈지역: 송남리〉 [교사진] 소화야학회장(笑話夜學會長) 金京模(김경모) 참여. 강사 김동호(金東浩), 조병룡(趙炳龍), 김경수(金京守), 박왕걸(朴旺杰), 손학술(孫學述), 이병용(李炳龍)/ [학생 수] 30여 명 수료		송남리야학 (1930.11.23)

23) 이 총서 제5권 제3장 '〈표 7〉 『동아일보』 조선노동공제회의 노동야학 관련 기사(1921~1927)' 참조.

번호	지역별 조선농민사	교육 내용	교사진 및 학생 수	기타	기사 출처
5	맹산조선농민사	『대중독본(大衆讀本)』,『대중산술(大衆算術)』,『대중간독(大衆簡牘)』, 주산(珠算), 작문(作文), 회화(會話)	〈지역: 안하리〉 [교사진] 강사 한기학(韓驥鶴) 나문규(羅文圭), 한애득(韓愛得), 김일현(金日賢), 나성혁(羅成爀), 차희경(車禧敬) [학생수] 야학생 30여 명	노동야학교 우수학생 김상도(金尙道) 지필(紙筆)기증	안하리야학 (1930.11.23)
6	삼척 조선농민사	『농민독본』	[교사진] 강사 박내빈(朴來賓) 정계화(鄭啓和) 채재병(蔡在秉) 정의훈(鄭義熏) 심만용(沈萬龍) 정길화(鄭吉和) 신문선(辛文善)	야학 6개소 설치/농한기 이용	농한기 이용하야 일동에 야학육처 (1930.12.27)
7	곡산 조선농민사	『대중독본(大衆讀本)』, 일어(日語), 산술(算術), 주산(珠算)	[교사진] 김순영(金淳永) 김영석(金永錫) 송창실(宋昌實)	농민야학 2개소에 설립	곡산야학설립 (1930.12.20)
8	황주 조선농민사	한글, 국어(國語), 『중국어조선역사(中國語朝鮮歷史)』	[교사진] 강사 문승흠(文承欽), 이해림(李海林) [학생수] 50여 명	농민야학 김경집(金敬執) 집에 설립	

　조선농민사의 농민야학은 주로 농한기를 이용하여 설립하는 경우가 많았으며,24) 지역별로 야학교 수는 지역별 특성에 따라 많게는 20~30개소에서, 적게는 2개소 등을 마련하였고,25) 야학교 학생 수를 밝힌 내용에 따르면 30~50여 명 등으로 나타나고 있는데, 앞선 노동공제회와 비교해 보면 소규모로 야학을 실시한 것으로 보인다.26) 뿐만 아니라 「금송리농사 야학부개시」(『동아일보』, 1931.2.8)을 보면, 김경집(金敬執)이라는 동민의 사택에 농민야학을 설립하고, 강사를 초빙하여 동네 50여 명의

---

24) 「도처에 농민야학 의주 농촌에」(『동아일보』, 1926.11.25), 「농한기 이용하야 일동에 야학육처」(『동아일보』, 1930.12.27).

25) 「도처에 농민야학 의주 농촌에」(『동아일보』, 1926.11.25), 「곡산야학설립」(『동아일보』, 1930.12.20).

26) 〈표 3〉을 참조하면, 한 지역에 면 단위로 10~20명 정도의 소수 학생들을 대상으로 교육을 실시했음을 알 수 있다.

학생들을 교육했다는 내용을 볼 수 있다. 이는 이성환이 「문맹퇴치의 실제적 방안 여하(1)」(『동아일보』, 1927.1.5)에서 제시한 바 "오가작통식" 교육 방식과 유사하다는 점에서 흥미로운 기사이기도 하다.27)

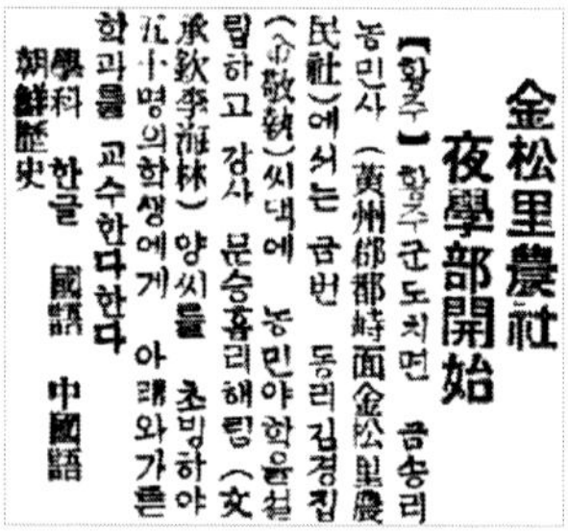
金松里農社 夜學部開始

【황주】황주군도치면 금송리 농민사(黃州郡都峙面金松里農民社)에서는 금번 동리김경집(金敬執)씨댁에 농민야학을설립하고 강사 문승흡리해림(文承欽李海林)양씨를초빙하야 五十명의학생에게 아래와가튼 학과를 교수한다한다

學科 한글 國語 中國語 朝鮮歷史

〈그림 6〉「금송리농사 야학부개시」(『동아일보』, 1931.2.8)

한편 '교육 내용'을 보면, 앞선 노동공제회와 비교하여 실제 교재명이 드러나기도 한다는 점이 특징적이다. 교수 과목을 정리해 보면 아래 〈표 4〉와 같다.

〈표 4〉 '조선농민사'의 교수 과목

번호	지역별 조선농민사	교육 내용
1	안주 조선농민사	조선문(朝鮮文), 산술(算術)
2	의주 조선농민사	상식보급(常識普及), 한글 강습
3	순창 조선농민사	『조선농민(朝鮮農民)』,『농민(農民)』,『노동독본(勞動讀本)』
3	맹산 조선농민사	송남리: 『대중산술(大衆算術)』, 『대중간첩(大衆簡牒)』, 『대중독본(大衆讀本)』, 주산(珠算), 작문(作文), 회화(會話), 농민창가(農民唱歌)
		안하리: 『대중독본(大衆讀本)』, 『대중산술(大衆算術)』, 『대중간독(大衆簡牘)』, 주산(珠算), 작문(作文), 회화(會話)
4	삼척 조선농민사	『농민독본(農民讀本)』
5	곡산 조선농민사	『대중독본(大衆讀本)』, 일어(日語), 산술(算術), 주산(珠算)
6	황주 조선농민사	한글, 국어(國語), 『중국어조선역사(中國語朝鮮歷史)』

위의 자료는 각지 조선농민사의 야학교 교수 과목 중 비교적 상세한

27) 「문맹퇴치의 실제적 방안 여하(1)」(『동아일보』, 1927.1.5)에서 이성환은 무엇보다 성인교육이 급선무라고 주장하고 있다. 기존의 문맹퇴치 교육이 아동의 보습교육 정도에 머물렀다면 이제는 "성인교양운동(成人教養運動)"을 거국적으로 전개해야 한다는 것이다. 그 구체적인 방향성으로는 먼저 각 언론기관에서 운동의 필요성을 주창할 것이요, 다음은 연구지도할 중앙기관을 두어야 한다는 것이다. 이어지는 글에서는 실제적인 교육 방법으로 "독본 발행", "오가작통식(吾家作統式) 설교" 등을 들고 있다는 점이 주목되는데, 특히 오가작통식은 4~5곳 가정을 돌면서 몇 시간씩 가르치라는 것이다. 특히 부녀자의 경우는 이 방법이 더 효과적이라는 교육적 효용성을 들기도 했다.

정보를 보여주는 경우를 밝힌 것이다. 실제 기사 자료들을 제시하면 다음과 같은 내용을 볼 수 있다.

【 도처에 농민야학 의주 농촌에 】

① "평남맹산군봉인면송남리(平南孟山郡封仁面松南里)에서는 농민사원의 활동으로 야학생을 모집하야 개학식을 거행한 바 (…중략…) 학과와 강사는 알에와 갓다 대중산술(大衆算術), 대중간첩(大衆簡牒), 대중독본(大衆讀本), 주산(珠算), 작문(作文), 회화(會話), 농민창가(農民唱歌)(「松南里夜學」)" (『동아일보』, 1930.11.23), ② "安下里夜學(안하리야학) 平南孟山郡安下里(평남맹산군봉인면안하리)에서는 지난 一(일)에 농민사 주최로 농민야학을 설립하고 (…중략…)" 敎材(교재)「대중독본(大衆讀本)」,「대중산술(大衆算術)」,「대중간독(大衆簡牘)」, 주산(珠算), 작문(作文), 회화(會話)(「松南里夜學」,『동아일보』, 1930.11.23),

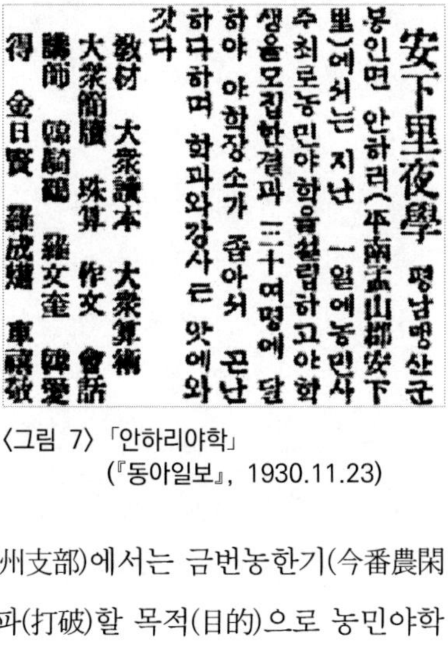

〈그림 7〉「안하리야학」
(『동아일보』, 1930.11.23)

③ "조선농민사의주지부(朝鮮農民社義州支部)에서는 금번농한기(今番農閑期)를 이용(利用)하야 문맹(文盲)을 타파(打破)할 목적(目的)으로 농민야학(農民夜學)을 개최(開催)하야 (…중략…) 일반농민(一般農民)의 상식보급(常識普及)과 우리글 강습(講習)에 주력(注力)하며"28)

위에 제시된 예문의 교수 과목을 보면, ①은 평남 맹산군 송남리의 농민야학 과목으로 『대중산술(大衆算術)』, 『대중간첩(大衆簡牒)』, 『대중독본(大衆讀本)』, 주산(珠算), 작문(作文), 회화(會話), 농민창가(農民唱歌) ②

---

28) 『동아일보』, 1926.11.25.

는 평남 맹산군 안하리의 경우로, 교재는 『대중독본(大衆讀本)』, 『대중산술(大衆算術)』, 『대중간독(大衆簡牘)』, 기타 교수 과목은 주산(珠算), 작문(作文), 회화(會話), ③은 의주 지역 조선농민사의 야학 관련 내용으로, 문맹타파 및 상식보급, 한글강습 등을 시행한다고 밝히고 있다.

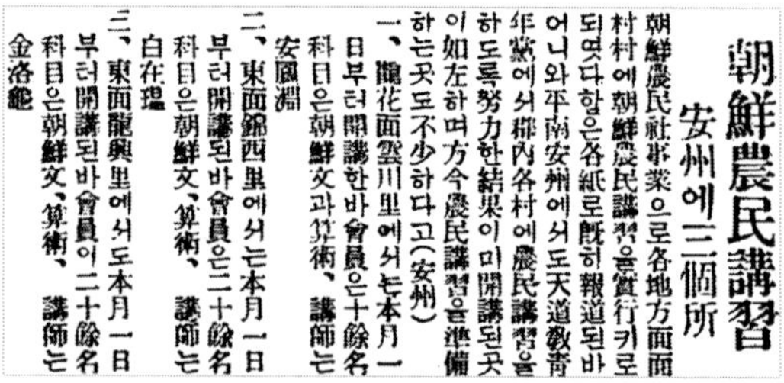

朝鮮農民講習
安州에三個所

朝鮮農民社事業으로各地方面面村村에朝鮮農民講習을實行키로되엿다함은各紙로旣히報道된바어니와平南安州에서도天道敎靑年黨에서郡內各村에農民講習을하도록努力한結果이미開講된곳이如左하며方今農民講習을準備하는곳도不少하다고(安州)

一、龍花面雲川里에서는本月一日부터開講한바會員은十餘名科目은朝鮮文과算術、講師는安鳳淵

二、東面錦西里에서는本月一日부터開講된바會員은二十餘名科目은朝鮮文、算術、講師는白在瑥

三、東面龍興里에서도本月一日부터開講된바會員이二十餘名科目은朝鮮文、算術、講師는金洛龜

〈그림 8〉「조선농민강습 안주에 삼개소」
(『동아일보』, 1925.12.21)

기타 「조선농민강습 안주에 삼개소」(『동아일보』, 1925.12.21)에 제시된 자료는 평남 안주 지역에서 시행된 교육 내용으로서, 3개 면에 강습회를 열고 기초 과목을 교수했음을 보여준다. 면 단위 교수 과목을 보면, '용화면 운천리'의 경우는 10여 명의 학생을 대상으로 강사 안봉연(安鳳淵)이, '동면 금서리에서는 20여 명의 학생을 대상으로 강사 백재온(白在瑥)이, '동면 용흥리'에서는 20여 명의 학생에 강사 김낙구(金洛龜)이 조선문(朝鮮文)과 산술(算術)을 교수했다고 보도하고 있다. 이러한 교수 내용을 보면, 독본류 교재를 사용하였고, 상식, 한글, 일어, 산술, 주산, 작문, 회화, 창가 등 앞서 노동공제회와 마찬가지로 문맹퇴치의 언어교육 및 기초적인 수리 과목을 주로 다루고 있음을 알 수 있다.

이 외 또 하나 주목되는 바는, 〈표 4〉의 (7)번 '황주 조선농민사'의 경우 중국어조선역사(中國語朝鮮歷史) 과목도 교육했다는 점이다. 또한 조선농민사가 직접 출간한 『농민독본(農民讀本)』를 위시한 기타 독본류 등이 교수 과목에 속한다는 점도 특징적이라 하겠다. 뿐만 아니라 아래 자료를 보면, 야학뿐만 위와 같은 기초 소양 교육은 강습을 통해서도 이루어졌다는 점이 주목된다. 「도처에 농민야학 의주 농촌에」(『동아일보』, 1926.11.25)과 「농한기 이용하야 일동에 야학육처」(『동아일보』, 1930.12.27)을 보면, 야학은 주로 농한기를 이용해 실시하는 경우가 많음을

알 수 있는데, 위의 기사 또한 시기적으로 동절기라는 점에서 농한기에
는 야학뿐만 아니라 강습회 등을 개최하여 농민 교육을 집중적으로 실
시했음을 알 수 있다.

야학교의 교사진을 보면, 앞서 살핀 노동공제회와 비교하여 주로 조
선농민사의 회원이나 인사들이 운영한 것으로 추정된다.

〈표 5〉 '조선농민사의' 야학교 교사진

번호	지역별 조선농민사	교사진
1	안주 조선농민사	용화면 운천리: 강사 안봉연(安鳳淵)/ 금서리: 강사 백재온(白在瑥) 동면 용흥리: 강사 김낙구(金洛龜)/회원 20여 명
2	맹산 조선농민사	송남리: [교사진] 소화야학회장(笑話夜學會長) 金京模(김경모) 참여. 강사 김동호(金東浩), 조병룡(趙炳龍), 김경수(金京守), 박왕걸(朴旺杰), 손학술(孫學述), 이병용(李炳龍)
		안하리: [교사진] 강사 한기학(韓驥鶴) 나문규(羅文圭), 한애득(韓愛得), 김일현(金日賢), 나성혁(羅成爀), 차희경(車禧敬)
3	삼척 조선농민사	[교사진] 강사 박내빈(朴來賓) 정계화(鄭啓和) 채재병(蔡在秉) 정의훈(鄭義桑) 심만용(沈萬龍) 정길화(鄭吉和) 신문선(辛文善)
4	곡산 조선농민사	[교사진] 김순영(金淳永) 김영석(金永錫) 송창실(宋昌實)
5	황주 조선농민사	[교사진] 강사 문승흠(文承欽), 이해림(李海林)

실제 자료에서는 야학 장소나 교사진의 신분이 구체적으로 제시되고
있지 않으나 (2)의 맹산 조선농민사의 경우, 소화야학회장(笑話夜學會長)
김경모(金京模)가 참여하는 등 조선농민사의 지도층들이나 식자층들이
교사직을 담당한 것으로 보인다. 김용달(1995)에 의하면, 유학생들이 방
학 때 계몽운동의 차원에서 참여하는 경우가 많았으며, 천도교 조선농
민사 회원들의 귀농운동 차원의 참여, 언론기관 및 기독교의 농촌운동
에 기반한 다수 청년 학생들이 농촌계몽운동의 일환으로 방학 중에 야
학의 교사로 활동했다고 밝히기도 했다.29)

---

29) 김용달(1997), 『독립운동의 역사: 제28권 농민운동』, 한국독립기념관, 229~230쪽.

1.2. 노동독본의 발간

1.2.1. 노동단체의 노동독본

1920년대 노동단체가 운영한 노동야학에서는 주로 보통학교 교과서가 대부분이었고, 신문을 교재로 사용하는 경우도 적지 않았다. 뿐만 아니라 노동자의 의식화를 위한 소책자를 만들어 교육하기도 했다.[30) 일례로 아래 기사를 보면, 노동공제회의 경우는 설립 초기부터 야학교의 설립과 함께 교과서를 편찬하였음을 알 수 있다.

【 노동독본편찬 】

① "朝鮮勞動共濟會(조선노동공제회)에서는 각지 대표자를 모와 금일부터 이일까지 이일 동안 뎨사회 뎡긔총회를 열고 아래와 가튼 일을 의론할 터이라더라 (…중략…) 勞働讀本編纂(노동독본편찬)의 件(건)"(「노동공제총회」, 『동아일보』, 1922.4.1)

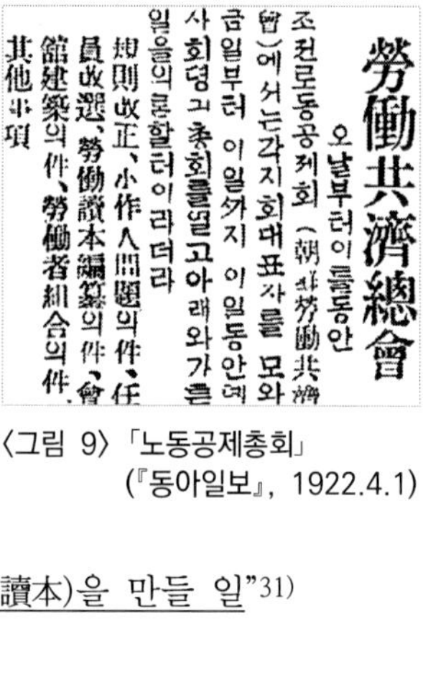

② "로동공제회 뎡긔총회(勞働共濟會定期總會)는 지나간 삼일과 사일 량일간 인사동계명구락부(仁寺洞啓明俱樂部)안에서 열넛는대 디방지지회대표 이십여 명이 참석한후 로동자에게 가르키기 위하야 로동독본(勞動讀本)을 만들 일"[31)

勞働共濟總會

조선로동공제회(朝鮮勞働共濟會)에서는각지회대표자를모와금일부터이일까지이일동안사회뎡긔총회를열고아래와가튼일을의론할터이라더라起則改正、小作人問題의件、任員改選、勞働讀本編纂의件、會館建築의件、勞働者組合의件其他事項

〈그림 9〉 「노동공제총회」
(『동아일보』, 1922.4.1)

---

30) 또한 일부 교사는 현지 실정에 맞게 직접 만들어 사용했다. 노동자·농민에게 계급의식을 앙양시키기 위한 경우에는 사회주의에 대한 기초적인 지식을 토대로 만들었다. 특히 언론사의 문자보급운동이나 브나로드운동이 대대적으로 전개될 당시에는 대량으로 제작·보급되었다. 부족한 교재는 종종 야학운동 진전을 가로막는 커다란 장애물이었다. 이러한 현계를 극복하기 위하여 조직된 단체가 조선노동교육회였다.

31) 『동아일보』, 1922.4.5.

위의 내용에서 조선노동공제회는 노동독본 편찬의 건이 총회의 주요 결의안이었음을 알 수 있다. 특히 ②의 기사에서는 이를 위한 집행위원으로 박이규(朴理圭), 신백우(申伯雨), 윤덕병(尹德柄) 등 20여 인을 선출하기도 했다.[32] 실제 교재 발간 상황 및 교재 내용 등에 대한 자료는 남아 있지 않으나, 예시를 통해 노동공제회는 노동독본을 편찬하여 교육했을 것으로 추정할 수 있다.

참고로 노동공제회 외 기타 노동단체에서도 교재를 편찬했다는 점이 주목된다. 다음의 기사를 보면, '조선노동대회(朝鮮勞動大會)'의 경우에도 노동독본을 발행한 것을 알 수 있다.

【 노동대회혁신 】

로동대회 데류회 정기총회는 재작일 십오일 하오 두시부터 시내 慶雲洞(경운동) 그 회관 안에서 勞働讀本編纂三(노동독본편찬삼), "메데"示威(시위) 運動斷行四勞働者尋訪以下略(운동단행사노동자심방이하략) 執行委員(집행 위원) 金思民(김사민) 李恒發(이항발) 李珖(이광) 金榮萬(김영만) 徐鼎基(서정기) 柳寅元(유인원) 李丙儀(이병의) 金成圭(김성규) 張基榮(장기영) 李民濟(이민제)[33]

위의 내용은 조선노동대회의 정기총회 내용으로서 『노동독본편찬』 발행 건에 관한 내용도 보인다. 특히 보도 당시 3권 발간을 계획한 점이 주목되는데, 이 교재도 현존하지 않아 그 구체적인 내용은 알 수 없으나. 지속적으로 독본 교재를 발간하였음을 알 수 있다. 이 외 노동단체 교재 발간 상황에 대해서 김형목(1995)에서는 '조선노동사(朝鮮勞動社)'가 『농촌산술』, 『한글독본』, 『대중산술』, 『대중간독』, 『조합기장법』 등

---

32) 「노동독본편찬」, 『동아일보』, 1922.4.5.
33) 『동아일보』, 1925.3.17.

을 발간하여 야학교에서 사용한 것으로 밝히고 있다.[34]

「노동독본편찬」(『동아일보』, 1925.7.13)라는 사설에서는 노동단체의 교재 편찬과 관련하여 그 필요성에 대해 다음과 같이 논의하기도 했다.

【 노동독본편찬 】

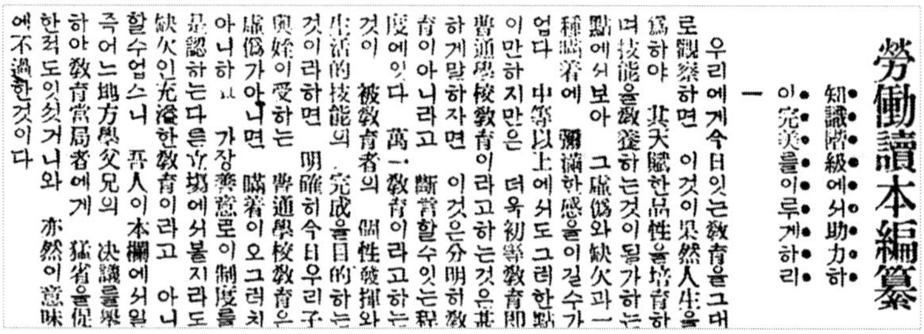

〈그림 10〉「노동독본편찬」(『동아일보』, 1925.7.13)

初等敎育(초등교육)이 普及(보급)도지 못하엿을 뿐 아니라 全人口(전인구)의 八割內外(팔할내외)가 小作人(소작인)의 生活狀態(생활상태)에 잇는 우리에게 爲政當局者(위정당국자)로는 如何(여하)한 態度(태도)로 敎育方針(교육방침)을 세워야 할것인 하는 點(점)까지를 議論(의론)하자면 (…중략…) 現存(현존)한 機關(기관)과 施設範圍內(시설범단내)에서라도 조곰 더 우리의 生活事實(생활사실)을 本位(본위)로 하고 人間性(인간성)에 立脚(입각)하야 敎授(교수)를 하게 하면 그 結果(결과)는 實(실)로 天壤(천양)의 別(별)이 잇슬 것이다 第一(제일) 今日(금일) 普通學校(보통학교)에 使用(사용)하는 그 敎材(교재)와 敎師(교사)의 人格(인격)과 敎授方法(교수방법)이 얼마나 不合當(불합당)한 것인지 (…중략…) 무엇보다 只今(지금)에 잇서서 朝鮮人(조선인)의 生活事實(생활사실)에 符合(부합)한 敎材(교재)를 採擇(채택)하는 일이야말로 (…중략…) 焦眉(초미)한 急務(급무)라고 아니할 수 업다 槪括的(개괄적)으로 敎育(교육)의 普及(보급)과 振興(진흥)만

---

34) 김형목(1995: 268).

力說(역설)하고 憂慮(우려)할 것이 아니라 그 敎育(교육)의 內容(내용)에 이르러서 適不適(적부적)과 當不當(당부당)을 取捨(취사)하는 것도 機關 (기관)을 增設(증설)하야 數量(수량)을 느리기에 努力(노력)하느니만치 敎 材(교재)에 대한 改善讀本(개선독본)에 對(대)한 選擇(선택)도 그에 나리지 아니하는 위의 努力(노력)과 奮闘(분투)와 焦思(초사)를 要(요)하는 것이 다 萬一(만일)今日(금일)의 敎材(교재)로써 이대로 初等敎育(초등교육)을 밀고 나아가면 不遠(불원)한 將來(장래)에 그 禍根(화근)이 蔓延(만연)하야 不治(불치)의 病(병)을 民族(민족)에게 貽(이)하리라고 있는 것이다.35)

위의 글에서는, 먼저 전 인구의 80퍼센트 내외를 차지하는 소작인들이 초등교육조차 받지 못하고 있는 현황에 대해 당국의 조처가 필요하다고 지적하였다. 뿐만 아니라 현존하는 기관과 시설범에서 그들의 현실을 고려하여 교육방침을 개진할 것을 촉구하고 있다. 그리고 이 기사에서는 무엇보다 교재에 대한 개선이 시급하다고 강조하고 있다는 점이 주목된다. 당시 보통학교에서 사용하는 교재가 그들의 실제 생활과 부합되는 내용이 아니라는 것이다. 그러므로 이러한 교재로써 이대로 교육하게 되면 장래에 그 禍根(화근)이 蔓延(만연)하야 不治(불치)의 病 (병)을 民族(민족)에게 貽(이)하리라고 있는 것이다. 그러므로 교육의 보급과 진흥도 중요하지만, 무엇보다 교육의 내용에 맞게 교재의 개선이 급선무라는 입장이다. 각 노동단체들이 기존의 교재가 아닌 자발적인 노동독본을 편찬하고 있는 것은 바로 이러한 인식이 기저에 자리잡고 있었고, 실제 교육 현장의 노동자들의 실상을 반영하고 그들에게 적합한 교재를 편찬하려는 의도에서 비롯되었다고 하겠다. 한편 또 하나 주시할 것은 당시 동아일보사를 위시한 국내 각 노동단체들의 의연금으로 재일본 한인 노동단체에서도 노동독본을 발간했다는 점이다.

---

35) 『동아일보』, 1925.7.13.

【 재외동포위문금으로 노동독본 편찬 】

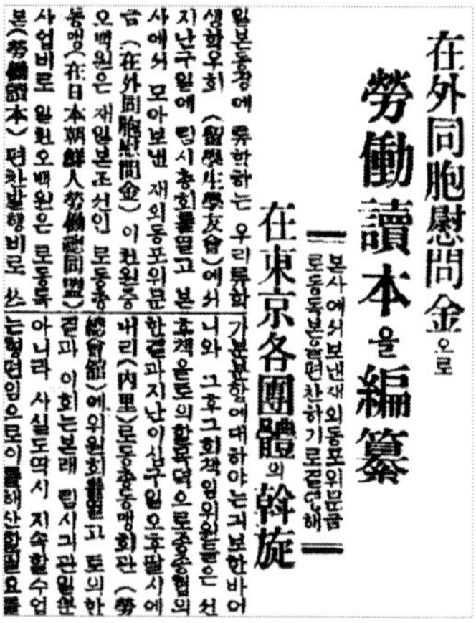
在外同胞慰問金으로

勞働讀本을編纂

本社에서보낸在外同胞慰問金을 로동독본편찬하기로결정해

在東京各團體의斡旋

일본동경에 류학하는 우리류학
생학우회(留學生學友會)에서
지난구일에 림시총회를열고 본
사에서 모아보낸 재외동포위문
금(在外同胞慰問金) 이천원중
오백원은 재일본조선인 로동총
동맹(在日本朝鮮人勞働總同盟)
사업비로 일천오백원은 로동독
본(勞働讀本) 편찬발행비로 쓰

〈그림 11〉「재외동포위문금으로 노동독본 편찬」(『동아일보』, 1925.7.1)

일본 동경에 류학하는 우리 유학생학우회(留學生學友會)에서 지난 구일 림시 총회를 열고 본사에서 보낸 재외동포위문금(在外同胞慰問金) 이천원 중 오백원은 在日本朝鮮人(재일본조선인) 로동총동맹(勞動總聯盟) 사업비로 노동독본(勞働讀本)을 편찬(編纂) 발행비로 쓰자는 안(案)이 통과 결의되야 (…중략…) 그 회관에서 다시 모이혀 노동독본편찬부(勞動讀本編纂部)를 조직하얏는데 학지광사(學之光社) 사상운동사(思想運動社) 대중공론사(大衆公論社)로 노동편집부(勞動編輯部) 등 네 단톄의 선출위원과 그 소양이 잇는 개인으로 하얏는대 편집재료는 신중한 전형으로써 널리 수집하기 위하야 근일 내로 자세한 재료수집 규뎡을 발표할 터이라더라36)

위에 제시된 바, 당시 일본 동경 한인 유학생 단체인 '유학생학우회(留學生學友會)'에서는 동아일보사에서 보낸 재외동포위문금 중 일부를, 재일본 조선인 '노동총동맹(勞動總聯盟)'의 노동독본 발행비로 지출하기로 결의한 것이다. 이를 위해 학지광사(學之光社) 사상운동사(思想運動社), 대중공론사(大衆公論社), 노동편집부(勞動編輯部) 등 4개의 출판 단체를 중심으로 '노동독본편찬부'를 조직하여, 편집 자료의 수집을 위한 규정을 모색하기에 이르게 되었다. 이어서 「勞働讀本材料蒐集」(『동아일보』, 1925.7.11)을 보면, '노동독본편찬부(勞働讀本編纂部)'를 두고, 독본 발간을 위한 재료 수집을 다음과 같이 광고하기도 했다.

36) 『동아일보』, 1925.7.1.

【 노동독본재료수집 】

勞動運動(노동운동), 農民運動(농민운
동)의 最大(최대)한 急務(급무)의 한아
는 무엇보다도 그들의 文盲(문맹)을 열
어줌에 잇다. 可使由之(가사유지)오 不
可使知라는 支配階級(지배계급)의 傳統
的政策(전통적정책)의 下(하)에서 오직
搾取(착취)와 抑壓(억압)에 울고잇든 그
들을 스을고 光明(광명)의 彼岸(피안)을
向(향)함에는 그들로 하야금 감앗든 눈
을 쓰고 時代(시대)를 正觀(정관)하며 歷
史的使命(역사적사명)을 깨닭게 함에 잇
다 생각한다. 우리는 이에 必要(필요)에
資키 위하야 第一着으로 그들을 敎養(교

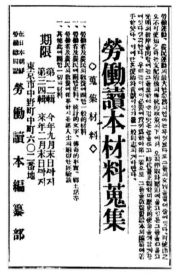

〈그림 12〉「노동독본재료수집」(『동아일
보』, 1925.7.11)

양)할 讀本(독본_의 編纂(편찬)에 着手(착수)아얏다. 이에 만흔 援助(원조)
와 貢獻(공헌)이 잇기를 一般同志(일반동지)의게 바란다.[37)]

위 광고에서는 노동운동 및 농민운동의 급선무 중 하나는 무엇보다도
그들의 문맹퇴치임을 강조하고 있다. 그러므로 문맹퇴치를 통해 노농자
들이 지배계급의 착취와 억압을 벗어나 시대를 직시하며 그들의 사명을
깨닫게 해야 한다는 것이다. 이에 우선적으로 독본을 편찬하고자 하며,
뜻을 같이하는 이들의 원조를 구한다는 내용이다. 이와 함께 구체적으
로 독본 재료를 다음과 같이 수집하고 있음을 밝히고 있는데, 첫째, 노동
자 및 농민의 교양에 관한 일반적 재료, 둘째, 노동자 및 농민에 관한
사료, 통계적 문자(統計的 文字), 전통적 사실, 향토 이야기[鄕土話] 등, 셋

---

37) 『동아일보』, 1925.7.11.

째, 노동자 및 농민의 교양에 종사하는 여러 인사의 적절한 경험담, 넷째 기타 타지에 관한 일체의 자료 등을 수집한다고 밝히고 있다.[38]

한편 「노동독본 오는 십월 발간」(『동아일보』, 1925.7.10)에서는 노동독본 편찬 계획을 아래와 같이 밝히기도 했다.

【 노동독본 오는 십월 발간 】

동경에 본부를 둔 재일본조선로동총동맹(在日本朝鮮勞働總同盟)에서는 그 편집부를 주톄(主體)로 한 로동독본 편찬 위원회를 조직하야 로동독본을 발간하려고 방금 여러 가지 준비를 하고 잇는 중인바 이 독본은 무식한 조선로동민의 교양을 주안(主眼)으로 하고 우선 그 뎨사집(第四集)까지 발간하기로 하고 금년 십월말까지는 뎨이집을 발간할 것이라 하며[39]

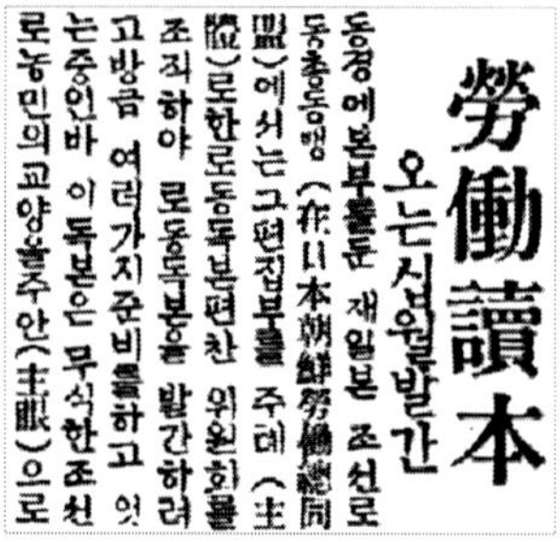
勞働讀本
오는십월발간
동경에본부를둔 재일본 조선로동총동맹(在日本朝鮮勞働總同盟)에서는그편집부를 주데(主體)로한로동독본편찬 위원회를 조직하야 로동독본을 발간하려고방금 여러가지준비를하고 잇는중인바 이독본은 무식한조선로농민의교양을주안(主眼)으로

〈그림 13〉「노동독본 오는 십월 발간」(『동아일보』, 1925.7.10)

보다시피 재일본 조선로동총동맹의 편찬위원회에서는 조선 노동자들의 교양을 진작시키려는 목적으로 노동독본 4집을 발간하기로 결정하였다. 실제 이 독본류는 실재하지 않으나, 「노동독본(勞働讀本)」(『동아일보』, 1926.2.24)에서 노동독본 1집을 광고하고 있어 최소한 한 권의 독본은 발간함 것으로 보인다. 이를 보면, 1920년대에는 노동단체의 야학운동이 활발하게 전개되면서, 국내는 물론 일본 한인 노동단체까지 교재 발간에도 힘을 기울였음을 알 수 있다.

38) 「노동독본재료수집」(『동아일보』, 1925.7.11).
39) 『동아일보』, 1925.7.10.

1.2.2. 기타 노농단체의 독본류

기타 독본류를 살펴보면, 먼저 조선농민사는 '조선농민의 교양과 훈련'을 목적으로 하고, 이를 달성하기 위하여 월간잡지인 『조선농민(朝鮮農民)』을 발간하였다. 『조선농민』은 1925년 12월 11일 창간호 1만부를 발간하였고, 1927년에는 발간 부수가 1만 8천부에 이르렀다. 『조선농민』에는 '농민독본', '농민과학강좌(農民科學講座)', '위생강좌(衛生講座)', '상식문답(常識問答)' 등을 연재하고, 농민야학을 설립하여 계몽운동을 전개하였다. 특히 여기에 연재된 『농민독본(農民讀本)』은 1927년 2월 당시 조선농민사의 주간이었던 이성환(李晟煥)이 발간한 야학 교과서라는 점에서 주목된다. 1930년대에 들어와서도 1930년 4월 조직·교양·경제의 3개 부문 운동에 관한 강목을 발표하고 지식계발 및 교양운동을 활발히 전개하였다. 조선농민사 이후 농민대중의 지식과 교양 발전을 위하여 1930년 5월 19일 월간으로 『농민(農民)』을 발행하고, 같은 해 10월 25일에는 『대중독본(大衆讀本)』을 발간하였다. 1931년 5월 16일에는 『농민세상』 창간호, 1932년 7월 16일에는 『한글독본』을 발간하였으며, 기타 『농민독본』을 개정한 『신농민독본(新農民讀本)』과 『노동독본(勞働讀本)』, 『대중산술(大衆算術)』, 『대중간독(大衆簡牘)』, 『한글독본』 외

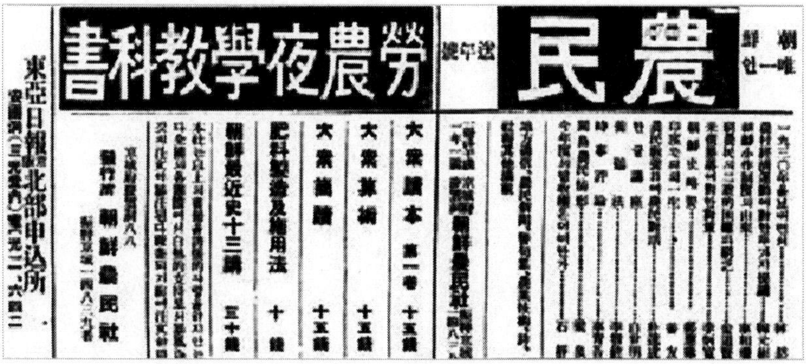

〈그림 14〉 「농민, 송년호 노동야학교과서」(『동아일보』, 1930.12.12)

다수의 문맹퇴치 교재 및 농민교양서 등은 발간하는[40] 등 출판 사업을
활발하게 전개했다.

특히 위에 제시된 교과서 중『농민독본』은『조선농민』이 창간되었을
때부터 연계되어 농촌강습소나 야학에서 등 당시 전국 농민야학에서
대부분 사용하였다.[41]

【 농민독본발행 】

조선농민사본부(朝
鮮農民社本部)에서는
조선의 일천오백만 농
민대중(農民大衆)의
문맹(文盲)을 퇴치할 목
덕으로 순회강연강좌

〈그림 15〉「농민독본발행」(『조선일보』, 1927.2.16)

(巡廻講演講座)를 개최중에 잇다함과 각처에 농민강습을 이르킨 것 (…중
략…) 우리나라의 문맹퇴치에 덕당한 교과서가 업서 일반의 긔대와 갈망
이 적지아니함을 유감으로 생각하야 (…중략…) 문맹퇴치성인독본(文盲
退治成人讀本) 즉『농민독본(農民讀本)』을 드대어 발행하기로된바 이것은
상중하 삼권에 난호아 농한긔삼개월(農閑期三個月)간이면 다 필할 수 잇
게 하야 상은 전혀 국문학습을 주로 중은 국문연습을 주로 하는 농촌과학
(農村科學)을 주로 하야 편찬된 것인 바[42]

위에 제시된 바와 같이, 조선농민사는 야학 활동 외에도 각 지역을
순회하며 강연회 및 강습회 등을 전개하였다. 그러나 문맹퇴치에 적당
한 교과서가 없음을 인지하고 문맹퇴치 성인독본으로서『농민독본』을

---

40) 김용달(1995: 229~230).

41) 「개천야학연맹서 농민독본배부」(『조선일보』, 1931.2.13).

42) 『조선일보』, 1927.2.16.

발행한 것이다. 이 교재는 농한기 3개월 동한 수료할 수 있도록 상·중·하 3책으로 발간되었다. 상권은 국문학습을, 중권은 국문연습, 3권은 농촌과학(農村科學) 등 단계별 교육을 고려한 독본류라 할 수 있다. 이 외 조선농민사에서 발행된 여타 교재의 경우에도 야학교에서 읽기 교재로 사용하는 경우가 많았다.[43] 「농촌진흥책여하(11)」(『동아일보』, 1927. 01.16)와 「서당과 교육 민간교육당로자에게」(『동아일보』, 1932.9.28) 등을 보면, 조선농민사의 일련의 야학 교재는 농민 야학에서 가장 적절한 교재들로 평가하면서, 조선농민사의 문맹퇴치용 서적과 기타 교양서류들을 추천하기도 했다. 이처럼 조선농민사가 발행한 다수의 문맹퇴치 교재 및 농민교양서 등은 당대 농민계몽에 유용한 서적들이었다는 점에서 의의가 크다 하겠다.

농민독본의 발간은 이 외에도 '조선교육협회'가 『노동산술』, 『노동독본』, 『한자초보』, 『국어독본』 등을 제작하여 각지에 보급했다.

【 삼천회중을 옹한 양대 노동회 창립 】

일천구백 이십년 륙월 이십륙일 경성(京城) 안국동(安國洞) 윤치소(尹致昭) 사뎌에서 유지 한규설(韓圭卨) 리상재(李商在) 유진태(兪鎭泰) 등 오십여 인의 발긔로 조선교육협회(朝鮮教育協會)를 창립

〈그림 16〉 「삼천회중을 옹한 양대 노동회 창립」
(『동아일보』, 1929.1.2)

하얏다 (…중략…) 동회 사업으로 로동자와 농민에 대한 교육을 치중하기로

---

43) 「안하리야학」(『동아일보』, 1930.11.23), 「송남리야학」(『동아일보』, 1930.11.23).

하얏다 그리하야 위선 로동야학(勞動夜學)이나 농민학원(農民學院) 등에 소용될 교과서(敎科書)의 편찬과 각 전문학과(專門學科)를 보급시키기 위하야 강좌(講座)를 실행하기 위하야 동회 간부들은 용긔를 내어 전조선 문맹군(文盲群)의 퇴치를 목뎍하고 이미 설치된 로동야학이나 농민학원 등에 뎍의한 교재부터 공급하라고 교과서를 편찬하얏는데 이미 발행된 것만 勞動讀本(노동독본) 一(일), 二(이), 三卷(삼권) 勞動算術(노동산술) 一卷(일권) 漢字初步(한자초보) 一卷(일권) 科外讀物(과외독물) 이야기 주머니 一卷(일권) 등 도합 륙권을 발행하야 실비로 뎨공하며44)

위 글은 1926년 한규설(韓圭卨), 이상재(李商在), 유진태(兪鎭泰) 등의 주도로 설립된 '조선교육협회(朝鮮敎育協會)'의 교재 발간에 대한 내용으로, 노동야학과 농민학원 등에서 사용할 교과서로 『노동독본(勞動讀本)』 3권, 『노동산술(勞動算術)』 1권, 『한자초보(漢字初步)』 1권, 기타 과외독본류(科外讀本類)로 『이야기 주머니』 등 총 6권의 발행했음을 제시하고 있다. 이어지는 글에서는 노동자나 농민을 본위로 하는 교과서로는, 위에서 제시한 조선교육협회의 독본류라 효시라고 밝히기도 했다.45) 특히 이 중 『노동독본』 3권은 신명균 농민야학에서 널리 사용된 교과서로 주목되는 야학 교재에 속한다.

한편 허재영(2016)에서는 일제강점기 기타 노농독본류들을 다음과 제시하고 있다. 즉 이성환(1925)의 '현대농민독본'이나 이성환(1928)의 '문맹퇴치 농민독본'과 같이 농민잡지에 연재한 경우와 신명균(1928)의 『노동독본』(조선교육협회), 윤봉길의 『농민독본』(1927), 이성환(1930)의 『농민독본』(전조선농민사), 김일대(1931)의 『대중독본』(조선농민사) 등을 대표적인 독본류로 밝히고 있으며,46) 조정봉(2007)에서는 여기에 조선

---

44) 『동아일보』, 1929.1.2.
45) 「삼천회중을 응한 양대 노동회 창립」(『동아일보』, 1929.1.2).
46) 또한 허재영(2016)에서는 이 시기 발행된 농민독본류 가운데 현재까지 확인되지 않고

일보사가 발행한 『노농독본』을 더하고 있다.[47] 보다시피 일제강점기에는 노동단체나 농민단체, 교육단체, 언론사 등에서 다양한 교과서를 발간하였음을 알 수 있다. 뿐만 아니라 허재영(2016)에서는 이렇듯 1925년부터 1932년 사이에 민간단체나 언론사의 농민독본류가 편찬되었다면, 1933년 이후에는 지응현(1937)의 『응세농민독본』(응세농도학원)과 같이 농도학원의 교재, 경기도 지방과(1933)의 『경기도 농민독본』, 충청북도(1937)의 『간이농민독본』, 황해도(1943)의 『전시농민독본(戰時農民讀本)』, 판권 미상의 『농촌진흥 조선어독본』 등과 같이, 조선총독부나 지방 행정기관의 농민독본류도 발행되었다고 밝히고 있다. 특히 후자는 일제 농민정책과 관련된 독본류들로서 이러한 교재들은 식민지 농민정책과 밀접한 관련을 맺는 것으로, 야학이나 강습회 등을 통해, 당시 노동자와 농민들을 교육하는데 활용되었다.[48] 아래에서는 이러한 다수의 야학 교재 중 농민단체 '조선농민사'의 주최로 발간된 이성환(李晟煥)의 『농민독본』과 주요 교육단체로 꼽히는 '조선교육협회' 발간의 신명균(申明均)의 『노동독본』, 농도학원의 교재로서 응세농도학원(應世農道學院) 설립자 지응현(池應鉉)이 발간한 『응세농민독본』, 조선총독부 및 지방행정기관과 긴밀한 관계를 지닌 것으로 보이는[49] 충청북도지방과(忠淸北道地方課)의 『간이농민독본(簡易農民讀本)』 등을 통해 노농독본의 단원 구성 및 내용 등 그 실제를 살피고자 한다.

있는 것들로 장지영(1930)의 『노농독본』(활문사), 조선노동총연맹 발행으로 추정되는 『노동독본』 등을 그 예로 들었다. (허재영(2016), 「일제 강점기 농민독본류의 발행 실태와 내용」, 『국어교육연구』 제61집, 34쪽.)

47) 조정봉(2007), 「일제하 야학교재 『農民讀本』과 『大衆讀本』의 체제와 내용」, 『정신문화연구』 30(4), 한국학중앙연구원, 64쪽.

48) 허재영(2016: 44~47).

49) 분석 교재는 허재영(2012)에 수록된 독본 내용을 텍스트로 하였다(허재영(2012), 『농민독본 및 갱생운동』 1~2, 역락).

2. 노농독본의 실제

2.1. 농민단체 및 교육단체의 노농독본

2.1.1. 조선농민사: 이성환의 『농민독본(農民讀本)』

앞서 살핀 바, 「농민독본발행」(『조선일보』, 1927.2.16)를 보면, 이 교재는 농한기 3개월 동한 수료할 수 있도록 상·중·하 3책으로, 상권은 국문학습을, 중권은 국문연습, 3권은 농촌과학(農村科學) 등 단계별 교육을 고려한 독본류라 할 수 있다. 1930년대에 들어서 「농민독본발행 조선농민사」(『동아일보』, 1930.02.28)을 보면, 기존의 농민독본을 개정한 것을 알 수 있다.

【 농민독본발행 조선농민사에서 】

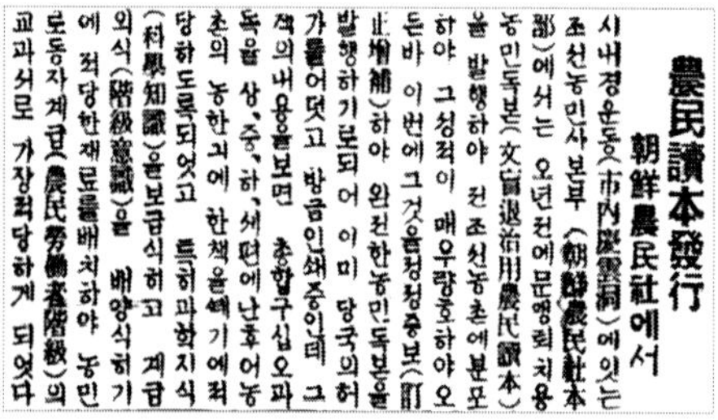
農民讀本發行
朝鮮農民社에서
시내경운동(市內慶雲洞)에잇는 조선농민사 본부 (朝鮮農民社本部)에서는 오년전에문맹퇴치용 농민독본(文盲退治用農民讀本)을 발행하야 전조선농촌에분포하야 그성적이 매우량호하야오든바 이번에그것을정정증보(訂正增補)하야 완전한농민독본을 발행하기로되어 이미 당국의허가를어덧고 방금인쇄중인데 그책의내용을보면 총합구십오과목을 상,중,하,세편에난후어농촌의 농한긔에 한책을떼기에적당하도록되엇고 특히과학지식(科學知識)을보급식히고 계급의식(階級意識)을 배양식히기에 적당한재료를배치하야 농민로동자계급(農民勞働者階級)의 교과서로 가장적당하게 되엇다

〈그림 17〉「농민독본발행 조선농민사에서」
(『동아일보』, 1930.02.28)

시내경운동(市內慶雲洞)에 잇는 조선농민사본부(朝鮮農民社本部)에서 오년 전에 문맹퇴치용(文盲退治用) 농민독본(農民讀本發行)을 발행(發行)하야 전조선 농촌에 분포하야 그 성적이 매우 량호하야 오든 바 이번에 그것을 정정증보(訂正增補)하야 완전한 농민독본을 발행하기로 되아 이미 당국의 허가를 어덧고 방금 인쇄 중인데 그 책의 내용을 보면 총합 구십오과목을 상, 중, 하 세편에 난후어 농촌의 농한긔에 한책을 떼기에 적당하도록 되엇고 특히 과학지식(科學知識)을 보급식히고 계급의식(階級意識)을 배양식히기에 적당한 재료를 배치하야 농민 로동자계급(勞動者階級)의 교과서로 가장 적당하게 되엇다.[50]

위에 제시된 바와 같이 조선농민사는 1925년부터 문맹퇴치용 농민
독본을 발행하여 전조선의 농민야학의 교재로 사용되었다. 그러나
1930년도에 들어서 새로이 개정판을 출간하게 된 것이다. 단원은 95과
이며, 기존과 마찬가지로 상, 중, 하 3편으로 농한기에 한권씩 습득할
수 있도록 편찬하였다. 그러나 조정봉(2007)의 독본 분석 자료를 보면,
상편 22과, 중편 25과, 하편 35 등 총 86과로 드러나고 있는데, 이는
개정 전의 독본류일 것으로 추정된다. 이 자료에 의하면 『농민독본』은
상편이 17면, 중편이 50면, 하편이 63면으로서 각 권의 서지 내용을 정
리해 보면 다음과 같다.

① 『농민독본』(상)의 단원 구성 및 내용

먼저 이성환의 『농민독본』 상편의 목차 및 내용을 제시하면 〈표 6〉
과 같이 정리할 수 있다.

〈표 6〉 이성환의 『농민독본(農民讀本)』 상편(上篇) 목차 및 내용

과	단원명	내용	학습체제		기타	게재면
	서문(序文)				순국문체	1
1과	제목이 없음	자음 14개와 모음 10개 연습				1~10
2과		단어 연습				
3과		글자나 문장 연습				
4과			활용법	연습	글자 모으는 법	
5과						
6과					글자 모으는 법	
7과				연습		

---

50) 『동아일보』, 1930.02.28.

과	단원명	내용	학습체제		기타	게재면
8과	제목이 없음	글자나 문장 연습			순국문체	
9과				글자 모으는 법		
10과						
11과						
12과		배움의 필요성, 모든 인간의 평등성, 근면의 강조				
13과						
14과						
15과	양반과 농민					11
16과	노동신성					12
17과	지혜와 권세	양반과 농민의 동등한 권리 주장, 배움을 통한 노동자와 농민의 자유와 평등의 실현을 강조		이야기 한마디		13
18과	허식의 탈					14
19과	조혼의 폐					15
20과	자유					16
21과	평등					16
22과	권학문	『고문진보(古文眞寶)』에 나오는 주자의 권학문을 한글로 번역			국한문 혼용체	17

상편은 서문 외 총 22과 중 22과 국한문혼용체 외에, 1과부터 21과까지 모두 순국문체를 사용하고 있다. 먼저 서문의 내용을 살펴보면 다음과 같이 제시되고 있다.

【 서문(『농민독본』, 1928.4) 】

우리는 農民讀本을 發行한다. 그는 朝鮮사람의 文盲을 退治하자는 것이 目的이다. (…中略…) 첫째 勞農群衆의 文盲을 退治한다함은 新朝鮮建設의 基礎工事인 것과 둘째 이 基礎工事에는 特別한 良工을 要하는 것이 그 까닭이다. (…中略…) 우리는 어데까지든지 勞農群의 힘으로 敎育機關을 만들어 勞農群衆의 일터에서 敎材를 캐여서 勞農群衆 속에서 敎育家를 얻어서 우리 朝鮮의 가장 緊急하고도 困難한 文盲退治의 一大問題를 해결하여 보자는데에 本意가 잇다 (…中略…) 우리는 이 讀本에 먼저 과학적 지식을 함양하기에 힘썻다 (…中略…) 첫재 朝鮮農業家가 在來에 消費하는 資本과 勞力과 時間과에 對하야 이때까지 보다 더 만코 조은 收穫을 얻도록 할 일 둘재 田園生活 卽 勞農生活로 하야금 一層 더 興味잇고 健全한 것이 되도록 할 일이니 (…中略…) 그 다음 文盲을 退治하는 同時에 政治上 智識을 養하기에 힘썻다.…비록 우리는 압박을 실어한다라는 問題에 反對로 우리는 압박을 조와한다라 하더라도 그 問題를 가지고 학생들끼리 서로 討論하는 것은 가장 깊은 意味가 잇는 것이다.[51]

　서문에서는 교재 발행의 목적, 교사의 자격, 교육내용, 수업방식 등이 자세히 적혀 있다. 교재발행의 목적은 노동자와 농민들이 문맹을 퇴치하여 신조선을 건설하는 기초공사를 하는 것이다. 서문의 글을 보면, 먼저 농민독본의 발행 목적이 문맹퇴치에 있다고 밝히고 있다. 더불어 노동자들의 문맹퇴치는 "신조선건설의 기초"가 된다고 부연하고 있다. 또한 교육기관 및 교재, 교사의 요건에 대해서도 다음과 같이 언급하고 있다. 즉 교육기관에 대해서는 노농자들의 자발적인 힘으로 설립할 것이며, 교재는 노동 현장을 반영하여야 하며, 교사는 노농군중 중에서 택해야 한다는 것이다. 한편 독본의 교육 내용 및 교수 방법에 대해서도 밝히고 있는데, 먼저 과학적 지식을 함양을 우선시해야 하며 이를 위해, 첫째로는 조선 농민들이 자본과 노력(勞力), 시간에 있어서 보다 양질의 높은 수확을 얻도록 해야 하며, 둘째로는 노농생활에 있어서 한층 더 흥미있고 건전한 것이 되도록 하며, 셋째로는 문맹을 퇴치함과 동시에 정치적인 지식을 함양하기에 힘써야 한다는 것이다. 상편은 '국문연습'을 목표로 하는 독본류라 할 수 있다.[52]

---

51) 허재영(2012: 23~26)에 수록.
52) 「농민독본발행」(『조선일보』, 1927.2.16).

【 농민독본 상권에 대하야 】

농민독본 上(상)권은 (…中略…) 그 내용은 아모것도 모르는 사람을 상대로 하야 우리글의 소리내기와 우리글의 글자 합하기와 우리글 말 만들기와 우리글의 쓰는 법 등을 간단하게 하여 젊은 시간에 우리글의 처음의 대체를 알도록 하엿다[53]

이렇듯 상편은 기초적인 국문자 익히기에 중점을 교재라 할 수 있다. 위 〈표 6〉의 교재 구성 및 내용을 보면, 각 단원의 지면은 1쪽씩 할애되어 있으며 그 구성을 보면 1과부터 10과까지는 '자모음 익히기→단어 연습→문장 연습' 등의 체제를 취하고 있으며, 연습 문제와 단어 구성 및 문장 활용 등의 학습 목표를 취하고 있다. 11과부터 14과까지는 인간의 기본권과 관련된 내용을 다루고 있으며, 15과부터 21과까지는 양반과 농민이라는 계급의식을 기반으로 인권, 자유, 평등 등의 이념적인 내용이 제시되고 있다. 마지막 22과는 『고문진보(古文眞寶)』에 나오는 주자의 권학문을 한글로 번역한 것으로 학문의 필요성을 강조하고 있는 단원이다. 상편의 이러한 구성은 기초적인 문장 익히기부터 시작하여 단계를 높이며, 농민의 의식을 계몽하는 내용의 문장으로 단계별 교육을 고려한 체재라고 할 수 있다. 내용면에서 보면, 노동자와 농민의 사회역사적 의미를 밝히면서, 노동자와 농민의 시대를 이루기 위해서 배움에 정진하고 노동에 힘을 쏟아야 한다는 계몽적인 내용을 다루고 있다고 하겠다. 한편 문종 면에서는 설명문과 산문이 주를 이루고 있음을 볼 수 있다.

그런데 『농민독본』 상편의 일부 내용은 1925년부터 1926년 사이 조선농민사가 발행한 『조선농민』에 「현대농민독본(現代農民讀本)」이라는 제목으로 6개의 단원이, 1928년 『문맹퇴치용농민독본(文盲退治用農民讀

---

53) 『조선농민』, 1928.4.

本)』이라는 제목으로 9개의 단원이 연재된 바 있다.54) 특히 후자의 경우는 〈표 6〉에 제시된 상편 내용 중 15과부터 21과까지를 그대로 게재하고 있다. 즉 그 목차를 보면 '1과 「양반과 농민」, 2과 「노동신성」, 3과 「지혜와 권세」, 4과 「허식의 탈」, 5과 「조혼의 폐」, 6과 「위생과 건강」, 7과 「자유」, 8과 「평등」, 9과 「조선농민사」' 등으로 나타난다. 6과와 9과 외에 나머지 단원은 상편의 내용을 그대로 게재한 경우라 할 수 있다. 또한 기존의 상편 내용의 학습 체제와 유사한데, 몇 가지 주목되

〈그림 18〉 1925년 『조선농민』 창간호(1925, 『한국잡지백년』 2, 77쪽.

는 내용을 살펴보면 다음과 같다. 먼저 「가르치는 동무들의 주의할 일」이라는, 일종의 교수법이라는 점에서 특징적이라 할 수 있다.55)

◎ "가르치는 동무들의 주의할 일 학생을 가르칠 때에는 부분에 낡으아 말마디마다 따로 불너 그 전체를 일게함이가 하다 이 방법을 실행키 위하여 가르치는 이가 몬저 문구의 전부를 나려 읽되 우리는 「상놈이 않이다」라고 그 뜻을 설명할지며 그리고 이것을 한번 다시 읽은 후에 구절을 싸로 떼여서 「농민은—못난 사람이 않이다」라고 천천히 읽고 그리고는 첫 발을 지적하여 학생들다려 읽으라고"(제1과 「양반과 농민」, 27쪽), "우에 씨여 잇는 여서가지의 標語(표어)를 敎師(교사)가 몬저 한번 그 중에서 어느 한 句(구)를 읽고 그 뜻을 說明하고 乃種 (내종)에 그 文句全體(문구전체)의 뜻을 說明(설명)하야"(제6과 「위생과 건강」, 34쪽), "敎師(교사)는 已往(이왕) 배호아 준 글자 가운데서 새 字母音(자모음)을 가리여 가면서 습

54) 이성환의 『현대농민독본(現代農民讀本)』(조선농민사, 1925.12)은 『조선농민』 1926년 1~2월호(17~20쪽, 20~24쪽, 35~40쪽)에서 1~6과를 게재하고 있으며, 이성환의 『문맹퇴치용 농민독본 중(文盲退治用 農民讀本 中)』(朝鮮農民社)은 『조선농민』 1928년 1~2월호(30~38쪽, 31~39쪽)에서 1~9과까지를 수록하고 있다(조정봉, 2007: 65).

55) 아래 페이지 제시는 허재영(2012)의 영인본의 면수를 반영한 것이다.

字法(합자법)을 가르치고 合字(합자)하여 소리내는 法(법)과 그 글자를 學生(학생)의 손으로 쓰는 법을 가르쳐 줄지라(제7과 「자유」, 35쪽)

위의 내용을 보면, 「가르치는 동무들의 주의할 점」에서는 독법, 서법, 학습 내용의 목적 등이 서술되어 있다. 농민야학에서 이를 가르칠 교사들을 위해 일종의 교수 방법을 제시한 것이라 할 수 있다. 기타 「이야기 한마디」와 「연습」도 각 단원 하단에 제시되고 있는데, 대개의 경우 본문 내용과 관련하여 또 다른 읽을거리를 수록한 경우이다.

② 『농민독본』(중)의 단원 구성 및 내용

이성환의 『농민독본』 중편의 목차 및 내용을 정리하면 〈표 7〉과 같이 요약할 수 있다.

〈표 7〉 이성환의 『農民讀本』 중편(中篇) 목차 및 내용

과	단원명	내용	부문	게재면
1과	農民	1. 농민의 분류: 소작농, 자작농, 대지주, 2. 대지주나 부재 지주의 증가가 농정에 끼치는 폐해	노농관계	1
2과	동무	농민 연대의 필요성		2
3과	太陽	자연과학적 지식과 농업 생산 기술을 향상하는 방법	과학	2
4과	달			2
5과	책력			2
6과	作物과 風土			27
7과	種子			28
8과	肥料와 土壤			29
9과	農家日記	농민일기	일기문	32
10과	石炭과 石油	공업생산의 문제	공업	34
11과	鐵과 유리			35
12과	電氣			37
13과	고무			38

과	단원명	내용	부문	게재면
14과	都市와 田園	농촌과 도시 생활 환경의 차이	문화	40
15과	農村과 經濟生活(一)	경제학 지식: 빈부격차, 직접세, 간접세, 호세,	연계내용 (경제)	42
16과	農村과 經濟生活(二)	주세, 관세, 공채		43
17과	時代와 舊習	시대 변화에 대한 구습의 타파, 새로운 사고와 생활 태도의 필요성	사회 (구습타파)	44
18과	民謠	시집살이의 고통	문화	46
19과	나들이 가신 아부지에게	소작권 문제로 부자간의 서신 내용	노농관계 (서간문)	47
20과	농민야학을 권고함	농민들에게 야학 설립을 권장	교육	49
21과	規律	노동 관계의 문제	노동관계	51
22과	人體生理(一)			52
23과	人體生理(二)	인간의 신체의 흐름을 설명	연계내용 (위생)	53
24과	人體生理(三)			55
25과	朝鮮地理(一)			56
26과	朝鮮地理(二)	국토 지리에 대한 내용	연계내용 (지리)	58
27과	朝鮮地理(三)			60
28과	個人과 社會(一)	사회 질서의 문제	연계내용 (윤리)	62
29과	個人과 社會(二)			64

『농민독본』 중편은 '국문학습'을 교육하는 데 목적으로 두고 있는 교재이다.[56] 〈표 7〉의 교재 구성 및 내용을 보면 각 단원의 지면은 대부분 1~2쪽씩 할애되어 있는데, 예외적으로 5과의 경우는 2면부터 26면까지 다수의 지면을 차지하고 있다는 점이 특징적이다. 연계 내용으로 단원을 구성한 점도 상편과 차별되는 체재라 할 수 있으며, 문종면에서도 일기문, 서간문, 민요 등으로 다양화되었음을 볼 수 있다. 또한 단원명에서 보이듯, 문체는 상편과 달리 한자를 혼용하고 있다. 단원 구성을 보면, 상권과 비교하여 농민에 대한 이해와 실제 생활, 이에 필요한지식 등을 담고 있는 경우라 할 수 있다.

내용면에서 분류해 보면 5가지 유형으로 분류할 수 있다. 첫째는 '노

---

56) 「농민독본발행」(『조선일보』, 1927.2.16).

농관계'에 대한 이해로써 1과 「농민(農民)」은 농민의 유형 분류와 지주의 증가에 다른 폐해, 2과 「동무」는 이에 따른 농민 연대의 필요성을, 19과 「나들이 간 아부지에게」는 소작권 문제로 부자간에 오고 가는 서신 내용이며, 21과 「규율(規律)」 노농관계에 대한 설명 등을 싣고 있는 경우이다[노농관계]. 둘째는 농민생활과 관련된 부분으로 3과 「태양(太陽)」부터 8과 「비료(肥料)와 토양(土壤)」까지는 농사와 관련하여 습득해야 할 자연과학적 지식[과학 부문]이라고 할 수 있다. 셋째는 경제와 관련되는 내용으로 15~16과의 「농촌(農村)과 경제활동(經濟生活)(1~2)」는 빈부격차, 직접세, 간접세, 호세, 주세, 관세, 공채 경제학 지식 등을 통한 경제학 지식을 다룬 경우이다. 넷째는 공업(10과 「석회(石灰)와 석유(石油)」~13과 「고무」), 위생(22~24과 「인체생리(人體生理) 1~3」), 지리(25~27과 「조선지리(朝鮮地理) 1~3」), 윤리(28~29과 「개인(個人)과 윤리(倫理) 1~2」) 등 제반 지식과, 다섯째는 기타 농민생활(9과 「농민일기(農民日記)」), 문화(14과 「도시(都市)와 전원(田園)」), 사회(17과 「시대(時代)와 구습(舊習)」), 문화(18과 「민요(民謠)」), 교육(21과 「농민야학을 권함」) 등으로 다양한 부문의 내용을 다루고 있다.

③ 『농민독본』(하)의 단원 구성 및 내용

이성환의 『농민독본』 하편의 목차 및 내용을 정리하면 〈표 8〉과 같이 요약할 수 있다.

〈표 8〉 이성환의 『농민독본(農民讀本)』 하편(下篇) 목차 및 내용

과	단원명	내용	비고	게재면
1과	朝鮮農民	사회로부터 정당한 대접을 받기 위해서는 농민 자신이 정치, 경제, 교육, 예술, 문학을 만들어야 함	농민의식	67
2과	農民과 獨立自營	농민 스스로 자발적으로 농촌을 개척하고, 나아가 조선을 살려야 함		69

과	단원명	내용	비고	게재면
3과	農民과 共同精神	농민들의 단결을 촉구: 공동경작, 소비조합 결성을 제창	경제(농민조합/소비조합)	71
4과	迷信	만주에서 중국인이 토지를 소유하고, 조선인은 소작밖에 할 수 없는 것은 귀신을 잘못 만나서 그렇다는 미신이 있는데, 이것은 국적과 풍속이 다른 데서 연유함	농민의식	73
5과	自然			76
6과	資本			78
7과	勞動			79
8과	商品			80
9과	生産(一)	수확점멸의 법칙		82
10과	生産(二)	자본의 종류		83
11과	消費	노동의 종류	경제	84
12과	貨幣	상품의 가치	(경제일반)	86
13과	機械와 사람	자본주의적 상품경제 지세		88
14과	分業			90
15과	賃銀			92
16과	地稅			93
17과	利子			95
18과	小作料	농민조합 결성의 필요성: 농민들이 안전한 경제생활을 확보를 위해 농민조합을 결성하고 대응해야 함	경제 (농민조합)	97
19과	剩餘價値	생산의 잉여가치	경제	98
20과	利潤	생산과 이윤	(경제일반)	99
21과	消費組合(一)	소비조합운동의 가치와 기능 중간상인제 제거와 직거래를 통한 이윤추구	경제 (소비조합) 연계내용	101
22과	消費組合(二)			103
23과	消費組合(三)			104
24과	農業金融(一)	농업 금융의 문제	경제(금융) 연계내용	106
25과	農業金融(二)			108
26과	丁抹의 農民	덴마크의 성공한 농민조합운동을 소개	경제 (농민조합) 해외 사례 소개	109
27과	團體生活	단체의 이름으로 개인의 의견을 주장하는 것이 힘을 발휘할 수 있음	농민의식	112
28과	權利와 義務	권리와 의무의 중요성, 불균형인 경우 계급이 형성되는 사회적 병폐가 발생함, 공정한 균형을 위해서 저항하는 것이 '정의'임	농민의식	115

과	단원명	내용	비고	게재면
29과	사람의 歷史	사회가 진화하는 원인을 경제적 조건에서 찾는다.	경제 (사회진화의 조건)	116
30과	朝鮮歷史(一)			118
31과	朝鮮歷史(二)		역사	119
32과	朝鮮歷史(三)	본국 역사 소개	(본국역사)	121
33과	朝鮮歷史(四)		연계단원	123
34과	朝鮮歷史(五)			125
35과	朝鮮의 新文明	타인의 학설을 맹종하거나 무조건 거부해서는 안됨. 연구와 실험으로 증명한 것을 믿고 행해야 함	학문	127

〈표 8〉의 교재 구성 및 내용을 보면, 하편의 각 각 단원의 지면은 대부분 2쪽 정도로 할애되어 있으며, 특히 30~34과 「조선역사(1~5)」처럼 연계 단원이 조금 더 길어진 특징을 보인다. 한편 「농민독본발행」(『조선일보』, 1927.2.16)에서 "농촌과학(農村科學)을 주로 하야 편찬된" 교재라고 밝힌 바 있는데,[57] 보다시피 대부분의 내용이 경제와 관련된 것을 볼 수 있다. 으로 '5과의 경우는 2면부터 26면까지 다수의 지면을 차지하고 있다는 점이 특징적이다. 연계 내용으로 단원을 구성한 점도 상편과 차별되는 체재라 할 수 있으며, 문종면에서도 일기문, 서간문, 민요 등으로 다양화되었음을 볼 수 있다. 또한 단원명에서 보이듯, 문체는 상편과 달리 한자를 혼용하고 있다. 단원 구성을 보면, 상권과 비교하여 농민에 대한 이해와 실제 생활, 이에 필요한 지식 등을 담고 있는 경우라 할 수 있다.

한편 내용상 분류해 보면, 세 가지로 유형화할 수 있다. 첫째, 경제일반을 다룬 경우로 5과 「자연」~17과 「이자」, 19과 「잉여가치」~20과 「이윤」 등이 그 예에 속한다. 둘째, 농민조합 및 농민 금융의 문제를 수록한 경우로 3과 「농민과 공동정심」, 18과 「소작료」, 21~25과 「소비조합

---

57) 「농민독본발행」(『조선일보』, 1927.2.16).

(1~2)」, 「농업금융(1~2)」 등이 이에 해당되는 단원들이다. 셋째, 농민의 의식화의 문제를 다룬 것으로 1과 「조선농민」, 2과 「농민과 독립자영」, 4과 「미신」, 27과 「단체생활」 등이 그 예가 될 수 있다. 넷째, 본국 역사 및 본국 학문 등을 다룬 것으로, 30~34과 「조선역사(1~5)」, 35과 「조선의 신문명」 등이 이에 속한다.

2.1.2. 조선교육협회: 신명균의 『노동독본(勞動讀本)』

1 문맹자 및 부녀자 대상의 『노동독본』

신명균의 『노동독본』은 총 3권으로 초판은 1928년에 발간되었고, 이후 10판까지 재판한 것으로 보인다.[58] 출간 당시에는 다음과 같은 광고가 게재되기도 했다.

【 신간소개 】

新刊紹介(신간소개) ◇노동독본= 금번에 조선교육협회(朝鮮教育協會)에서는 아즉도 문맹의 설음에서 더 나지 못하고 잇는 자들과 특별히 농촌에서 학교에 다니지 못한 부녀들을 표준한 "노동독본"을 발행하얏는데 총판매소는 京城水標町四二(경성수표정사이)이며 正價(정가)는 산술책이나 조선어책이나 첫재권이 十五錢(십오전) 둘재권이 이십전(二十錢)

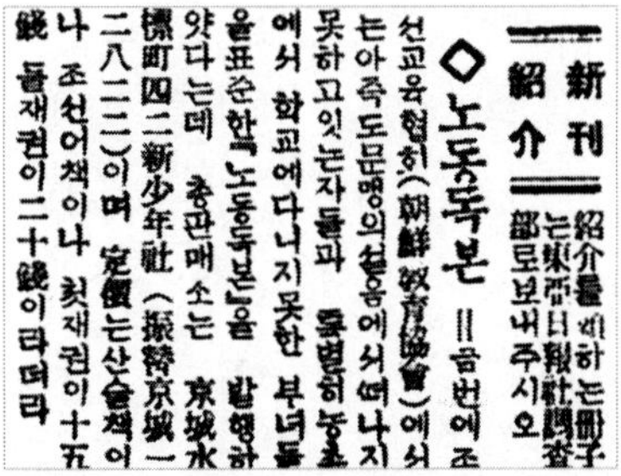
新刊
紹介
◇노동독본 ＝금번에 조
선교육협회(朝鮮教育協會)에서
는아즉도문맹의설음에서떠나지
못하고잇는자들과 특별히농촌
에서 학교에다니지못한 부녀들
을표준한 노동독본을 발행하
얏다는데 총판매소는 京城水
標町四二新少年社(振替京城一
二八二三)이며 定價는산술책이
나 조선어책이나 첫재권이十五
錢 둘재권이二十錢이라더라

〈그림 19〉 신명균의 『노동독본』 광고(「신간소개」, 『동아일보』, 1928.12.14)

58) 허재영(2012)에 수록된 셋째 권의 판권지를 보면, 소화(昭和) 3년 12월에 최초 발간, 10년 10월에 10판을 발간한 것으로 나타나 있다(허재영, 2012: 391).

이라더라[59)]

위의 내용을 보면, 신명균의 『노동독본』은 조선교육협회(朝鮮敎育協會)에서 발행한 것으로, 문맹자들을 위한 독본류라고 밝히고 있다. 특히 농촌에서 학교에 다니지 못한 부녀들을 표준하여 발행했다는 내용도 주목된다. 한편 발행 직후 「근독이삼」(『동아일보』, 1929.12.14)이라는 기사에서는 다음과 같이 책에 대한 평을 게재하기도 했다.

【 근독이삼 】

『노동독본(申明均著(신명균저) 朝鮮敎育協會發行(조선교육협회발행)』 申明均氏(신명균씨)의 "노동독본" 一(일), 二(이), 三卷(삼권)을 보앗다 이 것은 近來(근래)에 興旺(흥왕)하는 農民(농민), 勞動者夜學(노동자야학), 冬期講習等(동기강습등)의 조선어교재(朝鮮語敎材)를 삼기 爲(위)하야 만든 것이다 그것이 全(전)혀 영리(營利)를 떠나 著者(저자)니 發行者(발행자)의 犧牲奉仕(희생봉사)의 精神(정신)으로 된 것임은 말할 것도 업

<그림 20> 「근독이삼」
(『동아일보』, 1929.12.14)

다 이 冊(책)을 닑을때에 나는 첫페이지에서 긋페이지까지 "올치 이러케 써야만 해", "참 용하군" 이러한 자탄(自歎)을 發(발)하면서 닑엇다 그 材料(재료)와 措辭(조사)가 정말 朝鮮(조선)인 것이 가장 깃벗다 이 三卷(삼권)만 배호고 나면 足(족)히 新聞(신문)을 닑을수잇는 朝鮮語文(조선어문)

59) 『동아일보』, 1928.12.14.

과 同時(동시)에 常識(상식)을 어드리라고60)

위의 글은 투고자가 무명으로, 신명균의『노동독본』1~3을 읽고, 이를 평한 내용이라 할 수 있다. 이를 보면 이 교재는 노농야학, 동기강습에서 조선어교재로 사용되었음을 알 수 있다. 위의 글에서는 이 독본이 "그 材料(재료)와 措辭(조사)가 朝鮮(조선)"적이라는 점에 높은 가치를 두고 있다. 뿐만 아니라 이 교과서 3권을 익히면 신문 및 조선어를 능히 읽을 수 있으며, 나아가 상식을 얻게 될 것이라고 칭송하기도 했다. 그런데 3권의 독본 중 현존하는 권수는 마지막 셋째 권으로서 허재영 (2012)61)에 수록되어 있다. 아래에서는 이를 참고하여 단원 구성 및 내용에 대한 분석을 가하고자 한다.

② 『노동독본』의 단원 구성 및 내용

신명균의『노동독본』셋째 권은 총 106면에 24과로 구성되어 있는데, 이 중 1과부터 5장까지 낙장이라 6과부터 그 내용을 볼 수 있다. 이 자료를 토대로 6과부터 단원 구성 및 내용을 살펴보면, 아래와 같이 정리할 수 있다.

〈표 9〉 신명균의 『노동독본(農民讀本)』 셋째 권 목차 및 내용

과	단원명	문종	내용	비고	게재면
6과	許生員	문학	연암 박지원의 『허생전』의 내용으로서 1. 2로 나누어 수록함	한문소설	15~27
7과	度量衡	설명문	도(度), 량(量), 형(衡) 등 물건의 장단(長短), 다과 (多寡), 경중(輕重) 등을 측정하는 원리를 설명	생활	27~31

60)『동아일보』, 1929.12.14.
61) [서지사항] 발행일: 1935년/저작 겸 발행인: 신명균/발행소: 조선교육협회, 중앙인서관/ 보존상태: 전3권 중 셋째권, 표지 및 1~5과 낙장(허재영, 2016: 291).

과	단원명	문종	내용	비고	게재면
8과	生産組合	설명문	생산조합의 기능, 생산조합의 유형(신용조합, 판매조합, 구매조합, 생산조합)에 대한 각각의 특징을 설명	노동단체	31~34
9과	에듸손	전기문	토마스 에디슨의 전화, 전등, 전신, 전차, 활동사진, 유성 기 등의 발명 업적과 그의 노력상	국외위인	34~40
10과	電氣	설명문	전기의 발명과 실제 전기로 인한 이기 문명의 발전상을 소개	문명과 이기	40~42
11과	유리	설명문	당대는 '유리의 시대'라 강조하며 유리 제조법에 대해 설명		42~45
12과	고무	설명문	고무 생산물(고무신, 자동차, 자전차, 장식품)의 종류, 고무 제조법 및 각 생산물 제조 방식과 용도 설명		45~49
13과	설씨處女	문학	신라를 배경으로 하는 구비설화, 설씨 처녀의 효심	구비설화	49~57
14과	世界	설명문	대륙별 나라의 특징(아메리카의 미국, 캐나다/유럽의 영구, 불란서, 독일, 러시아, 이태리)설명, 지구가 원형이라며 북반구/남반구로 분류하여 자연 현상의 특징을 설명	국가	57~63
15과	수레와 배	설명문	교통의 편의를 돕는 수레와 배, 전차, 자동차 등의 용도와 기능을 설명	문명과 이기	64~67
16과	大院君	전기문	대원군의 일대기와 그의 업적	국내위인	67~73
17과	별	설명문	천문 내용으로서 별의 종류, 위성으로서의 별 종류와 그 수, 별과 점성술, 별을 설명하면서 우주의 광대함을 강조	천문	73~76
18과	太陽	설명문	태양의 기능과 변화, 그에 따른 시간 변화		76~78
19과	달	설명문	달의 지형적 특징과 변화상을 설명		78~81
20과	책녁	설명문	양력과 음력에 따른 책력(일, 월, 연도)에 대한 설명		81~85
21과	張良	전기문	중국 진(秦)나라의 장량의 업적	국외위인	85~92
22과	朝鮮歷史 一	기타 산문	1. 조선민족, 2. 조선국가, 3. 조선구역, 4. 조선시대	역사 (시대별)	92~96
23과	朝鮮歷史 二		1. 단군시대, 2. 부여시대,		96~99
24과	朝鮮歷史 三		3. 삼국시대, (4~5가 낙장으로 통일신라, 고려 등으로 추정됨), 6. 조선시대		99~106

　신명균의『노동독본』셋째 권은 국한문혼용체로 기술되었으며, 위와 같이 총 26과로 구성되어 있다. 제시된 단원을 문종별로 나누어 보면 다음과 같이 나타난다.

문종	편수	단원	비고
설명문	11편	7과 「도량형」, 8과 「생산조합」, 10과 「전기」, 11과 「유리」, 12과 「고무」, 14과 「세계」, 15과 「수레와 배」, 17과 「별」, 18과 「태양」, 19과 「달」, 20과 「책력」	
기타 산문	3편	22~24과 「조선역사(1~3)」	본국역사
전기문	3편	9과 「에듸손」, 16과 「대원군」, 21과 「장량」	
문학	2편	6과 「허생원」, 13과 「설씨처녀」	한문소설 구비설화

〈표 10〉의 문종별 빈도를 보면 설명문(11편)〉전기문(3편)〉기타 산문(3편)〉문학류(2편) 순으로 드러나고 있다. 보다시피 '설명문'이 지배적인 수치를 보이고 있다고 할 수 있다. 이 문종을 내용별로 분류하면, 첫째, 문명과 이기에 관한 내용으로 10과 「전기」~12과 「고무」, 15과 「수레와 배」 등이 이에 속한다. 둘째, 천문에 관한 내용은 17과 「별」~20과 「책력」까지가 해당 단원이다. 셋째, 기타 생활(7과 「도량형」), 노동단체(8과 「생활조합」), 국가(14과 「세계」) 등에 대한 설명 및 소개 등의 단원들이 설명문으로 제시되었다. 이에서 문명과 이기에 관한 내용이 최다이며, 다음으로 다수를 차지하는 부문이 천문 관련 내용임을 알 수 있다.

'기타 산문'은 본국 역사로서 22과 「조선역사(1)」에서는 '1. 조선민족, 2. 조선국가, 3. 조선구역, 4. 조선시대' 등 개념적인 접근으로부터 23과 「조선역사(2)」와 「조선역사(3)」은 '1. 단군시대, 2. 부여시대, 3. 삼국시대,[62] 6. 조선시대' 등으로 시기별로 역사적 사실을 다룬 경우이다. '전기문'은 9과 「에듸손」, 16과 「대원군」, 21과 「장량」 등으로 각각 서양 위인, 국내 위인, 동양 위인 등으로 대별된다. 마지막 각장 소수의 문종인 '문학'은 한문소설과 구비설화를 수록하고 있다. 한문소설의 경우는 6과 「허생원」으로서, 연암 박지원의 한문소설 『허생전』의 내용을 1. 2로

---

62) 4~5단원이 낙장인데, 순서상 통일신라, 고려 등으로 추정된다.

나누어 수록하였다. 구비설화는 13과 「설씨처녀」로서, 신라를 배경으로 설씨 처녀의 효심을 주제화한 이야기이다. 이상의 분석 내용은 총 3책 중 3권을 다룬 경우이며, 여기에 1과부터 5과까지 낙장이라 전반적인 체계나 문종별 분포도 등을 헤아리기 어려운 실정이다. 그럼에도 위의 〈표 10〉의 내용을 이성환의 『농민독본』과 비교해 보면, 사상적인 측면보다는 일반 상식 및 지식 소개, 전기 및 문학 등의 내용이 주를 이룬다고 할 수 있다.

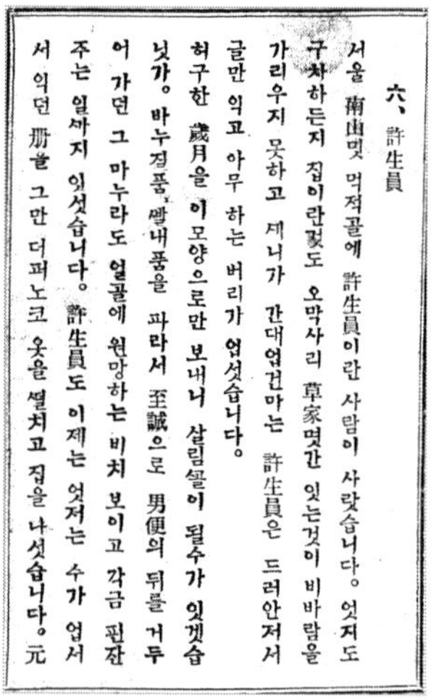

六、許生員

서울 南山밋 먹적골에 許生員이란 사람이 사랏습니다。엇지도 구차하든지 집이란것도 오막사리 草家몃간 잇는것이 비바람을 가리우지 못하고 새나가 간대업건마는 許生員은 드러안저서 글만 익고 아무 하는 버리가 업섯습니다。

허구한 歲月을 이모양으로만 보내니 살림살이 될수가 잇겟습닛가。바누질품，빨내품을 파라서 至誠으로 男便의 뒤를 거두어 가던 그 마누라도 얼골에 원망하는 비치 보이고 각금 핀잔주는 일꺼지 잇섯습니다。許生員도 이제는 엇저는 수가 업서서 익던 冊을 그만 더퍼노코 옷을 셰치고 집을 나섯습니다。元

〈그림 21〉「허생전」(『노동독본』 권 3, 15쪽)

한편 당시 신문에 수록된 「교육협회출판의 노동독본독후감」(『동아일보』, 1929.2.1)에서는 송생(頌生)이라는 필자의 '노동독본 독후감'을 게재하고 있는데, 특히 어법상의 문제를 다루고 있다는 점에서 주목되는 자료이다.

【 교육협회출판의 노동독본독후감 】

文盲退治運動(문맹퇴치운동)이 各地方(각지방)에서 닐어남에 딸하 適當(적당)한 教材(교재)가 업서 苦痛(고통)이 만타하더니 近者(근자)에 朝鮮教育協會(조선교육협회)에서 勞動讀本六種(노동독본육종)을 發刊(발간)한 것은 매우 時機(시기)에 適宜(적의)한 事業(사업)이라고 할 것이다 (…中略…) 單純(단순)히 文盲退治(문맹퇴치)의 實際的教材(실제적교재)로

教育協會出版의 勞働讀本讀後感

頌 生

文盲退治運動이 各地方에서 닐어남에 딸하 適當한 教材가 업서 苦痛이 만타하더니 近者에 朝鮮教育協會에서 勞働讀本六種을 發刊한것은 매우 時機에 適宜한 事業이라고할것이다 同讀本은 朝鮮語讀本三卷과 漢字初步 算術書及科外讀本等으로 成하얏는바 이것이 單純히 文盲退治의 實際的教材로서의 要求를 滿應한다는 點에서 意義가 잇슬뿐아니라 그 教材의 選擇 排列에 잇서서도 周到한

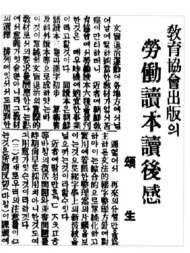

〈그림 22〉「교육협회출판의 노동독본독후감」(『동아일보』, 1929.2.1)

서의 要求(요구)를 酬應(수응)한다는 點(점)에서 意義(의의)가 잇슬 뿐 아니라 그 教材(교재)의 選擇(선택) 排列(배열)에 잇서서도 周到(주도)한 用意(용의)를 보이며 朝鮮語法(조선어법) 綴字法(철자법)에 잇서서도 獨特(독특)한 見地(견지)를 가진 것이 눈에 띄운다.[63]

위에 제시된 바와 같이, 필자는 특히 『노동독본』의 조선어법, 철자법에 주목하고 있는데, 이어지는 글에서는 첫째, 단어 단위의 문제, 둘째, 표준법의 문제, 셋째, 문법 및 철자의 단순화 문제 등을 다루고 있다.

【 교육협회출판의 노동독본독후감 】
一(일) 所謂單語單位問題(소위단어단위문제)는 所謂體言(소위체언)이나 用言(용언)을 不問(불문)하고 "토"까지를 合(합)하야 一單語(일단어)로 잡은 것은 大膽(대담)하고도 合理的(합리적)인 炔行(결행) (…中略…) 在來(재래)의 習慣的使用(습관적사용)인 "밝은""먹으니"等(등)을 全部(전부) "발근""머그니"로 改(개)한것이라든지"보는것""할수"等(등)을 一語(일어)로 取扱(취급)한 것 等(등)이 새로운 試驗(시험)이다 (…中略…) 二(이) 漢字音에잇서서 京城音(경성음)을標準(표준)으로한 表音(표음)을 使用(사용)하얏스니"理致(이치)"는"이치"로"電話(전화)"는"전화""機械(기계)"는"기게"等(등)으로 單純化(단순화)하고 朝鮮化(조선화)한 것은 愉快(유쾌)한 일의 하나다 (…中略…) 文法的綴字整理方針(문법적철자정리방침)에 對(대)하야 이는 綜合的(종합적)으로 單純化(단순화)하고 實用(실용)에 着眼(착안)한 整理案(정리안)의 片鱗(편린)을 보이는 것으로 綴字學上(철자학상)의 新波紋(신파문)을 닐으키는 것이라 할 수 잇다[64]

---

63) 『동아일보』, 1929.2.1.
64) 『동아일보』, 1929.2.1.

위의 글에 제시된 것처럼, 다음과 같은 점에서 교재의 어법적인 가치를 논의하고 있다. 즉 첫째, '단어 단위의 문제'에서는 체언이나 용언을 불문하고 "토"까지 합하여 한 단어로 잡은 점, 둘째, '표준어의 문제'로는 한자음에서 '경성음(京城音)'을 표준으로 한 표음을 사용한 점, 셋째, '문법 및 철자의 단순화의 문제'에서는 문법 및 철자 정리방침을 반영하여 단순화하고 실용적으로 적용한 점 등이다. 이어지는 글에서는 교재의 내용적 측면에서도 긍정적인 평가를 하고 있는데, '과학(科學)', '고사(故事)', '역사(歷史)', '지리(地理)', '풍속(風俗)', '미신타파(迷信打破)'의 등의 내용을 적절히 배치하였고, 농가의 실제 생활을 적절히 반영하였으며, 단원 배치도 효과적인 학습 단계로 순차적인 구성을 보인다고 평하고 있다.

2.2. 농도학원의 농민독본

2.2.1. 응세농도학원: 지응현의 『응세농민독본(應世農民讀本)』

『응세농민독본(應世農道學院)』은 지응현(池應鉉)이 저자로서, 1938년 전라남도 광주부 소재로 추정되는 '응세농도학원(應世農道學院)'의 설립자이자 원장이다.[65] 현재 한 권만이 전해지고 있으며, 허재영(2012) 1권에 '권일(卷一)'이 수록되어 있다. 권수 표시가 있는 것을 보면, 1권 이상 발간된 것으로 보이나, 현재까지는 이 독본만이 발굴된 상태이다.

서문 앞에는 제자(題字)들이 수록되었는데, 조선총독부국장(朝鮮總督府局長) 실도삼조(失島杉造), 전라남도 도지사 송본이직(松本伊織), 전라남도 산업부장 강필성(姜弼成), 응세농도학원(應世農道學院) 설립자 지응현(池應鉉) 등의 친필들이다. 머리말에서는 다음과 같은 내용이 나타나

---

65) 허재영(2012: 60).

있다.

【 『응세농민독본』 권일 머리말슴 】

머리말슴 옛적부터
「글읽어야 사람이 된
다」는 말슴이 잇습니다
글을 모르는 사람은 제
마음 속에 잇는대로 써
볼 수 업스며 남이 써
노은 것도 알아보지 못
하고 또는 멀리 잇는
사람에게 알릴 수 업스

〈그림 23〉 응세농도학원(應世農道學院) 설립자 지응현(池應鉉)
의 제자와 서문(허재영, 2012: 72~73)

며 이 뒤까지라도 물려줄 수 업나니 이를 사람이 되엿다 할 수 잇겟습닛가.
오늘날은 글 모르는 사람은 잘 살기가 어렵습니다 우리가 알기 쉬운 조선글
로 성명 삼자도 못 그리고 용돈도 못 적는다면 엇지되겟습닛가 더구나 우리
들의 살림살이에 뿌리가 되는 농사로 말슴하면 요새는 전과 달라 나날이
새로워저가는 판인데 아무것도 모르고야 엇더케 잘 하야 나갈 수 잇겟습니
가. 그럼으로 우리 학원에서 이 책을 만들어 농민 여러분께 드리는 것이오
니 먼저 조선언문을 알아가지고 차차 농사짓는 말슴을 읽어보며 사이로
국어 산술 한자 위생 등 여러 가지를 알아가야 되겟습니다. 아는 것이
힘이올시다 여러분 아모쪼록 부지런이 공부하야 훌륭한 농민이 되야 잘
살아 나갑시다. 끝으로 글씨와 글을 주신 여러분께 감사를 드리나이다.66)

서문에서는 문맹퇴치의 필요성을 강조하는 내용으로, 문자를 알아
야 자신의 생각을 표현할 수 있으며, 남이 표현한 내용도 이해할 수

---

66) 「머리말슴」, 『응세농민독본』 권1, 1938.8.15.

있는 것이다. 특히 나날이 변화하는 시대에서 문자를 모르면 잘 살기 어렵다고 지적하고 있다. 즉 농사짓는 데에도 새로운 지식이 필요한 실정이라는 것이다. 그러므로 먼저 조선 언문을 익히고, 나아가 국어, 산술, 한자, 위생 등 여타 과목도 공부할 필요가 있다는 것이다. 아래에서는 『응세농민독본』 권1을 대상으로 단원 구성 및 내용에 대해서 살피고자 한다.

2.1.2. 『응세농민독본』의 단원 구성 및 내용

『응세농민독본』 권1은 '서문 머리말슴, 제1편 훈화(訓話), 제2편 국어(國語), 제3편 조선어(朝鮮語), 제4편 소작(小作)의 경영방침(經營方針), 제5편 도작(稻作), 제6편 천수답(天水畓), 제7편 맥작(麥作), 제8편 조선(朝鮮)의 잠사업

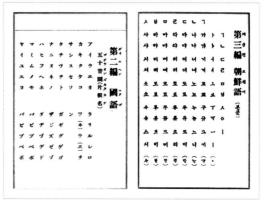

〈그림 24〉「국어」와 「조선어」(『응세농민독본』 권1, 5쪽·28쪽)

(蠶絲業)' 등 총 8편으로 구성되었으며, 각 편당 하위 '과'들이 설정되어 있다. 국한문체로 쓰였으며 본문 페이지만 총 289쪽에, 제자와 목차, 서문 등을 포함하면 300여 쪽이 넘는 지면 수이다. 권1의 목차 및 내용을 정리하면 아래와 같다.

〈표 11〉『응세농민독본(應世農民讀本)』 1권 공과 목록 및 내용

편	과	단원명	비고	지면
제1편		훈화(訓話)	성인 및 과 국내외 위인들의 명구	1~3
제2편 國語	1과	조(朝)	일본어 기초 학습	7
	2과	우(雨)		7
	3과	인사		8
	4과	방문		9
	5과	나팔꽃		10
	6과	조선(朝鮮)		10~11
	7과	초취(草取)		11~12
	8과	국기(國旗)		13~14
	9과	사계(四季)		14~17
	10과	쇼핑		17~19
	11과	대청소		19~21
	12과	배나무밭		21~22
	13과	저녁		22~23
	14과	추석(秋夕)		23~24
	15과	나의 마을		24~25
제3편 朝鮮語	1과	호미	조선어 기초학습	30
	2과	고구마		31
	3과	노리터		32
	4과	추수		33
	5과	가갸소리		34
	6과	소모리		35
	7과	지심매기		36
	8과	상사소리		37
	9과	조은말		38
	10과	알아낼 것		39
	11과	일기		40~41
	12과	시조		42
	13과	조선(1)		43
	14과	조선(2)		44
	15과	편지		45~46
	16과	농촌진흥(農村振興) 이야기		47~52

위의 8편의 내용을 보면, 1편의 훈화, 2~3편의 언어학습, 4~7편의 농사 관련 내용 등으로 재분류할 수 있다. 먼저 제1편의 '훈화'는 "섯는 농부는 안저잇는 신사보다 높다니라(후랑크링)", "정치와 농사는 때를 알아야 하나니라(리율곡)", "즉업 중에 가장 귀한 것은 농업이니라(와싱톤)" 등 농민과 관련된 명구들이 실려 있다. 제2편 '국어'는 바로 일본어를 일컫는 말로, '오십음도(五十音圖)'에 의거하여 기초 자모부터 문장을 점차 복잡화시키며 단계별 구성을 취하고 있다. 제3편 '조선어' 또한 '자모음 → 가나다식 합음 → 단어 → 문장' 등으로 난이도를 높여가는 구성이다. 지면은 3단으로 나눈 형태인데, 상단에는 자모음 제시, 중간단은 본문 내용, 하단은 해당 단어 활용의 다른 예, 연습문제 등을 제시하고 있다.

그 외 4편~8편은 벼농사법, 천수답 관리, 보리농사법, 양잠법 등에 관한 정보로 농민들의 실제 농사와 직접적인 관련이 있다. 또한 각각은 기존에 강술한 내용을 발췌하여 수록하고 있다는 점이 특징적이다. 즉 제4편 '소농의 경영방침'은 백남규(白南圭), 5편 '도작'은 '전라남도 농사시험장 보통사무주임 본 학원강사 일고호위(日高好衛)', 6편 '천수답'은 '전라남도 농사시험장 천수답 주임 본 학원 강사 좌등조웅(佐藤照雄)' 제7편 '맥작'은 '전라남도 농사시험장 산업 기수 김태수(金太守)', 제8편 '조선의 잠사법'은 '전라남도 기수 시임청(時任淸)' 등의 강술 내용을 발췌한 것이다. 독본 전체 쪽수에서 4~8편은 3분의 2 정도의 지면을 차지하고 있다. 이를 보면, 1~2편은 우선적으로 문자 익히기를 목적으로 편성된 것이며, 이어지는 4~8편은 앞서 익힌 문식성을 토대로 농사법에 대한 지식을 익히는 일종의 본론에 해당되는 내용이라 할 수 있다.

2.3. 관주도의 농민독본

2.3.1. 충청북도지방과: 『간이농민독본(簡易農民讀本)』

『간이농민독본(簡易農民讀本)』은 1937년 12월 25일이 발행일로 되어 있으며, 발행자는 충청북도지방과(忠淸北道地方課)로 나타나 있다. 서두에는 다음과 같은 '범례'를 제시하고 있다.

【 범례 】

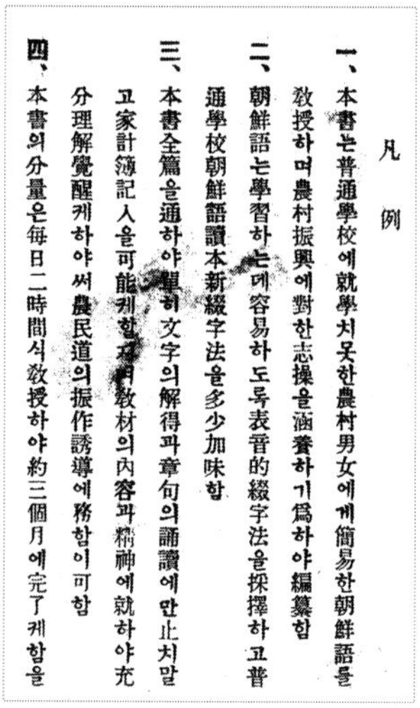

凡例

一、本書는普通學校에就學치못한農村男女에게簡易한朝鮮語를教授하며農村振興에對한志操을涵養하기爲하야編纂함

二、朝鮮語는學習하는데容易하도록表音的綴字法을採擇하고普通學校朝鮮語讀本新綴字法을多少加味함

三、本書全篇을通하야單히文字의解得과章句의誦讀에만止치말고家計簿記入을可能케할지며教材의內容과精神에就하야充分理解覺醒케하야써農民道의振作誘導에務함이可함

四、本書의分量은每日二時間식教授하야約三個月에完了케함을

〈그림 25〉「범례」(『간이농민독본 권일』)(허재영, 2012: 399)

凡例(범례) 一(일). 本書(본서)는 普通學校(보통학교)에 就學(취학)치 못한 農村(농촌) 男女(남녀)에게 簡易(간이)한 조선어(朝鮮語)를 敎授(교수)하며 農村振興(농촌진흥)에 對(대)한 志操(지조)를 涵養(함양)하기 爲(위)하야 編纂(편찬)함 二(이). 朝鮮語(조선어)는 學習(학습)하는 데 容易(용이)하도록 表音的(표음적) 綴字法(철자법)을 採擇(채택)하고 普通學校(보통학교) 朝鮮語讀本(조선어독본) 新綴字法(신철자법)을 多少(다소) 加味(가미)함 三(삼) 本書(본서) 全篇(전편)을 通(통)하야 單(단)히 文字(문자)의 解得(해득)과 章句(장구)의 誦讀(송독)에만 止(지)치 말고 家計簿(가계부) 記入(기입)을 可能(가능)케 할지며 敎材(교재)의 內容(내용)과 精神(정신)에 就(취)하야 充分(충분) 이해(理解) 覺醒(각성)케 하야써 農民道(농민도)의 振作(진작) 誘導(유도)에 務(무)함이 可(가)함 四(사). 本書(본서)의 分量(분량)은 每日(매일) 二時間(이시간)식 敎授(교수)하야 約三個月(약삼개월)에 完了(완료)케 함을 標準(표준)으로 함[67]

위의 '범례'에서는 4가지 내용으로 다음과 같은 사항을 제시하고 있다. 첫째는 교육 대상 및 교재 편찬 목적으로서, 보통학교에 취학하지 못한 농촌 남녀를 대상으로 간단한 조선어 교육과 농촌진흥에 대한 지식을 함양하기 위한 것이다. 둘째는 철자법에 관한 것으로, 조선어는 학습하는 데 용이하도록 '표음적 철자법'을 채택하였으며 보통학교 조선어독본 신철자법을 다소 가미했다. 셋째는 교육효과로서, 이 교재 전편을 통해 간단한 문자의 해득과 문장 및 구절의 읽기, 나아가 가계부 기입을 가능케 한다. 또한 교재의 내용과 의미 등을 충분히 이해하여 농민의 도리를 진작시키도록 한다. 넷째는 교수 기한으로, 매일 2시간씩 교육하여 3개월 정도에 수료하는 것을 표준으로 한다 등의 내용이다.

허재영(2016)에서는 『간이농민독본』은 식민 통치하에서의 농촌 계몽 운동의 성격을 잘 보여주는 독본이라 지적한 바 있는데, 이 교재와 유사한 독본으로 경기도 지방과(1933)의 『경기도 농민독본』을 들기도 했다. 경기도 지역 농민독본의 '범례'에서도 이 책의 용도와 철자법의 특징, '교수상의 할 일'을 등을 밝히고 있다. 특히 이 책의 발간 목적에서 '농촌진흥 운동'을 목표로 한 교재이며, '농촌진흥의 지조 함양'을 뒷받침할 수 있도록 편성했다는 내용을 볼 수 있다.[68] 이는 『응세농민독본』의 범례와 유사한데, 당시 관주도 하의 농민독본류는 동일한 발간 목적과 유사한 형태로 편찬되었던 것으로 보인다. 한편 앞서 다룬 농도학원의 농민독본도 단원 체제 및 농촌 진흥 운동을 진작시키는 내용 등이 나타난다. 이런 점에서 농도학원의 독본류와 관주도의 독본류는 동일한 궤로 묶일 수 있다고 본다.

---

67) 『간이농민독본』, 권일, 1937.12.25.
68) 허재영(2016: 48).

2.3.2. 『간이농민독본(簡易農民讀本)』의 단원 구성 및 내용

『간이농민독본』1권의 50여 쪽에 총 34과로 구성되어 있다. 목차 및 내용을 요약적으로 정리하면 〈표 12〉와 같다.

〈표 12〉 『간이농민독본(簡易農民讀本)』 1권 공과 목록 및 내용

과	단원명	내용	비고	지면
1과	반절(反切)	'ㅏㅑㅓㅕㅗㅛㅜㅠㅡㅣ' 등의 모음과 'ㅇㄱㅋㄴㄷㅌㅁㅂㅍ' 등 지음의 합자음	연습문제(1.단어 2.문장)	1
2과	된시옷[中初聲]	'ㅏㅑㅓㅕㅗㅛㅜㅠㅡㅣ' 등의 모음과 'ㄲㄸㅆㅉㅊㅋㅎ' 등 자음의 합자음		3~5
3과	중중성(重中聲)	'ㅐㅒㅔㅖㅚㅟㅘㅝㅙㅞ' 등과 각 자음과의 합자음		5~7
4과	밧침[終聲]	ㄱㄴㄹㄷㅁㅂㅅㅇ 등의 받침 쓰임새		7~9
5과	둘밧침[重終聲]	ㄺ ㄻ ㄲ (쌍받침)	연습문제(1.단어 2.단어, 3.단문, 4.장문: 금언 및 속담)	11~12
6과	사대절(四大節)	사방배일, 기원절, 친장절, 명치절에 대한 설명(일본절기)	일본 절기	12~13
7과	우리집	우리 집 가족들이 하는 일, 화목한 가정		13
8과	사시(四時)	4계절 기후의 특징		14
9과	보통농사(普通農事)	농사짓는 법(파종, 모심기, 추수 과정)		14~15
10과	일년(一年)	1년의 월수(月數), 일수(日數)		15~16
11과	소와 도야지	조선 농가의 소와 돼지의 건사법		16~17
12과	농가집 아해	농사짓고 돌아오는 아버지와 아들의 고단함		17~18
13과	양잠(養蠶)	양잠업의 방법 및 농사의 수익성		18~19
14과	우리동리	갱생계획을 세우고 아름다운 농촌을 만들어감.		19~20
15과	거름	곡식에 거름이 제일이니 거름만들기에 힘쓰자		21
16과	조석인사	상대에 알맞은 인사법 존대	존대법	21~22
17과	부업(副業)	부업의 필요성 및 부업의 종류		22~23
18과	속담(俗談)	속담 모음		23~24

19과	직업(職業)	벌과 개미의 부지런함을 들어 귀천 없는 직업의 중요성 강조		25~26
20과	함정에 빠진 호랑이	지혜로운 토끼가 은혜 모르는 호랑이로부터 선비를 구하고, 호랑이를 다시 곤경에 빠뜨림	구비설화	26~28
21과	농사타령	농사지을 때 부르는 노동요(1~4절)	노동요	28~30
22과	물방아	방아타령		30~31
23과	갱생부락문답 (更生部落問答)	'리'와 '구장'의 대화를 문답 형식으로 제시하며, 갱생부락의 발생 원인, 5개년 갱생계획의 목표 및 달성 방법을 드러냄	극형식 (대화체)	31~32
24과	조선(朝鮮)	조선의 지경과 13도 이름		33
25과	농가갱생오년계획 (農事更生午年計劃)	농가갱생 부락의 오년계획 갱생 활동상. 개량화된 농사와 개선된 생활상 등을 보여주는 서사의 글	서사 내용의 산문	33~37
26과	고마운 세상	문명 및 문화, 교육 시설의 발전상에 대한 고마움. 세금이 토대가 됨을 강조	문화	37~38
27과	수짜(數字)	일(一)~십(十), 백(百) 읽기		38
28과	한짜(漢字)	화폐 단위 및 도량형 단위	산술과 관련된 실용 한자	38~39
29과	한짜 읽는 법	화폐, 가계부, 액수 등의 한자어		39~40
30과	가계부 쓰는 법	가계부의 실제 예시	가계부	39~40
31과	가계부(家計簿)	가계부 기입의 필요성		41~42
32과	편지(片紙)	딸이 아버지에게, 아우에게 누이가 보내는 편지	서간문	42~43
33과	생활개선(生活改善)	농촌진흥회가 제시한 농촌 생활 개선 요건		43~45
34과	산술(算術)	가감승제법	산술	46~50

위의 목차 및 내용을 보면 1~5과까지는 문자 익히기 단원들이라 할 수 있다. 여기에서는 자모음을 실제 단어나 문장으로 활용하는 연습문제를 두고 있다는 점이 특징적이다. 이후 5과부터는 주로 농가와 관련된 이야기 거리나 농사법 및 상식, '5개년 갱생 계획' 등을 주로 다루고 있다. 특히 갱생 5개년 계획에 대한 단원(23과 「갱생부락문답」, 25과 「농가갱생오년계획」, 33과 「생활개선」)은 많은 지면을 할애하고 있는데, 23과 「갱생부락문답」은 대화체로 구성한 점이 특징적이다.

【 갱생부락문답 】

「리」 구장님 그 전업 업든 갱생부락은 엇지하야 생겻습니가. 「구장」 생각을 좀 하여 보시오 구려 우리 농가 대부분은 가을에 추수를 하면 부채로 다 빼앗기고 식양은 부족되여 농사지을 때는 다시 장니를 엇게되고 농사는 년년히 지으나 수입보담도 지출이 만어서 살님사리는 점점 어려워가니 (…중략…) 함신치 안소 그래서 갱생부락이 설정되고 따라서 각 농가마다 오개년 갱생계획을 세우게 된것이요. 「리」 오개년 갱생계획의 목표는 무엇입니가. 「구장」 첫재 식량을 충실케 하고 둘재는 현금수지의 균형을 도모하며 그 다음에는 부채를 근절시키는 것입니다.69)

위 예문은 '리'와 '구장'의 대화를 문답 형식으로 제시한 경우인데, 이 단원은 갱생부락의 발생 원인, 5개년 갱생계획의 목표 및 달성 방법 등에 대해서 이야기를 나누고 있는 내용이다. 극형식의 대화체를 사용하고 있다는 점에

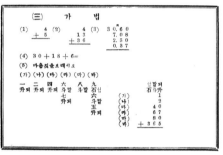

〈그림 26〉「산술」(『간이농민독본』 1권, 47쪽)

서도 주목되는 단원이라 하겠다. 이러한 단원은 일종의 국책 내용을 담고 있는 경우라 할 수 있다. 이와 더불어 국책 부응이 부각된 또 다른 단원은 26과 「고마운 세상」을 들 수 있는데, 여기에서는 문명 및 문화, 교육 시설의 발전상에 대한 고마움. 그리고 이러한 문명화는 세금이 토대가 됨을 강조하고 있기도 하다.

한편 20과 「함정에 빠진 호랑이」와 같은 구비설화와 21과 「농사타령」, 22과 「물방아」 등의 노동요 등이 수록되었다는 점도 특기 사항이라 할

---

69) 『간이농민독본』 권1, 31~31쪽.

수 있다. 특히 20과는『보통학교 조선어독본 권일』에 수록된 내용이 재수록된 경우라는 점에서 주목된다. 마지막 34과「산술」은 가감승제법을 학습하는 내용이다. 앞서 다룬 노농독본에서 다루지 않았던 내용이라는 점에서 주목되는 단원이기도 하다.

3. 야학운동의 의의와 노농독본의 성격

이 글에서는 주로 노농단체가 활성화된 일제 강점기를 배경으로, 야학운동 및 교재 발간 상황, 교재 분석 등을 가했다. 앞에서 살펴본 바와 같이, 1920년대부터 노동단체가 활발하게 결성되었다. 이 단체들은 강습소 및 야학을 통한 교육운동을 펼쳤다. 특히 조선노동공제회는 창립 초기부터 교육부를 조직하고 일반 노동계급의 지식을 향상시키고자 노동야학을 설시하였다. 야학교 학생 수도 수십 명에서 100여 명에 이를 정도로 다수가 참여하여 성황리에 전개되었다. 조선농민사는 소작쟁의보다는 민족독립과 농민의 지위 향상을 위한 계몽운동과 실력양성운동에 주력하여 전국의 이농민사마다 야학을 설립, 농민 야학운동에 주력하였으며, 특히 농민들의 문맹퇴치 운동이 선결적인 과제라고 보고 야학운동을 활발하게 전개했다. 또한 동아일보 기사와 조선 농민, 기타 잡지, 야학 관련 서적 등을 통해 알 수 있듯이, 야학 설립, 경영, 학생과 교사, 교과목과 수업 내용 등이 다양한 형태를 띤다. 노동야학 및 농민야학은 일제의 한국인 우민화 정책에 대항하여 한국인에 의해 설립된 민중 교육 기관으로, 민중의 의식 개발과 국권을 회복을 기도한 비정규 초등교육 기관의 성격을 띠고 있음을 볼 수 있다. 또한 무산 자제나 교육 기회를 잃었던 성인 농민과 노동자들에게 교육을 받을 기회를 제공하였다. 야학과 노농 단체는 농민운동 등 민중들에게 사상적 기반과 인적 자원을 제공한 교육기관이었다고 판단된다. 민족사회의 기층에 자리 잡고 있는 노동자 및 농민들의 교육에 주력하여 민족보존운동에 공헌하였으며, 자주독립을 위한 민족의 실력배양과 민족교육에 기여한 바 크다 하겠다.

한편 노농단체들은 노농야학에서 사용할 교재 편찬에도 힘을 기울였다. 1920년대 초기 노동단체의 경우 '노동공제회'나 '조선노동대회'는 설립 초기부터 야학교의 설립과 함께 교재를 편찬하였다는 기사들을 볼 수 있다. 보도 자료 외에 실제 교재 발간 상황 및 교재 내용 등은 남아 있지 않으나, 노동독본을 편찬하여 교육했을 것으로 추정된다. 1930년대에는 특히 조선농민사의 교재 발간이 활발했음을 볼 수 있는데, 『농민독본』(1930), 『대중독본』(1931), 『한글독본』(1932), 『신농민독본』(1932), 『노동독본』(1932), 『대중산술』(1932), 『대중간독』(1933), 『한글독본』(1933) 외 다수의 문맹퇴치 교재 및 농민교양서 등은 발간하였다. 이 교재들은 당대 농민계몽에 유용한 서적들이었다는 점에서 그 가치가 크다 하겠다.

이 외 '조선교육협회'의 교재 발간도 주목되는데, 『노동산술』, 『노동독본』, 『한자초보』, 『국어독본』 등을 제작하여 각지에 보급했다. 여기에 윤봉길의 『농민독본』도 야학에서 사용한 주요 교재로 덧붙일 수 있다. 한편 1933년 이후에는 농도학원, 조선총독부나 지방 행정기관의 농민독본류도 발행되었다. 그 예로 응세농도학원의 『응세농민독본』(1937), 경기도 지방과(1933)의 『경기도 농민독본』(1933), 충청북도의 『간이농민독본』(1937), 황해도의 『전시농민독본』(1943)를 들 수 있다.

본고에서는 이 중 농민단체를 대표하는 '조선농민사' 발간의 『농민독본』(이성환)과 주요 교육단체로 꼽히는 '조선교육협회' 발간의 『노동독본』(신명균), 응세농도학원의 『응세농민독본』(지응현), 조선총독부 및 지방행정기관 발간의 『간이농민독본』(충청북도지방과) 등을 통해, 노농독본의 단원 구성 및 내용적 특징을 살펴보았다. 발행 기관의 성격에 따라 체재 및 수록 내용면에서 다소의 차이가 있음도 발견할 수 있었다. 일제강점기의 노동단체나 농민단체, 그리고 교육단체 등은 노농야학의 전개뿐만 아니라 다양한 교과서를 발간함으로써 실제적인 교육 내용에 있어서도 많은 고심을 했음을 알 수 있다.

제4장 언론 활동과 문자보급운동

김슬옹

1. 언론사 문자보급운동의 배경

1.1. 문맹퇴치와 문자보급운동의 개념

근대계몽기 이후 어문정책의 중요 과제는 문맹퇴치와 국민 계몽 문제였다. 글자를 못 깨친 사람들에게 글을 읽게 하는 문맹퇴치와 함께 국민 의식을 높여나가는 계몽운동은 결국 같이 진행될 수밖에 없었다. 언어정책을 독자적으로 펼 수 없는 일제 강점기에는 조선어학회 같은 민간단체의 어문운동과 지식인의 역할이 매우 중요했고 언론은 보급과 확산 차원에서 의미 있는 역할을 수행했다.

우리나라는 한자 중심의 전근대에서 뒤늦게 한글 중심의 문자생활을 천명한 고종의 국문 칙령이 1894년 선언되었으나 이미 나라는 기울어 1910년 우리 말글의 주권을 빼앗기게 되었다. 곧 한글 중심의 문장 생활 규범을 보급하기도 전에 식민 강점기를 맞이하였고 이로 인해 우리

말과 글의 침탈이 시작되었다. 곧 일제강점기 식민 지배자들 어문정책에 맞서 우리말글 보급과 문맹퇴치 문제가 주로 계몽운동을 이끄는 사람들에 의해 이루어질 수밖에 없었다.

허재영(2004)에서는 '문맹퇴치', '계몽운동', '문자보급' 등의 용어는 엄밀하게 구분하기 어려운 것으로 규정하고 있다. 문맹퇴치는 문자보급을 통해 이루어지며 그것은 궁극적으로 계몽운동과 맥을 같이 하기 때문이다. 그러나 1928년대 후반 언론사의 문자보급운동이 본격적으로 출현하기 전에는 각종 사회운동 차원에서 용어의 혼란이 불가피했던 것으로 보인다.

1920년대 사회운동 차원에서 가장 빈번히 쓰인 용어는 이른바 '문화운동'이었다. 이 용어는 동아일보사와 개벽사에서 민족운동을 대용한 표현으로 사용한 용어이다. 동아일보사는 창간의 취지를 밝히면서 이 신문이 '조선 민중의 표현기관'이자 '민주주의를 지지하고', '문화주의를 제창'한다고 선전하였다. 이 세 가지 취지는 3.1운동 직후 이른바 '문화정치' 체제에서 민족적 자각을 고조하고자 하는 의미를 담고 있다.

【 主旨를 宣明하노라 】

째가 한 번 變하야 言論 自由가 多少 容認된다 하매, 朝鮮 民衆은 그의 意思를 表現하며 그의 前途를 引導하는 親舊가 될 者를 熱望으로 期待하얏도다. 이에 東亞日報가 生하얏스니 그가 엇지 偶然하다 하리오. 實노 民衆의 熱望과 時代의 動力으로 生하다 하노라. 主旨를 左에 宣明하야써 創刊辭에 代코저 하노라.

(一) 朝鮮 民衆의 表現機關으로 自任하노라. 社會的 政治的 經濟的 少數 特權階級의 機關이 아니라 單一的 全體로 본 二千萬 民衆의 機關으로 自任한즉 그의 意思와 理想과 企圖와 運動을 如實히 表現하며 報道하기를 期하노라.

(二) 民主主義를 支持하노라. 이는 國體니 政體의 形式的 標準이 아니라

곳 人類生活의 一大 原理오 精神이니 强力을 排斥하고 人格에 固有한 權利 義務를 主張함이라. 그 用이 國內政治에 處하야는 自由主義요, 國際政治에 處하야는 聯盟主義요, 社會生活에 處하야는 平等主義요, 經濟組織에 處하야는 勞動本位의 協調主義라. 特히 東亞에 在하야는 各 民族의 權利를 認定한 以上의 親睦團結을 意味하며 世界 全局에 在하야는 正義 人道를 承認한 以上의 平和 聯結을 意味함이라. (…中略…)

(三) 文化主義를 提唱하노라. 이는 <u>個人이나 社會의 生活 內容을 充實히</u> 하며 豊富히 함이니, 곳 <u>富의 增進과 政治의 完成과 道德의 純粹와 宗敎의 豊盛과 科學의 發達과 哲學 藝術의 深遠 奧妙</u>라. 換言하면 朝鮮 民衆으로 하야곰 世界 文明에 貢獻케 하며 朝鮮 江山으로 하야곰 文化의 樂園이 되게 함을 高唱하노니 이는 곳 朝鮮 民族의 使命이요 生存의 價値라 思惟한 緣故라.

이 창간사에 등장하는 '문화주의'는 '개인과 사회생활을 충실'히 하게 하여, 부(富)를 증진하고, 정치를 완성하며, 종교와 도덕의 기능을 완전하게 하고, 과학·철학·예술의 발달을 도모하는 것을 의미한다.

이와 같은 문화주의를 제창한 데는 무단통치에 대한 저항, 민족자결주의, 진화론과 과학주의의 팽배, 사회주의 사상의 도입 등과 같은 시대적 배경이 있었다.[1] 그러나 근본적으로 이 시기 문화주의는 식민지 조선의 생활 현실을 고려할 때, 공허한 느낌을 주는 주장처럼 들릴 수도 있었다. 그렇기 때문에 이 시기 동아일보사나 개벽사에서는 '조선문화 발전'을 주장하면서, 문화의 바탕이 되는 '조선문(朝鮮文)'의 문제에 관심을 돌리기 시작하였다. 다음 논설은 이를 증명한다.

---

1) 이 문제는 역사학이나 사회학, 철학 등 다양한 분야에서 전문적으로 규명해야 할 문제이므로, 이 논의에서는 자세한 언급을 피한다.

【 朝鮮文化 普及의 一方法: 조선 글을 장려하라[2] 】

이제 朝鮮의 文化를 發達하며 普及케 하고자 할진대 일부 학자의 硏究는 吾人의 論할 바ㅣ 아니어니와 一般으로는 漢文의 使用을 설사 全廢는 못할지라도 最小限度에 止하고 朝鮮文의 使用을 奬勵하야 그 普及과 發達을 奬勵함이 必要하다 하노라. (…中略…) 吾人은 學問과 知識의 世界性을 無視하는 자 아니라, 싸라 朝鮮의 學問, 英國의 學問 等 地理的 區別을 附하야 그 독립을 주장코자 하는 것이 아니니, 知識이 世界에 공통하야 一般 人類로 하야금 더욱더욱 光明한 중에 進步 向上케 하기를 熱望하거니와 一民族으로 存在하야 그 固有文으로써 진리를 연구하며 그 연구한 결과를 發表치 못하고 순연히 外國文에 依賴한다 하면, 진리는 民生에 절대로 필요하야 可히 缺치 못할 것이라. 이는 決局 全社會를 擧하야 外邦에 隸屬케 함이니 연즉 吾人이 주장하는 바 學問의 獨立은 반다시 孤立을 주장함이 아니라 조선 고유의 문자로서 진리를 表現하야 民生의 幸福을 圖謀함이 가하다 함이니, 例를 擧할진대 醫學에 관한 書籍이 영어에 多하고, 朝鮮語에 少하면 朝鮮 民衆은 그 不便을 感함이 絶大할 쑨 아니라 一朝 英國과의 관계가 斷絶하야 그 書籍의 輸入이 杜絶하는 경우에는 절대한 苦痛을 受할지니, 이와 갓흔 것은 의학에만 한한 것이 아니오, 만반 科學에 모다 그러하며, 吾人의 우려는 일 기우에 불과하는 것이 아니라 上述한 바와 如한 결과는 今次 世界大戰爭에 日本이 親히 경험한 바이니, 吾人은 朝鮮 民族이 특히 念玆하기를 바라노라. 물론 萬善을 천하에 綜合함이 위대한 문화를 樹立하는 所以이니 外國 文化를 輸入함에는 如恐不及히 노력함은 吾人이 大히 贊成하는 바이어니와 동시에 自家 固有의 문자로써 이를 化하야 진실노 自家의 所有物을 作함이 가하다 하노니 이 自我의 學問을 獨立케 하는 所以이라. 自文을 賤視하고 外文을 尊崇함이 그 엇지 가하다 하리오. 볼지어다. 루테루의 宗敎改革은 中世紀의 舊態를 革罷하고 近世紀의 新

---

2) 『동아일보』, 1920.9.22~24.

生面을 開拓한 第一 方法으로 如何한 手段을 取하얏는가. '聖經을 獨逸語로 飜譯'하얏도다. 此는 何를 意味함인고. 獨逸 國民을 라틴어의 拘束으로부터 解放하고 眞理의 光明을 自國語로써 一般 民衆에 廣布함이니 루테루가 만약 朝鮮人 중의 頑固한 자와 如하야 自國文을 천시하고 라틴어를 존숭하얏더면 그 엇지 將來의 케테, 실렐 갓흔 文學者가 生하얏스며 간트, 헤겔 갓흔 哲學者가 續出하야 吾人의 소위 燦然한 독일의 문화가 출현하얏스리오. 獨逸語로 聖經을 번역함은 실노 독일을 위하야 慶賀할 쑨 아니라 全世界의 문명을 위하야 독일의 文化의 創造者로 이를 祝賀함이 가하도다. 연즉 진리가 엇지 독일에만 適用될 바리오. 우리 朝鮮이 쏘한 그러하기를 吾人은 바라야 마지 아니하노라.

이 사설에서는 조선 고유의 문자, 곧 조선 글로 학문을 해야 하는 이유를 자세히 논급하면서, '한문 존숭(漢文尊崇) 태도'를 비판하고, 세계사적 관점에서 자국어의 독립이 필요한 이유를 역설하였다. 곧 루터의 종교개혁에서 독일어 성경 번역이 중요한 역할을 했듯이, 조선문의 독립, 조선 글로 학문을 하지 않으면 참된 진리를 얻기 어려울 뿐 아니라, 진정한 문화 발달이 이루어지지 못한다는 주장이다. 이러한 주장이 이 시기 처음 등장한 것은 아니나,[3] 1920년대에 이르러서는 보편적인 이데올로기로 변화했다는 특징이 있다.

'조선문화 보급의 일 방법'을 제창한 이 사설에서는 문화 보급의 구체적인 방안으로 '조선문을 천시하는 누습을 타파할 것', '조선문을 실용화할 것'을 주장한다. 전자는 한문 존숭의 태도를 버릴 것을 의미하며, 후자는 외국 문화를 조선어로 수입할 것, 과학 서류를 조선문으로

---

3) 국어와 국문의 가치 인식은 1880년대 이후부터 본격화된다. 특히 『독립신문』 창간 이후 애국계몽가들이 쓴 다양한 '국문 관련 논설'은 이를 증명하는데, 이에 대해서는 이응호(1973)의 『개화기의 한글운동』(성청사), 하동호(1986)의 『국문론집성』(탑출판사), 고영근(1998)의 『한국어문운동과 근대화』(탑출판사), 『허재영(2009)의 『근대 계몽기 어문정책과 국어교육』(보고사) 등의 저서를 참고할 수 있다.

번역할 것 등이 대안으로 제시되었다. 이와 함께 '조선문 자체의 발달'이 필요하다고 주장했는데, 그 구체적인 내용으로 '직서(直書)와 횡서(橫書)의 이해득실 문제', '문자의 정확성과 구두법 개량' 등이 제시되었다. 이러한 조건들은 1925년 조선농민사 설립 이후 본격화된 '문맹퇴치운동', 곧 문맹자(글장님)에게 문자를 가르쳐 보급하는 계몽운동의 전제조건이기도 했다.

이와 같은 차원에서 1920년대 이후의 '문화운동'은 '노동운동', '청년운동', '여성운동' 등과 같은 사회운동 전반을 일컫는 개념으로 사용되었으며, 문화 독립의 차원에서 조선문 발달과 보급의 필요성이 강조됨에 따라 이른바 '한글운동', '문맹퇴치운동', '문자보급운동', '브나로드운동' 등 다양한 형태의 운동이 전개되기에 이르렀다.

여기서 주목할 점은 이른바 '한글운동'과 '문맹퇴치운동'이 동일한 개념을 갖는 것이 아니라는 점이다. '한글운동'이라는 용어는 1927년을 전후로 본격적으로 쓰이기 시작한다. 이는 '한글'이라는 용어가 사회적으로 널리 쓰인 시점이 이 시기라는 점을 의미한다.[4] 1927년 『동인 한글』이 등장한 시점에서 '한글운동'은 한글보급의 전제가 되는 '한글통일'과 '한글보급'을 모두 포함하는 개념으로 사용되었다. 다음은 그러한 예에 해당하는 논설이다.

【 한글 運動의 意義와 使命[5] 】

정음 반포 제481週 紀念會 석상에서 토의된 한글 운동에 대한 諸般 問題

---

4) '한글'이라는 용어는 1910년대 주시경에 의해 만들어진 용어로 알려져 있다. 주시경의 '한나라말'(『보중친목회회보』 제1집, 1910)을 비롯하여, '한글모 죽보기' 등과 같은 용어가 쓰였는데, 1910년대의 대중매체에서는 『청춘』 제4호(1915.3)에 '한글 새로 쓰자는 말'이 실려 있다. 그러나 1920년대 전반기까지 한글이라는 용어가 사회적으로 널리 사용되지는 않았고, 1927년 『동인 한글』이 등장하면서부터 본격적으로 '한글'과 '한글운동'이라는 용어가 확산되었다.

5) 『동아일보』, 1927.10.27~28.

는 이를 3大別하야 觀察할 수 잇스니, 즉 (1) 그의 政治的 意義 (2) 民衆
敎化 쏘는 文盲打破의 器具로서의 한글 (3) 조선 문화의 일부분으로 본
朝鮮文의 발달이 이것이다. 이가치 그 影響 밋는 範圍의 큰 것으로 보아
한글 운동은 過去의 學究的 討論에서 쒸어나와 民衆化하고 實際化하는 階
段에 이르른 것이라고 볼 것이다.

이 논설에 등장하는 '한글운동'은 한글의 '정치적 의의', '민중교화,
곧 문맹타파', '조선문의 발달' 세 가지를 포함하는 개념이다. 여기서
'정치적'이라는 말은 '한글'이 조선 민족의 생존 문제, 비록 국가를 상실
했지만 민족을 단위로 하는 생존 문제와 직결되어 있다는 뜻이다. 이에
비해 '민중교화'는 한글을 수단으로 민중을 가르쳐야 한다는 의미를 갖
고 있는데, 그 과정에서 이른바 '문맹퇴치'가 중요한 과제로 대두되는
셈이다. 이에 비해 '조선문의 발달'은 그동안 통일되지 못했던 조선문의
통일, 곧 철자법(맞춤법)과 표준어, 사전 편찬 등의 제반 활동을 지칭한
다.6) 특히 '한글운동'의 대상과 범위를 구체적으로 명시한 이극로의 '한
글운동'(『신동아』, 1934.12)에서는 한글운동의 대상과 범위를 '과학적 노
력'과 '보급운동' 두 차원으로 정리하고 있다. 이 글의 서문을 살펴보자.

---

6) 이 점에서 일제 강점기 '한글운동'의 개념이나 전개 과정과 관련한 대표적인 논설을 더
살펴볼 필요가 있다. 예를 들어 이갑의 「한글운동의 현상과 전망」(『동아일보』1932.10.
29~30), 이윤재의 「한글운동의 회고」(『동아일보』, 1932.10.29~11.2), 이윤재의 「모어운동
의 개관」(『동아일보』, 1933.10.29~11.2), 김병제의 「한글운동의 금후」(『조선중앙일보』,
1935.10.28), 이극로의 「조선어문 정리 운동의 금후」(『조선일보』, 1935.10.28), 이극로의
「한글운동」(『신동아』 제5권 제1호, 1935.1), 「조선어문 정리의 금후 계획」(『신동아』 제6
권 제1호, 1936.1), 이극로의 「한글 통일운동의 사회적 의의」(『조광』 제2권 제11호, 1936.
11) 등이 있다. 이들 자료에 등장하는 용어는 '한글운동', '조선어문 정리운동', '모어운동'
등인데, 각각의 논문에서는 한글운동이 '한글통일', '한글보급'을 포함하는 개념으로 사
용된다.

【 첫말슴[7] 】

한글運動은 조선말과 글을 科學化하는 것이니, 곧 그것을 統一하며 널리 알리는 것이다. 統一이란 것은 언제나 한 中心기관에서 指導하며 努力하지 아니하면 아니되는 것이다. 그런데 이 使命을 爲하야 생긴 機關이 곧 故 周時經 先生을 비롯하야 組織이 된 뒤로 風風雨雨 四十年 歷史를 가지고 온 이제 朝鮮語學會다. 이 團體가 오래 동안 적지 아니한 功을 쌓아오다가 最近 五六年에는 더욱 그 運動이 組織化하였으며, 强力化한 것은 自他가 共認하는 바이다.

이 語學機關은 斯界 專門家의 學術團體로서 自己의 役割을 다하고저 會員 中에는 各各 硏究의 部分이 다르다. 그래서 古語, 方言, 語法, 漢文語, 姉妹語, 聲音學, 言語學 等 科學的 陣容이 대체로 整備되었다. 그리고 靑年學者를 養成하는 대까지 손을 뻗혀 올 봄에는 會員 金善琪 씨를 佛蘭西巴里大學에 派送하야 言語學을 專攻케 하는 中이다.

이 논문을 통해 볼 때, 한글운동은 한글에 대한 '과학적 연구' 및 '한글통일', '한글보급' 두 가지 차원이 있음을 확인할 수 있다. 전자는 조선어학회를 중심으로 한 학자들이 중심적인 역할을 했으며, 후자는 학자뿐만 아니라 청년 지식인 모두가 함께 하는 운동이었다. 이 점에서 이극로(1935)에서는 '과학적 노력'과 '보급운동'을 다음과 같이 설정한다.

【 한글運動[8] 】

가. 科學的 努力

　一. 朝鮮語 綴字法 統一案 作成

　二. 實驗 音聲學的 收穫(정인섭을 東京에 파송하여 성음 실험실에서 조

---

7) 이극로, 「한글運動」, 『신동아』 제5권 제1호(1935.1).
8) 이극로(1935). 각 항목의 구체적인 설명은 주요 내용만 괄호 안에 요약하였음.

선말소리를 과학적으로 밝힘)

三. 方言調査(경향 각지 학교 교원과 학생들에게 부탁하여 실물채집 방
언조사 및 어휘조사를 함—조선어학도서전람회에 출품함)

四. 조선 말소리와 萬國 聲音 記號와 로마자와의 對照案 作成과 外國 固
有名詞 辭典 編纂(각 신문사의 부탁을 받아 준비 중)

五. 綴字 辭典 編纂(준비 중)

六. 朝鮮語 大辭典 編纂(조선광문회에서 주시경이 준비한 이후 1929년
위원회를 구성하여 편찬 진행 중)

七. 月例會와 特別 討議會

나. 普及運動

一. 朝鮮語學會의 機關 雜誌 『한글』(선생 없이 혼자 공부를 잘 하게 됨)

二. 한글 講習會(신문사, 교회, 기타 일반 사회단체 주최 한글 강습회에
강사 파견)

三. 新聞·雜誌·字典(일반 출판물의 교정을 도움)

四. 朝鮮語學圖書展覽會

이와 같이 한글운동은 '한글 통일'과 '보급' 두 가지를 포괄하는 개념
이다. 이극로의 '한글 통일운동의 사회적 의의'(『조광』 제2권 제11호)에
서도 한글운동을 '어문과학운동(語文科學運動)'으로 규정하고, '철자법
통일', '표준어 통일', '단어 통일', '외래어 및 그 철자법 통일', '독법
통일'을 주요 대상으로 삼았다. 이뿐만 아니라 이극로의 '조선어문 정
리 운동의 현황'(『사해공로』 제2권 제5호, 1936.5)에서는 '어문 정리의 기
초'로 '단어 성립', '철자 사전 편찬', '주해 사전 편찬', '한글 학습서 간
행', '한글 강연회와 강습회', '문예가의 분투', '출판계의 협력', '대중의
총동원' 등을 적시하여 한글운동의 대상과 범위가 무엇인지를 명료하
게 제시하였다.

이러한 논의를 통해 볼 때, '한글운동'은 비록 '조선어문운동' 또는

'모어운동' 등으로 불릴지라도 한글통일(과학화, 한글 연구)과 한글보급을 모두 지칭하는 개념이었음을 확인할 수 있다.

1.2. 1920년대 한글운동

근대성의 표지 가운데 하나로 '자국어의 가치 인식'이 중요한 의미를 갖고 있듯이, 한국 근대사에서도 1880년대 이후 '국어'의 가치를 인식하는 경향이 나타나고, 갑오개혁 이후 국문 정리의 필요성이 높아짐에 따라 철자법 통일, 어법 통일 등과 관련한 운동이 나타났다. 특히 1907년 학부 내의 국문연구소 설치와 1909년 '국문연구 의정안' 제정은 한글 통일운동의 본격적인 출발을 알리는 신호라고 볼 수 있는데, 불행히 이 의정안은 구체적인 실현을 보지 못한 상태에서 국권 상실기로 접어든다.

일제 강점기 어문정책은 식민 통치에 따라 일본어 보급 정책을 우선 시행함으로써 조선어문의 발전에 장애가 되었다. 1911년 조선총독부의 '보통학교용 언문 철자법'이 제정되었으나, 이는 보통학교 조선어독본을 편찬하기 위한 방편일 뿐이었고, 조선어과를 제외한 모든 교과의 교수 용어나 교과서를 일본문으로 편찬함으로써, 조선어의 발전이 늦추어질 수밖에 없었다.[9] 이러한 상황에서 3.1운동 직후인 1921년 '조선어연구회'가 재건되고, 문화운동이 본격화됨에 따라 한글운동의 하나인 '조선어문 정리', '노농 계몽운동' 등이 활성화되기 시작했다.

그러나 1920년대 초 사회운동에서는 '조선어문 정리', '문맹퇴치운동' 등이 조직적으로 실행되지는 못했다. 이러한 상황은 각 연도의 사회운동 성과를 정리한 글을 통해서도 확인할 수 있는데, 예를 들어 성

---

9) 일제 강점기 어문 정책에 대해서는 윤여탁 외(2005)의 『국어교육 100년사』(서울대학교 출판부), 허재영(2011)의 『일제 강점기 어문정책과 어문생활』(도서출판 경진) 등을 참고할 수 있다.

산학인의 '조선 사회운동 개관'(『동아일보』, 1926.1.1~1.10)에서도 '어문 정리', '문맹퇴치' 등과 관련한 사회운동이 등장하지 않는다. 이 논문은 1925년의 사회운동 경향을 정리하고자 한 의도를 갖고 있는데, 이에 대한 전제로 3.1운동부터 1924년까지의 사회운동을 다음과 같이 기술하고 있다.

【 朝鮮 社會運動 槪觀 】

작년 일년 동안의 조선사회운동의 발전 사실을 알기 위하야는 單純히라도 최근 수삼년 동안의 朝鮮人의 民衆的 運動의 경향을 알아볼 필요가 잇슬가 한다.

저 <u>1919년의 삼일운동은 조선인의 民族的으로 再生하려는 격렬한 努力</u>이엿다. 이 운동을 출발점으로 하야 이후 삼사년 동안 조선에는 敎育運動, 産業運動, 靑年運動 등의 민족의 재상을 目標하고 文化의 建設을 理想하는 운동이 극히 猛烈하엿다. 즉 1923년까지도 大部의 조선인, <u>일부의 少數者 급진 社會思想의 소유자를 제하고는 누구나 다 그러한 運動에 의하야 능히 自家의 生活, 自民族의 生活의 安堵를 엇을 수가 잇고, 쏘한 能히 그 권리의 解放을 구할 수가 잇고, 재생의 活路를 발견할 수가 잇슬 줄로만 알앗섯다. 識者가 여긔에 노력을 傾注하고 民衆이 여긔에 呼應하고, 靑年이 여긔에 열중하야 조선 전토에는 民族運動, 文化運動의 氣分이 瀾滿(미만)하엿</u>다. (…中略…) 解放의 길을 구하고 살아볼려고 노력하고 躍動하얏섯스나 그 달성하려든 목적지에 接近은 고사하고, 畢竟에 그러한 曙光의 유무에 까지도 疑心을 품게 되고 마랏섯다. 이에서 모든 識者 靑年 民衆들은 적어도 安佺한 사회생활, 행복스러운 處地를 熱求하는 자, 현실을 正視하고 전통의 환경, 인습의 포위 중에서는 곰싹달싹할 슈 업슴을 아는 자는 아이 民族運動, 文化運動에 의한, 즉 현상을 토대로 한 新運動 新建設의 가능성의 부족을 늣기지 아니할 슈가 업게 된 것이다. 하등의 새로운 勇氣, 새로운 確信이 나지 아니할 쌘만 아니라 旣取하엿든 확신싸지도 雲散霧消

하야 조선인의 그 방면의 新生運動에 대한 기력은 沈衰狀態에 瀕하엿섯다.

여긔에서 즉 1923년부터 조선에는 새로이 社會運動이 대두하야 그 氣勢를 張하게 되엿다. 이전에도 社會主義思想에 공명하는 자가 업지는 아니하엿섯다. 그 운동의 部類에 속한 會合, 雜誌, 出版物의 刊行, 소작쟁의의 사살이 잇기는 하엿섯스나 그 대부분은 사회주의사상의 윤곽, 사회운동의 색채까지도 분명치 못한 것이엿다. 혹은 일시적이엿고 극히 환상적이여서 實로 幾分運動의 準備期에 불과하엿섯다.

운동이 운동이라는 당시의 명칭까지도 부치기 어려올 만치 극히 幼稚하엿섯지마는 1923년에 대두한 췀目할 만한 新運動은 실로 그러한 초기의 준비운동이 잇섯슴으로 말미아마 分娩된 것이오, 出現된 것이다. 思想運動, 勞動運動, 靑年運動, 女性, 衡平 등의 여러 운동이 次第로 蔚起熾盛하야 1924년에는 즉 재작년부터는 그러한 여러 운동 단체는 서로 部類를 구분하야 각각 그 진영을 別設하고 그 내부의 정돈에 착수하엿섯다. 즉 운동의 主體가 각각 分立하야 일운동과 他運動의 경계선을 명확히 구별하야써 그 담당한 方面을 향하야 노력하게 되엿다.

이 기사에서 필자는 1920년대 초 사회운동의 대상을 '사상운동, 노동운동, 청년운동, 여성운동, 형평운동' 등으로 정리했다. 이러한 운동의 기반이 되는 사상에는 '민족주의', '사회주의', '문화주의' 등이 내재한다. 이러한 운동 속에는 어문 관련 운동이 포함되어 있지 않다.

이러한 흐름은 일제 강점기 '조선어문', '한글 관련' 논설에서도 비교적 명확하게 드러난다. 일제 강점기 조선어문 관련 자료 목록은 김윤경 (1932)의 '한글 연구 재료의 문헌'(『한글』 1~5), 김민수·고영근·하동호 편(1977)의 「역대 한국어문법 대계」 제1부(탑출판사), 하동호 편(1986)의 『한글 논쟁 논설 집성』(탑출판사) 등에 비교적 다수가 나타난다. 김윤경 (1932)에서는 이 시기까지 조선어 연구와 관련을 맺는 고대 문헌, 서양인과 일본인의 저술 등을 모두 망라했는데, 그 가운데 일제 강점기 조선어문 관련 자료가 131편이 등장한다. 이 가운데 1910년대 쓰인 글은 1편이며, 1920년대 81편, 1930년대 48편의 분포를 보인다. 김민수·고영근·하동호 편(1977)은 '조선어문' 또는 '한글운동' 차원의 자료라기보다 문법 연구서를 중심으로 한 것이어서 1920년 이전의 자료도 다수 포함되어 있다.[10] 하동호(1986)에는 신문 소재 자료 93편, 잡지 소재 자료 175편이 등장하는데, 역시 1910년대 자료는 잡지에 소재하는 8편이 있을 뿐이다. 이러한 선행 조사는 전수 조사가 아니었는데, 예를 들어 『매일신보』소재 조선어문 관련 논의는 대부분 누락된 상태이며, 1920년 4월 창간된 『동아일보』의 자료 가운데도 누락된 것이 많다. 신문 소재 자료 가운데 가십성이나 자투리 기사를 제외한 논설·논문 형태의 자료를 추가할 경우 『매일신보』에는 46편, 『동아일보』에는 96편 정도의 자료가 더 발견된다. 이와 같은 방법으로 일제 강점기 '조선어문 정리' 또는 '한글운동' 관련 자료를 수집할 경우 다음과 같은 분포를 보인다.

【 일제 강점기 조선어문 정리(한글운동) 자료 분포[11] 】

연대	하동호(1986)		동아일보 추가본	매일신보 추가본	김윤경(1933)		계	
	신문	잡지	신문	신문	신문	잡지	신문	잡지
1910		8		6		1	6	1
1920	21	54	36	26	29	52	112	106
1930	44	76	60	14	16	32	134	76
1940		16						16
미상	28	21				1	28	21
계	93	173	96	46	45	86	280	261

---

10) 김민수·고영근·하동호 편(1977)은 단행본 자료를 중심으로 한국어 문법 연구와 관련한 자료를 영인했는데, 문법서를 중심으로 했기 때문에 1900년대 저작된 단행본 18종, 1910년대 15종, 1920년대 17종, 1930년대 14종, 광복 이후 57종의 분포를 보인다.

11) 이 네 종의 자료 가운데 일부는 중복되어 있으므로, 논설·논문의 총계가 큰 의미를 갖는 것은 아니다.

자료의 연대별 분포를 통해 볼 때, 일제 강점기 '조선어문 정리' 또는 '한글운동'과 관련한 논설·논문은 1920년대부터 본격적으로 쓰이기 시작했으며, 1930년대에도 활발한 논의가 이루어졌음을 확인할 수 있다. 특히 1920년대 자료들은 대부분 1926년 이후에 쓰인 것으로 나타나는데, 1925년까지 쓰인 자료는 신문자료 280편 가운데 40편, 잡지 자료는 261편 가운데 18편에 불과하다. 이를 고려한다면 신문·잡지 소재 '조선어문 정리', '한글운동' 관련 자료는 대부분 1926년 이후에 쓰였음을 확인할 수 있는데, 이는 이 시기가 본격적인 한글운동 출현기임을 의미한다.

2. 언론사의 한글운동과 문맹퇴치운동

2.1. 언론사의 한글운동

이극로(1935)의 '한글운동'에서 밝힌 바와 같이, 한글운동은 본질적으로 '한글 통일'과 밀접한 관련을 맺는다. 이 운동은 근대 계몽기 『독립신문』 창간호 논설을 싹으로, 주시경, 유길준 등과 같은 근대 어문학자들에 의해 본격적인 논의가 시작되었다. 그러나 일제 강점기에 이르러 사회운동 차원에서의 한글운동이 위축되면서, 1910년대에는 『청춘』 제4호 '한글 새로 쓰자는 말' 이외에 몇 편의 조선어문 정리와 관련한 논의가 이어졌을 뿐이다. 이러한 흐름에서 1920년대 동아일보사가 문화운동을 주창하면서 '조선문화 보급'의 방편으로 '조선어문 정리(통일)'을 주장한 것은 의미 있는 일이다. 이러한 주장은 1921년 조선어연구회의 재건과 함께 다수의 조선어 연구자들로 확산되었는데, 『동아일보』의 경우 이들에 대해 지속적인 관심을 표명하였다. 다음은 『동아일보』에 수록된 1925년 이전의 조선어문 관련 자료들이다.

【 『동아일보』 소재 1925년까지의 조선어문 관련 자료 】

1	1920.09.22~22	사설	조선문화 보급의 일방법: 조선 글을 장려하라(3회)	한글운동
2	1921.03.12	사설	각지 청년회에 대하야	기타
3	1921.12.03	기사	조선어연구회 유지 제씨의 발긔로 금일 발긔회를 개최	국어연구
4	1921.12.04	논설	조선어연구회 그 의의가 중대	국어연구
5	1922.04.01	권덕규	조선어 연구의 필요	한글운동
6	1922.08.29~09.23(23회)	최현배	우리말과 글에 대하야	국어연구
7	1922.08.09~08.13	이필수	조선민족의 반성을 촉하는 조선문자(6회)	한글운동
8	1922.09.13~09.22	최현배	우리말과 글에 대하여 (22회)	국어연구
9	1923.02.18~02.21	이필수	우리글 초서에 대한 말삼(4회)	국어연구
10	1923.07.16	기사	교육자에게 조선어강습: 조선교육회	한글운동
11	1923.08.09	기사	예천 사립교원 강습	한글운동
12	1923.09.30	기사	북청여자청년강습	한글운동
13	1923.12.24	기사	조선문법강습	한글운동
14	1924.01.01	신채호	조선 고래의 문자와 시가의 변천	국어연구
15	1924.10.20	신채호	이두문 명사 해석	국어연구
16	1925.06.19	기사	조선문강좌(이필수 관련)	기타

이 자료의 대부분은 '조선어문 정리', '조선문 보급' 등을 주장하는 내용을 담고 있다. 비록 개인이나 조선어연구회의 의견을 소개하거나 신문사의 사설로 이를 대변했을지라도, 1920년대 전반기에 이르러 신문사의 조선어문운동이 일어날 수 있는 환경이 조성되기 시작한 것이다.

이러한 흐름에서 1925년 10월 조선농민사가 설립되고, 1927년『동인 한글』이 창간되면서 한글운동이 본격적으로 일어나게 되었다.

이극로(1935)에서 밝힌 바와 같이 한글운동은 철자법 통일과 같은 '어문정리운동'과 '문자보급운동'을 모두 포함한다. '어문정리운동'은 학자들의 연구 성과뿐만 아니라 그것을 보급하는 운동과도 밀접한 관련을 맺는데, 이 점에서 조선어연구회(조선어학회, 현재 한글학회) 회원들의 활동이 두드러졌다. 조선어연구회는 1921년 12월 3일 휘문의숙에서 7인이 발기하여 재건된 뒤[12] 각 지역과 분야에서 조선어문 정리 및 보급 활동을 펼치다가, 1927년 2월『동인한글』발행 전후에는 본격적인 한글 정리에 돌입하였다. 이 잡지는 어문 문제를 대상으로 한 최초의 잡지이자 본격적인 국어학 학술지라고 할 수 있는데, 그 이유는 '한글 문제'뿐만 아니라 과학적인 언어 이론을 소개하는 논문도 수록했기 때문이다.

【 『동인한글』 첨내는 말 】

『한글』이 나왔다. 『한글』이 나왔다. 訓民正音의 아들로 나왔으며, 二千三百萬 民衆의 동무로 나왔다. 무엇하러 나왔느냐. 조선말이란 曠野의 荒蕪를 開拓하며 조선글(한글)이란 實器의 묵은 녹을 벗기며 朝鮮文學의 正路가 되며 朝鮮文化의 原動力이 되어 조선이란 큰집의 터전을 닦으며 주초를 놓기 爲하야 丙寅 이듬해 丁卯年 劈頭에 나왔다.

조선말이란 靈物이 조선 겨레의 입에서 움즉이기 비롯지은 지가 아주 줄잡아도 半萬年 以上이오 한글(正音)이란 實器가 조선 사람의 손에서 나온 지가 四百餘年에 다만 自然에 放任되며 塵土에 埋沒되여 아즉 일즉이 그 無限한 靈能을 한곳 들내어보지 못하고 한갓 푸대접과 等棄의 알에서 活氣를 헛되게 움치고 지나왔다. 딸아 조선맘이 엷어지며 조선힘이 여려지며 조선문화가 쇠잔해젓다.

昨年의 丙寅이 世宗大王의 訓民正音 頒布 後 第八回甲으로 우리 겨레의 맘을 찔어깨우쳐 일으킴이 深切하였다. 「가갸날」의 소리가 三千里 江山의 골골 샃샃이 波及하였다. 사람사람의 맘은 그 뿌리고붙어 動하기 始作하였다. 지나간 허물을 뉘우치며 앞에 오는 새바람을 품고서 새 努力을 하랴는 긔운이 널리 동함을 본다. 이 귀중한 朝鮮民族의 文化的 衝動의 養育機

---

12) 한글학회(1971)의『한글학회 50년사』(한글학회)에서는 이를 '탄생'으로 표현했으나, 그 이후 한글학회의 역사를 서술한 자료에서는 이를 '재건'으로 인식한다. 그 이유는 1907년 주시경의 국어 강습회와 한글모의 역할이 충분히 규명되었기 때문이다.

關으로 우리『한글』이 난 것이다.

갓난 아이인『한글』은 힘이 적으나 그 할 일인즉 크도다. 아득한 속에서 묵은 옛말을 찾으며 어질어운 가운데에서 바른 學理 法則을 찾으며 밖으론 世界 語文을 參酌하며 안으로 우리말과 글을 바로잡아 統一된 標準語의 査定을 꾀하며 完全한 文法의 成立을 벼르며 훌륭한 字典의 實現을 뜻하니 그 할 일이 어찌 끔직하지 아니한가.

창간사에 해당하는 '첨 내는 말'에는 한글 탄생(나옴)의 경과와『한글』동인지의 역할이 명시되어 있다. '작년 병오(1926)'의 '훈민정음 8회갑(480주년)'을 기념하여 '가갸날'로 삼고, 조선 민중의 교양 기관을 자처하며 출발한 이 잡지는 '옛말 찾기', '학리 법칙 찾기', '우리말과 글을 바로 잡아 통일하기'에 목표를 두고 '표준어 사정, 문법 완성, 사전 만들기' 등을 주요 사업으로 내세웠다. 이 잡지에는 정열모의 '조선어 연구의 정체는 무엇?'(제2~3호), '조선어 문법론'(제3~7호), 최현배의 '언어학상으로 본 조선어'(제2호~4호) 등과 같은 국어학 일반 이론을 소개한 논문이 다수 포함되어 있다.

1927년 전후 한글운동이 본격화된 데에는 '치안유지법' 공포 이후 극심해진 일제의 정치·사상 통제도 중요한 요인으로 작용한 것으로 보인다. 이에 대해 성산학인의 '조선사회운동 개관'에서도 "他便으로 작년은 治安維持法이라는 怪法이 出現한 해이다. 사회운동의 取締가 좀더 가혹하야진 해이다. (…中略…) 치유법의 내용된 바가 일한합병 당시에 출현한 保安法이나, 삼일운동 이후에 실시된 制令과도 달나서 國體의 變革을 圖謀하고, 私有財産制度를 否認하는 無政府主義者와 共産主義者를 取締코저 하는 법령이라 당국자의 愚昧로는 그의 실시로 인하야 조선의 사회운동은 맛치 新芽가 嚴霜을 맛난 것 갓치 여지업시 鑿滅(착멸)될 줄, 적어도 沈衰하고 또 당분간은 대두치 못할 줄로 알앗슬는지는 알 수 업스나, 그러나 조선 사회운동에는 표면으로나 이면으로나 그로

인하야 何等의 影響이 잇지 못하엿다는 것보다, 작년 이래의 운동 상태는 그 전에 비하야 좀더 熾盛하는 것이엿다.”라고 진술하엿는데, 이는 ‘사회운동’을 내세우는 ‘무정부주의’, ‘공산주의’, ‘사회주의’를 통제하기 위해 치안유지법을 활용하면서, 각종 사상운동과 노농운동, 청년운동 등이 성행할 공간이 그만큼 줄어들었음을 의미한다. 이러한 상황에서 이 시기에 이르러 민족주의에 기반한 ‘조선적인 것’에 대한 관심이 높아지기 시작했다.13)

이러한 상황에서 ‘훈민정음(訓民正音)’에 대한 관심이 높아지고, 조선 문자는 조선인의 자긍심을 심어주는 도구로 인식되기에 이르렀다. ‘한글’이라는 명칭이 널리 쓰이기 시작한 것도 이 시기인데, 특히 1926년 훈민정음 반포 8회갑(480주년)을 기념하여, 조선어연구회 주최 기념 행사가 시작되었는데, 이는 본격적인 한글운동의 출발을 알리는 행사로 볼 수 있다.

【 「한글」의 새로운 빗 오늘이 「가갸날」14) 】

우리 글을 세상에 처음으로 발표, 영원히 영원히 이 날을 긔념하자.

긔념 강연은 엿셋날

금 사일은 음력 구월 이십구일로 이 날은 지금으로부터 사백팔십 년 전인 세종(世宗) 이십구년에 세계에 자랑될 만한 훈민정음(訓民正音)을 처음 제뎡 발표한 귀엽고 아름다운 날이라. 하야 조선어연구회(朝鮮語硏究會) 신민사(新民社) 주최로 훈민정음 뎨팔갑 긔념(訓民正音 第八甲 紀念)으로 동일 오후 여섯시부터 시내 식도원(食道園)에서 긔념 축하회를 개최하는 동시에 륙일 오후 일곱시부터는 시내 중앙 긔독교 청년회관 안에서

---

13) 이 시기 조선적인 것에 대한 관심은 1930년대 이른바 ‘조선학’의 발달로 이어진다. 그러나 1930년대 조선학은 일본인의 조선 연구, 경성제국대학에서의 조선 연구, 민간인 학자들의 조선 연구 등 다양한 성격을 띠기 때문에 이 모든 현상을 민족주의에 기반한 학문 연구라고 규정하기는 어렵다.

14) 『동아일보』, 1926.11.4.

사게에 전문 대가의 강연 등으로 종래 한문(漢文)에 눌려 언문(諺文)이라고까지 멸시를 밧고 학대를 밧든 조선어에 대한 옹호사상을 고취식히는 동시에 농촌의 문맹타파(文盲打破)를 목덕으로 「가갸」문 강습회를 개최하는 등 적극적 활동을 하야 귀중한 훈민정음의 부활을 쇠하리라는데 이 날(음력 구월 이십구일)은 영원히 「가갸」날로 뎡하야 긔넘케 하리라더라.

이 기사에 따르면, 한글날의 전신인 '가갸날'은 조선어학회와 신민사가 공동으로 주최했고, 그 목적은 '조선문 옹호사상' 고취 및 '문맹타파 강습회 개최'에 있었다.15) 동아일보사에서도 이 행사에 깊은 관심을 나타냈고, 강습회 및 축하 행사와 관련한 보도, 사설을 게재하였다. 예를 들어 11월 8일자 기사 '정음 반포 8회갑 기념 축하 강연(의주 지국)', 9일자 기사 '가갸날 기념 강연(조선어연구회와 신민사 주최)',16) 11일자 기사 '가갸날 기념 축하(황해도 사리원: 조선일보 지국)', 23~24일자 양대종의 '가갸날 강연을 듯고', 12월 7일자 한용운의 '가갸날에 對하야', 12월 9~10일자 김문식의 '정음을 제정 반포한 날은(상, 하)' 등이 대표적이다.

언론사의 한글운동은 가갸날 제정 이후 '문맹타파'와 '한글정리'를 병행하는 방식으로 진행되었다. 1926년 '가갸날' 제정 이후 『동아일보』에 게재된 한글정리와 관련한 한글운동(어문정책) 자료로는 다음과 같은 것들이 있다.

---

15) 현재 『신민』 1926.11~1927.1의 세 호가 발견되지 않은 상태여서, 신민사의 대응을 확인하기는 어렵다.

16) 이 기념 강연은 가갸날 기념 강연(1926.11.9)에 대해서는 "금 구일밤 청년회관에서 조선어연구회(朝鮮語研究會)와 신민사의 주최로 금 구일 오후 일곱시부터 시내 중앙청년회관에서 훈민정음 반포 긔념 강연회(訓民正音頒布 紀念 講演會)를 개최한다는 데 입장료(入場料)는 보통 이십전, 학생 십전이라 하야 강사와 연데는 다음과 갓다더라. 「演題」가갸날 紀念에 就하야(李覺鍾), 訓民正音의 沿革(權悳奎), 同 無定題(崔鉉培), 歷史와 訓民正音(魚允迪), 經濟的으로 본 朝鮮語(鄭烈模)"라고 보도하였다.

【 가갸날(한글날) 제정 이후 『동아일보』 소재 한글정리 관련 한글운동 자료 】

일자	필자	제목	성격
1926.11.09	사설	朝鮮語 發達의 基本 條件	한글운동
1927.10.27	사설	한글운동의 의의와 사명(2회)	한글운동
1927.10.24	최현배	한글을 어떻게 정리할까	한글운동
1927.10.24	신명균	훈민정음 원본에 대하여	한글날
1927.10.24	사설	가갸날 기념	한글날
1927.10.24	이윤재	세종과 훈민정음: 한글 출현의 경로와 연혁(3회)	한글운동
1927.12.15	사설	조선어통일문제	한글운동
1927.06.06	사설	조선어 사전 편찬	한글운동
1927.07.06	정열모	우리글을 옳게 적자는 주장을 가지고	한글운동
1928.11.11		한글을 어떻게 보급할 것인가: 그에 대한 교육가 제씨의 의견	한글운동
1928.11.11	엠케이생	朝鮮文 整理에 대하야: 철자법 개정 위원 諸氏에게	한글운동
1928.11.03		한글 정리에 대한 제가의 의견(23회)	한글운동
1928.12.23	사설	한글철자법 개정에 대하야: 교과서 위원회에 여함	한글운동
1930.09.02	기사	조선어문공로자 소개(5회) 조선어학회 등	한글운동
1930.11.00	이윤재	한글 질의란(1930년 11월부터 1932년 4월까지 이윤재가 질의 답한 자료임(1930년: 20개/ 1931: 73개/ 1932년: 13개)	한글운동
1931.03.05	장석태	민족과 국제어 (7회)	어문정책
1931.07.03	백남규	에스페란토 강좌 (100회)	어문정책
1931.07.25	광고	제1회 조선어강습회(사고)	한글운동
1931.08.04	기사	제1호 조선어강습 소식(15회)	한글운동
1932.08.01	사설	조선말 글과 조선문화: 유지 유력 인사의 자각 분발을 促함	한글운동
1932.10.29	이갑	한글운동의 현상과 전망(2회)	한글운동
1932.10.29	이윤재	한글 운동의 회고(4회)	한글운동
1933.04.01	사설	한글 철자법 13단제	한글운동
1933.04.05		새 철자법 사용은 조선말 통일을 촉진한다: 본보 새 철자 쓰는데 대해 각계 인사의 감상과 희망(2회)	한글운동
1933.04.01	이윤재	한글 철자법(신철자편람)의 해설 (22회)	한글운동
1933.10.29	김선기	한글의 今昔	한글운동
1933.10.22	사설	한글 통일안의 완성을 듣고	한글운동
1933.10.31	이윤재	모어운동 개관: 주로 문자 개정에 대하여(4회)	어문정책
1933.10.29	이갑	철자법 통일안: 반포까지의 경과	한글운동
1933.10.21	기사	과학적 한글마춤법 통일안을 완성	한글운동

일자	필자	제목	성격
1933.10.29	사설	통일안 철자법과 본사 철자법과의 대조	한글운동
1933.10.29	기사	한글 통일안대로 본보 철자도 갱신	한글운동
1934.06.24	기사	조선문기사정리기성회 조직	어문정책
1934.07.10		한글 철자법 시비에 대한 성명	한글운동
1934.10.30	사설	한글날에 대하야	한글날
1934.12.31	사설	표준어 사정 신중을 기하라	한글운동
1935.01.02	장혁주	어문운동과 문학: 이에 대한 몇 가지 제언	어문정책
1935.01.01		그 한 밤에 험궂은 길에 앞을 서서 가시대: 주시경 씨	인물
1935.03.20	재불국 이용제	조선의 어문운동(6회)	어문정책
1935.05.23	기사	어문운동의 반대 성명 발표	한글운동
1935.06.18	강연자료	조선어 속기법 상해 (27회)	한글운동
1935.10.03	사설	농촌에 출판물을 보내자 (사설) 한글운동	한글운동
1935.12.20	기사	조선어사전 편찬은 어떠케 진행되는가(2회)	한글운동
1936.08.11	변영태	외래어에 대한 만상(5회)	한글운동
1937.07.21	한기	문학의 형상화: 언어의 확립 (4회)	한글운동
1938.02.25	이성주	성경철자 개정의 역사적 타당성 (5회)	한글운동

동아일보사의 한글정리운동은 조선어연구회(조선어학회)의 활동과
긴밀한 관련을 맺고 있다. 철자법 통일운동이 진행되면서 동아일보사
에서는 1931년 여름부터 조선어학회의 협조를 얻어 '조선어 강습회'를
개최했는데, 이 강습회는 '브나로드 운동'과 병행하여 실시되었다.

【 조선어 강습회 사고(社告) 】

한글을 보급하는 것이 重要한 일인 것을 말할 것도 없다. 本社에서는
한글의 普及을 위하야 夏期 學生 브나르드 運動을 하는 것도 이 때문이다.
朝鮮 안에서 文盲을 絶滅해야 할 것이다. 그러나 한글을 바로쓰기를 普通
하는 것도 또한 重要한 일이다. 이미 한글을 아는 이로 綴字와 文法을 亂
雜, 不規則하게 쓰는 이에게 바른 綴字法과 바른 文法을 주는 것이 朝鮮語
의 正當한 發達을 위해서 絶對로 必要하다. 보라. 英語나 獨逸語나 佛語나

어느 文明人의 글의 *綴字法*이 確定一致 안 된 것이 잇는가. 그런데 우리 朝鮮에서는 아직 萬人 萬樣의 *綴字法*을 슨다. 文法에 잇어서도 그러하다. "바른 *綴字法*으로 統一하자!" 이것이 이번 本社가 朝鮮語學會 諸氏의 後援을 얻어서 夏期 한글 講習會를 開催하는 本旨다. 今年을 第一回로 하야 해마다 反覆하야 한글의 *綴字法*이 統一될 때가지 할 것이어니와 이에 대하야 教育家 諸氏는 勿論이어니와 學者, 學生, 學父兄, 一般 人士를 勿論하고 本 講習會의 '바른 *綴字法*, 바른 文法'의 講習을 받으시기를 바라는 바이다.

강사: 申明均, 權悳奎, 李常春, 李允宰, 金允經, 李秉岐, 崔鉉培, 李克魯, 金善琪

(각 지역 일정 및 강사명은 생략함) 7월 25일~8월 20일 사이임

主催: 東亞日報社 後援: 朝鮮語學會

조선어 강습회는 문맹퇴치운동과는 달리, 한글 해득자를 대상으로 철자법의 원리 및 한글의 가치를 알리고자 하는 목적에서 실행되었다. 각 지역의 강습 기록은 『동아일보』 1931년 8월 4일부터 9월 5일까지 15회에 걸쳐 연재되었다.

동아일보사는 언론사 가운데 가장 적극적으로 한글운동에 참여한 신문사였는데, 1933년 4월부터는 새로운 철자법에 따라 신문 편집 방식을 바꾸었다. 흥미로운 것은 『동아일보』 1933년 4월 1일자 사설인데, 이 사설은 '한글 철자법 13단제(段制)'라는 제목 아래 순한글로 발표된 사설이다. 여기서 13단은 한 면을 13단으로 구성하는 것을 말한다.

【 한글 철자법 심삽단제 】

말과 글이 한 민족의 문화의 어미인 것은 새삼스럽게 말할 것도 없다. 프랑스 같은 나라에서는 안 말의 철자법을 정하거나 한 외래어를 택하는 데도 학사원을 시켜 신중히 연구하게 한 뒤에 나라의 이름으로 작정한다고 한다. 이만큼 철자법이란 말의 생명이 되는 것이니, 오늘날 우리네와 같이 난잡한 철자법을 써가는 동안 우리 말은 생명을 보전하기 어려울

것이다. 그러므로 철자법을 통일 확장하는 것은 우리 민족문화 운동의 기초 공사다. 그런데 다행히 周時經 先生이 한글 철자법 개정운동을 시작한 지 우금 30여년에 여러 학자들의 연구로 우리 말 철자의 본색을 밝혀 이제는 거의 완성하엿다고 볼 수가 잇는 지경에 달하엿으니 지금은 실로 싱행 시대로 보급시대에 들어왓다 할 것이다. 아직 해결되지 못한 몇 가지가 남앗다 하더라도 그것은 극히 적은 몇 가지 지엽문제에 지내지 아니하니 이런 지엽문제는 두고두고 연구하야 완성할 것이다. 우리 조선 사람은 잇는 힘과 정성을 다하야 우리 말의 참다운 철자법을 실행하고 선전하지 아니하면 아니 될 의무를 가젓다.

13단제 실시는 사설에 나타난 바와 같이, 주시경 이후 철자법 통일이 거의 완성 단계에 이르러, 이를 보급하는 것이 시급한 과제로 인식했기 때문에 시행된 것이다.

강습회나 신문 편제 방식의 변경뿐만 아니라 철자법 보급을 위한 자료 발행도 이루어졌는데, 그 가운데 대표적인 것이 『신철자편람(新綴字便覽)』(『동아일보』 제4426호 부록)이다. 이 부록은 통일안 이전의 철자법으로 필자가 밝혀져 있지는 않지만, 환산 이윤재가 집필한 것으로 추정된다.[17] 이윤재는 동아일보사의 한글운동에 가장 큰 비중을 차지하는 인물로 볼 수 있는데, 1930년 11월부터 1932년 4월까지 '한글 질의란'의

---

17) 이윤재(李允宰)는 일제 강점 이전부터 마산 지역에서 애국계몽운동을 실천했던 학자였다. 『대한매일신보』 1908년 5월 26일 '잡보'에 "金海郡 沓谷涵 大學校 敎師 리允宰 氏가 妙年 英才로 敎育上에 熱心ㅎ야 城너 普通學校에 夜學校를 設立ㅎ고 勞動者를 多數 募集ㅎ야 實地學文을 敎授ㅎ이 不過 一旬에 學徒가 五十名에 達ㅎ엿다고 該郡 來人이 稱頌ㅎ더라."라는 기사가 실려 있다. 그 이후 1913년 창신학교, 의신여학교에서 교편을 잡다가 평북 영변 숭덕학교 교사로 재직 중 3.1운동 관련 투옥되어 3년간 평양 감옥에서 옥고를 치렀다. 1921년 중국 북경대학 사학과에서 수업하고, 1924년 귀국하여 정주 오산학교, 협성, 경신, 동덕, 배재, 중앙 등의 학교에서 교편을 잡았으며, 1929년 조선어연구회 사전 편찬위원회 집행위원, 1930년 한글마춤법통일안 제정 위원이 되었다. 이러한 그의 이력에 따라 1920년대 전반기 『동명』에는 중국과 관련한 논문이 다수 실려 있으며, 1927년 이후에는 『동아일보』에 그가 쓴 글이 매우 많이 실려 있다.

응답을 맡아 한글 바로쓰기에 기여했다. 흥미로운 것은 『신철자편람』에 대한 해설인데, 그는 1933년 4월 1일부터 22회에 걸쳐 편람의 각 조항을 해설한 바 있다. 책자로 제작된 편람과 이윤재의 해설에는 큰 차이가 없다. 다만 책자의 경우 '注意'가 들어 있는데 비해, 해설에는 '허두'가 들어 있다. '주의'는 단순히 책자에 대한 해설이므로 편람의 출현 과정을 이해하는 데 도움이 되지 않으나, '허두'는 이윤재의 해설이 나오기까지의 과정을 밝히고 있으므로, 이를 소개한다.

【 한글철자법(新綴字法) 해설: 허두18) 】

言語, 文字의 整理 統一이란 다른 나라의 예를 보드라도 遽然히 일조일석으로써 그리 쉽게 되는 것이 아니다. 수백년이란 장구한 時日과 수천만이란 多數한 人衆이 아무 整然한 法則이 없이 함부로 써오든 말의 表記法을 깔축없이 꼭 들어맞게 맞후어 가려면 여간 힘든 일이 아닐 것이다. 더구나 우리 한글같이 이미 수백년 동안 崎嶇한 운명으로 지내어온 것은 말할 것도 없다. 政治的으로 暴威 아래에서 거의 없어질 번도 하엿으며 全社會的으로 賤待의 속에서 머리를 처들지 못하엿거든 하물며 여기에 한번이라도 정리의 손을 대어본 적이 잇기를 바랏으랴. 그러므로 우리 글은 散漫한 그대로 버려두고 混淆한 그대로 덥처써서 오늘날 이대도록 不規則 不統一한 文字가 되어 各人 各書의 奇怪한 現象을 이루엇다. 뜻잇는 자로써 누가 개탄하지 아니할가.

統一한 새 綴字法이 나기를 바라는 세인의 期待는 切迫하다. 朝鮮語 研究의 唯一한 機關인 朝鮮語學會에서 이미 여러 해를 두고 研究에 研究를 삼아 統一한 綴字案을 제정하기에 진력하는 중이다. 12일 開城會議에서 綴字法에 관하야 충분히 討議를 遂하고 萬無一失을 慮하야 더욱 愼重히 審議를 지난 후에 世間에 發表하려는 것이니 不遠한 장래에 完全한 統一案

---

18) 『동아일보』, 1933.4.1.

이 나올 것을 믿는다.

東亞日報가 이제 十三段制를 實施함과 한가지 全紙面을 新綴字法으로 쓰며, 讀者에게 만일이라도 불편이 잇을 것을 慮하야 新綴字便覽을 배포하엿으니, 이것이 과연 한글 整理의 先鞭을 들엇으며 朝鮮文化運動에 막대한 貢獻이 되는 바이다.

이 新綴字便覽은 다만 新舊 綴字를 比較 對照함에 그치엇고 理論的 說明을 붙이지 아니하엿다. 그러므로 이에 대한 理解가 없는 이에게는 도리어 疑惑을 일으킬 憂慮가 잇겟으므로 간단한 解說을 붙이어 讀者의 一覽에 供코저 한다.

'허두'에 나타난 바와 같이 신철자법은 조선어학회의 통일안이 나오기 직전 철자법 통일을 촉진하고, 기존의 성과를 신문에 반영하고자 하는 노력으로 나타난 것이라고 할 수 있다. 13단제 실행과 함께 신문사에서 과거의 혼란스러운 철자법을 버리고 새로운 철자법을 채용할 수 있음을 보여준 것으로, '해설'에서는 '편람'에 담을 수 없었던 이론적 근거를 제시하고자 하는 의도를 담았다. '허두'에서는 한글 정리의 기본 방향을 다음과 같이 설명한다.

【 한글철자법(新綴字法) 해설: 허두19) 】
그러면 우리글을 어떠케 整理하여야 할가. 여러 말 할 것 없이 바른 글을 쓰자 하는 단 한마디 말에 그치고 말 것이다. 요새 흔히 쓰는 보기 서툴은 새 바침깨나 썻다고 해서 우리글의 整理가 다 完成된 것으로 볼 수 없다. 이것이 혹 整理의 一部分이라고는 할지 모르나 (…中略…) 진실로 우리글을 完全히 整理하야 바른 글을 쓰게 하려면 먼저 嚴正한 科學的 根據 우에서 가장 合理的 論法을 基礎로 하지 아니하면 안될 것이다. 말

---

19) 『동아일보』, 1933.4.4.

하자면 우리가 말을 적을 때에 語法을 全然히 돌아보지 아니하고 막우 되는대로 쓰는 것도 안 될 짓이요, 캐캐묵은 옛 사람의 쓰든 것을 덮어놓고 그대로만 따르자는 것도 無用의짓이요, 턱없이 自己의 主觀으로 만둠이(?) 세워서 생판 어렵게 만들어 쓰자는 것도 不可한 짓이다. 이것을 좀 자세히 말하자면,

첫재 <u>語法에 맞게 쓰기</u>를 주장할 것이다. 우리 조선말의 組織은 單語가 따로따로 區別되어 文法上 規則이 自然 나타나 잇음에도 불구하고 먹으니를 머그니로, 같으니를 갓흐니 혹 가트니로 쓴다면, 語幹과 語尾를 어떠케 區別할 수 잇을가. 그 混亂한 것은 말할 것도 없을 것이다.

둘재, <u>現代 語音</u>을 주장할 것이다. 오늘날 우리가 쓰는 實際的 口音과 아주 틀리는 歷史的 語音을 쓸 必要가 없다. 곳 소(牛)를 쇼로, 저(彼)를 뎌로, 무슨(何)를 무삼으로, 이미(旣)를 임의로, '하디 아니하다'를 '하지 아니하다'로[20] 쓰는 것이라든지, 또 漢字音에 이르러도 所謂 字典에 쓰인 대로 쓴다 하야 '소(小)'를 '쇼', '천(天)'을 '텬'으로, '인쇄(印刷)'를 '인쇀'로, 유기(鍮器)'를 '류기'로 쓰는 따위다. 이것이 얼마나 現代語音에 어기어진 것인가.

셋재 <u>平易化</u>를 주장할 것이다. 文字란 원래 言語를 대신하는 符號에 지나지 아니한 것이니 實際 運用에 過多히 어려워서는 안될 것이다. 한글을 지으신 어른께서도 '사람마다 이키기 쉽고 날로 씀에 편하고저 할 따름이라.'는 것을 먼저 말슴하시엇다. 이를 보드라도 한글은 특별히 쉽게 쓰는 것이 한 特色이 되는 것이다. 그러므로 漢文이라든지 英語 스펠처럼 어렵게 쓸 까닭이 없을 것이다. 곳 배우기(學), 읽기(讀), 쓰기(書), 박기(印刷)이 네 가지에 다 쉬워야 할 것이다. 以上에 말한 세 가지 우리 글 整理에 가장 主眼點이 된다 한다. 지금으로부터 本文에 들어가 『新綴字法便覽』을 原本으로 하고, 그것을 講解하기로 하리라.

---

20) 이 부분은 오식일 듯. '하지 아니하다'를 '하디 아니하다'로.

‘우리글 정리 방법’은 기본적으로 ‘과학적’, ‘합리적’ 근거를 기초로 한다. 이러한 기초는 1920년대 중반부터 본격화된 ‘조선어 연구’의 성과를 반영한 것으로, ‘어법에 맞게’, ‘현대 어음을 기준으로’, ‘평이하게’ 통일해야 한다는 원칙은 조선어학회의 통일안 ‘총론’과 동일한 주장이라고 할 수 있다.[21]

『신철자 편람』은 18항 부록으로 구성되었는데, 그 내용을 살펴보면 다음과 같다.

【 『신철자편람』의 내용 】

1. 「·」의 使用을 廢하고 ㅏ ㅓ ㅜ ㅣ 등으로 代用함
2. ㅑㅕㅛㅠ 等을 ㄷㅅㅈㅊㅌ 等 닿소리(初聲)에 合用함을 쓰지 아니함.
3. ㅖ는 ㄹㅇ을 除한 外에 一般 닿소리(子音)와 合用함을 쓰지 아니함.
4. ㅢ는 ㅇㅎ을 除한 外에 一般 닿소리(子音)와 合用함을 쓰지 아니함.
5. 한 개의 낱말(單語) 가운데 두 音節 사이에 각기 아무 語源의 뜻이 없이 된소리(硬音)로 나는 것은 같은 닿소리(子音)로 連記함.
6. 된시옷이라 하는 ᄭ ᄯ ᄲ ᄶ 等은 ㄲ ㄸ ㅃ ㅉ 等으로 고치어 씀.
7. 바침은 이때까지 使用하는 ㄱ ㄴ ㄹ ㅁ ㅂ ㅅ ㅇ ㄺ ㄻ ㄼ 以外에 ㄷ ㅈ ㅊ ㅋ ㅌ ㅍ ㅎ ㄲ ㄳ ㄵ ㄶ ㄽ ㄾ ㄿ ㅀ ᇚ ㅄ 等을 더 씀.
8. 줄기(語幹)의 바침이 줄어지거나 몸 바꾸이는 말이 잇으니 이것을 變格活用이라 함.
9. 두 개 以上의 낱말(單語)이 합하야 한 씨(品詞)를 이룰 때에는 그 낱말이 각기 語源을 表示하기 可能한 것이면 그 原形을 保全하기로 함.
10. 여러 낱말(單語)이 합하야 한 씨(品詞)를 이룰 때에는 한쪽만 語源이 表示되는 말들은 우에 바침을 轉下하야 表音式으로 쓰기로 함.

---

21) 통일안 총론은 3항으로 구성되어 있으며, 제1항은 현행 맞춤법까지 이어지는 “한글 맞춤법(綴字法)은 표준말을 그 소리대로 적되, 語法에 맞도록 함으로써 原則을 삼는다.”라고 하였다. 제2항은 “표준말은 大體로 現在 中流 社會엣 쓰는 서울말로 한다.”라고 하였다.

11. 歷史的 語音이나 難澁한 語源을 버리고 純粹한 現今 소리로 標準을 삼음.

12. 줄인말(略語)인 경우에는 아레 말의 닿소리(子音)을 웃 말에 바침으로 轉上하게 함.

13. 複合된 이름씨(名詞) 사이에서 되게 나는 소리는 아래와 같이 씀.
   (예시 생략)

14. 同音異義의 말들은 될 수 잇는 대로 각기 달리 쓰는 것이 좋음.

15. 異音同義의 말들은 아직 두 가지를 다 씀을 許容함.

16. 漢字音은 다 表音式으로 함.

여기에 제시한 16개 항목은 통일안과 다르지 않다. '편람'에서는 부록으로 '항상 그릇 쓰기 쉬운 말들'과 '신철자법대로 쓰려면 고칠 것이 얼마나 될가'를 두었다. 이윤재의 '해설'은 제1항부터 제8항까지만 나타나는데, 다른 항목을 해설하지 않은 이유를 알 수는 없으나, 해설한 내용은 '편람' 각 항목의 이론에 해당하는 것들이다.

이러한 흐름에서 동아일보사는 조선어학회의 통일안 공포 이후에도 『한글 마춤법 통일안(朝鮮語綴字法統一案)』(1933.10.29)을 제4627호 부록으로 발행하였다. 이 부록은 조선어학회의 발표안을 그대로 수록한 것이다.

2.2. 언론사 문맹퇴치운동의 시작

언론사의 문맹퇴치 운동은 조선농민사 설립 이후 본격화되고 있음을 확인할 수 있다. 『동아일보』의 경우 문맹퇴치 및 농촌 계몽과 관련하여 다음과 같은 연도별 자료를 찾아볼 수 있다.

【 『동아일보』 소재 문맹퇴치 관련 자료 】

날짜	필자	제목	분류
1926.12.02		계몽운동과 교재문제	문자보급
1927.01.01	노동규	농촌진흥책 여하(13회)	문자보급
1927.01.05	기사	문맹퇴치의 실제적 방안 여하(3회)	문자보급
1927.01.24	사설	농촌계발과 문맹퇴치	문자보급
1927.08.05	사설	조선어강습을 불허: 일군수의 행동인가 도의 방침인가	문자보급
1928.03.25	기사	문맹퇴치 선전일 순서(5회)	문자보급
1928.12.06	선천 일기자	농촌강습회를 압두고	문자보급
1928.03.27	사설	문맹과 현대정치	문자보급
1928.03.17	사설	문맹퇴치 운동(삭제된 부분 많음)	문자보급
1928.03.28	사설	문맹과 경제생활	문자보급
1929.01.22	사설	농촌의 진흥	문자보급
1929.02.01		노농독본 독후감	문자보급
1929.12.14	이광수	近讀二三. (노동독본)	문자보급
1931.07.28	사설	학생 브나로드와 한글 講習	문자보급
1931.08.04	기사	제1회 학생 하기 브나로드 운동: 계몽대 소식	문자보급
1931.08.04	영흥 일기자	한글강습소 불허가 영흥군 당국의 편견	문자보급
1932.08.19	사설	문맹퇴치 其體策을 세우라	문자보급
1933.01.21	사설	문맹자수의 개산: 민간 계몽기관을 지지하라	문자보급
1933.06.30	사설	계몽운동의 칠월: 본사 계몽대의 대기	문자보급
1933.09.30	기사	농한기 이용 문맹타파운동	문자보급
1934.06.20	사설	진군의 종종상 계몽대원의 참가를 보고	문자보급
1934.07.03	황욱	하기 학생 계몽운동실지 지침 사견(4회): 한글 교수법 포함	문자보급
1934.07.01	기사	민간측 계몽운동 사실상 금지	문자보급
1934.08.26	기사	본사 주최 제4회 하기 계몽운동(연재)	문자보급
1934.08.07	기사	전도에 전개된 계몽전선(25회)	문자보급
1935.04.01	기사	경경미층의 15성상＝동아일보 창간 15주년의 특집판(15회)/4.5일자 문맹타파 관련 ** 연도별 문맹타파 실적 정리한 부분이 있음	문자보급
1935.12.26	사설	농촌 선구자의 책임(사설): 農閑期는 絶好의 活躍期	농민계몽
1936.08.14	기사	농민과 훈련(칼럼)	문자보급
1937.10.08	강진국	농촌문고 경영론 (24회)＝조간	농민계몽
1937.12.05	강진국	~12.농촌문고에 비치할 농촌 지도 도서(3회)	농민계몽

이 표에서 주목할 만한 사실은 동아일보사의 경우 1927년 이후 본격

적인 문맹퇴치론이 등장한다는 점이다. 1927년 1월 5일자 특집 기사에서는 '문맹퇴치의 실제적 방안 여하(如何)'라는 제목으로 '1. 엇지하면 이천만이 다 글을 알게 할 수가 잇게습닛가, 2. 곳 실행할 수 잇는 방법이 무엇임닛가'라는 질의 아래, 사회 각계 인사를 중심으로 문맹퇴치 방안을 모색하고자 하였다. 이때 답을 한 사람은 중앙고보 최두선, 농민사 이성환, 보성전문학교 박승빈, 기독교 여자청년회 유각경 등 그 당시 사회 계몽활동을 전개했던 대표적인 인사들이다. 그 이후 농촌 진흥책이나 문맹퇴치와 관련한 다수의 사설을 게재하고 있는데, 이러한 배경에는 조선농민사 창립이 있었다.

【 農村啓發과 文盲退治[22] 】

이러한 현상을 보고 蹶起한 團體도 만히 잇섯고 會合도 만히 잇섯다. 그 중에 재작년도에 農民社가 發起되여 機關紙까지 開刊하기에 이르러 농촌의 실제와 농민의 지식 보급을 위하야 努力 奮鬪하여 오는 중이니 재작일에 농민사가 창립되여 農村啓發과 文盲退治를 目標로 활동을 개시하리라 하며, 장차 機關雜誌를 發刊하야 농촌의 실익을 도모하리라 한다. 이두 단체의 탄생은 우리 社會의 다행한 일이니 압흐로 그 공적이 쏘한 多大하기를 바라는 바이다. 농촌과 문맹 문제는 우리 조선에만 잇는 것이 아니오, 중국에도 잇고 露國에도 잇는 것이다. 중국은 아직 統治權이 확립되지 못한 관계로 考慮할 여가가 업는 상태에 잇스나 露國은 過去에 잇서서 세계중에 둘재 가지 안는 文盲國이엿고 농촌에 잇서서 新科學的 作業의 恩寵을 입지 못하엿든 나라이다. 그러나 一朝에 革命이 완성되자 破竹之勢로 농촌을 개량하고, 농민의 지식을 계발식혀서 혁명 전에는 6천만의 文盲者가 잇섯든 것을 7년에 겨우 經過한 금일에 이르러서는 總 文盲者가 1천 2백만으로 주러지고 이것도 오히려 耻辱이라 하야 압흐로 3년간을

_____

[22] 『동아일보』, 1927.1.24.

두고 文盲者가 업슬 만큼 대대적 教化을 하리라 하니 이 엇지 模範할 바가 아니랴.

이 시기에 이르러 문맹문제는 조선농민사뿐만 아니라 각 계몽단체 모두의 문제로 대두되었다. 특히 사회운동 차원에서 동아일보사가 전개한 '문맹퇴치 선전일'은 저널리즘의 특성에 맞게 '우리글 원본'이라는 삐라와 선전 포스터를 제작하여 전국적으로 배포하고자 한 운동이었다.

【 文盲退治 宣傳日 순서: 삼천리 槿域에 高揚할 포스타 】

동아일보 창간 팔주년 긔념사업(東亞日報 創刊 八周年 記念事業)의 하나로 본사에서는 서울 본사와 삼백여 처 지분국이며 만텬하에 독자 제씨와 힘을 합하야 문맹타파(文盲打破)의 봉화를 들기로 하얏다 함은 사고(社告)로 이미 발표한 바어니와 원래 글장님을 업시하는 운동은 조선 현실에 잇서서 가장 그 필요가 절박하야 잇슴으로 본사의 계획이 한번 지상(紙上)에 발표되자 사회 각 방면에서 손을 밧들어 원조(援助)를 앗기지 안는 중인데 사월 일일을 긔하야 전 조선 각도 각디에 일제히 일어날 이 운동의 봉화는 장차 어써한 방식으로 이천 삼백만 조선 민중의 압헤 나타날 것인가? 이에 그 여러 가지 선전의 순서와 방법을 소개하면 첫재 본사에서는 전 조선 방방곡곡(坊坊谷谷)에 선전 포스타를 걸기로 하얏다. 원래 이 문맹퇴치의 사업은 몃몃 개인이나 단테의 힘으로 일조일석에 완전한 목덕을 달할 수 잇는 것이 아니라 조선 민중의 총동원으로 누구나 글을 아는 사람이면 몰르는 사람에게 가르칠 책임을 가지고 글을 몰르는 사람이면 어써한 곤난을 무릅쓰고라도 배와야 살겟다는 지각을 가저야 할 것임으로, 본사에서는 시간으로 보아 가장 생명이 길고 대중의 주목을 이끌기에 가장 편리한 포스타 선전 방법을 취한 것인데, 당일엔 삼천리 근역(槿域)은 이 '글장님' 업새는 포스타에 싸힐 것이다.

意味深長한 포스타: 포스타의 쯧은 'ㄱ'부터 배우자고 웨치고 나서는 횃불(烽火) 든 사람 뒤에 수만흔 글장님들이 감기엇든 눈을 쓰고 깃브게 쌀흐는 형상을 그린 것인데 'ㄱ'을 쓴 것은 배우기 조코 알기 쉽고 쓰기만 만한 세계에 자랑할 우리글부터 배우기 시작하자는 것으로, 훨훨 타올르는 횃불은 글장님의 눈을 쓴 뒤의 광명을 표현한 것이며, 군중 잇는 편이 어두캄캄한 것은 무식 디옥의 암흑을 표시한 것으로 이 포스타를 오색령롱하게 인쇄 선명히 여러 만장을 박어내어 당일로 전 조선 일제히 요처요처에 걸게 한 것이다.

이 운동에 따라 '우리글 원본'을 제작·인쇄하여 전국적으로 배포하고자 했는데, 이 원본은 조선농민사의 『농민독본』에서 제시한 '합음자 원리'에 따라 한글 음절을 만드는 방법과 "세계에 자랑할 우리 글 알기 조코 배우기 쉬웁고 쓰기 편한 우리글 오늘부터라도 가갸거겨를 시작합시다."라는 선전 문구로 이루어졌다.

【 우리글 원본23) 】

---

23) 이 원본은 『동아일보』 1928년 3월 27일자.

동아일보사의 '글장님 없애기 운동'은 '한글 원본' 제작 배포, 포스터 붙이기 등의 활동뿐만 아니라 각종 강연까지 포함되어 있었다. 당시 강연에 참여하기로 한 사람은 "조병옥(연전교수 미국 경제 박사), 송내호 (신간회 본부 총무간사), 김창제(이화여고보교), 민태원(중외일보사 편집국장), 이종린(천도교월보사 사장), 김순영(정신여학교), 이상수(여자실업교장), 신 알베르(조선여자학원장), 윤치호(조선중앙기독청년회장), 최두선(중앙고보 교장), 옥준진(보성전문 교수), 안재홍(조선일보 주필), 홍명희(신간회본무 총무간사), 강매(배재고보), 정대현(보성고보 교장), 유영춘(동덕여고), 이만규(배화여고), 박호진(근우회 집행위원), 김려식(협성실업학 교장), 이윤주(휘문고보 교장), 육당 최남선, 김기전(천도교청년당 당두), 박승빈 (보성전문학교 교장), 방정환(소년연합회 위원장), 박희도(협성실업학교 부교장), 최규동(중동학교 교장), 김용국(여자상업교), 김미리사(근화여교 교장), 유각경(조선여자기독청년연합회 총무), 권덕규(중앙고보), 전영식(숙명여고)"24) 등 사회 각계 인사로 구성되었으며, 동아일보사에서는 이 운동의 의미를 다음과 같이 규정하였다.

【 文盲退治運動25) 】

보통 사람의 意思를 표시하는 방법으로 세 가지를 드는 것이니, 一은 言語, 二는 動作 三은 文字이다. 더욱이 문화가 발달할수록 문자의 지위가 向上되는 것이니 現代에 와서는 문화는 문자에 의하야 그 존재가 保維되고 문자를 통하야 普及되며 發達할 수 잇는 것으로 밀우어서, 문자는 문화의 形態와 具體의 作用에 전권을 가지고 잇다고 할 것이다. 쌀하서 문자가 잇슴으로 문화가 잇고 문자를 알음으로 문화를 알 수 잇다고도 말할 수 잇다. 문화가 발달되고 문화가 보급되어 잇는 현대에 文字를 모르는 사람

---

24) '강연 승낙자 명단', 『동아일보』, 1928.3.29.
25) (사설) 『동아일보』, 1928.3.17.

은 문화상으로만 落伍한 사람일 쑨 아니라 사람으로서도 文字를 아는 사
람에 비하야 그 전부 활동에서 적어도 삼분의 일을 減少된 사람이 되나니
문자를 아는 사람은 일개의 사람이라 하면, 文字를 아지 못하는 사람은
칠분에 未滿한 사람이 되고 마는 것이다.

이러한 의미에서만 볼지라도 文字와 인간의 관계를 알 수가 잇지마는
문자가 前代에 보지 못하던 고도의 속력과 廣汎한 범위로 활용되는 현대
에 잇어서는 문자는 문화를 통하야 사람의 전부 운명을 決定하는 일이
적지 아니하다. 문자를 아지 못하는 사람이 文明人으로서의 지위를 保維
하려고 하거나 문자를 아지 못하는 사람을 만히 가지고 잇는 社會가 평등
한 권리를 要求하는 것은 어느 意味에서 보면 무모한 일에 속한다고도
斷言할 수 잇다. (이 부분에서는 30행 정도 삭제되었음)

우리의 현실을 보면 文字를 아는 사람이 최대한도로 계산하야서 250만
에 不過할지니 (여러 가지 통계로 종합 계산하야) 전 인구의 1割 여에 불
과하다. 우리는 이러한 문맹을 퇴치하지 아니하고 民族的으로 평등한 권
리를 운위하는 것은 든든한 基礎를 가저야 한다는 의미에서 어느 큰 不足
을 늣기는 것이다. 우리 문자는 世界的으로 이미 定評이 잇는 바이니 다시
吾人이 이에 자찬을 呶呶할 必要가 없다. 모음이 10자, 자음이 14자 합하야
도무지 24자에 불과하니 ──에 일자를 배운다 하더라도 24일이면 能히
배울 수 잇는 이러한 簡便하고도 완전한 文字를 가지고 잇스면도 朝鮮
民族의 9할을 문맹에 무더두고 잇다는 것은 文明人으로서의 일대 치욕이
라고 아니할 수 업다. 이에 본사에서 절절히 늣기는 바가 잇서 8주년 기념
을 期하야 이미 輿論에 오른 文盲退治運動을 전조선적으로 확대시키고저
하니 동포 형제의 助力이 평시보다 더 이 運動의 효과 수확에 잇기를 바라
고 마지 아니한다.

신문 기사나 사설에서 경무청의 삭제가 일상화되어 있던 시대이기
때문에 30행 정도 삭제된 내용이 무엇인지를 정확히 고증할 수는 없으

나, 문맹퇴치운동은 '문명인의 지위 확보', '평등한 사회 건설', '조선 민족의 평등한 권리 확보' 수단으로 인식되고 있음은 분명하다. 이러한 규정은 『동아일보』 1928년 3월 27일자 사설 '문맹과 현대정치'에서 "민족이 흥하랴면 民族으로서의 정치적 능력이 만하여야 할 것이오 정치적 능률이 놉허여 하는 것이니 팔할 이상의 문맹을 가진 조선 민족은 정치상 견지에서 보아서도 크게 反省할 필요가 잇다."라고 규정한 것이나, 3월 28일 '문맹과 경제생활'에서 "현대의 정치생활이 총동원적이라는 것을 말하얏거니와 경제생활에 잇서서 더욱 총동원적임을 要하는 것이니 정치생활 이상으로 경제생활에서는 이 文盲의 退治를 시급히 요구하는 것이다."라고 주장한 것 등에서 확인할 수 있듯이, 민족운동, 정치 운동, 경제 운동으로 규정되었다.

이러한 차원에서 문자보급운동은 순탄하지는 않았음을 추론할 수 있는데, 동아일보사의 선전일은 계획과는 달리 '문맹퇴치 문자의 출처가 적국(赤國) 노농 러시아이며, 포스터의 색채도 불온하다'는 이유로 경무당국의 금지 처분을 받았다. 당시의 기사를 참고하면 다음과 같다.

【 萬般 準備가 完成된 今日 文盲退治宣傳 突然 禁止 】

少年團 行列, 飛行機 宣傳 一切 禁止: 포스타, 우리글 原本, 쎄라 全部 押收

晝夜 兼行의 努力도 一朝 水泡: 동아일보 창간 팔주년 긔념사업(東亞日報 創刊 八週年 紀念事業)의 한가지로 조선 안에 팔팔(八割) 이상이나 된다는 「글장님」에게 글을 가르키는 운동을 일으키고저 여러 가지 선전 방법(宣傳 方法)과 순서(順序)를 뎡한 후 지상(紙上)으로 발표하야 이를 만련하애 독자 제씨에게 보도하는 한편으로 본사에서는 <u>경성 본사의 백여 명 사원을 비롯하야 전조선 각도 각디에 산재한 삼백여 처 지분국원의 총동원</u>으로 벌서 이십여일 전부터 준비에 분망하야 오는 중 사회 각 방면의 열렬한 후원을 힘입어 이제는 만반의 준비가 완성되는 동시에 이천삼백

만의 민중과 함께 사월 일일이 오기를 기다리고 잇든 바, 작 이십팔일에 이르러 돌연히 경무 당국으로부터 본사에 향하야 문맹퇴치(文盲退治)의 선전 운동을 일체 금지한다는 통지를 발송하얏다. 경무 당국에서는 전조선 방방곡곡에 선전 「포스타」를 걸고 디상에선 소년군 행렬을 하며 공중에 선전 비행을 하는 일체의 순서를 전부 금지하는 동시에 비행긔에서 뿌릴 「세라」와 인력거와 자전거에 꼿고 다닐 선전긔(宣傳機)며 만텬하애 독자 제씨에게 배부할 「우리글 원본(原本)」까지 전부 압수를 하고 말앗다. (…中略…)

贊援 하신 各界 人士께 形容에 絶 한 感謝와 未安: 본사 주최의 문맹관계 운동이 돌연 금지를 당하게 되어 삼천리 근역(三千里 槿域)이 물쓸틋 기다리고 잇는 사월 일일의 일톄 운동을 중지하기로 된 것은 본사로써 조선 대중에게 적지 안흔 미안을 늣기는 바어니와 특히 이 계획을 찬동하야 직접으로 선전운동에 참가하기로 하고 전조선 오백여 곳 뎡거쟝과 이천여 운송뎜에 선전 포스타를 걸어주리고 하얏든 털도국(鐵道局)과 선운동우회(鮮運同友會)며 다수한 자전거와 천여 대 인력거에 긔ㅅ발을 날리게 되엇든 륜업회(輪業會)와 각 인력거 조합(人力車組合)이며 극장을 무료로 뎨공하려든 단성사, 조선극장, 우미관, 광무대 등 기타 선전 광고(宣傳廣告)를 걸어주든 경성 뎐긔회사 등에 대하야는 더욱 미안하게 되엇스며 귀여운 손에 선전 긔ㅅ발을 들고 장사의 행렬을 지어 경성 시가로 돌아다니기로 되엿든 수천 명 소년군(少年軍)에 대하야는 더욱이 할 말이 업는 바이다.

文盲退治 文字는 出處가 勞農 露國: 포스타의 색채도 자못 불온＝警務當局 禁止 理由: 경무당국으로부터 이번 본사 계획의 문맹퇴치 선전에 대한 일체 계획을 금지하얏슴은 별항과 갓거니와 이 리유에 대하야 천리(淺利) 경무국장은 말하되 "금주지에 대하야는 찬동하나 「문맹퇴치」라는 표어가 본래 로서아로부터 번저 나온 것과 쏘 「포스타」의 그림에 붉은 근육의 로동자를 그리어 잇슴이 일종의 공산주의뎍 색채가 잇서 보이며, 쏘

옥외의 소년 집회나 행렬은 <u>교양시긔에 잇는 소년들의 일을 념려함</u>으로 부득이 중지한 것이다."하더라.

이 기사에 따르면 당시 선전운동은 동아일보 본사와 300여 곳 지국을 비롯하여 사회 각층의 참여로 선전과 강연이 계획되어 있었음을 확인할 수 있다. 또한 '선운동우회', '윤업회', '인력거 조합', '극장', '전기회사' 등의 참여가 약속되어 있었으며, 이는 일제 강점기 노동·사회단체, 언론단체가 연계된 광범위한 사회운동으로 계획되었음을 의미한다. 이러한 차원에서 경무국의 간섭과 방해가 이어지는 것은 당연한 수순이었는데, 그 주된 이유가 '문맹퇴치'라는 문구가 러시아에서 출발한 것이며, 포스터의 노동자 그림이 적색이고, 소년군에게 미치는 영향이 적지 않다는 점을 근거로 하고 있다.

이러한 배경에서 동아일보사의 문맹퇴치 선전운동이 중지되고, 1929년 7월을 전후로 조선일보사의 '문자보급운동'이 본격적으로 전개되기 시작한다. 정진석(1999)에서 밝힌 바와 같이 조선일보사의 한글운동도 1927년부터 본격화되기 시작했는데, 이 신문에서는 1927년 1월 6일부터 '한글란'을 신설하고, 한글운동에 지속적인 관심과 준비를 해 왔다.

【 時評, 한글欄 創設26) 】

朝鮮글: 한글을 奬勵하고 愛用하고 坴普及케 하여야할 必要도 勿論새삼 시런 理論이 소용업다 이것을 어써한 程度까지 잘하여 가겟느냐하는 問題와 딸허서 <u>얼마큼이나 民衆에게 貢獻될 수 잇겟느냐 하는 것이 門題될쑌</u>이나 『한글』欄의 創設은 이에 關하야 萬一의 도움이 될가 하는데서 나옴이오 지금에 아즉 그 完備함을 보지 못하엿다 다만 意味 잇는 첫 試驗으로

---

26) 「時評 '한글'欄 創設」, 『조선일보』, 1927.1.6. 그 이후 조선일보사에서도 지속적으로 문맹 문제에 관심을 기울였는데, 1927년 10월 24일자 김지환 '한글보급책과 남녀 각교의 방침', 10월 25일자 홍기문의 '문맹퇴치 의미로 기념하자' 등은 대표적인 논설이다.

그 效果가 두고두고 돌아나기를 바랄뿐이오 더욱히 各○方士女이 文盲打破하는 途程이 잇서서 障害가 안미츠는 限度까지는 이것을 만히 參照하여서 將來完全한 改善의 素地를 맨들어감이 조흘 줄 밋는다

내 마음을 내글로: 한글의 擁護 및 그 普及策에 關하야는 이미 여러 번 力說하였고 벌서 時代的으로 一輿論 되엇스니 또 말할 必要가 업다 다만 이 新年의 처음에 잇서 더 한번 提○하여 둔다 生長하여가는 내마음을 아름다운 내글로 쓰고 읽고 또 傳하여주기를 힘쓰는 것을 새해부터 <u>全民衆的事業의 한 重要한 科目</u>으로 삼어서 적더라도 이 運動上의 紀念할만한 時期를 맨들자 함이다 이에는 勿論 吾人의 力說을기대릴 바가 아니다 서로서로의 마음 속에 한가지로 잇는 바를 지금 잘 表現하도록 가티 努力하자는 말○뿐이다. '모르는 것은 원수'이다 그는 다시 더 말하지 안는다 모름으로 因하야 失敗者도 짓고 딸허서 온갖 不幸 속에 무치는 수도 매우 만타 '모르는 것이 원수'라고 慨嘆하는 소리를 듯기는 퍽 만흔 일이다 모르게 되는 것이 貧窮한 까닭이오 或은 懶怠한 까닭이라 하고 딸하서 根本的인 問題를 걸고 나선다면 問題가 달러진다 그러나 우리는 허락되는 事情에서도 알 수 잇는 것을 모르고 지내는바가 퍽 만흐니 모르는 원수를 撲滅하는 것이 우선 第一着의 重要한 일이란 것을 쏘 指摘하여 두는 것이다 어찌햇든 近者에 勃興하는 文盲打破의 運動이 一九二七年으로 新紀元이 되도록 努力함이 잇스면 朝鮮民衆을 爲하는 한가지 다행이라 할 것이다.

조선일보사의 한글운동은 동아일보사의 운동과 크게 다르지는 않으나, 문맹퇴치 민중운동의 성격을 좀 더 강조했다는 점에서 차이가 있다. 조선일보사에서는 1929년 7월부터 학생들을 동원하여 본격적인 문자보급운동을 전개한다. 이 운동이 갖는 성격은 7월 14일자 사설에 잘 나타나 있다.

【 歸鄕學生文字普及班: 本社主催의 奉仕事業 】

貧窮과 無識! 이 두 가지는 民族人으로나 階級人으로나 그리고 또 一個人으로나 逆境에 싸진者의 不利한 狀況을 說明하는 二大條件이다. 貧窮이보다 더 根本的인 條件이지마는 그러하니만큼 이에 對하야 尋常平易하게 斧○을 다하기 어렵다. 그럼으로 그는 차라리 別 問題로 두자 無識에 關하야 問題가 緊急하니 『농민에게로』가 그러 하엿고 文盲打破가 그러 하엿다. 新興靑年의 歸農運動이란 이러한 事理를 밝히봄에서 일어난 朝鮮現下의 重要한 社會 ○○이다. 歸農運動은 卽 農民敎養이오. 無識根絶의 運動이다. 이것을 가장 平凡한 말로 說明하면 結局 文字普及이다. 朝鮮人에게 잇서서 『한글』과 가티 그 自然의 情性 韻律에 잘 들어맞고 딸아서 배우기 쉽고 쌔치기 쉽고 또 써먹기 쉬운 者 업스니 朝鮮人으로서 文字普及運動은 結局 한글普及運動이다. 本社에서 이제 夏期放學期間을 利用하야 歸鄕學生 文字普及班事業을 主催하니 오로지 이 事情이 困합니다.

이 사설에 나타나듯이, 문자보급운동은 빈곤과 무식을 퇴치하는 데 주요 목적을 두고 있다. 곧 귀향 운동은 농민 교양운동이고 무식을 근절시키는 운동으로 문자보급운동 곧 한글보급운동은 그런 운동의 핵심으로 보았다.

이러한 차원에서 조선일보사에서도 동아일보사의 '우리글 원본'과 비슷한 형태의 '한글 원번'을 제작하여 배포했다. 이 '원번'은 1929년 10월 4일 '문자보급반(文字普及班)'을 운영하면서 제작한 자료이다. '원번'은 '모음', '자음', '반절', '중모음', '된ㅅ', '받힘'과 함께 "아는 것이 힘 배워야 산다"라는 표어가 들어 있다. 홍윤표(2012)에 따르면 이 원번은 현재 조선일보사가 소장하고 있는데, 그 내용을 보면 다음과 같다.

【 조선일보사 한글 원번27) 】

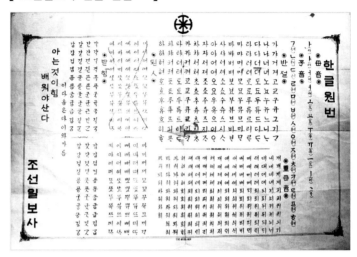

흥미로운 것은 원번에는 모음자에서 동아일보사와는 달리 '·'가 들다. 이는 동아일보가 문자보급운동의 표면적인 전략을 한글우수성에 초점을 둔 반면에 조선일보는 무지에 대한 계몽에 초점을 두고 있는 데서 비롯된 것으로 보인다. 이 경향은 한글보급 교재에서도 드러난다. 동아일보는 전통 음절표에 한글의 우수성을 표방한 구호로 한 장짜리 교재를 만든 반면에 조선일보는 "배워야 산다."는 무지에 대한 계몽성 구호를 내걸고 있다.

2.3. 문자보급운동의 전개와 교재 개발

문맹퇴치 선전일과 문자보급반 운영으로 시작된 동아일보사와 조선

---

27) 이 자료는 홍윤표(2012)의 「일제 강점기에 나온 한글보급운동 교재는 어떤 것이 있을까요」(국립국어원 쉼표·마침표, 2012.1.18. 홍윤표의 한글 이야기 http://blog.naver.com/urimaljigi/40149809969)에서 소개된 바 있다. 여기에 옮긴 자료는 홍윤표(2012)의 사진임을 밝힌다.

일보사의 문맹퇴치운동은 1930년대 본격적인 활동에 들어가게 된다.

먼저 조선일보사는 1929년 7월부터 본격적인 문자보급반을 운영하기 시작하면서, '1면 1교'의 보습 교육 확장, 잡종 학교의 보습소 설치 등을 추진하고자 하였고, 방학을 맞은 학생들이 고향으로 돌아가 문자보급 활동을 할 것을 장려하였다. 이러한 활동을 적극적으로 주관한 사람은 지방부장으로 일했던 장지영(張志暎)이었는데, 그는 1929년 1월 1일자 지면에서 '새해에는 우리말과 글에 힘을 들이자'라는 글을 게재하고, 1930년 3월 18일부터 6월 17일까지는 55회에 걸쳐 '철자법 강좌'를 연재하기도 하였다.28)

주목할 일은 문자보급운동이 활성화되면서 다수의 교재가 편찬되었다는 사실이다. 조선일보사의 경우 1930년 제2회 문자보급운동을 진행하면서 『한글원본』 9만부를 배포하였고,29) 1931년에는 30만부를 배포하였다. '배워야 한다'는 표어를 중심으로 한 조선일보사의 문자보급운동은 이 시기 가장 적극적인 문맹퇴치운동으로 평가를 받을 수 있는데, 제3회 문자보급반 학생 모집 광고를 살펴보면 다음과 같다.

【 夏期休暇의 奉仕 事業: 第三會 歸鄕 男女學生 文字普及班 】

본사에서 「아는 것이 힘 배워야 산다」는 표어를 세우고 문자보급운동을 급히 웨침에 싸러 귀향 남녀 학생 문자보급반을 조직하고 문자보급에 힘을 다한 두 해 동안에 각 방면 인사의 열렬한 원조와 참가 학생 제군의 막대한 열성으로 예긔 이상의 조흔 성적을 나타내서 만혼 무식한 동포에게 새로운 광명을 주게 된 것은 우리가티 깃버하며 제씨에게 감사를 들이

---

28) 이 연재물은 1930년 활문사(活文社)에서 『조선어 철자법 강좌』로 간행되었다. 이와 함께 그가 편찬한 『노농독본(勞農讀本)』(활문사)도 이 시기 조선일보사의 문맹퇴치운동의 주요 교재로 활용되었다.

29) 1930년 문자보급반에 참가한 학교는 46개교로 동경 유학생까지 포함되어 있다. 당시 주축으로 참여한 학생은 양정, 중동, 배재, 경신고보 등의 남학교와 진명, 이화, 숭의여고보 등의 여학교였다. 이에 대해서는 정진석(1999)에서 자세히 정리한 바 있다.

는 바이다. 그러나 아즉도 우리 동포 가운데 광명을 보지 못하고 문맹지옥(文盲地獄)에서 울고 잇는 이가 일천칠백만이라는 씀직한 다수이니 우리 할 일의 압길은 아직도 멀고 멀다. 이제 쏘 하긔휴가의 시긔가 멀지 아니하매 제삼회로 남녀학생문자보급반을 모집하오니 전조선 남녀학생은 「먼저 쌔운 이가 못 쌔운 이를 쌔워주는 고귀한 정신」으로 만히 참가하야 전보다도 더한층 노력하여 주기를 간절히 바란다.

　　班員 募集 規程

　　一. 中等 以上 男女學生으로 夏期休暇 中 한글 普及에 努力하고저 奉仕的 誠意를 가진 이를 班員으로 募集함.

　　一. 學校 當局을 通하야 加入을 申請하는 同時에 『한글 原本』을 請求할 일. 但 特別한 境遇에는 本社에 直接 申請함도 得함.

　　一. 學資를 補助하는 意味로 成績을 보아 左와 如히 賞品을 進呈함. (…中略…)

　　아는 것이 힘·배워야 산다. 朝鮮日報社

이 광고에 나타난 바와 같이, 문자보급반은 학교 단위 신청을 원칙으로 하였으며, 특별한 경우 개인 자격으로 신청한 사례가 있었음을 확인할 수 있다. 제3회 문자보급반 운영은 매우 성공적이어서 『한글원본』은 원래 준비했던 것보다 10만부를 증쇄했다고 하며, 1931년 10월 29일 '한글보급과 금후 각 학교의 신 방침'이라는 특집을 마련하기도 하였다.

그러나 조선일보사의 문자보급반은 사채업자 임경래에게 조선일보사가 넘어가면서 1932년과 1933년 중단되었으며, 1933년 방응모가 신문사를 인수한 다음해인 1934년 부활되었으며, 1935년에는 여름 대신 겨울로 활동 시기를 조정했다. 이 운동은 1936년까지 실행되었다. 정진석(1999)에서 살펴본 바와 같이, 학교 단위로 실행된 조선일보사의 문자보급반 활동을 연도별로 정리하면 다음과 같다.

【 조선일보사 문자보급운동의 성과[30] 】

연도	참가교	학생수	수강인원	비고
1929		409	2,849	참가학생 409명 중 91명의 보고서만 집계한 수강자임
1930	46	900	10,567	『한글원본』 9만부 배부
1931		1,800	20,800	『한글원본』 20만부 배부, 추가 10만부 배부(계 30만부)
1934	124	5,078		집계된 수강인원 미상
1935				『한글원본』[31] 10만부 배부
1936				『한글원본』 50만부 배부

　정확한 집계가 나타나지는 않지만, 1935년과 1936년의 문자보급반 활동은 『한글원본』의 배부 수로 볼 때 상당히 큰 규모로 진행되었음을 틀림없다. 특히 1934년 『한글원본』은 책명을 『문자보급교재』로 바꾸고, 편제에서도 한글원본뿐만 아니라 산술교재까지 포함하였다.

　동아일보사의 문맹퇴치운동은 1931년 '학생 브나로드운동'으로 본격화되었다. 앞서 살펴본 바와 같이 '선전일'의 실패를 교훈삼아 '학생 브나로드운동'은 조선일보사와 비슷한 형태로 학교 단위로 진행되었다. 『동아일보』 1931년 7월 28일자 사설 '학생 브나로드와 한글 강습'에는 이 운동의 의미를 다음과 같이 규정하고 있다.

【 學生 브나로드와 한글 講習[32] 】

　本社의 夏期 學生 브나로드 運動은 計劃을 發表한 시기가 夏休直前이엇음에도 불구하고 感激에 찬 反響을 받아 이제는 브나로드 隊員이 全朝鮮 십삼도 2백여 주에 遍滿하게 되엇다. 講習 臺本도 이미 한글과 일용산수에 관한 것이 印刷되어 各地 대원에게 발송되는 중에 잇고, 또 본사 主催요 朝鮮語學會 후원인 한글 講習會도 벌서 開始되여 8월 중에 28개 都市에서

---

30) 정진석(1999), 『문자보급운동교재』, LG상남재단, 20쪽 재인용.
31) 엄밀히 말하면 1934년 이후 조선일보사에서 편찬한 교재명은 『문자보급교재』이다.
32) 『동아일보』, 1931.7.28.

'바른 綴字, 바른 文法'을 주기로 目的하는 것이니, 이 두 가지는 비록 그 範圍의 廣狹이 다르다 하더라도 그 重要性에 잇어서는 또한 차의 兩輪과 같다고 할 것이다.

그러나 브나로드 運動은 다만 문자와 수자만을 보급하는데 局限된 것은 아니다. 其他에도 무엇이든지 民衆에게 必要한 것이오, 학생이 함께 必要한 것이오, 학생이 할 수 잇는 일이면, 할 수 잇는 것이니, 今年에는 文字, 數字 普及班, 科學, 衛生 講演隊, 學生 記者隊뿐이어니와 從此로는 生産, 消費 등의 組合 訓練이며, 音樂, 演藝 등 오락이며, 體育 등 무엇이든지 民衆에게 有益하고 학생으로서 할 수 잇는 것이면 漸次로 다 할 것이니, 一言以蔽之하면 학생 브나로드 운동이라 함은 조선의 남녀학생으로서 夏休나 冬休의 일부를 割하야 할 수 잇는 民衆에의 奉仕의 總名詞다. 우리 조선의 학생은 브나로드 운동을 통하야 그들의 淸新한 정신으로 조선을 一新할 수 잇고 또 그리지 아니하면 아니될 것이다.

이 사설에 나타난 바와 같이, 학생 브나로드 운동은 '한글 강습회'와 병행하여 실행되었는데, 전자가 문맹 대중을 위한 계몽운동이라면, 후자는 문자를 알고 있는 사람을 대상으로 한글을 바르게 쓸 수 있게 하는 운동이었다. 특히 조선일보사에서 '문자보급'을 강조한 데 비해, 동아일보사는 문자보급뿐만 아니라 농민 교양을 목표로 한 점에서 운동 방향의 차이가 있다. 이 점에서 '선전일'과 마찬가지로 각 지역 행정기관의 감시와 통제도 심했던 것으로 보이는데, 『동아일보』 1931년 8월 4일자 영흥군 당국자의 한글 강습소 불허가 기사도 이러한 사례에 해당한다.[33]

---

33) 「한글 講習所 不許可」, 『동아일보』, 1931.8.4. 이 기사에서는 "永興 留學生會에서 學生 夏期 事業으로 就學 못하는 無産兒童에게 한글 綴字法과 文法을 가르치기 위하야 약 1주일 豫定으로 한글 講習會를 開催하려고 郡當局에 交涉하얏다. 그러나 군 당국은 講習所는 道知事의 認可를 엇는다 하야 卽時로 許可를 안 함으로 學生側은 各新聞社의 夏期 事業의 例를 들어 그 예대로 해 갈 터라 하얏든바 當局者는 그 實習 學生 講習會는 留學生이 講師

216

이 운동은 1933년 '브나로드'라는 용어를 바꾸어 '학생계몽대'로 불렀는데, 그 이유는 '브나로드'라는 이름을 알아듣기 어렵기 때문이라고 하였다.

【 啓蒙運動 根本策 協議: 브나로드를 啓蒙運動隊로 改稱[34] 】

來月 中旬頃 配本 完了 豫定: 本社 第三回 運動 着手

해마다 여름철이 되면 전조선의 남녀 학생을 총동원시켜 문맹을 퇴치하는 본사 계몽운동은 예년보다 더 완전을 기하기 위하야 시내 각 전문 중등학교 20여 교장을 지난 6일 오후 2시에 본사로 초청하야 의견을 교환하엿다. 이 계몽운동은 초년도인 1931년에는 총동원 4백 23명으로 9천 4백 92명의 문맹을 퇴치하엿고, 1932년에는 6배 이상인 2천 7백 24명이 참가하여 4만 1천 153명의 많은 문맹을 퇴치하야 연년히 동운동은 우후죽순과 같이 성하여 금년에는 또한 작년보다 몇 십배의 기세를 얻어 한여름 동안 전조선 방방곡곡에서 글소리가 울리리라 한다.

이에 각학교 교장으로부터의 여러 가지 좋은 의견과 요구가 많엇지마는 그 중에 몇 가지만 들면 '브나로드'라는 이름이 곧 알어들을 수 없는 불편이 잇다는 의견이 일치되어 본사에서는 계몽대(啓蒙隊)로 부르기로 작정하엿다. 그리고 교재강설, 각학교 선전 강설의 요구와 종내 대본 배부가 늦은 관계로 불편이 많엇으므로 금후는 6월 15일 경에 완료하도록 할 것과 또는 큰 지방보다 적은 지방에 주력하라는 등 여러 가지 요구가 잇엇다. 이리하여 세 돌을 맞는 본사의 계몽운동은 지금부터 그 준비에 착수하여 완전을 기하는 동시에 욱일의 세로 성장하는 이 운동은 금년부터 그 실을 얻으리라 한다.

延禧專門, 世專門, 梨專門, 中央專門, 普成專門, 京城保育, 梨花保育, 中央

가 될 터이니 思想 宣傳할 念慮가 잇슴으로 不許可하겟다 하얏다."라고 보도한 바 있다.

34) 『동아일보』, 1933.5.9.

保育, 儆新學校, 養正高普, 梨花女高, 中央基靑, 女子商業, 東星商業, 培材高普, 培花女高, 同德女高, 協成實業, 大東商業, 貞信女校 等

　이 기사에 나타난 바와 같이, 학생 계몽대는 1931년부터 본격적으로 시작되어 1933년 '계몽대'로 개칭하고, 1934년 제4회까지 진행되었다.[35] 정진석(1999)에 정리한 바를 토대로 동아일보사의 계몽대 활동 성과를 정리하면 다음과 같다.

【 동아일보사 학생 계몽대 운동의 성과[36] 】

연도별	1회(1931)	2회(1932)	3회(1933)	4회(1934)	합계
운동기간	62일간 (7.21~9.20)	82일간 (7.11~9.30)	81일간 (7.21~9.30)	73일간 (7.2~9.12)	298일
개강 총일수	2,289일	8, 182일	6,304일	3,962일	20,737일
계몽대원수	423명	2,724명	1,506명	1,098명	5,751명
강습지	142곳	592곳	315곳	271곳 (만주 29, 일본 7 포함)	1,320곳
수강생 총인원	9,492명	41, 153명	27,352명	20,601명	97,598명
교재 배부수	30만부	60만부	60만부	60만부	210만부
금지	11개처	69개처	67개처	33개처	180개처
중지	–	10개처	17개처	26개처	53개처

　그러나 이 운동에도 여러 가지 한계가 있었다. 그 가운데 대표적인 것은 총독부의 통제였다. 다음 사설은 이를 잘 보여준다.

---

35) 정진석(1999)에서는 '계몽대'로 개칭한 연도를 1934년으로 기록하였으나, 이는 연도 표기의 오류이다.

36) 정진석(1999: 32). 이 책에서는 '동아일보사 문자보급운동의 성과'라고 하였으나, 이 운동은 단순히 문자보급에만 있지 않았으므로, '학생 계몽대(브나로드)운동'으로 표현해야 한다. 동아일보사 학생 계몽대 성과에 대해서는 『동아일보』 1935년 4월 5일자 '耿耿微衷의 十五星霜: 십만명 文盲打破'를 참고할 수 있다.

【 진군의 종종상 계몽대원의 참가를 보고[37] 】

봉사적 聖된 진군을 앞두고 계몽 전선에 動員된 대원들이 금일 정오까지에 학생으로 47교 1341인이니 여기에 別動隊員의 91명을 가산하면 1432인이다. 그러나 아직도 참가 기한이 일주나 남엇으니 최종 數字는 2천을 예상케 되거니와 금일의 현재만으로도 작년의 총수 1300을 훨신 넘엇다는 것은 年復年 유진무퇴의 성세를 웅변으로 증명하는 것이니 이 運動, 이 事業의 전도를 위하야 축복치 않을 수 없는 일이다. 따라서 봉사적 일념으로 휴가를 희생하는 대원의 의기와 순정, 직접 간접으로 이 운동을 지지하고 성원하는 각학교 당국자의 성의와 노력에 대하야는 民衆의 이름을 대신하야 사의를 표하지 않을 수 없는 바이다. (…中略…) 이같이 우리는 금년의 이 운동에 잇어서 이미 양으로 질로 躍進의 성과를 기대하게 되엇거니와 대원 명부를 일별하 째에 가장 不可思議로 생각되는 것은 官公立이나 이에 준할 만한 학교의 참가가 約束한 듯이 전무가 아니면 수삼명에 不過하다는 奇現象이다. 학교 당국이 설마 學生의 참가를 금지하엿으리라고는 생각할 수도 없는 일이지마는 결과로 추단컨대 무언의 禁止가 학생으로 하여금 參加치 못하게 하엿든지도 모를 일이다. 민간 운동이라 하야 협동을 不肯함인가? 삼자로서는 忖度할 수도 없는 빛다른 감정으로 이것을 배격함인가? 위정 당국의 직속 기관이라 혹은 당국의 감독에 자처하야 참가를 주저함인가? 우리는 그 이유가 那邊에 잇음을 理解치 못하는 터이매 구태여 시비를 追窮치 않거니와 백보를 양보하고도 불쾌를 禁할 수 없는 일이다.

自力更生을 先唱하고 農村振興을 꾀한 이래로 위정 당국도 그의 基礎工作이 究竟은 文盲打破의 一路에 잇음을 인식한 바가 잇엇다. 그리하야 簡易學校 改良書堂 심지어 移動學校까지도 계획하엿든 일이 잇엇거니와 우리의 이 運動도 '모든 文化運動의 기초공작'이란 일점에 잇는 바이니 당국

---

37) (사설) 『동아일보』, 1934.6.20.

은 우리의 이 운동과 사업에 편리를 제공할지언정 막을 理致가 천만에 없으리니 관공립 학교의 寂然 無聞이 어찌 怪異치 않을 것인가?

이 사설은 계몽대 활동에 관공립 학교 학생들의 참여가 저조한 이유가 위정 당국의 통제에서 기인하고 있음을 지적한 사설이다. 이 시기 식민지 농민 정책이 '자력갱생', '농촌진흥' 등에 있었음에도 동아일보사가 주최하는 계몽대 활동을 방관하거나 억압하고 있음을 지적하고 있는 셈이다. 그러나 엄밀히 말하면, 제한적인 문자보급운동일지라도 식민 당국의 감시와 통제는 결코 소홀하지 않았다. 이는 문맹퇴치운동이 민족운동이자 사회운동의 하나로 간주한 식민 당국의 태도 때문이었는데, 근본적으로 일제 강점기 교육정책 또는 농민정책은 박붕배 (1987)의 『한국국어교육전사』에서 지적한 바와 같이, '동화, 노예화, 우민화'에 있었음을 보여주는 사례이다.

3. 문자보급운동 교재 분석

3.1. 문맹퇴치와 문자보급 교재

1925년 조선농민사 설립 이후 문맹퇴치운동이 본격화됨에 따라 이에 활용할 교재 편찬의 필요성이 높아졌다. 이른바 '독본(讀本)' 형태의 교재는 1927년 1월 조선농민사 이성환의 『농민독본』이 출현한 이후 다수의 교재가 편찬되었다.[38]

이러한 교재 개발에서 중요한 문제는 한글 학습을 위한 철자법 채택, 표기법, 교재의 내용 선정 등이라고 할 수 있다. 전통적으로 한글

---

38) 이에 대해서는 제3장과 제5장을 참고할 수 있다.

을 익히는 방법으로 '반절'이 사용되어 왔다. 반절은 '자음과 모음'을 합성하는 방식을 일컫는 용어로 한글 자모를 배열하고 그에 따라 음절이 형성되는 원리를 제시한다. 이처럼 단순한 음절표 제시는 한글을 어렵게 인식하게 하는 요인으로 작용할 수 있기 때문에, 이성환 (1927)의 『농민독본』이래로 단어를 중심으로 한 한글 학습법이 제시되기도 하였다. 표기법의 문제는 '한글마춤법통일안'이 공포되기 전까지 혼란스러운 표기 및 한자음 문제 등이 주요 문제였다. 특히 근대 계몽기 이후 폐지 논의가 활발했던 「·」가 1920년대 말까지 빈번히 쓰이고 있었고, 이른바 「된시옷」이라 불리는 ㅅ계 어두 자음군 표기도 살아있기 때문에 어떤 표기를 취해야 하는가 등의 문제가 대두되었다. 더욱이 농민독본이나 문자보급 교재의 경우 이론을 설명하는 교재가 아니기 때문에, 표기상의 문제는 더 중요한 문제로 대두되었다. 다음은 조선교육협회의 『노농독본』(신명균 편찬, 중앙인쇄관)에 대한 주요한과 이광수의 글로, 그 당시 계몽운동 교재가 갖고 있는 문제점을 적절히 보여준다.

【 신명균의 『노농독본』에 대한 주요한, 이광수의 독후감 】

ㄱ. 勞農讀本 讀後感(頌兒)[39]: 文盲退治運動이 各地方에서 일어남에 쌀하 適當한 教材가 업서 苦痛이 만타 하더니 近者에 朝鮮教育協會에서 勞働讀本 六種을 發刊한 것은 매우 時機에 適宜한 事業이라고 할 것이다. 同讀本은 朝鮮語讀本 三卷과 漢字初步, 算術書 及 科外讀本 等으로 成하얏는바, 이것이 單純히 文盲退治의 實際的 教材로서의 要求를 酬應한다는 點에서 意義가 잇슬 샌 아니라 그 教材의 選擇 排列에 잇서서도 周到한 用意를 보이며, 朝鮮語法, 綴字法에 잇서서도 獨特한 見地를 가진 것이 눈에 씌운다.

---

39) 『동아일보』, 1929.2.1.

(一) 첫재로 재래 討論이 만히 되어 오든 所謂 單語 單位 問題는 所謂 體言이나 用言을 不問하고 '토'까지를 合하야 一單語로 잡은 것은 大膽하고도 合理的인 決行이라고 아니할 수 없다. 이리하야 재래의 習慣的 使用인 '밝은', '먹으니' 等을 전부 '발근', '머그니'로 改한 것이라든지 '보는 것', '할수' 等을 一語로 取扱한 것 等이 새로운 試驗이다. 但 體言에 잇서서는 '사라미'로 못하고 '사람이'로 保存한 것은 通俗的 用法에 幾分間 妥協한 것이니, 이러한 讀本의 性質上 或 不得已하다 할까.

(二) 漢字音에 잇서서 京城音을 標準으로 한 表音을 使用하얏스니 '理致'는 '이치'로, '電話'는 '전화', '機械'는 '기계' 等으로 單純化하고 朝鮮化한 것은 愉快한 일의 하나다. 이 單純化의 原則은 純朝鮮語에도 만히 應用되엇스니 '샤셔쇼'를 '사서소'로, '쟈져죠'를 '자저조'로 쓰는 것은 이미 定論이 잇는 것이거니와 '닭'을 '닥'으로, '맑다'를 '막다'로 한 것은, 所謂 重받침을 單純化하자는 데서 새로운 試驗이라 하겟다. 通털어서 재래의 分晳만을 爲主하든 文法的 綴字 整理 方針에 對하야 이는 綜合的으로 單純化하고 實用에 着眼한 整理案의 片鱗을 보이는 것으로 綴字學上 新波紋을 닐으키는 것이라 할 수 잇다. 近者에 말성만혼 'ㄷ ㅅ ㅊ ㅍ ㅎ' 等 받침의 復活 問題와 並書 問題를 時機尙早로 採用치 아니한 것도 여긔 用意가 잇슨 것이라 하겟다.

(三) 셋재로 우리의 注意를 끄는 것은 所謂 反切(마침)이 課頭에 잇지 아니하고 第十一課의 뒤에 잇게 된 것이니, 이는 反切을 먼저 배우게 하는 演繹的 敎授法에서 字를 배와 反切을 自然히 깨치게 하는 歸納的 敎授法으로 옮겨간 것이니 勿論 文字 習得의 原理 原則에 準한 것이라 하겟다.

敎材의 範圍에 잇서서는 科學擧事, 故事, 歷史, 地理, 風俗의 改良, 迷信의 打破 等을 適當히 配置하야 農家의 實際 生活에 適應하랴 한 努力이 보이고 그 配置의 順序에 잇서서도 宜를 得하고 잇다 하겟다.

끄트로 欠을 말하자고 하면 째째로 印刷上 誤植이 눈에 씌우는 것은 敎科書이니만큼 쏘는 獨特한 綴字法에 依하얏스니만큼 遺憾이라고 하겟고, 科學的 事實에 잇서서 不正確한 것이 間或 잇는 것 等은 再版을 期하야 矯正될 것을 信하는 바다. 何如間 意義 잇는 敎育協會의 事業이 地方 篤志者들의 만흔 歡迎과 利用이 잇기를 바라며 이로서 朝鮮의 識字運動이 進一步하기를 祝하는 바다. 妄評多謝

ㄴ. 近讀二三(李光洙): 勞働讀本, 申明均 著, 朝鮮敎育協會 發行—申明均 氏의 勞働讀本 一二三卷을 보앗다. 이것은 <u>近來에 興旺하는 農民, 勞働者, 夜學, 冬期 講習 等의 朝鮮語 敎材를 삼기 爲하야</u> 만든 것이다. 그것이 全혀 營利를 써나 著者나 發行者의 犧牲 奉仕의 精神으로 된 것임은 말할 것도 업다. 이 册을 닑을 쌔에 나는 첫 페지에서 긋 페지까지 '올치', '이러케 써야만 해', '참 용하군.' 이러한 自歎을 發하면서 닑엇다. 그 材料와 措辭가 정말 朝鮮인 것이 가장 깃벗다. 이 三卷만 배호고 나면 足히 新聞을 닑을 수 잇슬 朝鮮語文과 同時에 常識을 어드리라 생각하도록 用意周到하게 編纂한 著者의 學識과 誠意와 苦心을 못내 感謝한다.

두 편의 독후감에서 주목한 것은 한글 학습의 전제가 되는 단위(단어 및 띄어쓰기), 한자음 표기, 단어와 문장을 중심으로 한 한글 학습 방법(반절을 제11과에 배치한 점), 교재 내용 등이다. 이처럼 노농독본류의 경우 교재 선정에서 '노농생활에 필요한 것'을 원칙으로 할 수 있었다. 그러나 다량으로 제작하여 배포하는 문자보급 교재의 경우 풍부한 내용을 선정할 수 없는 제약조건이 따랐다. 이러한 차원에서 '우리글 원본'이나 '한글 원번'은 음절 구성 원리와 음절표만 대상으로 할 수밖에 없었고, 다른 문자보급 교재에서도 한글 낱자와 음절 생성 원리를 중심으로 교재를 구성한 뒤, 흥미로운 이야기를 가미하는 수준에 머물 수밖에 에 없었다.

이러한 흐름에서 언론사의 교재 개발은 동아일보사의 '우리글 원본', 조선일보사의 '한글 원번' 이후 브나로드(학생 계몽대) 운동이나 문자보급반용 교재 편찬이 이루어졌는데, 동아일보사의 교재는 '이윤재'를 기명으로 하였고, 조선일보사는 편찬자 이름을 밝히지 않았으나, 장지영이 편찬한 것으로 알려져 있다. 정진석(1999)에서는 두 신문사의 교재 7종을 소개하고 있는데, 이를 정리하면 다음과 같다.

【 조선일보사와 동아일보사의 문자보급 교재 】

언론	연도	책명	저작자
조선일보	1930	한글 원본	조선일보(장지영)
동아일보	1933	한글 공부	이윤재
조선일보	1934	문자 보급 교재(한글 원본)	조선일보(방우영)
조선일보	1936	문자 보급 교재(한글 원본)	조선일보(방우영)
동아일보	1933	일용계수법	동아일보(백남규)
동아일보	1934	신철자편람	제4606호 부록
동아일보	1933	한글마춤법통일안	조선어학회

이 교재 가운데 동아일보사의 『신철자편람』은 앞서 설명한 바와 같이 조선어학회의 통일안이 공포되기 직전 환산 이윤재가 편집한 것으로 추정되는 자료를 말한다. 또한 『한글마춤법통일안』은 조선어학회에서 공포한 것을 인쇄한 것이므로, 두 자료는 문맹퇴치운동을 목표로 편찬한 교재는 아니다. 이 점에서 문자보급용 교재는 조선일보사의 『한글원본』, 『문자보급교재』 2종, 동아일보사의 『학생 계몽대용 한글공부』, 『일용계수법』 등 5종이라고 볼 수 있다.

3.2. 조선일보사 문자보급반 교재

조선일보사의 교재 분석은 홍윤표(2013), 이희호(2015) 등에서 이루어진 바 있다. 이를 종합하여 조선일보사 간행 교재의 서지 정보를 제시하면 다음과 같다.

【 조선일보사 간행 교재의 서지 정보 】

연도	책명	책 서지정보	저자	한글 교육 방식	기타
1930	文字普及班 『한글원본』 주최 조선일보사	13×18.8cm(가로×세로). 표지 1면, 본문 13면, 광고 2면, 모두 16면	장지영으로 추정	자모식, 음절식, 단어식, 문장 활용(이야기)	7월 10일 초판 11월 22일 재판
1934	『문자보급교재』 경성 조선일보사 발행	13×18.8cm(가로×세로), 32면	한글 맞춤법 (1933)을 따르지 않은 것으로 보아 장지영이 아닌 다른 사람으로 추정	단어식, 문장식	산술교재 합철
1936	『문자보급교재』	13×18.8cm(가로×세로) 18면(산술교재 포함 32면), 본문 외 포함 20면(산술교재 포함 34면)		앞 두 교재 방식을 종합, 연습란 추가	교과서다운 편집

이 교재 가운데 1930년 발행『한글원본』은 목차 없이 '모음', '자음', 과명을 제시하지 않은 20과로 구성되었다. 이 교재에 제시한 모음과 자음은 다음과 같다.

【 1930년 『한글원본』의 모음과 자음 】

◇ 母音 ㅏ(아) ㅑ(야) ㅓ(어) ㅕ(여) ㅗ(오) ㅛ(요) ㅜ(우) ㅠ(유) ㅡ(으) ㅣ(이)·(ㅇ)

◇ 子音 ㄱ(기윽) ㄴ(니은) ㄷ(디귿) ㄹ(리을) ㅁ(미음) ㅂ(비읍) ㅅ(시옷) ㅇ(이응) ㅈ(지읒) ㅊ(치읓) ㅋ(키윽) ㅌ(티읕) ㅍ(피읖) ㅎ(히읗)

이 교재의 자모음은 '한글 원번'과 마찬가지로 「·」를 두고 있다. 이는 조선일보의 문자보급운동이 한글 통일운동의 성과를 상대적으로 덜 반영한 결과라고 할 수 있다. 자음의 명칭에서도 '기역' 대신 '기윽'을 사용한 것은 통일안과 차이를 보이는 점이다.

단원 구성은 과별 편제를 취하고 있는데, 각 과의 명칭을 사용하지는 않았다. 이 가운데 제1과부터 제16과까지는 음절 또는 받침을 제시하

고, 그에 해당하는 단어를 배열하는 방식을 취하였다. 다음을 참고해
보자.

【 『한글원본』 단원 구성의 예 】

과	제시한 음절	단어
一	가갸거겨고교구규그기ᄀ 나냐너녀노뇨누뉴느니ᄂ	고기, 나, 너, 누구, 누나, 가느냐, 누구가가느냐.
二	다댜더뎌도됴두듀드디ᄃ 라랴러려로료루류르리ᄅ	가거라, 가드라, 가리라, 다리, 두다리, 나더러가라드냐.
八	까꺄꺼껴꼬꾜꾸뀨끄끼ᄁ 따땨떠뗘또뚀뚜뜌뜨띠ᄄ	까치, 가마귀, 꼬리, 도꾸마리, 꺼지다. 때리다, 떠가드라, 또보아라, 뚜뚜소리가나드라.
十四	바침 ㄱ ㄴ ㄷ ㄹ	국, 떡, 박, 호박, 산, 손, 논, 달, 글, 술 국을마시고, 떡을먹소, 호박을따시오, 산으로놀러가오, 손 에 책을들고보오, 소를끌고 논으로가드라, 달알에서 글을 보시드라, 돈을 받으러가는 길이오, 받아서, 믿어서, 굳어 서, 나락을 걷어라, 소가 풀을뜯어먹소.
十六	바침 ㅈ ㅊ ㅌ ㅍ ㅎ	찾아보시오, 모를 찢어심으시오, 이슬에 옷이젖엇소, 얕은 물, 높은산, 앞에가는사람이 누구요, 너와나 같이가자, 어서 좇아가거라, 이개를 좇아내라, 같은사람끼리 싸우지 말어라, 너는 내옆에서 떠나지 말어라, 남의곁에 붙어잇기 를 조하할사람이 누구냐.

이와 같이 한글 학습은 해당 음절, 받침의 글자를 제시하고, 그 음절
이나 받침이 쓰인 단어와 문장을 예시하는 방법을 사용하였다. 과별
자모음 배열은 제1과에서 제7과까지 자음 14자의 기본 음절을 제시한
뒤 해당 단어와 문장을 예시하고, 제8과~제9과는 된소리 자음의 음절
을 제시한 뒤, 해당 음절을 포함한 문장을 예시하였다. 또한 제10과~제
12과는 기본 모음(「ㆍ」를 포함하여 11자)을 제외한 'ㅐ, ㅒ, ㅖ, ㅚ, ㅟ' 합음
자를 제시하고, 제13과는 'ㅘ, ㅝ' 합음자를 제시하였다. 제14과 ~ 제16
과까지는 쓰이는 받침을 과명으로 제시하였는데, 이 교재의 과명 사용
에 통일된 원칙이 없음을 보여준다. 이 교재에서 과명이 사용된 것은
받침을 포함한 3개 과와 마지막에 배열한 '흥부' 관련 두 과(19과, 20과)
뿐이다. 책의 뒷부분에는 장지영 저 『조선어 철자법 강좌』(활문사) 및

『노농독본』 광고문, 판권이 실려 있는데, 이를 통해 볼 때, 조선일보사의 경우 장지영의 철자법 이론40)과 『한글원본』을 주요 교재로 삼고 있었음을 확인할 수 있다.

1934년 교재는 표지 제목이 『문자보급교재』(경성 조선일보사 발행)로 바뀌었다. 이 교재에는 '한글 가르치는 이의 주의'를 제시하고, '음절표' 등을 추가하였다. 특히 '주의'는 이 교재를 사용하는 원칙을 의미하는데, 이는 한글 교육사의 차원에서 볼 때 의미 있는 자료로 해석된다.

【 한글 가르치는 이의 주의 】

一. 本教材中 첫머리에 있는 子母音과 本文은 한번에 理解시기려 하게 말고 講習하는 동안 教授 처음이나 혹은 나중에 每日 練習을 시켜서 알도록 하고 <u>單語와 文章을 主로 教授하되</u> 發音을 正確히 字劃의 先後를 分明히 할 것

一. 바침은 여기에 있는 일곱만을 主로 알도록 하고 다른것을 너무 탐내지 말고 다른 種類가 나올적마다 그 읽는법을 알릴 것.

一. 글자를 배우는데는 두가지 方面이 있으니 <u>하나는 읽을줄만 아는것이오</u>, 또 하나는 <u>쓸줄까지 아는것이다.</u> 勿論 이 두가지를 다 알어야 하겠으나 짜른 동안 이것을 다 알수는 없는것이다. 主로 읽는것을 많이 하고 때로 쓰는 練習도 할것. 쓰는것은 되도록 單語를 떼쓰도록할것.

이 '주의'에서는 한글 학습에서 낱자와 음절 중심으로 하지 말고, 단

---

40) 『조선어철자법 강좌』에 대한 광고문은 "言語를 整理하여야한다 文體를 統一하여야한다. 이것은 今日 朝鮮語에 있어 緊要하며 時急한問題이다."라는 표제 아래, "이러한부르짖음은 바야흐로 高調되여갑니다 이제 斯界權威者인 本書著者는 數十年間 教授上經歷과 執筆上體驗으로 正當한理論과 確實한體系를 세워가지고 此를講述하야世上에 내놓는바인데 그條理가 簡明하고 그例示가 綜詳하야 아무리初學者라도 此를讀함으로 能히 規模있이 文字를슬 수있게 될것이니實로 言語整理에基準이될것이며 文字統一에典型이될것입니다. 그리하야 此를 教育家諸位와 操觚家(조고가) 諸位에 推薦함을 躊躇치안슴니다(문자통일에 전형 경성부 경운동 96. 교육도서출판판매 활문사)."라고 되어 있다.

어를 통해 자연스럽게 익힐 수 있도록 할 것과 '읽기'와 '쓰기'를 병행할 것을 주요 내용으로 하고 있다. 이처럼 교수법을 강조한 것은, 문자보급운동에 참여하는 교사가 중등 정도의 학생이라는 점, 『한글원본』이 교수법을 충분히 고려하여 개발된 것이 아니라는 점 등에서 교수법을 제시할 필요가 있었기 때문으로 보인다.

이 교재는 앞선 교재와는 달리 단어 중심의 배열을 취하고 있다. 과 명 없이 제1과부터 19과까지는 단어를 제시하고 있고, 제20과부터 제 28과까지는 문장과 이야기를 중심으로 배열하였다. 주요 내용을 살펴보면 다음과 같다.

【 1934년 『문자보급교재』의 내용 구성 】

과	내용	비고
1	가마, 가래, 가위, 가시, 가마니, 겨, 고기, 고치, 고구마, 고초, 고사리, 고비.	가, 겨, 고
2	구두, 구루마, 구데기, 거미, 거루, 거머리, 거위, 그네, 그리마, 기러기, 개, 개고리, 개미, 개나리, 괴수, 귀, 귀리.	구, 거, 그, 개, 괴, 귀
3	나비, 나무, 나루, 나귀, 너구리, 노루, 노새, 누에, 누이, 뇌수.	나, 너, 노, 누, 뇌
4	마차, 마루, 머리, 머루, 며누리, 모래, 모기, 모자, 모래무지, 무, 무자위, 무지게, 미나리, 미꾸라지, 매, 매미, 메주.	마, 머, 며, 모, 무, 미, 매, 메
11	까마귀― 까토리, 꼬리, 깨, 따오기, 뻐꾸기, 뼈, 찌개, 싸리, 쏘가리, 쓰르라미, 씨, 쐐기.	까, 꼬, 깨, 따, 뼈, 찌, 싸, 쏘, 쓰, 씨, 쐐
12	면소, 학교, 교의, 뾰죽집, 효자, 표범, 귤, 평상, 된장, 회리바람, 툇마루, 최서방, 꾀꼬리, 쇠시랑, 과자, 관술, 왕굴, 왕방울, 황새, 꽈리, 횃대, 원님, 정월, 이월, 삼월, 대궐, 의사, 의주, 의리.	앞의 학습 내용을 적용하고자 한 것
13	북, 둑, 박, 쑥, 목, 죽, 혹, 책. 다락, 주먹, 주걱, 부엌, 누룩, 수박, 바닥, 저녁, 복사, 국수, 떡국, 낙시, 탁자, 작두.	받침 ㄱ
14	손, 눈, 돈, 문, 산, 분, 선. 소반, 사진, 대문, 우산, 마흔, 예순, 버선. 인두, 선반, 반자, 준치, 진지, 만두, 우편소, 신문.	받침 ㄴ
20	우리 집 밭에는 밀, 보리, 수수, 콩, 조, 기장. 고초, 가지, 무, 배추, 오이, 호박 가진 농사를 다 짓습니다.	문장

과	내용	비고
28	흥부님 수수깡집에 제비가 새기를 첫습니다. 새끼제비는 보금자리에 두고 어미제비는 버러지 사냥을 나갔습니다. 새끼제비만 혼자 있는 보금자리에 큰뱀이 한 마리 들어 왔습니다. 뱀은 새끼제비를 잡아 먹으려고 입을 딱 버렸습니다. 새끼제비는 무서워서 요리 가고 조리 가다가 떠러져서 다리 하나가 잘끈 부러졌습니다. 마음씨 고운 흥부님은 『아이 저를 어쩌나 가엾어라』하며 부러진 다리를 조기 껍질 당사실로 찬찬이 동여주었습니다. 새끼제비 부러진 다리는 흥부님 덕택에 도로 이어졌습니다. 어미제비 새끼제비는 이 고마운 흥부님 신세를 어찌하면 갚어보나 하고 걱정하였습니다. 구월이라 구일날. 어미제비 새끼제비는 강남나라로 도라갔습니다. 흥부님 고마운 신세를 저이 나라 임금님께 일일히 여쭈었습니다. 삼월이라 삼진날. 강남 제비왕은 흥부님께 드리라고 박씨 한개를 새끼제비에게 주었습니다. 새끼제비는 이 박씨를 입에다 꼭 물고 멀리 멀리 흥부님 댁을 찾아왔습니다. 새끼제비는 고맙고 반가운 흥부님께 그 박씨를 드렸습니다. 흥부님은 이 박씨를 받어서 울타리 밑에다 심었습니다. 이 박씨는 이쁘다란 싹이 트고 굴근 덩굴이 죽죽 벋었습니다. 그리고 둥그런 커단 박이 주렁주렁 열렸습니다. 이 박을 따다 켜고 보니 박속에서 집이 나온다 세간이 나온다, 가진 보배가 꾸역구역 나옵니다. 기쁘겠다 흥부님. 질겁겠다 흥부님.	이야기

과별 구성에서 음절을 제시하고 해당 음절을 찾는 방식이 아니라, 여러 단어에서 공통된 자음과 모음을 찾는 방식으로 구성 방식을 변경한 것은 흥미로운 일이다. 이는 자모음을 제시한 뒤 해당 음절을 찾아내는 방식보다 현실성이 높은 것으로 볼 수 있는데, 그럼에도 한글 음절 구성 내용 전체를 대상으로 할 수 없는 한계가 있다. '비고'에서 살펴본 바와 같이, 'ㄱ'에 해당하는 음절은 '가, 겨, 고, 구, 거, 그, 기, 개, 괴, 귀'뿐이다. 이 음절은 현실의 단어에서 많이 쓰이는 것이라는 점에서 '기본 어휘'를 중심으로 한 한글 낱자 학습법이 적용된 것이라고 할 수도 있지만, 한글 음절 구성 전반에 관한 학습이 이루어진 것이 아니며, 배열한 음절에도 일정한 원칙을 찾기 어렵다는 점에서 한계를 갖고 있다고 평가할 수 있다. 다만 제20과 이후 문장과 이야기를 배열한 것은 학습자의 흥미를 고려한 내용 선정이라고 할 수 있다.

흥미로운 것은 1934년 교재부터 '산술 교재'가 포함되었다는 사실이다. 엄밀히 말해 '독서산(讀書算, 읽기, 쓰기, 계산하기)'은 전통적인 초학교육 내용이었다. 그런데 문맹퇴치 운동에서 처음부터 산술을 포함한 것은 아니다. 그런데 1930년대 언론사의 문자보급운동에서는 산술의 중요성을 포함하여, '독서산'의 기본 내용을 보급하는 데 주력하였다.[41] 『문자보급교재』의 '산술 교재'에는 '산술 가르치는 이의 주의'가 들어 있다.

【 算術 가르치는 이의 주의 】

一. 이敎材는 數字의 읽고 쓰는법과 簡易한 計算法을 初學者에게 알리기 爲하야 만든 것이다.

一. 數字의 읽고 쓰는法은 基數 十一로 五十까지, 五十一로 百까지의 三段에 노나서 簡易한데서 어려운데로 나아가도록하고 計算法은 簡易한 加減乘除를 차례차례 하도록 한 것이다.

一. 計算法은 初學者에게 確實한 基礎的知識를 주기爲하야 例로든것이 煩雜한 嫌이 不無하니 가르치는 時間과 배우는이의 程度를다라 敎授하는 이의 數量加減이 잇기를 바라는 것이다.

'주의'에서 천명한 바와 같이, '산술 교재'의 내용은 '숫자 읽는 법과 쓰는 법', '가법', '감법', '승법', '제법' 등의 기초적인 산술 능력이다. 이와 같이 산술을 포함한 것은 문맹퇴치 차원에서 숫자 문맹을 퇴치해야 할 필요성 때문이라고 할 것이다.

조선일보사의 1936년 교재는 '교수상 주의(敎授上 注意)', '한글 원본'(모음, 자음, 음절표), '발음 연습'(자음 14자와 된소리, 받침에 따른 단어의 발음 연습), 10과로 이루어진 본문, '산술 교재'로 구성되었다. '교수상의 주의'는 앞선 교재의 '가르치는 이의 주의'에 해당하는 것인데, 각 항목을 구분하지 않고 이어 썼다.

---

41) 동아일보사는 백남규(1933)의 『일용계수법』을 교재로 사용하였다.

【 敎授上의 注意 】

　한글원본은 글자를 전혀 모르는 이게 한글을 가르키려고 만든 것인데 몬저 첫머리 子音 母音을 익히고 그다음 글자를 익힌뒤에 發音練習을 식히시오。그것이 되면 第一課부터 가르치는데 몬저 欄우에 쓴 單語를 아르키고 本文을 읽히시오。下欄 民謠, 童謠는 익히기 쉽게 하려고 너흔 것이므로 자미 잇게 외우도록 하시오。算術은 數字의 읽고 쓰는 법과 簡易한 計算法을 初學者에게 알리기 爲하야 만든 것으로 數字의 읽고 쓰는 法은 基數, 十一로 五十까지, 五十一로 百까지의 三段에 노나서 簡易한 데서 어려운 데로 나아가도록 하고 計算法은 簡易한 加減乘除를 차례차례 하도록 하시오。計算法은 初學者에게 確實한 基礎的 知識을 주기 爲하야 例로 든 것이 煩雜한 嫌이 不無하니 가르치는 時間과 배우는 이의 程度를 따라 敎授하는 이의 數量 加減이 잇기를 바라는 것입니다。

　이 교재는 1934년 교재 제1과에서 제19과까지 배열했던 자음과 받침의 단어를 '발음 연습'으로 정리하고, 본문 10과에 과명을 붙여 내용을 배열한 점이다. '발음 연습'에서는 'ㄱ~ㅎ', '쌍바침 ㄱ, ㄷ, ㅂ, ㅅ', '토바침 ㄱ, ㄴ, ㄹ, ㅁ, ㅂ, ㅅ, ㅣ, ㅇ'을 제시했는데, 여기에 쓰인 '쌍바침'은 된소리 'ㄲ, ㄸ, ㅃ, ㅆ'을 의미하며, 토바침은 음절말 'ㄱ, ㄴ, ㄹ, ㅁ, ㅂ, ㅅ'을 의미한다. 이러한 체제를 고려할 때, 이 교재의 내용 선정은 '한글 마춤법통일안'이나 다른 계몽운동 교재에서 볼 수 없는 체제로 바뀐 셈인데, 여기에 쓰인 '쌍바침', '토바침' 등의 용어는 다른 교재에서는 볼 수 없는 용어이다.

　본문은 10과로 구성되었는데, '1. 편지, 2. 우리집, 3. 물레방아, 4. 빨래, 5. 어촌, 6. 사철, 7. 가을, 8. 장마, 9. 우리 시골, 10. 흥부'라는 과명이 제시되었다. 각 과의 배열 방식은 상단에 어휘를 제시하고, 중간에 본문을 배열한 뒤, 하단에 민요(농요)를 제시하는 방식을 취했다.

【 1936년 『문자보급교재』의 과별 구성 방식 】

과	상단(어휘)	본문(문장)	하단(민요, 농요)
1	편지, 서울, 오빠, 오늘, 아츰, 편지, 아부님, 어머님, 안녕, 동생, 공부, 여름, 방학, 집, 그림책, 연필, 일곱, 밤, 새, 녹두밭, 꽃, 청포장수	서울간 우리 오빠게서 오늘아츰에 편지가왓서요. 아부님, 어머님, 안녕하시고 동생들 잘노느냐고하섯서요. 우리 오빠는 공부잘하신대요. 여름방학에는 집에 도라오신다고 하섯서요. 내그림책이며 연필을 사가지고 오신댓서요. 이제 일곱밤만자면 오서요.	파랑새 새야새야 파랑새야 녹두밭에 앉지마라 녹두꽃이 떠러지면 청포장수 울고간다 (京城)
2	집, 농사, 시, 벼, 조, 밀, 보리, 수수, 콩, 기장, 고초, 가지, 무, 배추, 참외, 외, 호박, 서마지기, 산달, 초생, 달, 그믐	우리집에서는 농사를짓소. 봄이되면 씨를뿌리고 가을이되면 거더드리오. 벼, 조, 밀, 보리, 수수, 콩, 기장, 고초, 가지, 무, 배추, 참외, 외, 호박 가진 것을 다 거더드리오.	農謠 서마지기 이논뺌이 반달만치 남앗고나 네가무슨 반달이냐 초생달이 반달이지 초생달만 반달이냐 그믐달도 반달이지. (金泉)
10	흥부, 제비, 새끼, 보금자리, 사냥, 큰뱀, 입, 다리, 강남, 신세, 왕, 박씨, 박집, 세간, 보배	1934년 판본과 동일	

이 교재는 한글 학습의 차원에서 '발음 연습'이 기존의 방식과 다른 점이 특이하지만, 어휘 중심의 한글 학습을 중시한 점에서는 앞선 교재에 비해 진보한 면이 있다. 특히 민요와 농요 등을 활용하고자 한 점도 학습자의 흥미를 유발하는 데 도움이 되었을 것으로 보인다. 그럼에도 선정된 교재의 내용은 "이 가을에는 누구나 등불을 갓가히 하야 글을 읽고 일을 해야 하오."(7. 가을), "옛날 노아의 장마는 죄많은 사람들을 업시하려고 하늘이 큰물을 나게 하엿다 하오."(8. 장마), "긔차를 타고 기선을 타고 버스를 타고 가고가서 … 거긔는 시원한 공긔와 맑은 물이 잇소. 그리고 밤, 대초, 감, 능금, 포도 같은 맛있는 실과가 많소."(9. 우리 시골) 등과 같이 '근로, 속죄, 귀향' 등의 현실 적응적 교재를 취한 점 등은 그 당시 시대 상황에서 어쩔 수 없는 선정으로 볼 수 있다. '산술 교재'는 1934년과 동일하다.

3.3. 동아일보사 학생계몽대 교재

동아일보사의 교재는 이윤재(1933)의 『한글공부』가 있다.[42] 이 교재는 '우리글 원본'을 이어받은 것으로, 홀소리 10자, 닿소리 14자를 제시하고, 단어를 중심으로 한글을 익히도록 하였다. 본문은 총 12과로, 1과부터 11과까지는 한글 음절 익히기를 중심으로 배열하고, 12과는 '재담, 속담, 노래, 이야기, 지리, 역사' 등을 선정하였다. 본문은 상하 2단 구성으로 상단에는 음절을 제시하고 하단에는 단어와 문장 등을 배열하였다. 또한 몇 개의 과에 제시한 음절을 중심으로 자모음 결합표를 제시하여 복습 효과를 거두고자 하였는데, 그 가운데 일부를 살펴보면 다음과 같다.

【 이윤재(1933)의 『한글공부』 내용 선정과 배열 방식 】

과	상단	하단
1	가 기 고 나 너 노 누구	가가 기 거기 고기 나 너 노 누구 누나 고누
2	다 더 도 두 라 러 루 리 느 냐 니 드 다 려	다리 누더기 도가니 구두 나라 기러기 니루 노루 거리 고리 구리 나가다. 노느냐. 다니다. 드디다. 기다리다. 두드리다. 나려가다. 그가 누구냐. 더리고 가거라. |	ㅏ	ㅑ	ㅓ	ㅕ	ㅗ	ㅛ	ㅜ	ㅠ	ㅡ	ㅣ
ㄱ	가	갸	거	겨	고	교	구	규	그	기
ㄴ	나	냐	너	녀	노	뇨	누	뉴	느	니
ㄷ	다	댜	더	뎌	도	됴	두	듀	드	디
ㄹ	라	랴	러	려	로	료	루	류	르	리	
3	마 머 며 모 무 미 바 버 벼 보 부 비 녀 료 르	마루 가마 도마 가리마 고구마 머구리 머루 머리 며느리 모 모기 고모 무 고무 나무 미나리 거미 다리미 도미 두루미 바다 버드나무 벼 벼루 보 보료 보리 부모 두부 마부 비 비녀 비누 고비 나비 마르다. 모르느냐. 바라보다. 마바리가 가드라. 보리가 누르다.

---

42) '한글, 數字 兩臺本 各地에 一齊 配付'(『동아일보』, 1931.7.8)에 따르면 이 교재는 1931년 초판이 발행되었음을 확인할 수 있다.

과	상단	하단
4	사 교 서 소 수 시 아 어 여 오 요 우 이 야 자 겨 처 조 주 지 느 르	사다리 고사리 교사 모사 서리 소 소나기 소나무 소라 소리 수리 수수 시루 가시 모시 아기 어리 어머니 여기 오누 오리 오라비 요 우리 아우 여우 유리 우유 이 이마 이야기 아이 어버이 자 자라 자리 겨자 모자 여자 유자 저구리 저기 저자 조 조기 주머니 지느러미 가지 바지 아버지 아기가 자오。 아버지가 주므시오。 이리로 오시오。 그리로 가지 마오。 아가 아가 우지마라。 비야 비야 오지 마라。 저기 가서 노자。 버러지가 기어가오。 버드나무 가지가 느러지오。 요사이 비가 자주 오니 모가 자라오。 그리로 가지 마오。 아가 아가 우지마라。 비야 비야 오지 마라。 저기 가서 노자。 버러지가 기어가오。 버드나무 가지가 느러지오。 요사이 비가 자주 오니 모가 자라오。 （표: 합음표）

	ㅏ	ㅑ	ㅓ	ㅕ	ㅗ	ㅛ	ㅜ	ㅠ	ㅡ	ㅣ
ㅁ	마	먀	머	며	모	묘	무	뮤	므	미
ㅂ	바	뱌	버	벼	보	뵤	부	뷰	브	비
ㅅ	사	샤	서	셔	소	쇼	수	슈	스	시
ㅇ	아	야	어	여	오	요	우	유	으	이
ㅈ	자	쟈	저	져	조	죠	주	쥬	즈	지

상단의 음절은 학습 목표에 해당하며, 하단의 어휘 및 문장은 학습 내용을 구성한다고 볼 수 있다. 이처럼 어휘 중심, 문장 중심의 학습법을 고려한 것은, 이 시기 한글 교수법과 관련한 논의가 자연스럽게 대두되었기 때문으로 보이는데, 앞서 살펴본 주요한의 '노농독본 독후감'에서 '연역적 교수법'과 '귀납적 교수법'이 있음을 제시한 것과 동일한 맥락이다. 달리 말해 음절을 제시하고 그것을 자료에서 찾아 익히도록 하는 것이 아니라, 구체적인 자료(어휘, 문장)에서 합음 원리 및 음절 구성 원리를 익히도록 하는 셈이다. 이러한 한글 교수법 논의는 1930년대 본격적으로 등장하는데, 황욱의 「한글을 어떠케 가르칠가」43)에서도 찾아볼 수 있다.

---

43) 황욱(1934), 「하기 학생계몽운동 실지 지침」, 『동아일보』, 1934.7.3~6(4회 연재). 이 논설에서는 '아동의 흥미를 일으킬 것', '생활에 즉한 지식을 줄 것', '易에서 難에로, 簡單에서 複雜에로'를 교수상의 원칙으로 제시하고, 한글 교수법을 상술하였다.

【 한글을 어떠케 가르칠까 】

'한글'을 가르칠 때도 가르치는 精神이라든지 가르치는 태도는 우에 말한 것과 다름이 없을 것입니다. 그러므로 여기에서는 한글을 가르치는 方法만을 簡單히 이야기하려는 것입니다. 누구나 다 아다 싶이 예전에는 기윽, 니은 ㄱ ㄴ과 가겨거겨 등 이른바 '반절' 또는 '언억'을 널따란 조이에다 죽 써 가지고 그것을 機械的으로 따로 외이고 따로 쓰고 하야 그것을 전부 통달하도록 하고, 그 후에 바침도 또 '각' '간' '갈' 등과 같이 모조리 배워주는 것이엇습니다. 이것은 물론 아주 原始的인 방법이어서 가르치는 사람이나 배우는 사람이 다 가치 힘들고 그뿐 아니라 그처럼 機械的으로만 따로 외이고 쓰고 한 것은 얼마 지나지 못하야 죄다 잊어버리가가 쉽습니다.

반절 全部를 이처럼 機械的으로 외이는 것이 힘만 들고 잊어버리기 쉽다 하야 새로 생긴 方法이 잇으니 그것은 한가지 한가지씩 事物을 적은 것을 記憶해 가는 동안에 自然히 한글 全部를 깨닫도록 하자는 것입니다. 예컨대 '가마', '고기', '개', '가치', '소가 가오', '말이 오오' 이런 명사와 短文을 배워 나가는 동안에 한글 전부를 통달시키려는 것입니다. 이것은 본래 英語와 같이 子母音 합한 후의 발음이 不規則한 문자라든가 또는 일본말처럼 字數와 發音數가 아주 적은 문자에는 대단히 좋은 방법이고 또 그러치 않은 말이라도 시간의 餘裕가 잇다면 그다지 나뿐 방법은 아닐 것이나, 그러나 한글과 같이 발음수와 字數가 굉장히 풍부하고 그러면서도 발음이 正確히 규칙적인 문자를 가르치는 데는 이 방법은 너무 많은 시간과 및 노력을 허비케 하는 것입니다. 그래서 지금은 시간 넉넉한 보통학교에서도 이 方法만을 쓰지는 않습니다. 다시 말하면 이상의 두 가지 방법이 다 충분히 좋은 방법은 되지 못하는 것입니다. 그래서 지금은 대개 이 두 가지 방법을 겸해서 使用합니다. 즉 처음에는 재래의 방법대로 먼저 읽는 방법을 가르처 줍니다, 'ㅏ ㅑ ㅓ ㅕ…' 'ㄱ ㄴ ㄷ ㄹ…'에서부터 '가겨거교…', '가나다라…' 등 전부의 읽는 법을 똑똑히 정확한 음으로 가르처

주고, 그 다음에는 <u>子音과 母音이 合하야 한글 字가 되는 방법을 대강 알으켜 줍니다.</u> 즉 횡으로 'ㅏ ㅑ ㅓ ㅕ…'를 써 놓고, 'ㄱ'와 'ㅏ'가 합하야 '가'가 되고, 'ㅎ'와 'ㅣ'가 합하야 '히'가 되는 경로를 다음과 같은 方眼紙(방안지) 모양에 의하야 가르칩니다.

이 논설에 따르면 전통적인 반절('언억'은 언문을 얽은 것을 뜻하는 말) 교수법이 음절 구성표를 기계적으로 암기하도록 하는 방식인데 반해, 새로운 법은 사물을 적은 것(단어에 포함된 글자)을 기억하게 하는 단계적 방법으로 기억하기 쉬운 장점을 가질 수 있음을 확인할 수 있다. 이러한 방식은 1930년대 독본류에서 빈번히 확인할 수 있는 방식이다.

흥미로운 것은 이 교재의 12과인데, 이 과는 '재담', '속담', '노래', '이야기', '지리', '역사' 등 조선인으로서 갖추어야 할 기본 교양을 주제로 삼고 있다. '재담'에서는 "띠띠고 신신고 춤추고 뜀뛰고 호랑이 꼬랑이 개구리 대구리"와 같이, 말놀음에 해당하는 내용을 선정하였고, '속담'에서는 "단단한 땅에 물이 괸다. 부뚜막의 소금도 집어 넣어야 짜다. 범에게 물려 가도 정신만 차려라. 드문드문 걸어도 황새 걸음.[44] 접시의 밥도 담을 탓. 급히 먹는 밥이 목멘다. 한 술 밥이 배부르랴. 구운 게도 다리를 떼고 먹는다. 남 잡이 제 잡이."와 같이 일상에서 흔히 사용하는 속담을 내용으로 선정하였다. '노래'에서는 "태산이 높다 하되 하늘 아래 뫼로다. 오르고 또 오르면 못 오를 리 없건마는 사람이 제 아니 오르고 뫼만 높다 하드라."라는 양사언의 시조를 실었으며, '이야기'에서는 '한석봉의 일화(석봉의 글씨와 떡을 써는 어머니 일화)'를 제시하였다. 이러한 내용 선정은 일상의 언어생활과 학습자의 흥미를 고려한 것으로 볼 수 있다. 주목할 점은 '지리'와 '역사'인데, 그 내용은 다음과 같다.

---

44) 원본엔 "황새 걸。"으로 쓰여 있음.

【十二】

지리: 조선은 삽삼도로 나뉘엇으니, 경기도·충청북도·충청남도·전라북도·전라남도·경상북도·경상남도·강원도·황해도·평안북도·평안남도·함경북도·함경남도올시다. 십삼도 안에는, 십사부, 이백십팔군, 이도, 사십구읍, 이천사백삼십오면이 잇습니다. 인구는 이천삼백만입니다. 압록강·한강·낙동강·대동강·두만강을 조선의 오대강이라 하니, 그 중에 제일 큰 강은 압록강입니다. 산은, 백두산·금강산·지이산·묘향산·구월산·한나산이 다 유명하니, 백두산은 한배님 나신 대로 유명하고, 금강산은 경치로 유명합니다.

역사: 동명왕은 고구려 나라의 시조요, 온조왕은 백제 나라의 시조요, 박혁거세는 신라 나라의 시조올시다. 박제상은 신라의 충신이요, 을지문덕은 고구려의 명장입니다. 대조영은 조국 고구려를 회복하야 발해 나라를 세웠고, 왕건은 삼국을 통일하야 고려 나라를 세웟습니다. 최형은 고려의 명장이요, 정몽주는 고려의 충신입니다. 세종대왕은 한글을 만드신 어른이요, 이순신은 거북선을 지으신 어른입니다.

'지리'는 조선 13도와 인구, 주요 강과 산 등을 제시하여 민족적 자긍심을 심어줄 수 있는 내용으로 구성하였고, '역사'에서는 우리나라 역사의 시조(始祖)와 충신, 명장, 세종대왕과 이순신 등을 제시하여 민족의식을 북돋울 수 있도록 하였다.

이 교재에는 '부록'으로 이갑이 지은 '문맹타파가'가 수록되어 있다. '문맹타파가'는 1929년 이후 여러 사람이 지었는데,[45] 이갑(李鉀)이 지

---

45) 「글장님을 없이자(文盲打破歌)」(『동아일보』, 1929.2.10)는 최현배가 지은 것으로, "⑴ 한사람의 마음이 널리 퍼지며/한동안의 생각이 길이 傳하니/글ㅅ자의 보람이 정말 크도다/人類社會 華麗한 現代文明은/文字活用 發達이 낳은 것이네/⑵ 生存競爭 激烈한 二十世紀에/남과 같이 날뛰고 살아가랴면/무엇보다 첫일이 글자 알기라/눈뜨고도 글 몯보는 글장님으로/競爭場裏 落伍者 免치 몯하네//⑶ 여보 우리 二千萬 兄弟姉妹들/世界에서 훌륭한 한글 임자로/글장님이 많음은 딱한 일이다/가르치세 배호세 우리 한글을/그래야만 이

은 '문맹타파가'는 다음과 같다.

【 文盲打破歌(곡조는 권학가 「少年은 易老하고」와 같음) 】

一. 귀 잇고도 못 들으면 귀먹어리요 입 가지고 말 못하면 벙어리라지 눈 뜨고도 못 보는 글의 소경은 소경에도 귀먹어리 또 벙어리라.

二. 듣는 대신 보란 글을 보도 못하니 귀먹어리 이 아니고 그 무엇이며 말하듯이 써낼 글을 쓰도 못하니 벙어리가 이 아니고 그 무엇이뇨.

三. 남과 같은 눈과 귀입 다 가지고서 한평생 이 설움을 어찌 받으랴 알기 쉬운 우리 글은 맘만 잇으면 아무러한 둔재라도 다 깨치리라.

四. 낫 놓고46) ㄱ(기윽)자를 누가 모르리 창앳등 ㄴ(니은)은 절로 알리라 자 들고 세로 재면 ㅣ(이)자가 되고 홍두깨 가로 노면 ㅡ(으)자가 되네.

五. 질맛기지 ㅅ(시옷)에 코뚜래 ㅇ(이응) 지갯다리 ㅏ(아)자를 뒤집음 ㅓ(어)자 고무래 쥐고 보니 ㅜ(우)자가 되고 거꾸로 놓고 보니 다시 ㅗ(오)잘세.

六. 세발 가진 소시랑을 ㅌ(티을)자라면 자루 빠진 연감개는 ㅍ(피읖)되리라 ㅋ(키윽)은 두발 가진 모지랑 갈퀴 허리 동인 쪽집개는 ㅂ(비읍)이라군.

七. 팔 다리 버리고 선 ㅊ(치읓) 보아라 뱀처럼 몸을 서린 ㄹ(리을)도 잇네 측량관 벌여 노니 ㅈ(지읒)자로세 동이 우에 솥뚜에는 ㅎ(히읗) 아닌가.

八. 꺾쇠는 ㄷ(디음)인데 모말은 ㅁ(미음) 문고린가 가락찐가 ㅇ(이응47))자로세 눈에 띠는 물건마다 즐자로 뵈니 아무리 잊으려도 잊히지 않네.

民族 살아 나겠네//(4) 배호기와 읽기와 씨(書)고 박기에/골고로 다 좋은 우리 한글은/民衆 敎化 使命을 띠고 났도다./新文化의 基礎로 굳이 닦으며/新生活의 武器로 한곳 부리세(己巳 元旦에 한글의 종: 감베 한방 우는 精誠을 다하여 이 노래를 우리 二千三百萬 同胞에게 부치나이다"라고 되어 있다. 감메 한방우는 외솔 대신 최현배가 쓴 호이다.

46) 원본엔 "낫 농고"라고 쓰여 있음.
47) 원본엔 "이으"라도 쓰여 있음.

238

九. 낯처럼 생긴 ㄱ(기윽) 지겟다리 ㅏ(아) 가로 맞춰48) 놓으면 「가49)」 자가 되고 모말 같은 ㅁ(미음)을 그 밑에 대면 새빨안 먹기 좋은 「감」자가 된다.

十. 꺾쇠같은 ㄷ(디읃)과 광명두 ㅗ(오)를 우아레로 이어 노니 「도」자 아닌가 창앳등 ㄴ(니은)을 또 이어 놔라 죽을 놈도 살려내는 「돈」이란 자다.

十一. 이와 같이 이리지리 둘러 맞추면 입으로 하는 말은 못 쓸것 없네 하루한자 이틀 두자 새새틈틈이 이러구로 이켜가면 내중 다 알리.

이 노래는 다른 '문맹타파가'와는 달리, 한글을 익히는 방법을 곡조로 변형한 것이다. 흥미로운 것은 이 노래에 등장하는 용어들인데, 일부 용어는 그 당시 민중이 잘 이해하지 못하는 경우가 있기 때문에, 이갑은 '문맹타파가(文盲打破歌)의 벽어해설(僻語解說)'을 실었다.

【 文盲打破歌의 僻語 解說: 啓蒙隊員에게50) 】

學生 啓蒙隊員 가운데로부터 文盲打破歌에 쓰인 말에 대한 質疑가 더러 들어왔다. 그래서 이제 簡單한 註解를 붙여 一般 隊員의 參考에 이바지하고저 한다. 그리고 誤字가 많아서 알기 쉬운 말도 알어보기 어렵게 된 것이 잇다. 따라서 그의 正誤까지 붙이고저 한다.

第三節 第三行 첫머리에 흐리게 박힌 字는 쉬 字

第四節 第一行 첫머리의 놓고는 '놓고'의 誤植, 第二行 첫머리에 잇는 창앳등이란 말은 챙애의 등이나 창애는 시굴에서 아이들의 새, 꿩, 쥐들을 잡는 獵具인대 흡이 도끼ㅅ자루만한 무푸레나무를 ㄴ字形으로 휘어가지고 거기에 삼노끈으로 시우를 틀고 손ㅅ가락 굽기만 한 싸리나무를 휘어 고패를 삼어 맨든 것이다. 이 창애의 ㄴ자형의 무푸레나무를 창앳등이라

---

48) 원본엔 "맞둬"라고 쓰여 있음.
49) 원본엔 "감"으로 쓰여 있음.
50) 『동아일보』, 1933.7.27.

한다. 第三行 첫머리의 자란 말은 피륙을 재는 물건을 이르는 말 곳 尺. 第四行 첫머리의 홍두깨란 말은 옷감을 감어서 다듬을 때에 쓰는 물건을 이르는 말.

第五節 第一行 첫머리에 잇는 질맛가지란 말은 ㅅ자형으로 생긴 두 개의 나무를 둘러 맞휘서 맨든 것으로서 소의 등에 얹고 그 우에 짐을 실는 물건, 곳 질마의 그 ㅅ자형의 나무를 이르는 말. 第二行의 지겟다리는 지겟다리의 誤植이니 지게란 말은 農軍들의 등에 짐지는 물건인대 지겟다리는 십자형으로 생긴 그 지개의 主材되는 원틀. 第三行의 고무래란 말은 조그마한 불판에 구멍을 뚫고 거기에 자루를 맞휘 멍석에 곡식을 펴 널 때에 쓰는 丁자형의 물건을 이르는 말.

第六節 第一行의 소시랑이란 말은 오양ㅅ간의 뙴(廐肥)을 긁어내는 물건을 이르는 말. 第二行의 연겜개란 말은 紙鳶의 줄을 감는 물레를 이르는 말. 第三行의 갈퀴는 갈키의 誤植인데 갈키란 말은 손가락 굵기의 싸리나무를 여나문 개나 휘어 한 대 매어서 술ㅅ가루나 북더기 같은 것을 긁어 모으는 대에 쓰는 물건을 이르는 말. 第四行의 족집게란 말은 女子들의 이마의 솜털을 뽑아 단장하는 물건을 이르는 말.

第七節 第四行의 솥뚜에는 밥 해 먹는 솥의 뚜껑을 이르는 말이니 솥뚜께 또는 소댕이라고도 한다. 第四行의 동이는 婦女들이 물길어 들이는 질그릇을 이르는 말.

第八節 第一行 꺾쇠는 ㄷ자형으로 꺾어 맨든 쇠의 이름이니 木手들이 나무를 자귀로 깎아 다듬을 때에 그 나무를 모탕에다 찍어 박어서 固定不動케 하는 쇠 곳 거물못이다. 同行의 모말은 예전에 쓰든 舊斗니 지금 모판되(正方形)의 小升처럼 네모가 반듯하야 마치 ㅁ자형으로 생긴 것이다. 第二行의 문고리는 문에 달린 동글안 고리쇠. 가락찌는 指環.

第九節 第一行의 지겟다리는 지겟다리의 誤植.

第十節 第一行의 광명두는 ㄴ 자형의 燈臺.

第十一節 第三行의 새새믈틈이는 새새 틈틈이의 誤植. 第四行의 내중은

나중의 誤植. 同行의 이러구로는 이러구러의 誤植.

　　이와 같이 별도의 '벽어 해설'을 둔 것은, 계몽대원들이 여기에 쓰인 말의 뜻을 이해하지 못할 경우가 있기 때문이다. 흥미로운 것은 '벽어'로 분류한 용어들이 이 시대 대부분의 농촌에서 사용하는 물건이라는 점이다. 그럼에도 학생 계몽대원이 '문맹타파가'에 쓰인 용어의 뜻을 질의했다는 점은 학생 신분의 계몽대원들이 그 당시 농촌 사정에 그만큼 어두웠음을 의미하는 것으로 해석된다.

　　'독서산'을 기본으로 하는 문자보급운동 차원에서, 동아일보사의 산술 교재는 백남규가 지은 『학생 계몽대용 일용계수법(學生啓蒙隊用 日用計數法)』이었다. 흥미로운 것은 백남규는 그 당시 조선어학회와 대립적인 위치에 있었던 '조선어학연구회'의 창립 간사였다는 점이다.51) 그는 『동아일보』에 에스페란토어 강좌를 연재한 것으로도 유명한데,52) 그뿐만 아니라 수학자로도 유명했다. 이 교재는 '수노래', '목차', '머리말', 본문 11과로 구성되었다. 목차를 살펴보면 다음과 같다.

【 『일용계수법』 목차 】
수노래
머리말
(一) 수자　　(二) 수의 자리　　(三) 수 내려 쓰는 법
(四) 산법　　(五) 가법　　　　(六) 감법
(七) 잡제　　(八) 승법　　　　(九) 제법
(十) 잡제　　(十一) 연습

---

51) 『동아일보』, 1931.12.13.
52) 『동아일보』, 1931.7.3~11.10, 100회 연재.

산술 지식은 문자보급 차원에서 반드시 포함되어야 할 기초 지식에 해당한다. 특히 이 시기에는 과학 담론과 함께 숫자에 대한 관심이 높아졌는데, 이를 반영하여 이여성(李如星)은 『숫자의 조선(朝鮮)』을 창간하고 제5호까지 발행한 바 있다. 이러한 상황에서 백남규의 『일용계수법』은 동아일보사의 주요 교재가 되었다.

4. 문자보급운동의 의의와 한계

1928년 '문맹퇴치 선전일'로부터 시작된 동아일보사와 조선일보사의 문맹퇴치운동은 1930년대 한글 문맹자의 문식성 향상에 적지않은 기여를 하였다. 각 신문사의 통계를 중심으로 한 것이지만, 동아일보사의 경우 4회에 걸친 학생 계몽대(브나로드) 활동을 통해 10만 명 이상의 문맹을 퇴치하였음을 보도한 바 있고, 조선일보사의 경우도 문자보급 교재 배부량이 50만부에 이를 정도로 광범위한 사회운동을 전개한 셈이다. 이러한 문자보급운동의 성과 및 의의는 다차원적으로 해석할 수 있는데, 문맹퇴치라는 한글운동의 차원뿐만 아니라 민족운동의 차원에서도 중대한 의미를 갖는 것으로 규정할 수 있다. 이는 1930년대 '어문운동'과 관련한 다수의 논문을 통해서도 확인할 수 있는데, 이윤재의 '모어운동 개관'(『동아일보』, 1933.10.31~11.2, 4회), 장혁주의 '어문운동과 문학'(『동아일보』, 1935.1.2), 이용제의 '조선의 어문운동'(『동아일보』, 1935. 3.20~4.5, 6회) 등을 참고하면, 이 시기 문자운동은 곧 민족운동이었음을 확인할 수 있다. 이 점은 '경경미충(耿耿微衷)의 십오성상'이라는 『동아일보』 창간 15주년 특집 기사 '십만 명 문맹타파'(『동아일보』, 1935.4.5)를 통해서도 잘 나타난다.

【 十萬名 文盲打破: 文化戰線上의 勇士 五千八百, 본사 啓蒙運動 성과 】

전민족의 80%가 문맹이니 광명한 조선, 힘찬 조선을 건설하는 때는 무엇보다도 문맹을 타파(文盲打破)하여 문화의 정도를 높이여야겟다는 것을 절실히 느끼엇다.

그리하여 소화3년 신년호에 민족적 총역량 집중(民族的 總力量集中)이라는 중심 화제로서 사회적 여론을 일으키고 이 민족이 살 바 길을 밝히 표시하엿다. 이 기운은 점점 농후아여 마츰내 4월 1일을 기하여 전조선적으로 문맹타파의 봉화(烽火)를 높이 들려고 그 준비를 진행하엿는데, 여러 가지 사정으로 이를 부득이 중지하고 말엇다. 그리하야 이 문맹타파의 운동은 일시 좌절되엇으나 때에 적절하고 일반 민중이 요구하는 바로 영영 자최를 감추고 사라질 수는 없는 것이어서 우리 동아일보사는 다시 새로운 계획과 새로운 용기를 내여 마츰내 소화6년 7월에 '보나르드운동'이라는 이름 아래에서 이 문맹타파의 게몽의 나팔 소리가 이 땅 우에 울리웟다.

순진한 남녀학생 몸과 마음을 바처: 게몽의 나팔소리가 고요하든 전조선의 방방곡곡에 높이 울릴 때 배움에 주린 남녀노소들이 몰려드럿고 수천의 문화전선(文化戰線)의 용사들이 피와 땀을 무릅쓰고 혈전장(血戰場)으로 몰려 나갓다. 그리하여 첫해에 사백여 용사가 만여 명의 문맹을 어둠 가운데서 건저내엇으니 이 실로 조선문화사상(朝鮮文化史上) 특기할 만한 사실이다.

이 기사에서 확인할 수 있듯이, 언론사의 문맹퇴치 운동은 민족운동 차원에서 전개되었다. 이 점은 이 운동이 조선총독부의 감시와 통제를 받는 주요 요인이 되었음에 틀림없다. 이는 1935년 학생 계몽대 활동 중지를 알리는 동아일보사의 '근고(謹告)'를 통해서도 확인할 수 있다.

【 學生 夏期 啓蒙運動 不得已한 事情으로 中止[53] 】

全民族의 八一%가 文盲인 우리는 무엇보다도 于先 '아는 것'이 急務엿습니다. 그리하야 本社는 微力이나마 이 擧族的 大業의 代行을 自期하고 「배우자, 가르키자, 다같이 啓蒙運動」이란 旗幟下에서 世界에 類例없는 文字 饑饉의 荒野에 學生啓蒙隊를 動員시켯든 것입니다.

回顧하건대 그때가 벌서 昭和三年, 萬端 準備 中에 不得已한 情勢로 因하야 一段 中止한 바 잇섯으나 그 後로 社會의 要求와 客觀的 情勢는 이 事業의 再圖를 可能케 하야 本社는 다시금 새로운 計劃으로 昭和六年 七月에 堂堂 第一回의 進軍을 開始하야 文化戰線의 基礎를 닥것든 것입니다.

爾來로 每年 回를 거듭하기 前後 四次, 動員된 隊員이 近六千이오 啓蒙된 人員이 近十萬에 達하야 이 事業의 前途는 屬望되는 바 絶大하엿습니다. 그리하야 今年은 加一層 努力하려고 陣容을 整齊하엿스나 不得已한 事情으로 因하야, 우리의 苦衷은 過去의 業績에 담은 채, 遺憾이나마 이 事業을 中止하기로 하엿습니다.

이 事業의 中止에 臨하야, 一般 社會의 支持와 聲援이 絶大하엿던 것을 다시금 느끼는 同時에 이 事業의 大成을 爲하야 幇助와 鞭撻을 아끼지 아니한 各學校 當局者와 및 直接 戰線에서 奮鬪한 隊員 諸君의 奉仕的 努力과 精神에 感激과 敬意를 表하야 말지 아니합니다. 東亞日報社 謹告.

이 '근고'에 나타난 '부득이한 사정'이 무엇인지는 구체적으로 밝혀져 있지 않다. 그럼에도 『동아일보』 1935년 6월 16일자 '본사 한글 계수 대본 7만부를 각처에 배부', 7월 11일자 '한글공부(일용계수법) 7만부 만주 가서 「가갸거겨」', 7월 12일자 '간도 재류 동포의 계몽운동' 등의 기사를 참고하면, 부득이한 사정이 신문사 내부의 사정보다 외부 사정, 곧 식민 지배자들의 감시와 통제에 따른 것이었음을 짐작할 수 있다.

---

53) 근고(謹告), 『동아일보』, 1935.6.8.

달리 말해 언론사의 문맹퇴치운동은 식민지 시대 언론 통제 상황에서 민족운동 또는 사회운동이 자유로울 수 없었음을 의미하며, 운동 자체도 일제와의 타협 속에 제한적인 운동이 될 수밖에 없음을 뜻한다.

제5장 식민 통치와 계몽 정책

김정애

1. 일제의 사회교화 정책과 농민계몽의 본질

교화(敎化)라는 말은 축자적으로 볼 때 '가르쳐 변화를 유도하는 것'을 의미한다. 이 점에서 교화와 교육은 유의어로 쓰일 경우가 많다. 그러나 '교육'은 본질상 의도적이고 계획적인 변화를 의미하는 데 비해, 교화는 그 자체가 의도나 계획 여부를 전제하지 않는다. 그렇기 때문에 사전적인 의미에서도 '교화'는 일상적인 '가르치고 이끌어 좋은 방향으로 나가게 하는 일'뿐만 아니라 종교적인 의미에서 불교 용어로 '부처의 진리로 사람을 가르쳐 착한 마음을 갖게 하는 일' 등을 나타내는 것으로 기술한다.

그런데 교화가 단순히 비의도적인 인간 변화만을 의미하는가는 사회와 시대 상황에 따라 달리 해석될 여지가 많다. 『표준국어대사전』에서 제시한 '북한어'의 '교화'는 '교양 따위를 통하여 사상을 개조함'이라고 되어 있다. 그뿐만 아니라 법률 용어로 '교도소(矯導所)'를 지칭할 때 '교화소(敎化所)'라는 표현을 사용한 경우도 있다. 물론 교정 시설(矯正施設)을 의미하는 교화소는 범법자를 전제로 한 표현이므로, 이때 사용하는 '교화'는 의도성·계획성·강제성을 포함한다.

'사회교화'는 교화의 대상이 일반적인 사회 구성원임을 의미한다. '사회교화'는 사회 구성원의 지식이나 의식, 사상과 풍속 등을 변화시키고자 하는 활동이라고 볼 수 있다. 엄밀히 말하면 이 용어는 학술 용어라기보다 일상어로서 사회 현상을 기술할 때 사용하는 용어이다. 의도적이고 계획적으로 사회 구성원을 변화시키고자 하는 활동을 의미하는 '사회교육'이 교육의 유형 가운데 하나로 간주되는 데 비해, '사회교화'는 사회교육의 한 분야에 포함되거나, 사회적 활동을 통하여 종교의 본질을 구현하고자 하는 것, 또는 특정 정치 세력의 이데올로기를 수용하는 사회적 분위기를 조성하는 활동 등을 포괄적으로 지칭할 수 있다. 예를 들어『한국민족문화대백과사전』의 경우 '사회교육'의 개념을 설명하면서 '광복 이후의 사회교육'으로 '기초 교육기(1945~1950)'를 설정하고, 그 시기의 주요 교육 내용으로 '① 국문보급반, ② 공민학교, ③ 고등공민학교, ④ 재교육, ⑤ 사회교화'를 제시하였다. 여기에 쓰인 '사회교화'는 "일반 시민들을 대상으로 하는 애국심 함양, 민주정신 고취, 근검정신과 생산의욕 앙양" 등을 말한다.

이러한 개념상의 의미를 고려할 때, 사회교화 정책은 특정 기관이나 단체(주로 정부나 종교단체 등)가 사회 구성원들의 지식과 의식, 사상과 풍속 등을 변화시키고자 하는 의도적이고 계획적인 방법이라고 규정할 수 있다.

한국 사회에서 사회교화 정책이 출현한 것은 일제 강점기부터로 볼 수 있다. 일제 강점기 일본인에 의해 저술된 것으로 추정되는『조선통치사』[1] 총론 제14장 '사회사업' 가운데 제1절 '일반사회사업'을 참고하면, 조선총독부의 사회사업은 내무국 제2과에서 담당했으며, 1917년 7월의 사무 분장 규정에 따라 내무국 제2과를 '사회과(社會課)'로 개칭했음을 확인할 수 있다. 이처럼 '사회과'를 설치한 것은 '감화(感化)', '구제(救濟)', '지방개량(地方改良)' 등의 사업을 총괄하기 위한 목적으로 갖고 있었다. 이에 대해 이 책에서는 다음과 같이 설명한다.

【 一般社會事業[2] 】

總督府は朝鮮語及び朝鮮の風俗習慣に精通し且つ社會敎化に關し學識あり經驗を有する專任指導者を本府內に置き隨時地方に派遣して巡廻講演を開催し, 民風の改善, 勤儉貯蓄, 民力涵養乃至生活改善等に就き社會敎化に關する一般の獎勵をしてある.

번역 총독부는 조선어 및 조선의 풍속 습관에 정통하고 사회교화에 관한 학식을 갖춘 경험 있는 전임 지도자를 본부 내에 두고 수시로 지방에 파견하여 순회강연을 개최하고, 민풍의 개선, 근검저축, 민력 함양 내지 생활개선 등의 사회교화에 관한 일반 장려를 실시하였다.

이 자료에 나타난 바와 같이 일제 강점기 사회교화의 개념은 '풍속·습관(風俗習慣)'과 관련된 것으로, '민풍(民風)', '근검저축', '민력(民力)', '생활개선' 등과 관련된 것을 변화시키는 개념으로 사용되었다.

이러한 차원에서 사회교화는 전통적인 '민심(民心)' 또는 '민정(民情)'의 교화와 유사한 의미를 갖는다. 민심과 민정에 대한 관심은 전근대 봉건국가의 통치자들에게도 관심사일 수밖에 없었으나, 근대 이후 민중의 참정권 획득, 또는 참정권이 보장되지 않을지라도 '여론(輿論)'의

---

1) 서문, 목차, 판권이 누락되어 정확한 서지 사항을 알 수 없으나, '총론'과 '각 도의 상황', '관계의 중요 인물편', '조선 통치의 공로자 및 선각자' 등을 묶은 책으로 1232쪽 분량만 남아 있는 책이다. 책의 내용을 검토할 경우 1920년대 중반 매일신보사에서 저술한 책으로 추정된다.

2) 저작자, 출판사, 출판 연도 미상의 『朝鮮統治史』 總論 第十四章 社會事業.

의미가 중시되면서 정책적인 차원에서 통치자들이 무시할 수 없는 요인이 되기 시작했다. 한국 근대 계몽기에도 여러 신문 매체에서 이와 관련한 논의가 등장하기 시작하는데, 다음 논설도 그 중 하나이다.

【 民情3) 】

民情이라 謂함은 水와 同ᄒ야 風이 動하면 浪이 起하고 風이 靜하면 浪이 息홈과 如ᄒ니 現今 時局은 風이 動하얏다 謂할가 風이 靜하얏다 謂할가. 今年은 幸히 豊年의 慶이 有하야 腹을 飽하며 力을 敍하야 庚亥의 憂患을 免하얏스나 金融이 流通키 不能하야 郡邑 場市에 錢政이 枯渴ᄒ야 穀布를 賣買키 極難ᄒ 時代에 各郡의 今年度 結稅를 稅務 官吏의 下來하기 前에 督制하기를 着手하야 星火와 如히 急速하야 鞭扑이 狼藉하다는 消息이 京都에 喧藉한 則 民情의 困難이 極度에 達할 것이오 (…中略…) 噫라. 全國 民情이 風動浪起한 狀態와 如하야 極度에 達한 困難을 不免한 餘에 潰壅決堤할 大風浪이 有할가 戒懼警省할 바이니, 當局者는 民情을 安堵하야 風靜浪息키를 是懋是勗ᄒ지어다.

> **번역** 민정이라는 것은 물과 같아서 바람이 불면 물결이 일어나고, 바람이 고요해지면 물결이 잠잠해지는 것과 같으니, 지금 시국은 바람이 분다고 할 것인가, 바람이 고요하다고 할 것인가. 금년은 다행히 풍년이 들어 배부르며 힘을 다해 경해년 우환을 면했으나, 금융이 유통하지 않아 군과 읍의 시장에 돈이 고갈되어 곡식과 포를 매매하기 극히 곤란한 시대에, 각 군의 금년도 결세는 관리가 정하기도 전에 멋대로 정해 성화같이 재촉하여 채찍질이 낭자하다는 소식이 서울에까지 들리니, 민정의 곤란이 극도에 달할 것이다. (…중략…) 아. 전국 민정이 바람이 불고 물결이 일어나는 상태와 같아 극도에 달한 곤란을 면하기 전, 둑을 무너뜨릴 대풍랑을 경계하고 반성해야 할 것이니, 당국자는 민정을 안정시켜 바람

---

3) (논설) 『만세보』, 1906.12.8.

이 고요하고 물결이 잦아들 수 있도록 힘쓰고 더욱 힘써야 할 것이다.

이 논설은 국권 침탈기 관리의 과도한 세금 부과와 수탈, 전국적인 전황(錢荒), 화적 출몰과 지방관의 악행 등으로 인해 민심이 극도로 악화된 상태를 경계하는 논설로, 민심의 상태를 '민정(民情)'이라고 표현했다. 그러나 국권 침탈기 민정 수습을 위한 사회교화가 정책적으로 시행되지는 않았다.

강제 병합과 같은 정치적 격변기에는 민정 수습 문제가 더 큰 문제로 부각된다. 1910년 8월 29일 발포된 조선총독의 유고(諭告)를 살펴보자.

【 諭告4) 】

夫 疆域이 相接ᄒ며 休戚이 相倚ᄒ야 民情 亦 昆弟之誼者ㅣ 相合ᄒ야 一體를 成홈은 自然之理요, 必至之勢라. 以是로 大日本國 天皇陛下게셔는 朝鮮의 安寧을 確實케 保障ᄒ시고 東洋의 平和를 永遠히 維持홈을 緊切케 體念ᄒ샤 全韓國 元首의 希望을 應ᄒ시고 其統治權의 讓與를 受諾ᄒ신 바ㅣ라. (…中略…) 如今 地方 民衆은 積弊之餘孼을 受홈으로써 或 失業傾産ᄒ며 至於尤甚者ᄒ야는 流離饑餓에 瀕ᄒ 者도 有ᄒ니 爲先 民力의 休養을 圖홈이 急務로 認ᄒ야 隆熙 二年度 以前의 地稅로 尙今 未納에 屬ᄒ 者는 此를 除免ᄒ고 (…中略…) 凡政之要는 生命 財産의 安固를 圖홈에 急務가 無ᄒ지라. 蓋히 殖産之法과 興業之途는 次此로 振作케 홈을 得홈이라. 從來 不逞之徒와 頑迷之輩가 出沒 遐邇(하이)ᄒ야 或 殺人命ᄒ며 或 掠財貨ᄒ며 或企非謀ᄒ며 或 起騷擾ᄒ 者ㅣ 有ᄒ니 以是로 帝國 軍隊는 各道 要處에 駐屯ᄒ야 時變에 備ᄒ며 憲兵 警官은 普亘都鄙ᄒ야 專혀 治安에 從事ᄒ고, 又 各地에 法庭을 開ᄒ며 公平無私ᄒ 審判을 下케 務홈은 本是 懲罰奸兇ᄒ여 芟除邪曲키를 爲홈이오, 畢竟 國內 全般之安寧과 秩序를 維持하고 各人

---

4) 『조선총독부관보』, 1910.8.29.

으로 ᄒᆞ야곰 安其堵ᄒᆞ야 營其業ᄒᆞ며 治其産ᄒᆞᄂᆞᄃᆡ 不外흠이라. (…中略…) 願컨듸 人文發達은 後進 敎育에 不可不俟라. 敎育之要ᄂᆞ 進智磨德ᄒᆞ야 以在 資於修身齊家흠이나 然이나 諸生이 輒厭其勞而就其逸ᄒᆞ고 徒談空理而流放 漫흠은 終히 無爲徒食之民이 된 者ㅣ 往往有之ᄒᆞ니 自今으로 宜矯其弊ᄒᆞ야 去華就實ᄒᆞ며 一洗其懶惰陋習ᄒᆞ고 涵養勤儉之美風을 努함이오. 信敎의 自 由ᄂᆞ 文明列國이 均認흔 바ㅣ라. 各人이 其崇拜흔 敎旨를 倚ᄒᆞ야써 安心立 命之地를 求흠은 固雖其所ㅣ나 宗派의 異同으로써 漫히 試其紛爭ᄒᆞ며 又 藉名信敎ᄒᆞ야 叩議政事ᄒᆞ며 若企異圖흠은 卽 茶毒良俗ᄒᆞ야 妨害安寧흔 者 로 認ᄒᆞ야 當히 按法 處斷치 아니치 못ᄒᆞ리라.

번역 대저 강역이 서로 접하여 휴척이 긴밀하여 민정 또한 형제의 도리 가 합치하여 하나를 이룸은 자연의 이치요, 필연적인 대세이다. 그러므로 대일본국 천황 폐하께서는 조선의 안녕을 확실히 보장하고, 동 양의 평화를 영원히 유지함을 긴절하게 생각하여, 한국 전체의 으뜸되시 는 분의 희망에 따라 그 통치권의 양여를 허락하신 바이다. (…중략…) 지금 지방 민중은 적폐의 수난을 받음으로 혹 업을 잃고 도산하며 더욱 심한 것은 굶주려 떠도는 처지에 있는 자도 있으니, 우선 민력의 양성을 도모하는 것을 시급한 임무로 인식하여 융희 2년(1908) 이전의 지세(地稅) 로 지금까지 미납한 자는 이를 면제하고 (…중략…) 무릇 정치의 요지는 생명과 재산의 안전을 도모하는 것보다 급한 일은 없다. 식산법과 흥업의 방도는 그 다음에 진작케 해야 한다. 종래 불령한 도당과 완미한 무리가 출몰하여 혹 인명을 살해하고 혹 재화를 약탈하며 혹 모략의 기도하고 혹 소요한 자가 있으니, 그러므로 제국의 군대는 각 도의 요처에 주둔하 여 시세의 변화를 대비하며, 헌병 경관은 보통 도시와 시골을 아울러 오 직 치안에 종사하고, 또 각지에 법정을 열어 공평무사한 재판을 받도록 힘쓰는 것은 본래 간흉을 징벌하여 사곡(邪曲)을 없애도록 하는 것이다. 필경 국내 전반의 안녕과 질서를 유지하고, 각 사람들로 하여금 안보하며 그 업에 종사하고 재산을 모으도록 하는 일에 불과하다. (…중략…) 원컨대 인문의 발달은 후진을 교육하는 것에 있다. 교육의 요지는 지혜를 넓히고 덕성을 연마하여 수신제가하도록 자질을 기르는 데 있으나 모든 학생들이 일하기를 싫어하고 편안하기만 바라며 공리공담과 방탕함에 흐르는 무위도식하는 백성이 된 자들도 있으니, 자금부터 그 폐단을 교정하여 허식을 버리고 실제를 취하며 나타함과 구습을 한번에 씻어버리고, 근검의 미풍을 양성하도록 노력할 것이다. 종교의 자유는 문명한 모든 나라들이 인정하는 바이므로, 각 사람들이 숭배하는 종교에 따라 안신입명의 처지를 구하는 일이 진실로 소망하는 바이나. 종파가 다름으로 분쟁을 일으키며 또 종교의 명목을 빙자하여 정치를 의논하고자 하며 그 다른 바를 기도하는 것은 곧 양속을 해쳐 안녕을 방해하는 것으로 간주하여 마땅히 법에 따라 처단하지 않을 수 없다.

강점 직후 조선총독 데라우치마사오(寺内正毅)가 발표한 유고(諭告, 훈계의 말)에서는 조선 병합이 '조선의 안녕 보장', '동양 평화'를 위한 조선 황제의 통치권 양여 요청에 따른 것이라는 강변과 함께, 현재의 조선 민정을 '적폐지악'과 '실업경산', '유리기아'의 상태에 있다고 주장한다. 특히 '불령한 무리'와 '완미배'가 출몰하여 살인과 약탈, 소요를 일으킴으로 치안과 질서 유지 차원에서 '제국 군대'를 주둔시키고 헌병 통치를 한다는 논리를 펼친다. 인문 발달을 위한 후진 교육, 신교의 자유 등을 언급하면서도 민풍이 외화(外華)에 치우치고, 종교의 본질인 안심입명보다 정사(政事)에 참여하고 미풍양속을 해치는 일이 많다고 주장한다. 이 유고는 근본적으로 일제 강점 직후 조선 통치의 방침을 천명한 것으로, 강점에 따른 민심 동요와 식민 지배 정책을 수용하지 않는 민중을 강압하고자 하는 의도를 은폐한 것이다.

이러한 차원에서 강점 직후 조선총독부의 식민 통치 방침은 무단 헌병 통치를 바탕으로 '우민화', '동화', '노예화'에 있었는데, '조선총독-정무통감-관방 5부(총무부, 내무부, 탁지부, 농상공부, 사법부)'로 이어지는 '조선총독부 관제'나 '조선총독부 중추원 관제', '조선총독부 지방관 관제'5) 등에서도 민심 교화를 위한 사회교육 또는 사회교화 정책 담당 부서를 찾아볼 수 없다. 그럼에도 치안 유지를 명목으로 한 강압적 종교 정책이나 사회 정책은 강점 직후부터 시행되었음을 확인할 수 있는데, 1913년 판『조선총독부 시정연보』(1911년 대상) 제4장 '치안(治安)'의 '적도진정(賊徒鎭定)', '종교취체(宗敎取締)', '집회 결사 취체(集會結社取締)', '간행물 취체(刊行物取締)' 등은 강압적 사회 정책을 망라한 것으로 해석할 수 있다.

무단통치가 지속되면서 조선 민중의 저항도 점점 거세졌으며, 이에 따라 치안 유지를 위한 강압 정책이나 사회교화 정책이 더욱 체계화되기 시작한 것으로 보인다. 앞서 언급한 총독부 관제 개편이나 종교를 비롯한 사회 정책이 강화된 것도 1917년 전후부터인 것으로 보인다. 특히 이 해는 제1차 세계대전이 극도로 치달은 해였으며, 이로부터 '민족자결주의'가 제창된 것도 사회정책의 변화를 가져오는 배경이 되었을 것으로 보인다. 『조선총독부 시정연보』 1917~1918년판의 경우 제5장 교육 제31절에 '일반 사회사업' 내용을 정리했는데, 1911년 이래의 지방 개량, 순회 강화, 활동사진, 지방민 원조, 일본 및 조선 내의 관광 시찰, 견문 확장, 도시 강화(都市講話) 등의 활동을 통해 사회교화에 노력하고, 농민의 근검저축 및 부업을 장려하기 위해 계(契)와 조합(組合)을 조직했는데, 계는 1만 5백여 개에 이르며 회원은 1백 40만에 이른다고 하였다.

이처럼 식민 초기의 사회정책은 치안 유지를 내세워 강점에 따른 저항을 최소화하고, 농업 개선이나 풍속 교화를 내세워 식민 통치를 수용하고 생산성을 높이는 데 치중했다.

---

5) 『조선총독부관보』, 1910.8.30. 조선총독부 관제(칙령 제354호), 조선총독부 중추원 관제(칙령 제355호), 조선총독부 지방관 관제(칙령 제357호) 참고.

이에 비해 식민 통치가 지속되고 3.1독립운동이 발생하자 외형적으로 총독부 관제, 헌병 경찰정치, 제복 등을 폐지하고, 지방 관제를 개정하면서6) 각종 사회 통제 방안을 정비하였다. 대동출판협회 편(1924)의 『조선병합10년사』(대동출판사)에 따르면, 이른바 문화정치를 표방한 사이토마코토(齋藤實)는 3.1독립운동 직후인 1920년 7월 일반 민중에 대한 13개 조의 중요 시책을 발표했는데, '일시동인(一視同仁)'에 따른 일본인과 조선인의 차별 철폐·은사(恩赦)·내선융화(內鮮融和)를 위한 시책, '형식주의의 쇄신', '민의창달(民意暢達)', '교육쇄신', '지방행정', '구휼', '교통', '위생', '경찰제도 개혁', '재무', '종교', '관습 및 문화 존중'이 그것이다. 이 가운데 '민의창달'에는 '민정시찰원 파견', '언문 신문 발행' 등이 포함되어 있고, '종교'와 관련하여 '포교 규칙 개정, 종교의 포교를 목적으로 하는 재단법인 허가'를 공포하였다. 또한 '관습 및 문화 존중' 차원에서 '묘지, 화장장, 화장 취체 규칙 개정, 조선어 장려, 관습 조사 확립, 민사령(民事令)과 민적법(民籍法) 개정'을 천명했다.

이러한 흐름에서 일제 강점기 사회교화는 식민 통치의 효율성을 보장하고, 조선 민중으로 하여금 식민 질서를 수용하며, 식민 지배에 필요한 물질적·정신적 요인을 배양(培養)하는 데 목표를 두었다. 이를 위해 조선총독부를 비롯한 각종 통치 기구를 동원하여, 조선 민중을 교도(教導)하고자 힘썼는데, 이로부터 일제 강점기의 각종 계몽운동 자료의 착종 현상이 나타난다.

---

6) 이에 대해서는 이태일(1985)의 「식민지 통치 기구의 정비와 운용」(『일제의 한국 식민통치』, 정음사)을 참고할 수 있다. 일제는 1919년 8월 19일 칙령 제386호를 공포하여 조선총독부와 동 소속 관서의 관제를 개정하고, 1920년 7월 29일에는 제령 12호, 13호 통해 부제(府制), 면제(面制)를 개정하였다.

2. 식민지 사회교화와 농촌 계발 논리

2.1. 식민지 사회교화 문제

식민 통치 하의 사회교화 정책은 식민 지배를 수용하도록 강요하는데 있다. 이는 제도적인 문제뿐만 아니라 식민 치하의 개인, 사회, 단체가 모두 통치 질서에 순응하도록 하며, 전통적인 관습과 종교, 문화 등 전반에 걸쳐 식민지화를 요구한다. 다음 논설을 살펴보자.

【 社會的 感情[7] 】

社會로 ᄒ야곰 多福케 하랴면, 社會의 要素된 各個人으로 ᄒ야곰 社會的 感情을 敎養케 홈보다 先務됨이 無ᄒ니, 社會的 感情이라 홈은 社會 全體의 幸福을 希圖ᄒᄂ 感情이라. (…中略…) 社會的 感情의 動機ᄂ 반드시 己를 損ᄒ고 他를 益홈으로써 爲主홈이 안이며, 又 自個의 打算을 度外로 觀ᄒ고, 公益에 대ᄒ 眞醇의 獻身的만 苛求홈이 안이나 然이나 己欲達이면 達人ᄒ고 己欲立이면 立人ᄒ야 與衆共進ᄒ며 與衆共樂ᄒ여 衆과 共히 幸福을 享有ᄒᄂ 優厚ᄒ 襟懷에셔 出來ᄒ니

번역 사회가 다복하게 하려면 사회의 구성 분자인 각 개인으로 하여금 사회적 감정을 기르게 하는 것보다 먼저 힘쓸 일은 없다. 사회적 감정이라는 것은 사회 전체의 행복을 희망하고 추구하는 감정이다. (…중략…) 사회적 감정의 동기는 반드시 자기가 손해를 보더라도 남을 이롭게 하는 일을 중심으로 하는 것이 아니며, 또 자기의 타산을 무시하고 공익에 대한 진지하고 순박한 헌신만을 가혹하게 추구하는 것도 아니다. 그러나 스스로를 통달하고자 하면 타인을 통달하고, 스스로를 확립하고자 하면 타인을 확립하여 민중과 함께 나아가며 민중과 함께 즐겨 민중과 함께

---

7) (논설) 『매일신보』, 1916.4.16.

행복을 누리는 두터운 마음에서 생겨나니

'사회적 감정'이라는 이 논설은 1910년대 풍속 교화의 취지가 무엇인지를 보여주는 사례의 하나로 볼 수 있는데, 이 논설에서는 헌신적 정신, 자기희생을 무조건 추앙하지 않으면서 '타인'과 공진(共進)하기 위한 기본 태도가 무엇인지를 강조한다. 곧 풍속 교화나 사회 활동이 타인, 곧 사회를 의식해야 한다는 주장이다. 사회교화가 '공덕'과 '공민'을 양성하는 데 있음은 다음 논설에서도 찾아볼 수 있다.

【 社會心의 涵養8) 】

今日 朝鮮人의 社會는 반다시 完全한 社會가 成立되얏다 謂키 難하도다. 비록 完全치 못한 社會라도 社會니 若我朝鮮人이 今에 少히 社會心을 涵養하면 社會는 幾倍의 愉快와 安慰를 增加홀 것은 殆히 計量치 못홀 者ㅣ 有하리라. 吾人은 감히 社會的 道德上으로만 此를 希望홀 샏 아니라 單純히 社會 各個人의 利益上으로 見하야 如斯히 하고저 홈이오 實은 如斯케 안이치 못홀 것이라 하노라. 社會心이라 홈은 何也오. 반다시 公德을 涵養하라 홈이 안이오, 반다시 獻身的 精神을 發揮하라 함이 안이오, <u>自己의 周旋하는 同類에 대한 衷心이니라. 自己를 其周圍와 同化케 홈이니라. 且 自己의 利益과 同類의 利益을 融合하고 스스로 其分配를 豫홈이니라.</u> 另言하면 接觸하는 人은 我의 友人으로 認하고 到着하는 場所는 我의 家로 認하야 到處에 安着하고 到處에 我의 最善을 傾홀 샏이니 人이 若 此에 留意하면 如何한 境遇에던지 適應치 안임이 無하야 順地나 逆境이 皆我의 安樂窩되고 已하리라. 假令 演藝場에 入하얏스면 演藝場은 我의 家ㅣ오 其場內에 群集한 一切는 我의 同類ㅣ니 (…中略…) 社會心의 涵養은 大則 社會 一般을 爲홈이오, 小則吾人自己를 爲홈이니 卽 自樂인 時에 他도 喜樂케 하고 自福인

---

8) (논설)『매일신보』, 1917.4.22.

時에 他도 幸福케 ᄒᄂᆫ 所以됨에 不外ᄒᆞ지라. 吾人은 我 同胞가 아모조록 公心으로, 厚德으로, 篤敬으로, 親切로, 豁達로써 此社會에 處하기를 望ᄒᆞ노라.

번역 지금 조선인의 사회는 반드시 완전한 사회가 성립되었다고 말하기 어렵다. 비록 완전하지 못한 사회라도 사회이므로 만약 우리 조선인이 지금 조금이라도 사회심을 기르고자 한다면, 사회는 그 몇 배의 유쾌와 안위가 증가될 것은 전혀 헤아리지 못할 것이 없다. 우리는 감히 사회적 도덕상으로만 이를 희망할 뿐 아니라, 단순히 사회 각 개인의 이익으로 볼지라도 이렇게 하고자 하는 것이며, 실제 이처럼 하지 못할 것은 아니다. 사회심(社會心)이는 것은 무엇인가. 반드시 공덕(公德)을 함양하는 것이 아니며, 반드시 헌신적 정신을 발휘하라고 하는 것이 아니다. 자기와 함께 사는 사람들에 대한 충심이며, 자기를 그 주변과 동화하게 하는 것이다. 또 자기의 이익과 무리의 이익을 융합하고 스스로 분배를 예비하는 것이다. 다시 말하면 접촉하는 다른 사람을 나의 친구로 인식하고, 가고자 하는 장소는 나의 집으로 인식하여 도처가 편안히 살게 하고, 도처에서 내가 최선을 다할 뿐이니, 사람이 만약 이러한 일에 유의하면 어떤 경우든지 적응하지 못하는 일이 없어, 편안한 처지이든 역경이든 모두 나의 안락한 집이 될 것이다. 가령 연예장에 들어가면 연예장은 나의 집이요, 그 장내에 모인 모든 사람은 나와 동류이니 (…중략…) 사회심의 함양은 크면 사회 일반을 위한 것이요, 작으면 자기를 위한 것이니 곧 스스로 즐거울 때 다른 사람도 즐겁게 하고, 스스로 행복할 때 타인도 행복하게 하는 데 불과하다. 우리는 우리 동포가 아무쪼록 공공심으로, 후덕으로, 진실한 공경으로, 친절로, 타인을 통달하게 함으로써 이 사회에서 살아가기를 희망한다.

이 논설에서는 사회심의 개념을 '공덕', '헌신'이 아니라 '동류의식'과 '융합의식'에서 비롯된다고 주장하고, '공심, 후덕, 독경, 친절, 활달'이 사회심의 주요 내용이라고 강조한다. 이 논설에서는 '공덕'과 '헌신'을 거창한 도덕 의식으로 포장하고, 그에 대립하는 '공심(公心)'을 내세운 것이다. 사회적 감정이나 태도를 교정하기 위한 방편에서 사용한 용어 가운데 하나가 '민풍개선(民風改善)'이다. 민풍은 민중의 습관과 풍속을 지칭하는 용어로, 일제 강점기 사회교화 차원에서 문명론을 내세우고, 문명진보의 차원에서 '정신적 문명', 곧 '민풍'을 개선해야 한다는 논리이다.

【 民風改善: 精神的 文明의 要素[9] 】

民風改善이라 홈은 何時何代를 勿論ㅎ고 何地何方을 不問ㅎ고 其必要를 感치 안임이 無ㅎ니 何者보다도 急先務됨은 <u>國家의 隆運을 圖ㅎ고 人民의 發達을 計홈에 第一着의 要件이 되는 所以라.</u> 擧世가 皆文明이라는 好名目 下에 다만 <u>性質의 優劣 高下로써 國家의 盛衰, 人民의 文野를 卜코저 ㅎ면 是는 誤解의 甚흔 者</u>라 홀지니라. <u>文明은 精神的 文明의 主된 下에 物質的 文明의 從이 伴ㅎ여야 是 完全無缺흔 文明됨을 得ㅎ리라.</u>

精神的 文明은 何오. 卽 <u>良風美俗을 人民에게 獎勵ㅎ며 鼓吹ㅎ는 同時에 弊風 惡俗을 芟除ㅎ며 革祛홈이니</u> 昨日의 良風이 今日의 弊風되는 時도 有ㅎ고, 甲地의 美俗이 乙地의 惡俗되는 事도 有홈으로 民風의 改善은 其時代에 順應ㅎ도록 其地方에 便適ㅎ도록 恆常 調理 鹽梅ㅎ는 方法을 誤치 안이 홈이 必要ㅎ니라. 故로 在來의 美風 特長을 獎勵홀 事, 又는 新規로 獎勵홀 事, 舊來의 弊風을 消極的으로 禁止홀 事, 或은 新規로 起코저 ㅎ는 弊風을 豫防홀 事 等에 特別히 注意치 안이치 못홀 것이로다.

> **번역** 민풍(民風)을 개선한다는 것은 어느 시대, 어느 지방을 물론하고 그 필요를 느끼지 않을 수 없으니 무엇보다 급한 일은 국운(國運)의 융성을 도모하고 인민의 발달을 계획하는 일을 가장 먼저 힘써야 할

---

9) 『매일신보』, 1917.6.20.

것이다. 세상 모두 문명이라는 좋은 명목 아래 다만 성질의 우열과 고하로 국가의 성쇠, 인민의 문명 야만을 점치고자 한다면, 이는 오해가 심한 경우라고 할 것이다. 문명은 정신적 문명이 중심이 되고 물질적 문명이 그를 따라야 완전무결한 문명이 될 것이다.

정신적 문명은 무엇인가. 곧 양풍미속을 인민에게 장려하며 고취하는 동시에, 폐풍 악속을 없애고 제거하는 것이니, 지난날의 양풍이 지금의 폐풍이 되는 때도 있고, 갑의 지역의 미속이 을의 지역에서 나쁜 풍속이 되는 일도 있어, 민풍의 개선은 그 시대에 맞고 그 지방에 편하도록 항상 조리하는 방법을 오해하지 않도록 해야 한다. 그러므로 재래의 미풍과 장점을 장려할 일, 또는 새로 장려해야 할 일, 구래의 폐풍을 적극적으로 금지할 일, 혹은 새로 생겨나는 폐풍을 예방할 일 등은 특별히 주의하지 않으면 안 된다.

이 논설은 '민풍개선'이 어느 시대, 어느 지방을 막론하고 필요하다는 전제 아래, 정신적 문명을 중심으로 물질문명이 수반되어야 한다고 주장하여, 미풍양속을 지켜야 한다는 주장을 펼치고 있다. 곧 정신문명은 '양풍미속을 인민에게 장려'하는 것과 '폐풍악속을 금지'하는 것을 의미하며, 구래의 미풍 장려, 악풍 혁거, 신규로 폐풍을 예방하는 것 등이 방법이라고 하였다. 이러한 전제에서 이 논설은 '금일의 최대 급무'로 다음과 같은 사항을 제시한다.

【 民風改善: 今日의 最大 急務[10] 】
元來 朝鮮人과 內地人간에 共通 或은 少하야도 類似한 特長과 缺點이 有홈과 如히, 가령 父母에게 孝行을 盡한다던지 又는 親族이 相穆ᄒ며 隣保가 相助한다던지 ᄒᄂ는 東洋的 道德 思想에 基ᄒᆫ 特長은 大凡 相同ᄒ거니와

同時에 勞動을 不好ᄒ며 動轉則安逸에 流ᄒ기 易ᄒ며, 時間을 不惜ᄒ며, 貯蓄思想이 乏ᄒ 缺點도 兩者間에 皆有ᄒ니 此等의 弊風을 矯正ᄒᆷ은 內鮮人間 何有에 대하던지 同樣으로 改良의 目標된다 斷言하겟고, 但 其程度에 至ᄒ야는 大相不同ᄒ니라. 內地人은 元來 時勢의 進運에 伴ᄒ야 半이상 乃至 十中八九나 此等의 缺點이 滅ᄒ얏고, 朝鮮人에 至ᄒ야는 其弊風이 甚ᄒ다 ᄒ겟도다. 新政 以來로 各各 其職을 授ᄒ야 産業을 獎勵ᄒ거나 或은 敎育方面으로부터 勤勉의 風을 鼓吹ᄒ고자 ᄒ거나 ᄒ야 다소 啓發됨이 有ᄒ다 ᄒᆯ지라도 現在에 遊惰安逸을 貪ᄒ고 勤勉 勞動을 厭ᄒ는 者가 多ᄒ야 (…中略…) 大抵 民風改善이라 ᄒᆷ은 何者를 意味ᄒᆷ인가. 從來의 習慣 風俗을 擧皆 打破ᄒ고 一切을 變改ᄒᆫ다 ᄒᆷ인가. 否라. 不然ᄒ니라. 舊來의 美風良俗은 確實히 尊重 保留치 안이치 못ᄒ지니라. 다만 保留ᄒᆯ 쑨만 아니라 더욱 助長치 안이면 안 될 것이니라. 弊風 惡習으로 認ᄒᆯ 者는 漸次 矯正ᄒ고 此에 代ᄒ되 新美風良俗으로써 塡充치 안이면 안 될 것이니라. (…中略…) 人心은 偏키 易ᄒ 者라. 一方으로는 極端의 保守的 因循的인 者가 有ᄒ 同時에 他方으로는 又 極端의 進取的 新思想에 醉ᄒ 者가 出來ᄒᆷ은 勢의 免키 難ᄒ 바니 此는 時勢 變革의 顯著ᄒ 時에 明瞭ᄒ게 露出ᄒ는 現象이어니 다 後者는 曲直을 不問ᄒ고 新形式에 依코저 ᄒ다가 在來의 風習 中에 在한 善美ᄒ 精神까지도 沒刻케 ᄒ고, 又 確實히 保持치 안이면 안 될 風習까지도 捨去코저 ᄒ는 傾向이 有ᄒ니

번역 원래 조선인과 일본인의 공통점, 혹은 적어도 유사한 장점과 결점이 있음과 같이, 예를 들어 부모에게 효행을 다하거나 친족이 서로 화목하고 이웃을 서로 보호하는 것 등은 동양적 도덕 사상에 기초한 장점으로 대개 비슷하나, 노동을 좋아하지 않고 편안함만 추구하기 쉬우며, 시간을 아끼지 않고, 저축 사상이 결핍한 결점도 양자가 모두 갖고 있으니 이러한 폐풍을 교정하는 것은 일본인과 조선인 누구를 대하든지 같이 개량해야 할 목표라고 단언할 수 있는데, 다만 그 정도의 차이에 대해서는 같지 않다. 일본인은 원래 시세의 발달에 따라 반 이상 내지

십중팔구는 이러한 결점이 사라졌는데, 조선인은 그 폐풍이 심하다고 할 수 있다. 새로운 정치 이후 각각 그 직업에 따라 산업을 장려하거나 혹은 교육 방면에서 근면의 풍속을 고취하고자 하여 다소 계발된 것도 있지만 현재 게으름과 안일을 탐내고, 부지런히 일하는 것을 싫어하는 자가 많아서 (…중략…) 대저 민풍 개선이라는 것은 무엇을 의미하는 것인가. 종래의 습관 풍속을 모두 타파하고 모두 바꾸자는 것인가. 아니다. 그렇지 않다. 구래의 미풍양속은 확실히 존중하고 유지하지 않으면 안 된다. 다만 유지할 뿐 아니라 더욱 조장하지 않으면 안 된다. 폐풍 악습으로 인식되는 것은 점차 교정하고 이를 대신하되 새로운 미풍양속으로 채우지 않으면 안 된다. (…중략…) 인심은 치우치기 쉬운 것이다. 일반으로는 극단의 보수적 인순적(因循的)인 것이 있는 동시에 다른 한편으로 또 극단의 진취적 신사상에 물든 것이 나타나는 일은 일반적인 시세에서 면하기 어려운 일이니, 이는 시세 변혁이 두드러진 때 명료하게 드러나는 현상이다. 후자는 곡직을 불문하고 새로운 형식에 의지하고자 하다가 재래의 풍습에 있는 좋은 정신까지 몰각하게 하고, 또 확실히 유지하지 않으면 안 될 풍습까지 버리게 하는 경향이 있으니

이 글에 제시한 조선의 미풍양속은 '효행(孝行)', '상목(相穆)', '상조(相助)'의 전통적 미덕이다. 이 논설에서는 이른바 동양도덕으로 불린 이들 덕목이 일본이나 조선 모두 공통된 특징이므로 보존되어야 한다고 주장한다. 엄밀히 말하면 이러한 덕목은 전통적 순응주의(順應主義)와 일치한다. 순응은 식민 정책을 수용하는 기본적인 태도이다. 또 하나의 개선점은 '노동불호(勞動不好)', '유타안일(遊惰安逸)'이다. 일하기 싫어하고 놀기 좋아하며 편안하고 안일함만 추구한다는 것이다. 비록 일본인도 이런 태도가 있지만, 그들은 이를 대부분 개선했는데 조선인은 그렇지 않다는 논리이다. 곧 조선인에게 노동을 강요하고, 근면과 저축을 강압하는 문명 계발 논리는 식민 지배자들의 각종 계몽 논리를 뒷받침

한다. '민풍개선'을 제목으로 한 『매일신보』의 사설은 1917년 6월 19일부터 7월 28일까지 19회에 걸쳐 연재되었는데, 조선인의 장점으로 살려야 할 것으로 '자효(慈孝), 인보상조(隣保相助), 동심협력(同心協力), 상하 귀천의 구별(區別)'을 들고 있고, 새로 장려한 민풍으로 '충군애국(忠君愛國)의 넘(念)을 고취할 일', '근면(勤勉)의 풍(風)을 진작할 일', '시간(時間)을 아낄 일', '납세의 의무를 이행하게 할 일', '저축 장려', '위생사상(衛生思想) 향상', '공덕심의 양성(養成)', '조혼의 폐단 제거', '의뢰심 제거', '도박 엄금', '미신 누습 타파', '관혼장제(冠婚葬祭)의 간소화' 등을 제시하고 있다. 특히 새로 일어나는 폐풍으로 '부화경박(浮華輕薄), 사치음일(奢侈淫佚)' 등을 제시하고, 민풍 개선의 주체로 '군청(郡廳)', '면사무소(面事務所)', '경찰관서(警察官署)', '금융조합', '지방 독지가(地方篤志家)', '지방 학교(地方 學校)' 등을 제시하고 있다.

이처럼 전통 도덕이든 새로운 사조이든 식민 지배 정책으로서의 민풍 개선, 곧 사회교화 정책은 순응과 복종, 근면과 계발 등을 내용으로 한다.

일제 강점기에는 순응과 복종 논리에 따라 순응하는 동화적 인물을 양성하기 위한 다양한 정책이 실시되다. 그 가운데 대표적인 것으로 '준법정신'을 내세운 순응적 인물, '의식'과 '예법'을 중시하는 공민 양성 정책과 식민지 농촌을 계발하는 농촌지도 정책을 들 수 있다.

순응적 인물은 일제 강점기 조선에서의 교육이 목표하는 본질에 해당한다. 이 점은 1911년 9월 2일 발포된 '조선교육령' 제2조에서 "교육은 교육에 관한 칙어의 취지에 기초하여, 충량한 국민을 양성함을 본의로 함"이라고 천명한 데서도 확인할 수 있다. 여기서 언급한 '충량한 국민'은 제국주의적 성질을 반영하여 '충량한 신민(臣民)'으로 표현되기도 한다. 충량한 신민은 학교교육뿐만 아니라 사회교육, 사회교화 전체의 목표이다. 1910년대부터 등장한 '사회심', '사회도덕'은 '공민(公民)'이라는 말로 대체되고, 1938년 '황국신민' 교육이 강화될 때에는 개인의 덕성 대신 '황운부당(皇運扶黨)의 도(道)', 곧 황실의 운명을 개척하는 무리로서 갖추어야 할 도리가 강요되었다.

근면과 계발 논리는 조선 민중 전체를 대상으로 하는 것이지만, 특히 농촌 계발을 목표로 한 것이 많았다. 식민지 농민정책에서 농촌 계발은 교화와 계몽 차원에서 매우 중요한 정책이었음을 확인할 수 있는데, 이 점은 강점 직후부터 출현한 각종 농업 담론을 통해 확인된다. 이러한 주장들은 표면적으로 식민지 조선의 생활 향상과 선진 일본 농법의 전수를 내세운다. 『매일신보』의 경우 강점 직후부터 각종 농촌 계발 담론, 부업 담론이 연재되고, 각종 작물 재배 방법이 등장한다. 1930년 대의 모범촌과 농촌지도 원리, 자력갱생운동의 시초가 이미 1910년대 부터 제시되고 있다.

2.2. 민중교화의 논리와 방법

일시동인(一視同仁)과 내선융합(內鮮融合), 동양평화(東洋平和) 등을 슬로건으로 한 일본 제국주의의 조선 지배 논리는 근본적으로 조선 민족을 말살하는 동화주의에 근거한 식민 논리였다. 이 점에서 조선의 민중 교화는 문명국 일본에 동화되어 강대한 일본 제국주의의 테두리 안에서 서양 세력과 맞설 수 있다는 신념을 수용하도록 하는 데 목표를 둔다. 이러한 차원에서 『매일신보』1917년 3월 27일부터 4월 8일까지 10회에 걸쳐 연재된 '조선교육 혁정론'은 교육문제뿐만 아니라 민중교화의 기본 방침을 이해하는 데 의미 있는 자료가 된다.

이 사설에서는 '조선교육 혁정의 과도기', '조선과 유교주의', '유교와 신학문', '유교주의와 일본 제국', '조선인의 일대 형감(炯鑑)', '종교와 국민 교육', '조선 교화의 제일의(第一義)', '실학교육의 본의', '무신조서와 실학교육', '조선의 정신적 부활' 등의 부제를 붙였다. 각각의 제목에서 알 수 있듯이, 일제 강점기 민중교화는 이른바 '국민교육'의 차원에서 사회 제반 요소를 제국 신민화하는 데 있었다. 다음을 살펴보자.

【 朝鮮 敎化의 第一義[11] 】

今에 朝鮮의 儒敎는 虛學의 弊에 陷ᄒ야 世道 人心을 扶植ᄒ기 不足ᄒ이 如此ᄒ고 佛敎는 衰滅ᄒ야 死灰的이 되며 天主敎 耶蘇敎의 各敎會는 其 勢力을 張ᄒ야 傳道에 努力ᄒ나 國民敎育의 標準되지 不足ᄒ이 亦如彼ᄒ도다. 然則 今日에 當ᄒ야 朝鮮人을 精神의으로 救ᄒ는 道는 果然 如何오. 日 國民敎育의 方針을 確定ᄒ야 此를 實行에 顯케 ᄒ에 在ᄒ ᄲ이니라. 朝鮮 國民性의 墮落은 一言以蔽之ᄒ면 支那 形式的 文明의 弊에 陷ᄒ 것이라. 湯의 盤銘에 '日日新又日新'의 箴言이 有ᄒ을 不拘ᄒ고 支那 文明이 保守的 性質을 帶ᄒ야 向上치 안이ᄒ는도다. (…中略…) 儒敎는 반다시 虛學에 偏ᄒ 學問이라 謂치 못ᄒ 것이라 ᄒ지라도 孔子가 '信而好古'라 ᄒ과 如히 其 病症은 理想世界를 唐虞 三代의 文明으로 定ᄒ야 社會로 ᄒ야곰 此 理想에 後歸케 ᄒ고져 ᄒ에 在ᄒ지라. 故로 其 主義ᄒ는 바는 將來에 向ᄒ야 進步ᄒ에 在치 안이ᄒ고 過去에 向ᄒ야 退守코져 ᄒ이라. 支那의 文明으로 ᄒ야곰 形式的 되게 ᄒ고 向下的 되게 ᄒ이니 其 國民으로 ᄒ야곰 亡國的 의 境域에 達케 ᄒ이나, 其 政治, 宗敎, 經濟, 風俗으로 ᄒ야곰 廢頹가 今日에 至케 ᄒ이 亦此에 在ᄒ도다. 然則 今日에 在ᄒ야 朝鮮人의 精神 復活을 圖ᄒ는 道는 帝國 統治의 下에 儒敎主義의 病根된 虛學의 弊를 芟除ᄒ고 實學主義를 應用ᄒ야 將來의 運命을 開拓ᄒ에 在ᄒ ᄲ이오 實學主義로써 朝鮮敎育의 大方針을 定ᄒ고 此로써 朝鮮人 敎化의 第一義를 作ᄒ에 在ᄒ ᄲ이니 是가 思想界의 大波에 *湯ᄒ 一般 朝鮮人으로 ᄒ야곰 其德ᄒ는 바를 知케 ᄒ는 唯一의 道이오 實로 ***의 要求 ㅣ라.

> **번역** 지금 조선의 유교는 허학의 폐단에 빠져 세상의 인심을 부양하는 데 모자람이 이와 같고, 불교는 쇠멸하여 죽은 지경에 이르렀으

---

11) 『매일신보』, 1917.4.7.

며, 천주교 예수교의 각 교회는 그 세력을 팽창하여 전도에 노력하나 국민교육의 표준이 되는 데 모자람이 이와 같다. 그러므로 오늘날 조선인을 정신적으로 구제하는 도리는 과연 무엇인가. 국민교육의 방침을 확정하여 이를 실행하도록 하는 데 있을 뿐이다. 조선의 국민성 타락은 한마디로 중국 형식적 문명의 폐단에 빠진 것이다. 탕은 반명(盤銘)에 '일일신우일신'이라는 잠언이 있음에도 중국 문명이 보수적 성질을 띠어 향상되지 않았다. (…중략…) 유교는 반드시 허학에 치우친 학문이라고 말하지 못할지라도 공자가 '신이호고(옛것을 좋아함)'라고 한 것과 같이 그 병증은 이상세례를 당우 3대의 문명으로 정해서, 사회로 하여금 이 이상에 돌아가게 하고자 함에 있었다. 그러므로 그 주장하는 바는 장래의 진보에 있지 않고 과거로 퇴화하여 지키는 데 있으니, 중국의 문명이 형식적이 되게 하고 하향하게 하니, 그 국민으로 하여금 망국의 지경에 도달하게 한 것이나, 그 정치·종교·경제·풍속의 퇴폐가 금일에 이르게 한 것도 또한 이에 있다. 그러므로 금일 조선인의 정신을 부활하게 하는 도리는 제국의 통치 아래에서 유교주의에서 비롯된 허학의 폐단을 제거하고, 실학주의를 응용하여 장래의 운명을 개척하는 데 있을 뿐이며, 실학주의로 조선교육의 큰 방침을 정하고, 그것으로 조선인 교화의 가장 중요한 주의를 삼게 하는 데 있을 뿐이다. 이것이 사상계에 큰 물결에 빠진 일반 조선인에게 그 덕화를 알게하는 유일한 방법이요, 실로 (긴급한) 요구이다.

이 논설에 나타난 조선교육 혁정은 총독 정치를 기반으로 과거 조선의 종교, 사상적 폐단을 제거한 뒤 실업 교육을 강화해야 한다는 논리로 이어진다. 특히 유교나 불교의 폐단, 기독교 사상의 미흡함 등을 거론하면서 교화의 근본 의미로 '충량한 제국 신민이 되어 문명의 은택에 젖어들게 하는 데' 있음을 강조하면서, "조선의 정치는 총독정치(總督政治)로 말미암아 개혁되고, 조선인은 문명 정의의 정치를 우러러 볼 것이나, 일천 년 이래 황폐한 무형적 문명(정신적 문명)이 파괴되어 부식되지 못했고, 구사상과 구신앙은 점차 소멸되고 신사상 신신앙은 아직 살아나지 못한 상태"이므로, "무형적 문명을 부식(扶植)하고 건전한 국민 사상을 향상 개선하는 것은 금일 조선의 최대 급무"라고 주장한다.

이와 같은 차원에서 1920년대 일본 식민 관료나 사회학자들은 '조선의 민중교화' 문제에 대해 많은 연구를 진행하였다. 그 중 하나로 마츠무라마츠모리(松村松盛[12]), 1923)의 『민중지교화(民衆之敎化)』(제국지방행정학회 조선지부)를 살펴보자.

이 책은 일본어로 기술된 민중교화 연구서인데, 조선 정무총감이었던 미즈노렌타로(水野鍊太郞)[13]의 '서문', '자서(自序)', 제1장 사회교육의 의의, 제2장 사회교육 기관, 제3장 사회교육 시설 등 총 439쪽에 이르는 책이다. '자서'에서 그는 "교육은 일체의 문명을 창조하는 요람이 된다."고 전제하면서 신문명 창조를 위한 준비로, 사회 민중에게 신문명을 감당한 만한 '인격(人格)'과 '능력(能力)'을 함양해야 한다고 강조한다. 특히 1920년대 사회사상으로 '유물적 개인주의(唯物的 個人主義)'의 폐단을 지적하면서, 교육의 기회 균등과 학교교육 편중이 사회 순응성을 해치기 때문에 민중교화가 급선무라고 주장한다.

사회교육의 차원에서 '교화'를 주장한 이 책에서는 사회교육 시설을 '지육(智育)', '덕육(德育)', '정육(情育)'으로 구분한다. 지육은 지식 보급을 의미하는데, '양서 보급(良書普及)', '도서관 교육', '관람시설', '박물관 교육', '동물원·식물원·수족관', '전람회', '영사(映寫)', '강습회·강연회' 등을 제시하였고, 덕육으로는 '종교적 사회 덕육', '도덕 실수(道德實修)'를 제안하였다. 정육(情育)은 '정조순화(情操醇化)', '예술', '민중오락' 등을 의미하는데, 활동사진이나 영사 시설, 연예와 연극 등을 교화의 수

---

12) 마츠무라마츠모리(松村松盛, 1886~?): 일제 강점기 조선의 사회교육과 사회교화 정책을 연구했던 인물임. 1929년부터 1931년 사이 조선총독부 내무국 산하의 식산국에서 근무한 경력이 있음.

13) 미즈노렌타로(水野鍊太郞, 1868~1949): 일본의 정치가로 1912년 귀족원 의원이 되었으며, 1918년 데라우치 내각의 내무대신을 거쳐, 1919년 조선총독부의 정무총감이 되었다.

단으로 제시하였다.

　이 가운데 사회덕육에서는 "사회 민중의 도덕 향상을 목적으로 하는 까닭에 한편으로 민중의 도의심(道義心)을 진작하는 적극적 시설과 다른 편으로 민중의 도의심을 타락시키는 원인을 제거하는 소극적 시설"을 강구해야 한다고 설명한다. 또한 이 덕육 시설은 반드시 윤리적 수양에 그치지 말고, 종교적 수양(宗敎的 修養) 시설이 필요한데, 그 이유는 "모든 도덕은 신념을 기반으로 실행되고 견고·확실해지기 때문"이라는 것이다. 이 점에서『민중지교화』에서는 '종교적 사회 덕육 시설'을 비교적 자세히 설명한다. 여기서 그는 '종교가의 책임'을 다음과 같이 진술한다.

【 宗敎家の責任[14] 】

　寺院敎會は, 神を中心として集まれる信徒の團體てありまして, 禮拜讚美祈禱に依つて神に歸一し信仰を鍛へ德を修むるのが來日の目的てあります. (…中略…) 社會德育の立場から言へは, 民衆修德の美果を得れは卽ち足るのてあつて, 旣成宗敎の是非及禮拜の方式の如さは, 深く論究する必要を認めのてあります. 私は社會道德の沈滯を防き, 不斷之に生命の泉を灌ぐものは宗敎てあることを信ずるが故に, 特に之に重きを置かねはならぬと思ふ. 特に宗敎は神佛の前に絶對平等を理想とするを以て, 人種及國家生活の形式的異同を問はす, 信仰を以て深く堅く連結せられるから, 國民としての德義の向上に資するの外, 世界の市民として道德を涵養する上に於て, 强き力を與ふることを信じます. (…中略…) 然るに宗敎界の現狀に顧れば甚だ慊らぬものが多いてはないか. 民衆に要求に對して耳を蔽ふ者なきか 時の潮は脚下に押寄せ艤裝成りて, 尙黨同伐異の御家騷動に熱狂し, 共に溺れんとする醜狀を暴露する者なきか. 心ある宗敎家は時潮の遠音に覺めて 宗敎の社會化に努めよ! 敎會寺院の解

---

14) 松村松盛(1923),『民衆之敎化』, 東京·京城: 帝國地方行政學會 朝鮮支部.

放を策せよ! 國際親和の大理想に向つて邁進せよ!

번역 사원과 교회는 신을 중심으로 모인 신도들의 단체이므로, 예배, 찬미, 기도에 의해 신에게 돌아가 신앙을 단련하고, 덕을 수련하여 내일을 목적으로 하는 것이다. (…중략…) 사회 덕육의 입장으로 말하면, 민중의 덕을 수련하는 좋은 결과를 얻는데 충분한데, 기성 종교의 시비와 예배 방식의 여하는 깊이 논구할 필요가 있다고 생각한다. 나는 사회 도덕의 침체를 막기 위해 끊임없이 생명의 원천을 주입하는 것이 종교에 있다고 믿는다. 그러므로 특히 중점을 두어야 하는 것은 종교는 신과 부처의 앞에서 절대적 평등을 이상으로 하므로, 인종과 국가생활의 형식적 차이를 불문하고 신앙을 깊고 견고하게 함으로써, 국민된 덕의(德義) 향상을 자질로 하는 외에, 세계 시민으로서의 도덕을 함양하는 데 강한 힘을 부여한다고 믿는다. (…중략…) 그러나 종교계의 현상을 돌아보건대 심히 마땅하지 않은 일들이 많지 않은가. 민중의 요구에 귀를 닫지 않는가. 시대 조류에 눌리어 의장을 이루고 무리를 숭상하며 다른 이들을 공격하고 소동을 일으키며 열광하며, 모두 물에 빠지는 추악한 상태를 폭로하는 일들이 없지 않은가. 뜻있는 종교가는 시대 조류의 먼 소리부터 깨달아 종교의 사회화에 노력하라. 교회 사원의 해방을 도모하라. 국제 친화의 큰 이상을 향하여 매진하라.

종교의 기능을 '신앙 단련', '덕의 수련', '내일을 목적하는 것'으로 규정하면서도 '국민된 덕의 향상', '세계 시민 도덕' 함양을 위한 사원·교회의 사회화가 필요하다고 주장한 이 글은 일제 강점기 종교를 대상으로 한 사회교화 정책의 본질이 무엇인지를 잘 보여준다. '설교', '찬가(讚歌)', '포교 전도 사업', '기독신도 공려회', '일요학교', '종교적 청년회와 부인회', '구세군'에 이르기까지 '국민덕의'와 '세계시민'을 전제로 한 사회교화에 중점을 두고 있다.

또 하나 주목할 것은 도덕 수련 시설로 '윤리 활동(倫理活動)', '소년의용단', '소녀 의용단', '청년단' 등의 사회단체, 심지어는 '처녀회(處女會)', '부인회' 등을 동원한 민력 함양(民力涵養)을 주장한 것이다. 이와 같은 사회단체는 1920년대 이후 식민 통치 기구와 연계하여 점차 조직 화되기 시작하였는데, 그 가운데 식민지 계몽 담론과 관련하여 농촌 지역의 단체를 주목할 필요가 있다.

농촌 계발 담론은 1910년 초부터 지속적으로 진행되어 왔다. 앞서 소개한『매일신보』의 '민풍개선'에서도 군청과 면사무소, 지방 유지와 학교의 역할을 제시한 뒤, 야마자키노부요시(山崎延吉, 1908)가 지은『농촌자치(農村自治)의 연구(硏究)』,『농촌자치기관(農村自治機關)』의 일부를 소개한 바 있다.15)

1910년대 농촌 계발 정책은 조선의 기후와 풍토에 적합한 농업 개발, 농사 개량 장려, 권업 모범장 설치, 국유지 개간, 특용 작물 재배 등을 중심으로 진행했으며, 이러한 사업은 조선총독부와 동양척식주식회사 를 중심으로 진행되었다.16) 이러한 계발 정책은 표면상으로는 농촌 계 발을 내세웠지만, 식민지 농업 생산성 향상을 목표로 한 것이다. 이러 한 상황에서『매일신보』에서도 다수의 농작물 재배법, 모범 농원(模範農園) 설치에 관한 소개, 일본의 농촌 계발 사례 소개 등을 소개하고 있는데, 예를 들어 1912년 1월 9일부터 1912년 4월 3일까지 지속적으로 연재된 '조선 농업의 지남(指南)'이나, 1912년 2월 29일부터 7월 6일까지 연재된 '지방 세민(細民)의 부업' 등은 생산성 향상을 위한 농업 개발

---

15) 야마자키노부요시는 근대 일본의 농업 정치가이자 교육자로 중의원 의원을 지낸 인물이다. 그는 1897년 동경제국대학 농과대학 원예학과를 졸업하고, 1899년 오사카 부립 농학교 교유를 거쳐, 중의원 의원을 지내기도 하였다. 1930년대에는 조선총독부의 촉탁(囑託)으로 조선 지방 농촌 강연에 참여하기도 했으며, 1930년대 농촌진흥정책을 입안하기도 하였다.

16)『조선총독부 시정연보: 대정 6·7년』제8장 농업에서는 '조선의 기후와 농업', '농사개량장려', '권업모범장', '도 종묘장', '국유 미간지(未墾地)', '수리시설', '농산물 체증', '농산물 수이출(輸移出)', '미맥 급 대두작(米麥及大豆作)', '채두 급 완두(菜豆及豌豆) 재배', '담채재배(甜菜)', '면화재배', '연초(煙草)', '과수 재배', '잠업', '축산', '우피(牛皮)', '목마 급 목양(牧馬及牧羊) 사업', '동양척식주식회사' 등으로 구분하여 시정 활동을 정리하고 있다.

이 어떤 의미를 갖는지 잘 보여준다. 그뿐만 아니라『시정연보』의 '권업모범장'을 본뜬 '모범 농원'에 관한 담론도 지속적으로 등장한다.

3. 식민지 농업 정책과 농촌 계발 관련 자료

3.1. 식민지 농업 정책과 농업 계발서

1910년대부터 지속된 식민지 농업 생산성 향상 정책에 따라 조선총독부에서는 다수의 농업 계발서를 편찬하기도 하였다. 이러한 계발서는 일본문으로 된 것도 있고, 일본문에 조선문을 부속한 것도 있다.

예를 들어 경상북도 내무부(1912)의『잠업지남』(대구인쇄합자회사)은 국한문 문장에서 국문과 일본문을 부속한 점이 특징이다. 이 책의 표지 다음에는 당시 경상북도 장관이었던 이진호의 '잠업찬'이라는 글을 싣고, 내무부장이었던 사이토라이조(齋藤禮三)[17]의 서문, 편자의 '서언' 등을 수록하였다. 이진호는 1907년 대한제국 군대 해산 이후 중추원 부찬의를 거쳐 평안남도 관찰사, 1910년 경상북도 장관, 1916년 전라북도 장관, 1919~21년 전라북도 지사, 1924년 총독부 학무국장을 지낸 대표적인 친일파 인사이다. 책의 편찬 목적은 '서언(緒言)'에 나타난 바와 같이, 잠업 강습용으로 농업 생산성 향상에 있었다.

【 緒言[18] 】

一. 本書는 道立 蠶業講習所 及 地方 春蠶傳習所 卒業生 又는 共同稚蠶飼

---

17) 사이토라이조(齋藤禮三): 생몰연대를 알 수 없으나 1908년 내부 본청 경무국의 경시(警視) 주2~4급, 1912년 경상북도 내무부장, 1916년 충청북도 제1부장 등을 역임한 인물이다.
18) 경상북도 내무부(1912),『잠업지남』, 경상북도. 오른쪽에 부속된 일본문은 입력하지 않음. 이 책은 허재영 해제(2012),『근대 계몽기 노동야학과 성인 강습』 1(역락)에 수록되어 있다.

育所 敎師 等 專히 本道內에셔 育蠶의 事에 從ᄒᄂᆞᆫ 者에 頒ᄒᆞ기 爲ᄒᆞ야 編述한 者이라.

一. 本書 所載의 事項은 何라도 本道를 中心으로 ᄒᆞ야 本道에 適切흔 方法를 記述코자 흔 事에 屬ᄒᆞ나 此가 硏究 調査의 機關 尙히 아직 備치 못ᄒᆞ야 完璧域에 入키 能치 못흠은 編者의 遺憾흔 所이오나 將來 更히 適切흔 硏究 遺漏업시 調査를 遂ᄒᆞ야 此가 增補 改訂에 吝치 안토록 할지라.

一. 本書載흔 所主으로셔 骸骨的 事實를 基礎로 ᄒᆞ야 苟히 贅文冗句에 涉흠과 如흔 事項은 一切 此를 避ᄒᆞ게 ᄒᆞ야 此로써 讀者 亦 無趣枯骨를 囓(교)ᄒᆞᄂᆞᆫ 感이 잇슬지라도 此를 施ᄒᆞ야 悖치 안ᄒᆞ고 此를 行ᄒᆞ야 過치 안흠은 編者의 確信한 所也라. 辛亥 一月 於達城之寓居

번역　일. 본서는 도립 잠업강습소 및 지방 춘잠 전습소 졸업생, 또는 공동 치잠(어린누에) 사육소 교사 등 오직 본도 내에서 누에를 기르는 일에 종사하는 사람에게 나누어 주기 위해 편술한 것이다.

일. 본서에 실린 사항은 무엇이든 본도를 중심으로 본도에 적절한 방법을 기술하고자 한 것이나 더욱 이에 연구 조사 기관이 아직 갖추어지지 못해 완벽한 지경에 들지 못한 것은 편자가 안타깝게 생각하는 바이다. 그러나 장래 다시 적절한 연구로 빈틈없는 조사를 따라 증보 개정하는 데 인색하지 않게 한다.

일. 본서에 실린 것으로 거친 여러 가지 사실을 기초로 진실로 엉성하고 쓸데없는 문구가 들어 있는 것은 모두 이를 피하게 하여, 독자가 또한 무미건조하게 고목을 씹는 느낌이 있을지라도 이를 시행하여 어긋나지 않고, 이를 행하여 지나치지 않을 것이라는 점은 편자가 확신하는 바이다. 신해 일월 달성의 누추한 집에서

이 책의 본문은 '총설', 제1절 잠실(蠶室), 제2절 잠구(蠶具), 제3절 잠종(蠶種), 제4절 사육(飼育), 제5절 상족(上簇), 제6절 수견(收繭, 누에고치를 거두기), 제7절 살용건견(殺蛹乾繭, 번데기 죽이기와 누에고치 말리기) 등

과 같이 잠업 관련 기본 사항으로 구성되었다. '총설'에서는 "잠업은 이를 전업적(專業的)으로 경영함과 부업적(副業的)에 종사(從事)함 어떤 것을 불문하고 토지, 가옥, 사람의 손 등의 균형을 잃지 않음에서 일찍 이 상당한 이익을 얻는 것"이라고 설명하여, 잠업을 부업의 하나로 장려하고자 했음을 밝히고 있다. 이는 식민 강점 이후 농촌의 피폐가 농민의 나타에서 비롯되며, 이를 극복하기 위해 근검저축과 부업을 활성화해야 한다는 논리와 닿아 있다.

이와 유사한 형태의 농업 계발서로 대일본농업장려회 출판(大日本農業獎勵會出版, 1911)의 『조선농사시교(朝鮮農事示敎)』를 들 수 있다. 이 책은 동경제국대학 농과대학 교수인 이나가키어도헤이(稻垣乙丙)[19]와 조선총독부 권업모범장[20] 기사이자 조선총독부 기사인 농학사 사키사카이쿠조로(向坂幾三郎)가 지은 것으로 이른바 '조선 개발'을 명목으로 하는 식민 농업 정책의 특징을 보여주는 자료이다. 본문은 민인호(閔麟鎬, 1910년대 경남지역의 일제 협력자로 알려진 인물), 윤태중(尹泰重)이 조선문 번역을 도운 것으로 나타난다. 책의 구성은 조선총독부 권업모범장장 혼다고우스케(本田幸介)가 쓴 일본문 서(序), 조선총독부 농무과장 나카무라히코(中村彦)의 일본문 서(序), 저자 중 한 사람인 이나가키어도헤이의 자서(自序), 국한문의 발행 취지, 제1편 총설 33장, 제2편 종예(種藝) 29장으로 이루어져 있다. 이 가운데 발행 취지를 살펴보자.

【 朝鮮農事示敎發行趣旨 】

夫農業은 國家 富源의 要素가 되며, 人民 生活의 乳母와 갓흐지라. 苟或 沙漠 不毛의 地에 國을 建ᄒ고 家를 築ᄒ진딘 外侵을 不待ᄒ고 自然히 荒漠

---

19) 이나가키어도헤이(稻垣乙丙, 1863~1928): 동경고등사범학교, 제국대학 농과대학 졸업. 농학박사. 『농학계제』, 『농학입문』, 『농지개량학』, 『농예물리기상학』, 『농업사전』 등의 저서를 내었음.

20) 권업모범장은 1906년 4월 통감부 주도로 창설되어 일제 강점기 조선 농업 정책을 기획하고 기술을 보급하는 업무를 맡은 기관이다.

無人의 境에 至ᄒᄂ 結果가 必有ᄒᆯ지라. 古人 所謂 農者ᄂ 天下의 大本이라 ᄒᆷ이 엇지 達論이 아니리오.

我帝國은 古來로 尊農主義가 有ᄒ얏ᄂ디 農業이 發達됨을 隨ᄒ야 人口가 增加ᄒ얏스며 人口가 增加ᄒᆷ을 隨ᄒ야 商工業이 ᄯᅩᄒ 發達된지라. 然則 農業은 足食足民ᄒᄂ 國家 大事業이오 ᄯᅩᄒ 諸般 事業 中 主腦的 事業이라. 故로 歷代의 爲政者가 皆其政策을 踏襲ᄒ야 蹟을 成ᄒ 비라.

今에 我帝國이 旣히 朝鮮을 倂合ᄒ얏슨즉 朝鮮 八萬餘哩의 方域으로써 膏油의 地를 作지 아니ᄒ면 不可ᄒ며, 新附民 一千萬口로써 含哺鼓腹ᄒ고 擊壤歌를 唱케 ᄒ지 아니ᄒ면 不可ᄒ며, ᄯᅩᄒ 帝國의 租稅 歲入을 增加케 ᄒ지 아니ᄒ면 不可ᄒ지라. 然而 朝鮮은 地質이 甚美ᄒ고 且土廣 人稀ᄒ니 農業 發達의 前途ᄂ 多大ᄒ 希望이 有ᄒᆯ 바이라. 更히 我帝國 農界의 現狀을 觀할진디 米穀은 年年 輸出額이 五千萬圓 乃至 六千萬圓으로써 算ᄒ깃스며 蠶絲ᄂ 旣히 一億圓에 達ᄒ얏스니 此乃農業進步의 效果이ᄂ 然이ᄂ 農業者 中에 舊套를 守ᄒ고 新知識을 不好ᄒᄂ 者 尙多ᄒᆷ으로 其發展의 途에 不少ᄒ 障害가 有ᄒ니 엇지 痛嘆치 아니ᄒ리오. 本會ᄂ 我農界를 爲ᄒ야 機關 雜誌 及 有益ᄒ 書籍을 發刊ᄒ야셔 農事上의 硏究 調査 材料를 삼게 ᄒ고, 豫約을 廣募ᄒ야 一面으로 地方 農村에 向ᄒ야 新知識을 鼓吹ᄒᄂ 同時에 他面에 學理와 實地의 調和를 圖ᄒ야써 農業 改善 實蹟을 擧코자 ᄒ노니 江湖 諸彦은 本會의 趣旨를 贊襄ᄒ고 豫約을 望ᄒᆷ. 明治 四十四年 十二月 東京市 芝愛宕町 二丁目 十四番地 大日本農業獎勵會

번역 대저 농업은 국가 부원(富源)의 요소가 되며, 인민 생활의 유모와 같다. 진실로 사막이나 불모의 땅에 국가를 건설하고 집을 짓더라도 외침이 없이 저절로 황막하고 사람이 없는 지경에 이를 것이니, 옛사람이 농자는 천하의 큰 근본이라고 한 것이 어찌 통달한 논의가 아니겠는가.

우리 제국은 고래로 농업을 존중하는 사상이 있었는데, 농업 발달에 따라 인구가 증가했으며, 인구 증가에 따라 상공업이 또한 발달된다. 그러므로 농업은 풍족히 먹고 인민을 부유하게 하는 국가의 큰 사업이요, 또한 제반 사업 중 중심이 되는 사업이다. 그러므로 역대 위정자가 이 정책을 이어받아 업적을 이루었다.

지금 우리 제국이 이미 조선을 병합했으니 조선 8만 여리의 지역에 기름진 땅을 경작하지 않으면 안 되며, 새로운 신민 일천만 인구가 함포고복하고 격양가를 부르게 하지 않으면 안 되며, 제국의 조세 세입을 증가하도록 하지 않으면 안 된다. 그런데 조선은 지질이 매우 좋고, 또한 토지가 넓고 사람은 드무니, 농업 발달의 앞날에 큰 희망이 있다. 다시 우리 제국의 농업계 현상을 살펴보면 미곡은 해마다 수출액이 5천만 원 내지 6천만원에 이르며 잠사는 이미 일억 원에 달했으니 이것이 곧 농업 진보의 효과이나, 농업하는 사람 가운데 옛날 방식을 고수하고 신지식을 좋아하지 않는 자가 아직까지 많으니 그 발전하는 길에 적지않은 장애가 있으니 어찌 통탄하지 않겠는가. 본회는 우리 농업계를 위하여 기관 잡지 및 유익한 서적을 발행하여 농사에 필요한 연구, 조사의 재료를 삼게 하고, 예약을 널리 받아 한편으로는 지방 농촌에 신지식을 불어넣고, 다른 한편으로는 학리와 실지가 조화하도록 도모하여 농업 개선의 실제 업적을 높이고자 하니 강호의 여러 사람들은 본회의 취지를 찬양하고 예약하기를 바란다. 메이지 44년 12월 도쿄시 지바아다코 정 2정목 14번지 대일본농업장려회

식민지 조선의 1천만 새로운 인민의 함포고복과 격양가를 목표로 한다는 미사여구를 사용하였으나, 이 취지에 등장하는 바와 같이, 일제의 농업 정책은 식민지 조선 경작을 통한 조세 세입 증가, 미곡과 잠사의 공급지를 목표로 하고 있음을 명확히 하였다. 또한 제1편 '총설'의 제1장 '사람의 생업'이나 제2장 '농업', 제3장 '농민' 등에서도 제국 신민으로서의 농민의 역할을 명확히 밝힌다.

【 第一編 總說 】

第一章 사름의 生業[21]: 무릇 싱업에 힘씨난 인민을 부지런흔 빅성이라 흐고, 싱업에 게으른 인민을 나틔흔 빅성이라 흐느니, 부지런흔 빅성은 부귀영화의 힝복을 밧을 거시느 나틔흔 빅성은 드듸여 빈궁흔 고경(苦境)에 빠질 거시라. 그런고로 엇더흔 싱업에 종사흐던지 그 항상 명심흘 거슨 근면에 잇스니, 속담에 갈오딕 "근면흐면 빅사가 다 쉬웁고, 근면치 안니흐면 빅사가 다 어렵다." 흐엿고, 또 갈오딕 "벌이에 간난흔 쟝사 업다." 흐엿스며, 옛말에 쏘 일으되 모진정사(苛政)는 범보담 무섭다 흐엿느니 정사가 만일 적의(適宜)치 못흔즉 근면으로 엇은 직화는 주구(誅求)로 인흐야 몰취될 렴녀 잇거니와 지금은 성천자 직상(在上)흐샤 국민을 사랑흐심이 자모(慈母)가 적자(赤子)에 되흠과 갓흐시사 국민의 직산은 법률로 안전이 보호된지라.

第三章 農民: 농업에 종사흐는 자를 농민이라 흐느니 농민 중에 토지를 소유흔 자를 지주라 흐며, 지주로서 친히 경작흐는 자를 자작농이라 흐며, 남의 토지를 비러서 경작흐는 자를 소작농이라 흐며, 남의게 품팔이여 농업의 로동에 종사흐는 자를 농부라 흐느니라. 다만 토지만 빌녀주고 조금도 농사에 관게치 아니흐는 자는 참 농민은 아이니라. 토지의 소득을 지익(도조)이라 흐며, 자본의 소득을 리자(利子)라 흐며 노동의 소득을 노은(품삭)이라 흐느니 고로 지주는 도조를 밧으며 농부는 품삭을 엇으며, 소작농은 리자와 노은을 엇으며, 자작농은 여러 가지 소득을 다 차지흐느니라. (…중략…) 무릇 엇더흔 싱업에 종사흐더리도 근면의 다암(次)에 필요흠은 지식과 단련의 두 가지라. 지식이 업시면 쓸되업는 익써는 일이 만흐며 단련이 업시면 일에 당흐야 실픽흘 넘려 잇느니 고로 농민은 농업에 필요흔 지식을 닥가서 그 일에 숙련흠을 힘쓸지라.

---

21) 이 책은 일본문을 주로 하고 오른쪽에 조선문을 부속하였다. 여기에 옮긴 것은 조선문이다. 조선문은 한자를 병용하지 않았으나, 입력 과정에서 의미 전달을 위해 한자를 병용하였다.

이 글은 식민 지배 상태에서의 농업 담론으로 일제 강점을 '성천자가 국민을 사랑하는 것이 어진 어머니가 어린아이를 대하는 것'과 같이, 가렴주구의 가혹한 정치를 벗어난 상태라고 강변하며, 농민은 '근면', '지식', '단련'을 필요로 한다고 주장한다. '농사시교(農事示敎)'라는 제목이 농업 기술을 시범하여 가르치는 것임을 고려할 때, 농업 개발에 앞서 제국 신민으로서의 농민상을 강조하고 있는 셈이다.

이러한 흐름에서 식민지 조선의 농업 계발을 목표로 한 일본문 서적도 적지않게 편찬·보급되었다. 예를 들어 1918년 다카야마도루(高山徹) 저작의 『조선농업보감(朝鮮農業寶鑑)』(경성종묘원)은 1930년대 후반까지 지속적으로 출판된 서적이다.22) 이 책은 모두 일본문으로 쓰였으며, 혼다와 세키야의 서문, '범례', 목차, '풍토', '작물', '비료', '토양', '토지개량', '농구(農具)', '작물 병해(病害)', '해충', '축산', '잠업', '농산제조', '임업', '농업경제', '잡부(雜部)'로 구성되었다. '범례'에서는 이 책이 "조선의 농업을 지도하는 교육자, 기술자, 농업 종사자들이 휴대하기 편리한 참고서를 제공하는 데" 목적을 두었다고 밝혔으며, '조선총독부 농사시험장 시험조사 보고서'와 '조선총독부의 출판물' 등을 기초로 하여 실제 적용 가능한 농업 지식을 위주로 편찬하였다고 밝혔다. 또한 앞에 서문을 쓴 혼다고우스케가 자신의 스승이라고 한 점을 고려하면, 저자는 창씨개명한 조선인이었을 가능성도 높다.

이처럼 농업 계발서는 농작물 재배 기술과 관련된 내용을 중심으로 하였으며, 이는 식민지 농업 생산성 향상을 목표로 한 것으로 볼 수 있다.

---

22) 이 책의 저자인 다카야마도루(高山徹)가 어떤 인물인지는 확실하지 않다. 제5판(1938)에는 1931년 혼다고우스케(本田幸介)가 쓴 서(序)와 세키야조로(關野貞三郎)가 쓴 서문이 실려 있는데, 이에 따르면 다카야마가 평양공립농업학교 교장을 지냈음을 확인할 수 있다. 그가 조선인이었는지 일본인이었는지도 불분명하다.

3.2. 식민지 농민독본과 지도서

국문으로 농촌 계몽을 위한 독본류가 본격적으로 편찬된 것은 1926년 이성환의 『현대농민독본』(조선농민사) 이후의 일이다. 이 농민독본은 한글 낱자 교육뿐만 아니라 '양반과 노동', '자유'와 '평등', '조선 농민' 등과 같이 식민지 조선의 농민을 각성시키는 내용이 다수 포함되어 있다. 그뿐만 아니라 신명균(1928)의 『노동독본』(조선교육협회),[23] 윤봉길의 『농민독본』,[24] 이성환(1930)의 『농민독본』(전조선농민사), 김일대(1931)의 『대중독본』(조선농민사) 등과 같이, 노농(勞農) 대중을 대상으로 한 독본이 편찬되면서, 농민 계몽운동에 대한 일제의 감시와 통제도 심해졌다.

특히 1930년대에 이르러 식민 농정(農政)이 크게 변화하기 시작했는데, 이에 대해 이송순(2008)에서는 식민 통치기의 농정 변화를 '1910~1920년대의 농업 생산 증강 정책', '1930년대의 조선 농촌진흥운동'으로 나누어 기술한 바 있다. 이처럼 1930년대는 식민지 농업 정책이 큰 변화를 가져온 시기이다. 특히 1920년대 말부터 1930년대 초에 불어닥친 세계적 경제 대공황, 일제의 만주 침략 등으로 이어지는 시기에 조선 농민에 대한 통제를 강화하고, 산미증산을 위해 각종 '농촌진흥운동'을 전개하였음은 주지의 사실이다.[25]

이러한 흐름에서 조선총독부와 지방 행정기관의 농민독본류가 출현하는데, 『매일신보』의 기사를 참고하면 다음과 같은 사례가 나타난다.[26]

---

23) 이 독본에 대해서는 조정봉(2007)에서 권2~3을 분석한 바 있으며, 허재영(2012)에서는 권3만 수록하였다.

24) 이 자료는 발행 상황을 확인하기 어려우나 외솔회(1976)의 『나라사랑』 제25집에서 권2, 권3을 소개한 바 있다.

25) 일제하 농업 정책의 변화에 대해서는 한국사회사연구회 편(1987)의 『한국근대 농촌사회와 일본제국주의』(문학과지성사), 장시원 외(1988)의 『한국근대 농촌사회와 농민운동』(열음사), 홍성모(1989)의 『한국근대 농촌사회의 변동과 지주층의 형성』(연세대학교 출판부) 등의 단행본을 참고할 수 있다.

【 『매일신보』의 농민독본류 관련 기사 】

연월일	제목	관련 기관	저술 주체
1933.06.25	諺文農民讀本	경기도	지방과
1933.08.19	農村振興資料 農民讀本發行	경기도	
1933.09.24	江華振興會本部農民讀本을 配付	경기도	
1933.12.03	農民讀本發行 達城郡에서	달성군	
1933.12.14	副業을 奬勵指導하고 農民讀本을 敎授 安郡守以下 職員이 各里를 擔當 坡州郡의 振興運動	경기도	
1934.01.13	農民算術讀本 京畿道에서 配布	경기도	최병협 「속수산술서」
1934.02.02	農民讀本의 敎授統一-경긔도에서	경기도	
1934.02.05	道의 農民讀本 目下增刷中	경기도	
1934.02.16	文盲農村에 燦然한 燈臺 경긔도의 농촌야학회	경기도	
1934.07.04	農民讀本配附 咸北道文盲退治策	함북	
1934.07.28	夜學敎師講習 高陽郡에서	함북	
1934.08.06	咸北農民讀本 十月頃에 配付	함북	
1934.11.01	農民讀本 二千部 各村落에 配附 學校와 駐在所가 中心으로 指導 平北의 文盲退治策	함북	
1934.12.03	咸北地方課編纂 農民讀本完成 農振은 먼저 文盲退治에서	함북	
1935.09.01	平南農民讀本 九月末頃完成	평남	교육회
1935.10.09	平南道 農民讀本	평남	
1937.01.28	簡易農民讀本 忠北道서 配付	충북	
1939.08.23	國語普及案-農民讀本出現-嶄新한 內容에 人氣	총독부	학무국
1939.11.11	簡易農民讀本 忠北서 無料配付	충북	
1943.05.09	增産의 秘訣인 農民讀本編纂	황해도	岩田 농정과장
1943.08.12	'戰時農民讀本' 黃海道에서 農家에 增刊配布	황해도	
1943.08.14	皇農의寶典 黃海道서農民讀本發刊	황해도	우스이 지사 서문

이 표에 나타난 바와 같이, 1930년대 경기도, 달성군, 함경북도, 평안 남도, 충청북도, 황해도, 총독부 총무국 등 조선총독부 행정기관에서 다수의 농민독본을 편찬했음을 확인할 수 있다. 허재영(2016)에서 밝힌

---

26) 이 자료는 허재영(2016)의 「일제 강점기 농민독본류의 발행 실태와 내용」(『국어교육연구』 61집, 국어교육학회)에서 옮겨옴.

바와 같이, 행정기관의 농민독본 가운데 가장 먼저 편찬된 것은 1933년의 『경기도 농민독본』이다. 『매일신보』 1934년 2월 2일자 기사에 따르면 이 독본은 7만 5천부 이상 발행되었으며, 다른 행정기관에도 영향을 주었다.

이처럼 경기도에서 농민독본을 편찬하기까지는 중요한 사건이 있었는데, 1932년 이른바 '죽산 교원 공산당 사건'이다. 이 사건은 경기도 안성 죽산에서 발생한 교원 공산당 검거 사건으로, 당시 경기도 경찰서에서 조사한 바에 따르면 이들이 사회주의 계열의 '농민독본'을 사용하고 있었던 것으로 보인다. 이는 '국내 항일자료 경성지방법원 검사국 문서'에 이 독본 가운데 8개 과가 일본문으로 번역 수록된 데서 확인할 수 있다.[27] 이로부터 민간 차원의 농민독본에 대한 검열이 극심해졌으며, 『동아일보』 1937년 7월 1일자 기사와 같이, 민간측 계몽운동은 사실상 금지 상태에 들어갔다.

이와 같은 배경에서 경기도의 『농민독본』이 편찬되었는데, 이 독본의 내용은 식민시기 행정기관의 농촌 계몽이 어떤 의미를 갖고 있는지 잘 보여준다. 이 독본은 '경기도 각 부군 위치도(位置圖)', '범례', '교수상 주의할 일', 본문 60과, 부록으로 구성되었다. 이 책은 "1~13. 철자법, 14. 우리아가, 15. 태산, 16. 우리집, 17. 공부, 18. 일주일, 19. 속담, 20. 큰힘, 21. 고마운 세상, 22. 나의 몸과 세상, 23. 직업, 24. 농사타령, 25.

---

27) '讀本을 編纂宣傳 데모 練習을 日課. 十三명은 취조 중, 미체포자 다수'(『동아일보』, 1932. 7.23) 참고. "안성서에서 검거 취조 중인 죽산농우학원(竹山農友學院) 사건은 그 내용이 경긔도에서는 아직까지 보지 못하든 것으로 흡사히 함남(咸南) 등지에서 발생된 사건과 가티 중대성을 씌우고 잇다 한다. 조직체로 말하면 조선 공산당 경기도 공작위원회의 준비에 불과하나 지금까지 실행하야 온 것으로 보면 농민독본(農民讀本)이라는 계급의 식과 ○○의식을 고취하는 농민과 무산 아동의 교과서를 맨들어 가지고 가라치는 동시에 매일 아츰마다 일즉이 일어나서 부근 산속으로 백여 명의 청소년을 모아가지고 데모 련습을 하야 왓다고 한다. 지금까지 검거된 인원은 十三명에 불과하나 미체포자의 수효도 상당한 수자에 달한다고 하며, 금번에 그들이 하든 일이 일즉이 발각되지 아니하얏더면 함남 일대와 가티 각지 농민층의 일대 소란 사건이 불원한 장래에 잇섯스리라 하야 동 사건을 경찰측에서는 중대시한다고 한다."

서로 도움, 26. 가여운 일, 27. 벌네문답, 28. 진흥회만세, 29. 진흥회가, 30. 못쓸 것 업다, 31. 격언, 32. 동니자랑, 33. 사대절, 34. 은사구료, 35. 세 가지 약속, 36. 우리 마을, 37. 청년의 책임, 38. 부인의 책임, 39. 세상 보배, 40. 농냥과 부채금, 41. 나의 땀, 42. 우리집 논, 43. 두 번 눈물, 44. 저 종소리, 45. 조선과 내지, 46. 나무, 47. 동요, 48. 귀신도 눈물을, 49. 청결, 50. 생각하야 볼 일, 51. 편지, 52. 우리 진흥회장, 53. 시조, 54. 자미잇는 생활, 55. 공덕심, 56. 살님살이 조사, 57. 일긔, 58. 가튼 인종, 59. 힘쓰라, 60. 심청, 부록"으로 구성되었다. 진흥회와 관련된 과가 많고, '사대절, 은사구료, 조선과 내지, 가튼 인종'과 같이, 황국신민화, 동화 정책을 강요하는 내용이 많은 것도 지방 행정기관이 편찬한 독본의 특징이라고 할 수 있다.

또한 현재 확인되는 행정기관의 독본으로 충청북도(1934)의 『간이 농민독본』이 있다. 이 독본도 경기도 지방과의 독본과 크게 다르지 않은데, '간이'라는 표현에 맞게 '범례'와 34과의 본문으로 구성하였다. '범례'는 경기도의 독본과 크게 다르지 않은데, 이 교재도 '농촌 진흥의 지조를 함양하는 데 목표를 두었다. 본문은 "1. 반절, 2. 된시옷, 3. 중중성, 4. 밧침, 5. 둘밧침, 6. 사대절, 7. 우리집, 8. 사시, 9. 보통농사, 10. 일년, 11. 소와 도야지, 12. 농가집 아해, 13. 양잠, 14. 우리 동리, 15. 거름, 16. 조석 인사, 17. 부업, 18. 속담, 19. 직업, 20. 함정에 빠진 호랑이, 21. 농사타령, 22. 물방아, 23. 갱생부락 문답, 24. 조선, 25. 농가갱생 오년계획, 26. 고마운 세상, 27. 수짜, 28. 한짜, 29. 한짜 읽는 법, 30. 가게부 쓰는 법, 31. 편지, 32. 생활개선, 33. 산술"로 구성되었다. '갱생운동'과 관련된 과가 많은 것이 특징이다.

농민독본을 표방하지는 않았지만, 충청남도(1933)의 『속성조선어독본(速成朝鮮語讀本)』(조선인쇄주식회사)이나 국민교육회(1937)의 『농촌속습(農村速習) 조선어독본』(正文社)도 농민독본류에 포함할 수 있다.

『속성조선어독본』은 '충청남도 관내 약도'(각군 면적 일람 포함), '범례'와 본문으로 구성된 독본으로, 범례는 9개 항으로 구성되었다. 이 가운데 '1. 本書는 速成的으로 朝鮮語를 敎授하기 爲ᄒ야 編纂함', '6. 제2과는 諺文 基本文字를 鍊習하기 爲하야 名詞, 動詞, 形容詞, 副詞, 助動詞 등을 代表的으로 一語式 網羅하얏스되 表音的으로 揭載하얏스니 제4과 이후 敎授時에 適宜히 矯正 敎授하고 其他 類似語는 敎授者가 適宜히 應用 練習함이 可함', '8. 本書는 3개월에 完了하도록 時間을 適當히 按分하야 敎授함이 可함', '9. 本書 末頁에 算用 數字를 列記한 것은 學生의 參考에 供하기 爲함'이라는 설명을 참고할 때, 앞의 농민독본류 편찬 목적과 같은 목적에서 편찬한 독본으로 판단된다. 목차가 없고 완전한 판본이 아니어서 본문이 몇 과로 구성되었는지 알 수 없으나,[28] 현재 확인되는 내용은 제1과(제목 없음, 한글 낱자 학습), 제2과 연습(한글 낱자 연습), 제3과 철자법(밧침, 중성, 둘밧침·된시옷), 제4과 말부치기(1)(이 과는 어휘 및 구를 열서한 과임), 제5과 말부치기(2)(이 과는 단문을 제시한 과임), 제6과 우리의 싱활(1), 제7과 우리의 싱활(2), 제8과 우리의 싱활(3),, 제9과 우리의 싱활(4), 제10과 두 사람의 문답, 제11과 家庭通信(가뎡통신)(편지 형식), 제12과 常識(상식)(숫자와 간단한 한자), 제13과 實行諸問題(실힝 데문뎨), 제14과 格言(격언)이다. 책의 구성으로 볼 때, 다른 독본과는 달리 체재가 엉성하고 분량도 극히 적은 편이나 '밧침, 중성, 둘밧침' 등과 같이 철자법을 체계적으로 배열하고자 한 점과 '우리의 생활'을 여러 과에 둔 점은 흥미롭다. '우리의 생활' 일부를 살펴보자.

【 제6과 우리의 싱활(1) 】

격막하고도 고요하든 밤은 먼동이 훤이 터짐니다. 깁히깁히 잠들어 쿨쿨 자든 농부(農夫)들은 기지기 한 번 켜고 이러나 종가리 메고 모자리(苗

---

28) 범례 9를 참고할 때, 제14과 말미에 '승법 구구가(乘法九九歌)'를 제시하고 1부터 10000 (萬)까지의 숫자를 제시한 점으로 볼 때, 현재 발견된 책이 판권을 제외한 전권으로 추정된다.

代 又는 苗床)에 나갑니다. ㅇ히들은 아침 맑은 정신에 글 한 차례 읽고, 송아지를 쓸고 풀밧으로 풀 뜻기러 나가고, 어머니는 아침밥 쥰비하러 부엌으로 나가십니다. 이와 갓치 사람사람은 다 일을 하고저 합니다. 오직 먹자고, 입자고 돈을 벌랴고 다시 말하면 사람스럽게 사라가랴고 모도 각각 일하고 잇습니다. 산에 가 쌜나무도 하고 들에 가서 김도 매고 강에 가서 고기도 낙그며 장에 가서 물건을 사기도 하며, 팔기도 합니다. 이것이 오늘날 이 세샹에서 서로 살아가는 현상(現象)입니다.

충청남도(1933)의 독본은 이 시기 다른 행정기관의 독본과는 달리 조선총독부의 농촌 통제 정책이 상대적으로 덜 나타난다. 흥미로운 것은 독본 제10과 '두 사람의 문답'에 들어 있는 내용이다. 이 문답에는 조선인의 성과 일본인의 성의 차이, '언문강습소'와 『금남월보(錦南月報)』에 관한 내용이 등장하는데 이를 살펴보면 다음과 같다.

【 제10과 두 사람의 문답(問答) 】
리(李): 당신은 어듸 사십닛가.

김(金): 나는 공주군 정안면 석송리 삼십오번디에 사옵니다.(公州郡 正安面 石松里 三十五番地)

(…中略…)

리: 여보시오 당신의 셩(姓)은 글쯔로는 금(金)인대 엇지되야 김이라 합닛가.

김: 원래(元來) 금이엿섯는대 리됴시대(李朝時代) 어느 님금쎄서 금(金)을 김으로 사셩(賜姓)하셧습니다. 그래서 금이 김으로 되얏다 합니다. 그런대 우리 됴션(朝鮮)에 흔한 셩은 리(李) 김(金) 최(崔) 안(安) 뎡(鄭) 박(朴) 오(吳) 신(申) 남(南) 민(閔) 서(徐) 류(柳) 등이지만은 내지인(內地人) 듕에는 엇더한지 알 수 업습니다.

리: 내디인의 셩은 거의 두 자 이상인데 그 듕 제일 만은 셩은 독구가와

(德川) 후지와라(藤原) 고바야시(小林) 스스기(鈴木) 다나가(田中) 우에다
(植田) 나가무라(中村) 사사기(佐佐木) 우쓰기(宇津木) 구마노(熊野) 등이
지만은 우리 됴션(朝鮮) 사람 등에도 내디인과 갓치 두 ᄌ 성이 잇습니다.
즉 남궁(南宮) 황보(皇甫) 선우(鮮于) 제갈(諸葛) 갓혼 성이올시다.

김: 맛치 내디인의 성과 쪽갓습니다 그려. 여보시오 리셔방(李書房)은
한문(漢文)으로 쓴 편지 것봉은 보십닛가.

리: 네 언문 강습쇼(諺文講習所)에 들어오기 전에는 내 압헤서 죽인다
고 써도 못낫섯스나 이번 강습쇼에서 공부(工夫)한 후에 겨우 자긔 성명
(自己姓名)을 쓰게 되고 또 알기 쉬운 글ᄌ를 휘갈겨 쓰지 안이한 것은
간신히 알어보게 되얏습니다.

김: 참 고마운 일이올시다. 자긔 집에 오는 편지를 보고도 어듸로 가는
지 몰으는 사람들이 얼마나 만은지 알지 못하얏섯는대 이번 <u>우리 도(道)
에서 언문강습쇼를 설립(設立)하고 무식(無識)한 농군(農軍)들을 모와 언
문을 가르쳐 주며, 또 간이(簡易)한 한문(漢文) 글ᄌ도 가르쳐 주시니 그
은혜(恩惠)는 과연(果然) 이즐 수 업습니다.</u>

리: 참 그럿습니다. <u>아모조록 녈심(熱心)으로 공부하야 도 군 면 기타
관텽(道 郡 面 其他 官廳)에셔 선젼(宣傳)하는 글이며 또 도(道)에서 발힝
(發行)하는 금남월보(錦南月報)를 능(能)히 읽도록 힘써 공부합시다.</u>

김: 다달이 도(道)에서 발힝하는 <u>금남월보에는 각금각금 발포(發布)하는
법령(法令)이며 기타 농ᄉ상 필요(其他 農事上 必要)한 지식(智識)이며 ᄌ미
스러운 이약이 갓혼 것을 만이 써 놋는 고로 항상(恒常) 읽어보랴고 하얏습
니다.</u> 아마 이제는 오래 동안의 소원(所願)을 달(達)하게 되겟습니다.

이 과의 내용과 같이, 충청남도(1933)의 독본은 농민들을 대상으로
한 언문 강습소용으로 제작되었음을 추론할 수 있다. 특히 도가 주체가
되어 법령 이해 및 농사상 필요한 지식 전달을 위해 언문 강습소를 설
립했음을 확인할 수 있는데, 도에서 발행하는 『금남월보』가 있었음도

확인할 수 있다. 『금남월보』는 1925년 4월 28일자 '충청남도 고시 제24호'로 발행 규정이 고시되었는데,[29] 당시 도지사는 석진형(石鎭衡)으로, '시정 방침을 널리 알리고 지방 행정, 산업, 교육, 교통, 위생 기타 농촌 진흥, 지방 개령에 관한 지식을 보급하기 위한 문서를 발행'하기로 했는데 이를 『금남월보』라고 불렀다.[30] 이처럼 일제 강점기에는 홍보 기관지를 발행하는 총독부 지방 행정기관이 다수 있었던 것으로 보이는데, 이는 『동아일보』 1931년 3월 25일자 조선의 잡지 상황에 대한 기사에서도 확인된다.

【 宗敎部類를 首位로 백사십사 種의 雜誌: 조선인 명의 발행은 84종 】
최근 계속 간행물 통계

최근 총독부 경무국 도서과에서 조사한 계속 발행 출판물은 일본문으로 된 것이 4백 45종, 조선문으로 된 것이 조선인 발행이 84종, 일본인 명의로 발행되는 것이 30종, 외국인 명의로 발행하는 것이 30종 도합 114종이다. 일본문 출판물은 대개가 관청과 공공서의 긔관지와 회보 등이 최다수를 차지하고 그 다음이 실업단체의 회보 등이 버금이며 개인 상업 긔관의 상보 등도 상당한 수효에 달하나 『마작왕래(麻作往來)』라는 마작 잡지도 잇고 카퓌에서 손을 쓸기 위하야 발행하는 『에로』 잡지도 잇다.

조선문 잡지는 종교관게의 긔관보가 최고위로 31종이오, 그 다음이 실업관게 잡지와 관청 공공단체 긔관보가 각기 23종씩이며 문예 기타 일반 잡지는 14~5종에 불과하고 소년잡지나 녀성잡지는 3종 내지 5~6종에 불

---

29) 『조선총독부 관보』 제3810호(1925.4.30), 조선총독부 충청남도 고시 제24호 '금남월보 발행 규정'.

30) 『錦南月報』 發行 規程 第一條, 忠淸南道 地方費ヲ以テ施政方針ノ周知 地方行政 産業 敎育 交通 衛生 其ノ他 農村振興 地方改良ニ關スル知識ヲ普及スル爲文書ヲ發行シ錦南月報ト稱ス(금남월보 발행 규정 제1조, 충청남도 지방비로 시정방침의 주지, 지방행정, 산업, 교육, 교통, 위생, 기타 농촌진흥 지방개량에 관한 지식을 보급하기 위한 문서를 발행하고, 금남월보로 칭함).

과하고, 학교 긔관지도 12~3종에 달한다.

　계속 발행 출판물이라고 하나 달마다 안 나올 째도 잇슴으로 긔한마다 나오는 것은 몇치나 될는지 의문이라 한다. 이만큼 조선문 출판게는 엉성하기 짝이 없다. 다음은 조선문 출판물의 발행인 명의별 일람표이다.

이 시기 기사에 따르면 『금남월보』는 일본인 발행 조선문 잡지[31]로 이 시기까지 70호 이상이 발행되었으며, 충청북도의 『충북월보』, 전라남도의 『농회보』, 경상북도의 『농회보』, 경상남도의 『경남시보』 등도 이러한 목적에서 출현한 잡지로 볼 수 있다.

　이와 같은 흐름에서 국민교육회(1937)의 『농촌속습 조선어 독본』도 농민 계몽을 목표로 한 독본으로 볼 수 있다. 이 독본은 시대 상황에 따라 '황국신민의 서사'를 앞에 두었으며, 본문은 40과로 구성하였다. 본문의 목차는 다음과 같다.

【 『농촌속습 조선어독본』 목차 】

1. ㄱㄴㄷㄹ, 2. ㅁㅂㅅㅇㅈ, 3. ㅊㅋㅌㅍㅎ, 4. 쉬운말, 5. 쉬운말, 6. 쉬운

---

31) 이 기사에 등장하는 조선문 잡지 발행 상황은 다음과 같다. 朝鮮文 發行 朝鮮文: 경기도＝농민, 동광, 별건곤, 대중공론, 금창월보, 농업세계, 천일낙호, 영육시보, 생도계, 신여성, 보인월보, 시중조선상보, 성서조선, 경학원잡지, 문화운동, 음악과 시, 조선불교선교양종실보, 조선위생, 녹천, 해방, 조선물산장려회보, 농본, 소년세계, 대조, 여성휘보, 제생월보, 별나라, 조선농민, 신인간, 어린이, 별, 자활, 고려양조, 실업내외호모, 동덕, 好鍾, 실업계, 신시단, 신생, 재벗, 불교, 신소년, 근우, 동화약보, 전조선철도여행안내, 시천교보, 과학세계, 조선한약업조합월보, 조선주보, 조선시단, 髮友, 梨友, 산업지광, 衆聲, 여성지우, 동아상공시보, 대중영화, 조선의호, 활로주보, 조선실업휘보, 개척, 고려삼업상보, 보금신보, 되는대로, 철필, 중선민보, 민성신보, 농민신보. 충청남도＝동학, 전라북도＝전북시보, 경상북도＝영남시보, 경상남도＝달빗, 평안남도＝일신월보, 대성시보, 상공지우, 절제생활, 의명학우회보, 등대. 평안북도＝조선소년, 소년문예, 함경남도＝신농, 日本人 發行 朝鮮文: 경기도＝가정위생, 조선, 조선어, 류성긔, 조선지수산, 조만고무, 전매통보, 조선농회보, 고양군 양조 월보, 콜럼비아 조선 레코드, 경제연구, 저축, 충청북도＝충북월보, 충청남도＝금남월보, 전라남도＝농회보, 경상북도＝농회보, 경상남도＝경남시도, 금융조합월보, 울산군 휘보, 울산농보, 일신, 면작개량계보, 평안남도＝위생휘보, 평안북도＝위원군휘보, 강원도＝광동일보, 함경북도＝관북일보

말, 7. ㄲㄸㅃㅆㅉ, 8. 바침, 9. 기러기, 10. 봄노래, 11. 요일, 12, 일년, 13. 제비, 14. 소낙비, 15. 사시, 16. 우리들, 17. 바람, 18. 꽃쇠와 달, 19. 소와 어리니, 20. 5곡, 21. 하라버지, 22. 하나와 둘, 23, 하날, 24. 조선, 25. 일긔, 16. 편지, 27. 시내, 28. 라-마, 29. 진흥회, 30. 눈섭 세는 밤, 31. 색의, 32. 모내기, 33. 공과 개미, 34. 一白一黑, 35. 一家再興, 36. 빈대떡 한 조각, 37. 화재를 위문함, 38. 率居, 39. 말 못하는 勇士에, 40. 自力更生

이 독본은 한글 초보자를 대상으로 한 쉬운 낱자, 어휘를 배열하고, 한자의 경우 한글을 병기하여 알기 쉽게 구성한 점이 특징이다. 내용으로 볼 때, '29. 진흥회, 40. 자력갱생' 등은 전형적인 1930년대 식민지 농촌 정책을 반영한 것으로 볼 수 있는데, 1930년대 조선총독부의 농촌 정책은 법령 이해나 농업 생산성 향상을 목표로 한 한글보급, 일선동화 (日鮮同化) 등에 중점을 두고 있었다. 특히 주목할 점은 '농촌진흥', '농촌 지도자 양성', '자력갱생운동' 등이라고 할 수 있다.

그러나 이러한 운동도 갑작스럽게 출현한 것은 아니다. 일제는 강제 병합 이전인 1907년 4월 통감부 권업 모범장 관제를 발포(發布)하고, 경기도 수원에 일종의 농사 개량 실험장인 권업 모범장을 설치하였다. 이 실험장에서는 '모범적 경작(耕作)'을 표방하며 '경지정리', '도작시험 (稻作試驗)', '비료시험(肥料試驗)', '전작시험(畑作試驗, 화전)', '양잠시험 (養蠶試驗)', '해충시험(害蟲試驗)', '가축사육' 등과 같이 농업 기술을 시험하고, 일본의 종자를 실험하는 등 식민지 농업 생산성을 높이는 데 주력하였다. 이 모범장은 1907년 설립 당시부터 목포 출장소와 군산 시험지(試驗地)를 두기도 했다. 통감부(1909)의 『한국시정연보(韓國施政 年譜) 1907년~1908년』(통감관방)에 기록된, 당시 모범장을 통한 농업 지도 내용은 다음과 같다.

韓國農民ニ對シ農事ノ改良ヲ指導センカ爲メ三十九年冬季以來數回場員
ヲ附近郡村ニ派シテ巡廻講話ヲ行ハシメタリ又日韓人ノ參觀ハ嚴寒ノ候ヲ
除キ年中絶コルコトナク時ニ或ハ百餘ノ韓國農民等團體ヲ爲シテ來觀スル
コトアリ此等ニ對シテ力メテ便宜ヲ與ヘ事業ノ現況ヲ觀覽セシム其他韓國
ニ於テ農業ヲ經營スル日本人若クハ韓國農民ノ農業ニ關スル諸種ノ質問ニ
對シ文書又ハ口頭ヲ以テ說明指導ヲ與ヘクルモノ每年數百件ニ上ル.

번역 한국 농민에 대한 농사 개량을 지도하기 위해 39년(1907) 이래 수
회에 걸쳐 모범장 인원을 부근 군과 촌에 파견하여 순회강화를
행하였으며, 또 일본인과 한국인의 참관은 아주 추운 날을 제외하고 연중
끊이지 않았으며, 때로는 백여 명의 한국 농민과 단체를 위해 관람하도록
하였고, 이들에 대한 편의를 제공하여 사업 현황을 관람시키고, 기타 한국
에서 농업을 경영하는 일본인의 일부는 한국 농민의 농업에 관한 제종의
질문에 대해 문서 또는 구두로 설명하고 지도하는 일이 매년 수백 건 이
상이었다.

이 보고서에 나타난 바와 같이 권업 모범장의 설립 목적은 조선에서
의 농업 생산성 향상에 있었으나, 그것은 일부 한국인과 일본 농업 경
영인을 대상으로 한 것으로 볼 수 있는데, 식민 직후인 1913년에는 수
원에 본장(本場)을 두고, 용산, 둑도(纛島, 뚝섬), 목포, 대구, 평양에 지장
(支場)을 두었으며, 원산에 출장소를 두기도 하였다. 이뿐만 아니라 뚝
섬에는 1906년부터 원예모범장(園藝模範場)을 설치한 것으로 나타나는
데, 이와 같은 '모범장'은 농업 기술 교육뿐만 아니라 이 모범장에서
농업 실습을 받는 학생들을 대상으로 식민지 모범 농민을 육성하는 데

---

32) 통감부(1909), 『한국시정연보: 明治39年, 40年』, 통감관방(統監官房), 228쪽; 국학자료원
영인본(2005).

유용한 역할을 하였다. 이러한 상황은 『매일신보』 1916년 4월 5일~7일
자 사설 '농업실습교수(農業實習敎授)'를 통해서도 확인할 수 있다.

【 農業實習敎授[33) 】

世人은 從來로 敎授法의 硏究라 ᄒ면 곳 學校 敎壇에 立ᄒ야 各種의 學科
를 敎授ᄒᄂ 時에 行ᄒᄂ 方法의 硏究로만 解釋ᄒ며 間或 野外敎授法이라
實物敎授法이라 稱ᄒ야 敎室 外에서 敎ᄒᄂ 硏究도 不無ᄒ나 此亦 各種의
智識을 敎與ᄒᄂ 敎授 方法의 硏究됨에 不過ᄒ고 此等의 智識을 實地로 應
用ᄒᆯ 機能의 敎授法 硏究에 對ᄒ야ᄂ 아즉 稀少ᄒᆷ과 如ᄒ되 特히 農業 實習
에 關ᄒᆫ 敎授法 等은 其詳細ᄒᆫ 硏究의 發表된 者 ㅣ 有ᄒᆷ을 見치 못ᄒ얏도
다. (…中略…) 今에 總督의 周到ᄒᆫ 善政에 依ᄒ야 國家 社會의 狀態도 漸次
整頓ᄒᆷ에 至ᄒ얏스니 敎員된 자ᄂ 實利實用의 敎育을 施ᄒ고 又 農藝上의
技能도 習熟케 ᄒ야 此의 興味를 喚起ᄒ야써 從來의 弊風을 根底로부터
痛除ᄒ기를 期ᄒᆯ지니 此 目的을 達ᄒᆷ에 最히 有效ᄒᆷ은 農家의 實習 敎授라
ᄒ리로다.

一. 實習 敎授의 目的 (…中略…)

1. 學科에서 學得ᄒᆫ 智識을 實地로 應用ᄒᄂ 技術을 充分히 習熟케 ᄒᆯ 事

1. 敎場에서 說明이 困難ᄒ거나 又ᄂ 長時間을 要ᄒᄂ 學科를 實習에 依
ᄒ야 容易히 了解케 ᄒ고 且 短時間에 確實ᄒᆫ 智識을 與ᄒᆯ 事

1. 農事의 趣味를 解得ᄒ고 農業을 愛好ᄒᄂ 人物을 養成ᄒᆯ 事

1. 口舌의 人됨을 防ᄒ고 實行의 人되게 ᄒᆯ 事

1. 勤勞를 不厭ᄒᄂ 習慣을 養成ᄒᆯ 事

1. 責任을 完全히 ᄒᄂ 習慣을 養成ᄒᆯ 事

1. 作物에 忠實ᄒ면 忠實ᄒᆫ 報應으로 充分ᄒᆫ 結果를 呈ᄒ고 不忠實의 報
應이 有ᄒᆫ 理由를 覺悟케 ᄒᆯ 事

---

33) (사설)『매일신보』, 1916.4.5.

1. 微粒粒皆辛苦의 眞意를 了解케ᄒ고 <u>浪費를 嚴戒홀 事</u>

1. 相助協同의 必要를 覺知케 ᄒ고 <u>公益을 圖홀 思想을 養成홀 事</u>

以上의 外에 寄宿舍에셔 舍監이 認得지 못혼, 敎場에셔 敎員이 洞察치 못혼 生徒 各個人의 特性도 實習場에셔ᄂᆞᆫ 不知不識間에 赤裸裸히 暴露ᄒᄂᆞᆫ 機會가 多혼 故로 敎授者ᄂᆞᆫ 此際에 能히 <u>彼等의 個性을 察知ᄒ고 其個性에 應ᄒ야 適當혼 指導 敎授를 與ᄒ야 社會生活의 實習場</u>되게 홈이 쏘 必要ᄒ다 ᄒ노라.

번역 세상 사람은 예전부터 교수법 연구라고 하면, 곧 학교 교단에서 각종 학과를 교수할 때 행하는 방법 연구로만 이해하며, 간혹 야외교수법, 실물교수법이라고 하여 교실 밖에서 가르치는 연구도 없지는 않으나 이 또한 각종 지식을 가르치는 교수 방법 연구에 불과하고, 이러한 지식을 실제로 응용할 기능 교수법 연구에 대해서는 아직 드물다. 특히 농업 실습에 관한 교수법은 상세한 연구가 발표된 것이 있음을 보지 못했다. (…중략…) 지금 총독의 주도면밀한 선정(善政)에 의해 국가 사회 상태도 점차 정돈되기에 이르렀으니, 교원된 자는 실리 실용의 교육을 실시하고 또 농예상 기능도 충분히 익히도록 하여 이에 대한 흥미를 환기하므로써 종래의 폐풍을 뿌리부터 깊이 제거하기를 기약해야 할 것이니, 이 목적을 달성하는 데 가장 유효한 것은 농가의 실습 교수라 할 것이다.

일. 실습 교수의 목적 (…중략…)

1. 학과에서 배운 지식을 실제로 응용하는 기술을 충분히 익히도록 할 일

2. 교장에서 설명이 어렵거나 또는 오랜 시간을 필요로 하는 학과를 실습을 통해 쉽게 이해하도록 하고 또 짧은 시간에 확실한 지식을 제공할 일

3. 농사의 취미를 이해하고 농업을 애호하는 인물을 양성할 일

4. 근로를 싫어하지 않는 습관을 양성할 일

5. 책임을 완전히 하는 습관을 양성할 일

6. 농사에 충실하면 충실한 보답에 따라 충분한 결과를 얻고, 불충실한

보답이 있을 경우 그 이유를 깨닫게 할 일

7. 미립마다 모두 신고(辛苦)의 의미가 있음을 깨닫게 하고 낭비를 경계할 일

8. 상조 협동이 필요함을 깨닫게 하고 공익을 도모하는 사상을 양성할 일

이밖에도 기숙사에서 사감이 깨닫지 못한, 또한 교장에서 교원이 살피지 못한 생도 각개인의 특성도, 실습장에서는 부지불식간에 적나라하게 드러나는 기회가 많은 까닭에, 교수자는 이때 능히 저들의 개성을 통찰하고 그 개성에 따른 적당한 지도 교수를 하여 사회생활의 실습장이 되게 하는 것이 필요하다 하겠다.

이 사설에 나타난 '농업 애호', '근로 불염', '책임', '충실한 보답', '낭비 경계', '공익 도모' 등은 일제가 식민지 조선 민중에게 지속적으로 강요해 온 사상들이다. 권업 모범장을 비롯한 각종 실습 교육을 내세우면서 조선 민중의 경제적 피폐를 야만성과 게으름 탓으로 돌리고, 실지 교육 또는 실습 교육을 내세워 농민을 계도하고자 하였다.[34]

'권업모범장'이 농업 기술 시범을 목표로 하였다면, '모범촌(模範村)'은 농촌 계몽의 결과로 만들어야 할 이상적 농촌을 의미한다. 일제 강점기 초기 모범촌 담론은 이른바 조선의 농업 개량을 목표로 일본의

---

34) 이와 같은 실습 농업 교육은 일제 강점기 일부 농촌 계몽활동에도 영향을 미친 것으로 볼 수 있는데, 예를 들어 1930년대 전라남도 광주에 있었던 '응세농도원(應世農道院)'도 그 중 하나로 보인다. 『신동아』 제6권 제3호(1936.3)에는 김용환의 '응세농도학원 방문기'가 실려 있는데, 이에 따르면 응세 농도원을 경영하는 지응현은 농도(農道) 6칙을 표방하고, 일종의 농업 실습장인 '농도원'을 경영하였다. 농도원의 교과목과 시간 수, 생도 실습과 생활 내용 등을 참고하면, 이 농도원은 그 당시 일본의 농촌 계몽운동과 비슷한 형태로 운영되었다고 볼 수 있다. 이 시기 일본의 농촌 계몽활동 양식에 대해서는 『신동아』 제6권 제3호 윤인순의 '농촌의 신흥교육운동'이라는 글에 자세히 정리되어 있는데, 그 당시 일본에서도 '국민고등학교', '농촌청년공동학교(農村靑年共働學校)', '농사학교(農士學校)', '농민강도관(農民講道館)' 등과 같이 황국농민도(皇國農民道)를 추종하는 계몽 학교가 있었고, '농민복음학교(農民福音學校)'와 같은 종교계 단체도 있었다. 응세 농도원의 『농민독본』에 대해서는 앞 장에서 분석한 바 있다.

이상적 농촌을 소개하는 차원에서 시작되었다. 이러한 예의 하나로『매일신보』1916년 3월 10일자 '보덕 모범촌 시찰기(報德 模範村 視察記)'를 들 수 있다. 남원 용성생(南原 龍城生)을 필명으로 한 이 시찰기는 일본의 보덕결사(報德結社)라는 모범촌을 시찰한 내용으로, 1875년 메이지에 대한 보덕 차원으로 만들어진 농촌이라고 한다. 1916년 3월 24일까지 7회에 걸쳐 연재된 이 시찰기에서 필자는 '조선인 개발의 요지'를 다음과 같이 피력한다.

【 鮮人 開發의 要旨[35]) 】

鮮人의 指導 開發은 實로 倂合의 要旨인 바 特히 總督府 施政의 方針이 此에 在ᄒᆞᆷ과 如ᄒᆞ더라. 然而 始政 以來로 敎育 勸業, 授産, 風敎에 最善ᄒᆞᆫ 施政을 爲ᄒᆞ고 獎勵를 促ᄒᆞ야 其功業의 見ᄒᆞᆫ 者ㅣ 多ᄒᆞᆷ은 回慶을 不堪ᄒᆞᆯ 것이나 前途가 尙遼遠ᄒᆞ니 蓋是當然ᄒᆞᆯ지라. 近時 時勢의 進運과 當局의 獎勵를 依ᄒᆞ야 民心이 漸次 實質敦厚ᄒᆞ야 勤勉貯蓄의 良風을 馴致ᄒᆞᆷ에 至ᄒᆞᆷ은 事實이라. 然이나 一般 人民으로 ᄒᆞ야곰 根本的 生活의 基礎를 得케 ᄒᆞᆷ이 難ᄒᆞᆷ은 至大ᄒᆞᆫ 恨事이라. 生活 基礎의 確立이라 ᄒᆞᆷ은 何也오. 卽 生産 開發에 要ᄒᆞᄂᆞᆫ 資力의 供給이 是也니 資力의 欠乏은 恰히 '어미는 쇼리는 흔들지 못ᄒᆞᆫ다.'ᄂᆞᆫ 內地俗談과 如히 人民으로 ᄒᆞ야곰 其實績을 敢케 ᄒᆞ지 못ᄒᆞᆯ 줄로 信ᄒᆞ노라. 吾人은 鮮人의 開發上에 如何히 資力을 供給ᄒᆞᆯ지 適切ᄒᆞᆫ 方策을 講究ᄒᆞᆷ이 目下의 急務인 줄로 信ᄒᆞ노니 地主와 小作人의 關係를 親密히 ᄒᆞ고 不當ᄒᆞᆫ 小作料를 徵收케 ᄒᆞ지 아니ᄒᆞᆯ 事, 諸種의 寄附行爲를 輕減ᄒᆞ야 餘財로써 洞里의 産業 獎勵費에 充케 ᄒᆞᆯ 事, 洞里에 産業組合을 設케 ᄒᆞᆯ 事, 特히 模範 洞里에 對ᄒᆞ야ᄂᆞᆫ 當局에셔 事業 獎勵費를 配與ᄒᆞᆯ 事, 以上 述ᄒᆞᆫ 것은 供給에 就ᄒᆞ야 適切ᄒᆞᆫ 方法이 될지며, 其方法이 確立되면 諸種의 發展은 自期ᄒᆞ야 可俟ᄒᆞ겟도다.

---

35)「보덕 모범촌 시찰기(6)」,『매일신보』, 1916.3.23.

번역 조선인 지도 개발은 실로 병합의 주요 취지이니, 특히 총독부의 시정 방침이 이에 있는 듯하다. 그러므로 시정 이래 교육 장려, 산업, 풍속 교화에 가장 적절한 시정을 하고, 장려를 재촉하여 그 공과 위업이 보는 바와 같이 많음은 경축하지 않을 수 없으나, 앞길이 아직 머니 모두가 당연한 일이다. 근래 시세가 발전하고 당국의 장려에 따라 민심이 점차 실질적이고 돈후해져 근면 저축하는 좋은 풍속이 갖추어지게 된 것은 사실이다. 그러나 일반 인민으로 하여금 근본적 생활 기초를 얻게 하는 것이 어려움은 지극히 안타까운 일이다. 생활 기초의 확립이라는 것은 무엇인가. 곧 생산 개발에 필요한 자력(資力)을 공급하는 것이니, 재화가 부족한 것은 마치 "어미는 소래는 흔들지 못한다."(의미가 불명확한 속담임)라는 일본 속담과 같이 인민으로 하여금 실제적인 것을 감당하지 못할 것으로 믿는다. 조선인의 개발에 어떤 재력을 공급할 수 있을지 적절한 방책을 강구하는 것이 지금 급한 일로 확신하니, 지주와 소작인의 관계를 친밀히 하고, 부당한 소작료를 징수하지 않도록 하며, 모든 종류의 기부 행위를 경감하여 남은 재물로 동리의 산업 장려비를 충당하게 할 일, 동리에 산업조합을 설립하게 할 일, 특히 모범 동리에는 당국에서 사업 장려비를 배당할 일. 이상 설명한 것은 공급에 적절한 방법이 될 것이며, 그 방법이 확립되면 각종 발전은 저절로 이루어질 것으로 생각한다.

보덕교(報德敎) 농촌 시찰기로서 조선 개발의 취지를 설명한 이 글에서는 일제 강점기 조선총독부의 지배 방침이 요약적으로 드러난다. '교육 장려, 산업 개발, 풍속 교화'를 표면으로 내세웠지만, 실제 조선 농촌에는 지주와 소작인의 갈등, 부당한 소작료, 각종 기부 행위 등이 만연해 있었으며, 이는 결과적으로 조선 농민을 수탈하는 각종 수단이 되었음을 추론할 수 있다. 이를 회피하고자 '모범촌' 건설을 주장했는데, '보덕교' 모범촌 운영 방법이 그 대안으로 제시된 셈이다. 이 시찰기에서는 "모범 동리를 설정하는 데는 적당한 지도자가 없어서는 안 될 것이니, 지금 조선의 현실 상황에서는 각 동리에 그 적임자를 찾을 수 없으므로 당분간 내지인(일본인) 중에 적임자를 찾아 맡기는 것이 좋겠다."라고 주장한다. 특히 조선에 거주하는 일본인 농장 주인에게 의뢰하여 적임자를 찾게 하는 것이 가장 묘수라고 주장한 데서는 모범촌 담론이 지향하는 바가 무엇이었는지를 쉽게 추론할 수 있다. 달리 말해 모범촌 자체가 조선 농촌 지배의 한 형태이며, 모범촌을 지도하는 지도자 또한 조선 농민을 계몽하고자 하는 순수한 의도를 갖는 지도자가 될 수 없음을 의미한다.

이러한 상황에서 조선의 모범촌 운동은 식민 농업 지배 담론과 민족 운동 차원의 농민 계몽운동이 착종되는 현상을 보인다. 모범촌은 1920년대에서 지속적인 관심을 불러일으키는데『동아일보』에서도 1924년 2월 6일 부천군 문학면 모범촌, 2월 11일 고창군 교촌리, 12월 25일 양주 모범 복지리 등의 모범촌 건설 기사가 등장하며, 1930년대 초에는 농민 계몽운동과 함께 각종 모범촌 건설 운동이 본격화된다.『동아일보』 1929년 1월 1일부터 2월 10일까지 22회에 걸쳐 소개된 '전조선 모범 농촌 조사'도 그러한 예의 하나이다.

【 全朝鮮 模範農村 調査36) 】

朝鮮은 主要 産業이 農業인 同時에 全人口의 八割 以上이 斯業에 從事하는 農民인 故로 朝鮮을 가르쳐 農業國이라 말한다. 이와 가티 絶對多數의 人口가 經濟力의 原動力인 農業을 經營하고 잇스니 二千三百萬 大衆의 生活 源泉이 오즉 農業을 經營하는 저 農村에 잇슬 것이다. 이에 우리의 大動脈을 左右하는 心臟의 役割을 가진 저 農村의 現狀은 엇떠한가. 洞里는 疲弊하고 家族은 離散하야 年復年破滅에 瀕할 쑨이다. 그러면 우리는 저 農村을 如何히 改善하여야 할 것인가. 어떠케 하면 좀 더 生活을 潤澤케 할

---

36)『동아일보』, 1929.1.1.

수 잇슬 것인가. 그의 最大急務는 農民 自體부터가 生活을 保障할 수 잇는 經濟力과 知識을 向上시켜야 할 것은 勿論이어니와 于先 本社에서 오즉 그들은 農家에 師表가 될 만한 農村을 全朝鮮에 求하야 그의 農作法 施設 等을 詳細 調査하야 우리 農村 改良上 參考에 供코저 하는 바이다.

(一記者)

조사 취지에서 밝힌 바와 같이, 피폐한 조선 농촌의 현실에서 농민 스스로 농촌을 개발해야 한다는 입장에서 모범 농촌을 소개한다고 하였지만, 실제 소개된 각 동리는 금주, 절약, 부업, 저축 등과 같이 농민의 생활 태도를 개선한 사례를 소개한 경우가 많다. 이 점은 식민시대 모범촌, 또는 '모범 지도자론'이 갖는 본질적인 한계이다.

이러한 차원에서 일제 강점기 농촌 계발(啓發) 또는 농촌 지도자 양성을 목표로 하는 다수의 서적이 발행된다. 이러한 책은 대부분 일본문으로 저술되었는데, 그 가운데 조선총독부(1934)의 『농촌 갱생의 지침(農村更生の指針)』(제국지방행정학회), 경기도(1937)의 『농촌지도자필휴(農村指導者必携)』(경기도) 등을 들 수 있다.

『농촌갱생의 지침』은 조선총독부에서 1932년부터 본격적으로 시작된 자력갱생운동을 뒷받침하기 위한 지침서로 편찬한 책이다. 이 책은 편자의 서문, 목차, '우가키 총독 구연 요지(宇垣總督口演要旨)', '농산어촌 진흥 계획 실지에 관한 것', '인생 생활의 이상과 농산어촌', '와타나베(渡邊) 농림국장 강연 요지', '농촌진흥운동의 결과', '농가갱생계획 수립 방법 해설'로 구성되어 있다. 편자의 서문에서는 농촌진흥운동이 "모든 민중을 총동원하여 조선의 갱생, 제국 흥륭(興隆)을 위한 최대 능률을 발휘하도록 매진하는 것"이라고 규정하고, 농촌진흥의 결과가 '민심을 돈독히 하여 관민의 친화 제휴, 내선인(일본인과 조선인) 사이의 융화 협조, 근로정신의 향상, 생활 개선, 소비 절약'에 이르게 한다고 밝혔다. 이를 고려할 때 1930년대 조선총독부가 중심이 된 농촌진흥운동은 식민지 농업 수탈을 위한 관주도의 운동이었음을 뚜렷이 알 수 있다. 당시 제시한 '농가갱생 5개년 계획'에서 제시한 '현금 수지(收支)의 균형', '부채 근절', '부족 식량(食糧) 충족' 등의 3대 목표는 당시 식민지 농촌의 현실을 반영하고 있는데, 식민 치하의 농민이 경험하는 부채와 식량 부족의 근본 원인을 치유하기보다는 갱생이라는 미명 아래 생활 개선을 강요받은 셈이다. 특히 '생활 개선에 대한 갱생 계획'에서는 '국기양양(國旗揚揚), 색의착용(色衣着用), 시간여행(時間勵行, 시간 지키기), 납세엄수(納稅嚴守), 자급자족 소비절약(自給自足 消費節約), 회계부기입(會計簿記入), 가옥 내외 소제 정리(家屋內外掃除 整理), 부인 농업 근로(婦人農業勤勞), 승퇴치(蠅退治, 파리잡기), 저축여행(貯蓄勵行, 저축 힘쓰기), 야학(夜學), 시장행감소(市場行減少), 음료수개량(飲料水改良)' 등을 행동 지침으로 삼았다. 이를 통해 알 수 있듯이, 농촌갱생운동은 식민 조선이 일제의 식량 기지로서의 역할과 제국 신민으로서의 농민을 양성하는 데 불과한 운동이었음을 확인할 수 있다.

『농촌 지도자 필휴』는 갱생 계획에 따라 경기도 관내의 농가(農家), 어가(漁家)의 자분공려(自奮共勵)를 목적으로 농촌 지도자(때로는 중견인물이라고 표현하기도 함)들에게 필요한 농업·어업 지식을 제공하고자 하는 목적에서 편찬된 책이다. 편자의 서문, 목차, '농촌 지도 정신의 기조', '농민 지도 원칙', '경종조직(耕種組織)', '농림어업 지도 요항(農林漁業指導要項)'으로 구성되어 있다. '농민 지도 원칙'에서는 "지도는 중히 정신 개발에 두고 물질에 편중하여 형식에 흐르지 않게 할 것"을 천명하며, '지도 요항'에서는 '농작물', '자급비료(自給肥料)', '병충해 구제 예방', '양잠', '가축 가금', '농림축 가공', '임업', '어업' 등과 같은 농림어업의 실제 기술을 요약하였다. 이를 고려할 때, 이 책의 농촌 지도자는 농업 기술을 습득하여 농업 생산성을 높이는 사람을 의미하는 개념임을 알 수 있다.

농업 생산성 향상 차원에서 일본어로 이루어진 다수의 농업 계발서,

농촌 청년 지도서 등이 범람했음은 자연스러운 현상이다. 조선교육회(1933)에서 편찬한『보통학교 졸업생 자수독본(普通學校 卒業生 自修讀本)』, 조선총독부(1940) 편찬『청년교본(靑年敎本)』등은 이러한 목표에서 만들어진 대표적인 교재이다.

『자수독본』은 책 제목에 나타난 바와 같이, 보통학교 졸업생을 대상으로 황국신민을 만드는 데 목표를 두고 편찬한 교재이다. 상하 두 권으로 편찬된 이 책은 국립중앙도서관 디지털라이브러리에서 상권을 확인할 수 있는데, 총 41과로 이루어져 있다.

【 『자수독본』 상권 목차37) 】

一. 敎育に關する勅語 (교육에 관한 칙어), 二. 朝鮮半島(조선반도), 三. 人生と職業(인생과 직업), 四. 汗(땀), 五. 自立自營(자립자영), 六. 春の草(봄의 풀), 七. 朝鮮の行政官廳(조선의 행정관청), 八. 租稅(조세), 九. 田園雜記(전원잡기), 一〇. 農樂(농업), 一一. 品種の改良(품종 개량), 一二. 主要穀類(주요 곡류), 一三. まとの敎へ子へ(자녀교육의 목표), 四. 人間と昆蟲(인간과 곤충), 一五. 金融組合(금융조합), 一六. 契(계), 一七. 瓜の花(오이꽃), 一八. 家族道德(가족 도덕), 一九. 地方病(지방병), 二〇. 保險(보험), 二一. 鳥の愛情(새의 애정), 二二. 白熱燈(백열등), 二三. 郵便(우편), 二四. 夏の曉(여름의 새벽), 二五. 鐵道(철도), 二六. 文字(문자), 二七. 鷄の孵化と育雛(닭의 부화와 병아리 키우기), 二八. 畜産(축산), 二九. 里芋(토란), 三〇. 短歌抄(단가 초), 三一. 水産業(수산업), 三二. 李栗谷傳(이율곡전), 三三. 鄕約(향약), 三四. 農民のうた(농민의 노래), 三五. 鑛業(광업), 三六. 貿易(무역), 三七. 火星(화성), 三八. 少年の日の誓(소년의 맹세), 三九. 邑會·面協議會(읍회·면협의회), 四〇. 慶州の傳說(경주의 전설), 四一. 興國の民(흥국의 국민)

---

37) 괄호 안은 번역한 것임.

이 교재에는 '조세', '금융조합', '무역', '광업' 등과 같이 농업 이외의 자료도 다수 삽입되어 있으나, '전원잡기, 농업, 품종개량, 곡류, 곤충, 축산' 등 대부분 농업 관련 자료를 내용으로 하였다. '이율곡전'이나 '계'는 1930년대 농촌 진흥책을 부르짖으면서 전통적인 '향약'과 '계'를 이데올로기로 삼은 결과에 따른 것이다. 달리 말해 식민지 농촌 정책상 모범촌이나 이상촌을 건설하기 위해 농촌 협동의식이 필요하고, 율곡의 향약이나 전통적인 '계'가 그러한 유형이라고 선전하고자 했던 일을 말한다.

『청년교본』은 1940년 편찬된 독본으로 '보통학과(普通學科)'[38]용이었으나, 그 당시 학교 교과에서 '청년교과'가 별도로 존재하지 않았음을 고려할 때, 학교교육과 사회교육 모두를 목표로 한 교재라고 볼 수 있다. 이 독본은 권1~권3이 편찬되었는데, 권1에서는 '희망이 큰 조선(望多キ朝鮮)'이라는 대단원 아래 '조선의 위치, 조선의 지혜와 지질, 조선의 기후와 생물, 조선의 산업, 조선의 교통, 조선의 인구와 취락, 내선일체의 연원, 국민총력조선연맹' 등을 수록했고, '국어의 흥미(國語の味はひ)'에 '잡초, 초하(初夏), 완구(玩具)' 등과 같은 초급 일본어 관련 제재를 수록했다. 그럼에도 이 책은 '훈련소 일기, 적전 상륙, 황군의 정신'과 같은 황국신민화 교재를 다수 수록했으며, 권3에서도 '근대 일본', '국어의 흥미', '자연계의 이법', '우주와 지구', '생활의 수학' 등의 대단원 아래 '메이지 유신, 근대 일본의 확립, 황도의 선포, 국가의 발전, 신문화의 발달' 등과 같은 식민 지배이데올로기를 대변하는 교재를 중심으로 편찬하였다.

이밖에도 농촌 생활 개선을 목표로 한 다수의 일본인 저술도 식민지 조선에서 유통되었음을 알 수 있는데, 다나카마코도지로(田中誠次郎,

---

38) '보통학과'는 1940년 제8차 조선교육령 개정 이후 편제한 교과 방식의 하나이다. 이 교육령에서는 '수신·공민과', '보통학과' 등과 같이 교과를 일종의 군으로 나누었다.

1936)의 『조선농가의 부업(朝鮮農家の副業)』(부국원, 경기도 수원)과 같이 조선에서의 부업을 장려한 서적, 일본과 조선을 구별하지 않고 농촌 개량을 주장한 와다츠다부(和田傳, 1941)의 『농촌생활의 전통(農村生活の 傳統)』(東京: 新潮社) 등이 이에 해당한다.

3.3. 자력갱생운동과 휘보

자력갱생운동은 1932년 11월 일본 내무성의 농촌구제사업의 하나로 국민운동 차원에서 전개된 운동이다. 회장은 내무상으로 하고, 위원은 대장, 농림, 상공, 문부성의 차관을 중앙위원으로 하며, 지방은 지사(知事)를 지방위원으로 하여 조직되었는데, 1936년까지 농촌을 중심으로 추진되었다. 권병탁(1983)[39]에서는 이 운동이 조선 총독 우가키(宇垣一成)에 의해 하향식 명령 일변도로 추진된 운동이라고 규정했다. 사실 이 운동은 1932년 7월 20일 야마모토 내무상이 자력갱생운동과 관련하여 예산을 요청한 데서부터 출발한다.[40] 이 운동이 본격적으로 시행된 것은 1932년 10월로 추정되는데 『매일신보』 1932년 10월 20일자 논설에서는 자력갱생을 다음과 같이 설명한다.

【 自力更生의 意義 】

自力更生의 旗幟는 天空에 高揚되얏다. 絶望의 域에 陷하얏든 農漁山村 及 中小 商工業者는 此에 의하야 비롯오 前途에 光明을 認ᄒ고 將來의 進路를 發見하게 되얏다. 絶望에서 更生으로 ᄯᅩ 그가 自力에 의하야 計圖된다 함은 얼마나 歡喜하고 壯快한 바라 할 것이냐. (…中略…) 그러면 自力更生에는 如何한 意義가 包含되얏다 할 바이냐. 그는 他가 아니라 自力 그것이

39) 권병탁(1983), 「자력갱생운동(1932~1936)의 정체」, 『사회과학연구』 4(2), 영남대학교 사회과학연구소, 101~122쪽.
40) 「국민자력갱생의 전국적 운동 권기」, 『매일신보』, 1932.7.20.

衆智를 合하고 衆力을 集大成한 自力이라는 그성이다. 我等은 各自의 力量
이 能히 內外로 交至하지 못하는 (…中略…) 今日 共同으로 此에 當하고
此를 克復하는 方途에는 出치 아니한 바이 잇섯다.

사설에서는 자력갱생이 정부 차원이 아니라 각개인의 차원에서 자생
하고자 하는 노력을 의미한다고 주장한다. 그러나 식민 조선에서 이
운동은 권병탁(1983)에서 규명한 바와 같이 우가키 총독의 훈령으로부
터 시작된다. 이 훈령은 1932년 9월 30일 총독부 훈령 제62호 '농산어촌
진흥위원회 규정'으로 발표되었으며, 정무총감이 위원장을 맡고, 총독
이 위촉하는 약간의 간사로 위원회를 구성하였다.

그 후 1932년 10월 8일 전국 군수회의를 소집하고, 정무총감 이마이
다마사소노(今井田政)가 '농산어촌진흥에 관한 건'을 통첩 제151호로 각
지사에게 발송하고, 총독 우가키는 군수회의에서 "농촌 궁핍의 원인이
'공리주의(功利主義)'를 동경하고 물질에 편중하며 지능이 부족하고 천
직의 요체(要諦)를 이해하지 못하는 데 있으며", "농촌진흥지도자는 농
민으로 하여금 자주, 자립, 연구 공부, 근검 역행하고 각각 직업을 애락
(愛樂)하며 절약 증산하여 앞날의 발전을 준비하는 한편 인보상솔(隣保
相率)하고 향리공영(鄕里共榮)하여 생활을 안정하도록 지도 계몽에 철저
를 기하라."는 내용의 훈시를 한다.[41]

이렇게 시작된 자력갱생운동은 일명 '민심진작갱생운동(民心振作更生
運動)'으로도 불렸는데, 1932년 11월 10일 이른바 대조환발기념일(大詔
渙發紀念日)에는 경성부 조선신궁 광장에서 조서봉독식을 거행하고, 우
가키 총독의 성명서를 발표하기도 하였다.

---

41) 훈시 내용은 권병탁(1983)에서 재인용함.

【 宇垣總督聲明書42) 】

民心作興에 關한 詔書 渙發의 記念日인 今十一月 十日을 期하야 全朝鮮的으로 民心振作更生運動을 起하기로 되어 曩者 政務總監이 各道知事에 對하야 그 施設 槪要를 通牒하는 바 잇섯는데 宇垣 總督은 本日 如左한 聲明書를 發表하얏다.

「聲明」

大正十二年 十一月 十日 惶悚하옵께도 先帝 時局을 軫念하옵시어 國民精神 振作 更張에 關한 大詔를 下하사 國家興隆의 道를 示하옵신 後 國民一般은 夙夜相警相勵하야 協戮으로 다 오직 旨에 奉副하기를 期하얏다. 然이나 積年의 弊風은 一朝로서 此를 改하기 難하고 世態의 變遷은 한갓 衆俗을 驅하야 輕佻浮華에 趣케 하고, 思想의 傾向은 걸핏하면 人心을 昏迷시킨다. 若如上한 趨勢에 委하면 社會의 習俗은 頹敗하야 畢竟 節制를 加키 難할 것을 不保한다. 또 一面 對外의 形勢는 日을 追하야 緊張의 度를 加하고, 産業의 不振 財界의 不況은 依然히 生活을 脅威하야 安定을 脅하는 狀況에 在하니, 이 正히 朝野翕然히 顧하고 蹶然히 起하야 協心戮力 民風을 作興하고 民力을 涵養하야써 難局打開를 策하고 國運發展을 圖할 秋이다. 余는 此際 一體官民이 相率하야 깁히 敍上한 情勢에 鑑하야 世界의 東亞民族의 立場과 日本 國民의 使命과 並 朝鮮 自體의 眞價와를 自覺하는 同時에 奢侈 安逸의 陋習을 破하고 勤儉 力行의 美風을 起하야질 困難에 耐하고 窮乏을 忍하야 緊張 努力 自任하는 바 잇서야 비로소 能히 時局에 善處하고 更生의 域에 達할 것을 信하고, 國民精神 振作에 關한 大詔渙發의 紀念日을 契機로 하야 克己自制 業務에 勵하고 無爲徒食을 斥하야 惰風을 一掃하야 함께 規律節制 잇는 生活에 入하야 實質 剛健 國家의 隆運에 貢獻하야써 聖旨에 奉副하기를 切望하야 不已한다.

---

42) 『동아일보』, 1932.11.11.

성명의 내용은 조선 궁핍의 원인을 적년 폐풍의 탓으로 돌리며, 동아 민족의 입장과 일본 국민의 사명, 조선 자체의 진가를 자각하게 하고, 사치 안일의 누습을 타파하고 근검 역행의 미풍을 길로 곤란을 인내하고, 궁핍을 견디는 동시에 '극기 자제'로 업무에 힘쓰고 '무위도식'을 배척하여 게으른 풍속을 일소하며, 규율과 절제 있는 생활을 통해 국가의 융운에 공헌하도록 한다는 것이다. 이 성명이 의도하는 것처럼, 자력갱생운동은 관주도의 새로운 농촌 억압책이라고 할 수 있는데, 이를 광범위하게 전개하면서 『자력갱생휘보(自力更生彙報)』를 발간하였다.

이 휘보는 월간 형태의 일본문 신문으로 1933년 3월 20일 제1호가 발행되었다. 발행 당시 저작자는 조선총독부, 대표자는 유무라진이치로(湯村辰二郎), 인쇄소는 행정학회 인쇄소였다. 제1호의 내용은 '발간사', '우가키 총독 강연의 요지', '자력갱생휘보 발간에 대하여'(山崎延吉, 我農生), '농가경제갱생계획 지도 요령', '이궁존덕옹농업훈(二宮尊德翁農業訓)', '자력갱생민심진작흥(自力更生民心振作興)', '율곡선생향약(栗谷先生鄕約)', '자력갱생휘보에 대한 투고를 희망함' 등으로 구성되었다.

이 휘보는 현재 국립중앙도서관 디지털라이브러리에서는 권1~권4의 휘보를 제공하고 있는데, 권1은 창간호(1933.3)부터 제16호(1933.12), 권2는 제17호(1934.1)부터 제28호(1935.1), 권3은 제22호(1936.12)부터 제40호(1937.12), 권4는 제64호(1939.1)부터 제75호(1939.12)를 확인할 수 있다. 이 휘보는 모두 일본문으로 이루어져 있으며, 제40호까지는 신문 형태인 데 비해, 권4의 제64호 이후에는 소책자 형식으로 발행되었음을 확인할 수 있다. 이 휘보는 총88호까지 발행된 것으로 알려져 있는데,[43] 일본문을 본 휘보로 하고 이를 조선문으로 번역하여 부록으로 언문판을 발행한 것으로 추정된다. 아직까지 언문판이 얼마나 발행되었는지 알 수는 없으나 한국독립운동사 정보시스템 등에서 확인할 수

---

43) 板垣竜太 解説(2006), 『自力更生彙報: 朝鮮總督府 農業政策史料』 1~6, 東京: ゆまに書房.

있는 언문판을 정리하면 다음과 같다.

【 자력갱생휘보 언문판 】

ㄱ. 제48호 부록(1937.9): 총독유고(總督諭告)의 요지. 시국 진전에 대처(對處)할 농산어촌 진흥운동의 사명 수행에 관한 것 등

ㄴ. 제56호 부록(1938.5)[44]: 농산어민 보국의 요체(농림국장 湯村辰二郞), 장기전과 총후 보국(1), 농작물 품종 개량 이야기(총독부 농사시험장 기사 和田滋穂), 농촌진흥운동과 농촌 부인의 힘(경기도 김추국)

ㄷ. 제61호 부록(1938.10): 제2회 농산어민 보국일과 미나미(南)총독의 훈화요지, 전선(全鮮) 지방 간담회에서 연술한 유무라(湯村) 농림국장 강연의 요지, 지주 간담회에 제출된 농촌진흥운동에 관한 협의 사항, 농산어촌 시찰 요록, 총후 면제품 절약의 이유는 이에 잇다. 노동미담 갱생 청년의 소개, 한비(寒肥)는 엇째서 필요한가, 농업용어

ㄹ. 제63호 부록(1938.12): 농촌진흥운동의 상황을 시찰하고, 비상시와 농촌부인의 사명(평안남도 농촌진흥과 부인 촉탁 리산라) 등

ㅁ. 제64호 부록(1939.1): 선혈로써 역사를 철(綴)함(조선총독 南次郞), 장기 건설하의 농촌진흥운동(농촌진흥과장 岸勇一) 등

ㅂ. 제76호(1940.1): 이 휘보는 일본문 휘보로 국립중앙도서관 디지털라이브러리에 없는 자료임.

ㅅ. 제9호 언문판(1940.3)[45]: '법화(法話): 죽엄을 알고보면 생(生)을 안다', '신사(神社)와 제의(祭儀)', '총후 농촌을 직히는 중견인물, 그네들의 열성으로 드러낸 지도 실적', '전시하 농촌에 빗나는 갱생인들의 이야기, 우리집은 이러케 해서 갱생하엿다', '야생 약초의 활용', '화극각본', '식목합시다'.

---

44) 제56호 부록은 허재영 편(2012)에서 언급한 내용을 정리한 것임.
45) 이 판본은 허재영 소장본임.

이상의 언문판은 부록이라는 명칭을 사용했으나 실제로는 일문판을 조선문으로 번역한 형태이다. 그러나 1940년 3월 발행된 제9호는 부록 형태가 아니며, 앞의 호수에 이어진 것이 아니어서, 이 시기 일본문 휘보와 조선문 휘보를 별도로 발행했던 것으로 추정된다.

휘보를 통해 볼 때, 자력갱생운동도 일제의 식민정책 변화에 따라 큰 변화를 보였음을 확인할 수 있다. 예를 들어 언문판 제61호를 참고하면, 1938년 이후의 자력갱생운동은 이른바 '총후보국(銃後保國, 전쟁 중 후방에서 보국한다는 의미)' 차원에서 농촌 동원을 목표로 하였음을 알 수 있는데, 그 가운데 '지주 간담회에 제출된 농촌진흥운동에 관한 협의사상'을 살펴보자.

【 지주간담회에 제출된 농촌진흥운동에 관한 협의 사항46) 】

時局下에 負荷하는 半島 農村 使命의 重大性에 鑑하야 <u>生業報國, 勞資協同의 銃後의 責務를 遂行</u>키 爲하야 官民의 總擧로 一層 農村振興運動의 擴充 强化에 邁進하고 잇는 바임으로서 地主 各位께서도 極力 本 運動에 協力하야 小作人 其他에 對하야 左記 事項의 具現 徹底에 관하야 다시 格段의 盡力을 要함

「記」

(一) 中堅人物 養成 事業에 對한 協力

  (1) 農民訓鍊所 又는 此에 類한 部落 <u>中堅人物의 養成</u> 施設을 아모쏘록 創設 經營할 일

  (2) 公營으로 하는 <u>農民訓鍊所 又는 農業補習學校의 創設</u>, 改組 又는 維持, 經營上 耕地 林野 其他에 對하야 極力 便宜를 與하야 援助할 일

(二) 小作地 分配의 適正

  (1) 過小面積을 耕作하는 小作人 又는 農業 勞働者 等에 對한 耕作地 貸與

---

46) 조선총독부(1938), 『자력갱생휘보 언문판』 제61호, 조선인쇄주식회사.

方에 考慮할 일

(2) 小作地의 轉貸 禁止의 徹底를 期할 일

(三) 生産의 改良 增殖: 時局下에 特히 左의 營農改善에 관한 事項의 徹底方에 대하야 勸奬 又는 協力할 일

  (1) 二毛作의 積極的 普及 奬勵

  (2) 自給肥料의 增産: 堆肥, 人糞尿, 灰類, 鷄糞 등의 增産 又는 貯藏의 設備 設置 改善과 綠肥의 栽培 등에 대하야 指導 督勵를 加할 일

  (3) 農糧과 營農 及 副業 資金의 貸付, 農牛, 肥料 其他 營農上의 資金 及 繩叺 其他 副業上의 資金의 低利 又는 無利子의 融通을 行할 일

  (4) 營農의 國策으로의 順應: 米外棉, 甘藷, 馬鈴薯, 麥類, 麻, 叺及牛, 綿羊, 豚, 馬 等 時局 又는 國策에 關係 잇는 作物, 家畜 等의 增殖 改良에 努力할 일

  (5) 技術員의 設置

  (6) 部落의 分擔 指導: 更生 指導 部落을 分擔하야 個別 指導의 徹底를 期할 일

  (7) 全家 勤勞: 婦人의 屋外 勞動과 老幼者의 副業 從事 等에 의하는 全家 勤勞를 勸奬할 일

(四) 消費節約의 徹底 (…中略…)

(五) 高利債 減免 整理: 高利債의 妥當한 減免 整理의 援助 幹線에 힘쓸 일

(六) 自作農 創設 事業의 協力 (…中略…)

(七) 貯蓄 奬勵의 徹底 (…中略…)

(八) 優良 小作人의 表彰

(九) 農村振興委員會 委員으로서 農村 實地 指導

(十) 小作 慣行의 改善: 從來 本府의 방침으로 各道에서 奬勵하여 온 慣行 改善 事項은 此際 一層 그 勵行을 期할 일

이 간담회 협의 사항은 '생업보국', '노자협동', '총후책무'를 강조하는

농촌진흥운동의 10개 주요 활동 사항이 요약되어 있다. 흥미로운 것은 제9항인데, 지주 간담회에서 "농촌진흥위원회 위원으로서 농촌 실지 지도"를 강조한 점을 고려한다면, 농촌지도위원은 지주로 구성되어 있음을 확인할 수 있다. 이 당시 지주는 대부분 일본인이었음을 고려할 때, 식민지 농촌에 대한 일본의 직접 지배가 이루어지고 있다는 뜻이다. 10개 항 가운데 제1항인 '중견인물 양성'은 총독부 시책을 잘 수행하는 농촌지도자 양성을 의미하며, 제3항의 생산 증식 개량에서는 '자급 비료', '농촌 식량'과 '부업', '전가 노동'으로 표현되는 부녀자 및 노유자(老幼者) 노동력 동원 등과 같이 '갱생(更生)'을 표방한 모든 조선인의 노동력 착취 이데올로기를 생산하고 있음을 확인할 수 있다. 제63호 언문판의 '비상시와 농촌 부인의 사명'도 이러한 모습을 잘 보여준다.

【 非常時와 農村婦人의 使命: 평안남도 농촌진흥과(부인촉탁) 리산라[47] 】

　　제일선에서 용건분투하는 황군의 노력을 감사하는 마음은 도시나 농촌이나 일반으로 가틀 것입니다. 이즈음 날마다 들니는 국방헌금이라든지 비행긔 현납이라든지 또는 우리 농촌 부인들이 아침저녁으로 한술식의 쌀을 써서 모혼 돈이나 가마니를 싸고 색기를 쇼아서 판돈, 혹은 전답의 허터진 이삭을 주서서 판돈, 부인회원들의 품을 판 돈을 헌납한다는 아름답고 반가운 소식은 듯는 자로 하여금 감격의 눈물을 금치 못하게 합니다. (…중략…) 현재 장긔로 쓸니고 잇는 지나사변은 좀처럼 술히 싯나지 못할 것 갓습니다. 그러나 황국의 향하는 곳에는 대적하는 재 업고 파죽지세로 백전백승하고 잇습니다. 동아의 목표로 싯까지 싸와 익여야 하겟습니다. 우리도 우리들의 무긔되는 호미와 괭이를 굿게 잡은 총후의 용감한 황군의 한사람이라는 것을 이저서는 아니됩니다. '국민정신총동원'이라는 것은 이러한 의미의 말슴이올시다.

---

47) 조선총독부(1938), 『자력갱생휘보 언문판』 제63호, 조선인쇄주식회사.

첫재 우리의 양식이 충실하여야 합니다. 그것은 즉 제일선에서 안심하고 충분이 싸우게 하는 것입니다. 둘재, 군수품의 제공입니다. 우리들의 손으로 생산하는 물품 중에는 군수품이 되는 것이 많습니다. (군량, 마초, 화약, 병긔, 기타), 셋재 전비의 부담입니다. <u>우리가 날마다 안심하고 생업에 힘쓰며 편안한 생활을 함은 다 황군의 덕분입니다.</u>

1938년 이후 황국신민화 정책과 내선일체를 강화하면서 일본어 상용 정책을 실시했음에도 언문판 휘보를 발행한 데에는 관민 총동원을 목표로 한 수탈 정책이 작용했다. 중일전쟁 발발 이후 1938년부터 일제는 이른바 '국가총동원'을 추진하였다. 국가총동원법은 말 그대로 전시 체제 하에서 인적, 물적 자원을 총동원하는 것으로 칙령 제315호로 공포되었다.[48] 이 법령은 1938년 5월 5일부터 실시되었으며, 총50조 부칙으로 구성된 법령이다. 이 법령은 제1조에서 "본법에서 국가 총동원이라는 것은 전시(전쟁에 준하는 사변을 포함하여 이와 같음)에 국방 목적을 달성하기 위하여 국가의 전력을 가장 유효하게 발휘할 수 있도록 인적·물적 자원을 통제 운용하는 것을 말한다."라고 규정함으로써, 인적 자원과 물적 자원의 통제에 목적이 있음을 분명히 하고 있다. 이 법령의 제2조에서는 '총동원 대상 물자'를 9가지로 규정하고 있는데, 제2항에서 '피복(被服), 식량(食糧), 음료(飲料) 및 사료(飼料)'를 규정하였다. 이에 따라 전시 체제 하의 농업 정책은 '식량기지화'에 초점을 맞추고 있으며, '자력갱생운동', '농촌진흥운동' 등도 황국신민화를 전제로 한 식량 증산, 노동력 극대화에 초점을 맞추고 있다. 이 시기 농업 정책의 일면은 조선총독부에서 발행하는 『조선(朝鮮)』(일본어판) 1938년 3월호 기시 유이치(岸勇一)의 '비상시에 궐기하는 농산어촌'에서도 확인할 수 있다. 이 논문은 '농산 어민 적성(赤誠) 槪要', '농산어촌 진흥운동의 진사명(眞

---

48) 『조선총독부 관보』 제3391호, 1938.5.10.

使命)', '미담 가화(美談佳話) 급 시국 감상의 일례', '생업 보국의 제행사 (諸行事), 기타'로 구성되어 있는데, 조선 농촌이 전시 체제 하의 식량 기지로 간주되고 있음을 확인할 수 있다.

【 非常時に蹶起せる農山漁村[49] 】

今次の事變に際し半島同胞の間に恰も急潮の如く漲り來つた愛國の赤誠, 內鮮一體の强化は, 正しく施政以來の一大快事と謂ぶへし, 國家總動員下の 非常時局に好望なる影響を齎し, 擧國一致の情勢の强化に力强き推進力とな りつ, (…中略…) 特に大麥, 燕麥, 其の他の農産物に對する軍需品の供出に當 つては, 收穫後相當の期間を經過して居たのと, 食糧不足に惱む農家の少く ない半島農村の實情よりして之が割當數量の供出は, 相當の難事として危懼 せられて居たのであるが, 旣往數年來施政の主力を傾け來つた農山漁村振興 運動に基く, 大衆の自覺と生産力の向上とは克く此の重責を全らして豫想外 の好成績を收め, 兵站基地たる半島の使命遂行に, 遺憾なきを期しつ

번역 이번 사변에 다다라 반도 동포 사이에 마치 급한 물결처럼 넘쳐오 는 애국 적성(愛國赤誠), 내선일체(內鮮一體)의 강화는 바로 시정 이래 일대 쾌사라고 일컬을 만하다. 국가총동원 하의 비상시국에 좋은 영향을 줄 것으로 기대하며, 거국일치의 정세를 강화하는 힘 있는 추진력 이 될 것이다. (…중략…) 특히 대맥, 연맥, 기타 농산물에 대해서는 군수 품 공출이 당연한데, 수확 후 상당 기간을 경과하여 살아가는 일이, 식량 부족에 고민하는 농가가 적지 않은 반도 농촌의 실정을 보면, 할당 수량 의 공출은 매우 어려운 일이 될 것이다. 기왕 수년 이래 시정의 주력을 기울여 온 농산어촌 진흥운동에 기초하여, 대중의 자각과 생산력을 향상 시키는 것은 이 중책에 전력을 기울여 예상 외의 좋은 성적을 거둘 것이 므로, 병참기지가 되는 반도의 사명을 수행하는 데 유감이 없도록 해야

---

49) 岸勇一(1938), 「非常時に蹶起せる農山漁村」, 『朝鮮』, 1938.3.

할 것이다.

이 논문에 나타난 바와 같이, 1938년 총동원 체제 이후의 자력갱생운동이나 농촌진흥운동은 병참기지화 된 조선 농촌의 생산성 향상, 식량 기지화를 목표로 추진되었음을 확인할 수 있다. 앞서 살펴본 1943년 황해도의 『전시농민독본』이나 『자력갱생휘보』의 발행은 이러한 기능을 수행하는 도구였던 셈이다.

4. 식민 통치를 위한 계몽서

4.1. 강제병합 합리화와 독립운동 비판

일제의 식민 통치 과정에서 강제 병합을 합리화하거나 독립운동을 비판함으로써 조선 민중을 동화시키고자 하는 목적을 갖는 대중서가 발행된 점도 특기할 만하다. 일제 강점기 일본인 저작의 역사서 가운데 조선문으로 이루어진 것은 찾기 어렵다. 그럼에도 조선출판협회(1922)의 『조선병합10년사』(조선출판협회), 조선연구회 주간이었던 아오야키난메이(靑柳南冥新, 1921)[50]의 『조선독립소요사』(조선연구회장판)는 조선어로 출판된 책이다.

『조선병합10년사』는 본문 11장, 부록 5장으로 구성된 병합 합리화를 강변한 저술이다. 이 책의 편찬 주체인 조선출판협회가 어떤 단체인지는 확인하기 어려우나, 식민 통치를 합리화하는 다수의 책을 편찬한

---

50) 아오야키난메이(靑柳南冥)는 본명이 아오야키스나타로(靑柳綱太郎)이다. 『조선독립소요사론』은 조선어판과 일본어판이 발행되었으며, 일본어판의 경우 표지에는 아오야키난메이 저로 되어 있으나, 판권에는 아오야키스타나로로 되어 있다. 1920년대 조선연구회 주간이자 임시 선전국 주간으로 활동했으며, 일본문과 조선문으로 된 『조선사천년사』, 『총독정치』 등을 저술하기도 하였다.

것으로 확인되는데 그 중 하나가 1921년 11월 출간된『조선명륜록』이다.[51] 이 명륜록은 조선이 '예의지방(禮義之邦)'임을 강조하여 '순량한 국민'을 양성하는 역할을 하도록 한 책이다.『조선병합10년사』는 제1장 이조 오백년의 대세 급 추이, 제2장 조선 민족의 기원 급 발전, 정치, 기술, 경제, 제3장 조선의 내정 급 대외 관계, 제4장 일청전역(日淸戰役) 당시의 외교 관계, 제5장 일본의 극동 정책, 제6장 일한 병합의 이면사, 제7장 구주전란 후와 민족자결문제, 제8장 조선총독 정치의 연혁, 제9장 조선통치의 귀결, 제10장 외국인의 관(觀)한 조선 문제, 제11장 조선에 재(在)한 각종교의 활동사, 부록 제1장 세계의 사조와 조선 독립 문제, 제2장 법정(法庭)에 현출(現出)한 독립사건의 경과, 제3장 재상해(在上海) 조선임시정부의 해부, 제4장 경성 남대문역의 폭탄사건과 동경역(東京驛) 철도 호텔의 암살사건, 제5장 결론으로 구성되었다.

이 책의 저술 목적은 책의 구성에서 확인할 수 있듯이, 일제의 식민 지배를 합리화하고 조선의 독립운동을 비판하는 데 있었다. 그 중 하나인 '조선 총독정치의 귀결'을 살펴보자.

【 朝鮮 總督政治의 歸結[52] 】

朝鮮의 倂合이 單히 日本의 領土的 侵略의 帝國主義에 胚胎한 者이라 하면, 朝鮮에 對한 統治 方針은 何等 批判의 餘地가 無할지라. 然이나 日本의 朝鮮 倂合 後에 朝鮮에 加한 政策을 見하건대, 舊韓國時代의 政治에 比하야 進步의 跡이 多한, 何人이라도 首肯하는 바이오, 且 此를 施政의 事實에 徵하건대, 舊韓國時代에 대한 中央行政制度는 明治 二十七八年의 改革의 際에, 日本의 制에 放하야, 內閣, 中樞院 及 外部, 內部, 度支部, 軍部, 法部, 學部, 農商工部의 七部를 設하얏다 하되, 要之컨대 形式의 變更에 不過하얏고,

---

51) (광고)『동아일보』, 1921.11.1.

52) 朝鮮出版協會(1922),『朝鮮倂合十年史』, 朝鮮出版協會(第八章 朝鮮總督政治의 歸結).

(…中略…) 以上과 如히 韓國에 統監政治를 開始한 以後로 韓國의 諸制度에 根本的 變革을 加하야 諸般 政務가 更新되얏는대, 併合과 同時에 上下에 亘하야 統治上에 更히 一大 變革을 生하얏스니, 다만 內鮮 文野의 程度에 依하야 多少 相違가 無함은 안이로대 併合은 朝鮮에 前古來 未曾有의 革命的 變化이라. 然하야 內鮮 文野의 程度에 依한 施設上의 相違는 맛참내 內鮮 差別待遇의 非難을 惹起하야 總督府의 施政 方針에 幾多의 變遷을 經하얏는대, 寺內, 長谷川 兩總督 施政時代는 一種의 武斷政治이니, 朝鮮의 總督政治에 內意에 好感을 有치 안이한 자가 不少하얏슴은 事實이라. 齋藤 總督은 更히 其印綬를 帶하게 됨이, 文化政治를 標榜하고, 從來의 高壓的 武斷政治는 一轉하야 文化政治로 進步하야, 內鮮融和의 基礎를 差別撤廢함에 注意하야 地方自治的 機關의 開設을 見함에 至하얏슴은 一進步이라 謂할지로대, 果然 朝鮮의 統治가 朝鮮를 植民地로 看做할는지, 將次 內地의 一部로 하야 此를 統治할 者인지, 其總督政治는 일로부터 更히 一層 複雜을 加함에 至하리로다.

번역 조선의 병합이 단지 일본의 영토 침략의 제국주의에서 시작된 것이라면, 조선 통치 방침은 어떠한 비판의 여지가 없다. 그러나 일본이 조선 병합 후 조선에 실시한 정책을 보면, 구한국시대의 정치에 비해 진보의 자취가 많아, 누구든지 수긍하는 바이요, 또 이 시정 사실을 증거하면 구한국시대 중앙행정제도는 메이지 27~28년 개혁 당시 일본의 제도를 모방하여, 내각, 중추원, 외부, 내부, 탁지부, 군부, 법부, 학부, 농상공부의 7부를 설치했다고 하나 요약하면 형식 변경에 불과했고 (…중략…) 이상과 같이 한국에 통감정치를 실시한 이후 한국의 모든 제도에 근본적 변혁을 가해 제반 정무가 경신(更新)되었는데, 병합과 동시 상하 모두 통치상 다시 일대 변혁이 이루어졌으니, 다만 내선(內鮮) 문명·야만의 정도에 따라 다소 차이가 없지 않지만, 병합은 조선에 이전에 없던 혁명적 변화이다. 그러나 조선의 문야 정도에 따른 시설상의 차이는 마침내 내선 차별 대우라는 비난을 야기하여 총독부의 시정 장침에 많은 변화가 일어났는데, 데라우치, 하세가와 두 총독 시정시대는 일종의 무단정치이니, 조선의 총독 정치에 마음으로 호감을 갖지 않는 자가 적지 않았던 것도 사실이다. 사이토 총독이 다시 인수를 받음에, 문화정치를 표방하고, 종래의 고압적 무단정치가 일변하여 문화정치로 진보하여, 내선융화의 기초로 차별을 철폐함에 유의하여 지방자치적 기관을 처음 설치하게 된 것은 하나의 진보라고 할 것이나, 과연 조선 통치가 조선을 식민지로 간주할 것인지, 장차 내지의 일부로 이를 통치할 것인지 총독정치는 이로부터 다시 한층 복잡해질 것이다.

통감정치로부터 무단통치를 거쳐 이른바 사이토의 문화정치에 이르기까지를 개략적으로 언급한 '총독정치의 귀결'에서는 구한국시대의 정치 개혁을 일본 메이지 27~28년의 모방이라고 규정하고, 통감시대에 이르러 일대 변혁이 이루어졌으며, 병합을 통해 혁명적 변화가 일어났다고 설명한다. 그뿐만 아니라 데라우치·하세가와의 무단통치가 단지 '시설의 문야에 따른 차이' 때문에 '내선차별대우'라는 비난을 가져왔으며, 사이토의 문화정치는 내선융화를 위한 진보라고 규정하였다. 특히 일본의 지배가 '식민지배'가 될지 '내지화(內地化)', 곧 문명화된 일본화가 될지 장차 복잡해질 것이라고 설명하여, 식민 지배의 정당성을 부각하는 데 집중하였다.

아오야마난메이(1921)의 『조선독립소요사론』(조선연구회)은 일제의 강제병합을 옹호하고 조선 독립운동을 비판하고자 하는 목적에서 출판된 사회교화 서적의 일종이다. 이 책은 일문판과 조선문판 두 종으로 간행되었으며, '자서', 제1편 서론, 제2편 독립 소요 원인론(遠因論), 제3편 손병희와 천도교를 서(敍)하고 기교리(其敎理)를 논함, 제4편 임염(荏苒)한 무단정치의 과실, 제5편 은사수작편당론(恩賜授爵偏黨論), 제6편 이주 식민책(移住殖民策)의 오해, 제7편 민족자결주의의 오해, 제8편 손병희 조선 독립을 선언함, 제9편 미국 선교사에게 여(與)하여 종교가의

사명을 논한 서(書), 제10편 독립 소요와 상해 가정부(假政府), 제11편
문화정치론, 제12편 폭탄범인 강우규(姜宇奎)를 조(弔)함, 제13편 대동단
총재 김가진(金嘉鎭), 제14편 대동단과 이강공(李堈公), 제15편 독립 소요
와 재만주선인론(在滿洲鮮人論), 제16편 조선인과 사대사상개주(大思想改
鑄), 제17편 독립 소요와 조선 경제계, 제18편 조선인 학생에게 여(與)함,
제19편 김윤식(金允植)에게 여(與)하는 서(書), 제20편 독립 소요와 내선
명사(內鮮名士)의 여론, 제21편 독립 소요와 외국인의 여론, 제22편 조선
민족에게 기(寄)하는 서(書), 부록 소요잡기(騷擾雜記)로 구성되었다.

  책 내용에서 확인할 수 있듯이, 저자의 저술 목적은 일제의 병합을
합리화하고 조선의 독립운동을 비난하는 데 있다. 이 점은 저자의 '자
서(自序)'에서도 명확히 드러난다.

【 自序53) 】

  本書는 朝鮮人의 獨立騷擾와 總督政治를 史論ᄒᆞᆫ 治亂의 鑑이라. 騷擾의
由來ᄒᆞᆫ 바를 調査ᄒᆞ며 其歸趣ᄒᆞᆯ 바를 達觀ᄒᆞ야 日本 帝國 併韓의 精神과
總督 施政의 大道를 論表ᄒᆞ엿스니 朝鮮 民族을 爲ᄒᆞᆷ에는 正히 天에 耀ᄒᆞᄂᆞᆫ
明星과 如ᄒᆞ야 人心이 騷然ᄒᆞ고 民族이 岐路에 迷ᄒᆞᄂᆞᆫ 時에 一道의 光明은
此書의 全面에 輝ᄒᆞ니 朝鮮 民族은 此書를 讀ᄒᆞ야 大悟ᄒᆞ고 大和 民族은
此書를 讀ᄒᆞ야 緊肅ᄒᆞᄂᆞᆫ 바이 有ᄒᆞ면 著者의 目的은 達ᄒᆞ엿다 ᄒᆞ리로다.
大正 十年 三月, 朝鮮騷擾 滿二週年 當日 京城 覆面 儒生 識

번역 본서는 조선인의 독립 소요와 총독정치를 역사적으로 논한 치란
의 귀감이 되는 책이다. 소요의 유래를 조사하고 그 귀추를 살펴
일본 제국이 한국을 병합한 정신과 총독 시정의 대도를 논의하고 표방했
으니 조선 민족을 위하는 일은 바로 하늘에 빛나는 명성(明星)과 같아 인
심이 소란스럽고 민족이 기로에서 헤매는 때 하나의 큰 길이 될 광명이

---

53) 靑柳南冥(1921), 『朝鮮獨立騷擾史』, 朝鮮研究會.

이 책의 전면에 빛나니, 조선 민족은 이 책을 읽고 크게 깨달으며, 일본 민족은 이 책을 읽고 긴절하고 엄숙한 바가 있다면 저자의 목적을 달성했다고 할 것이다. 대정 10년 3월 조선소요 만2주년 당일 경성에서 복면 서생 식.

'자서'에서 저자는 일제의 강제 병합과 조선 총독의 시정의 대도(大道)를 논표하여 조선 민족 스스로 깨우치고, 일본 민족이 엄중히 해야 할 바를 제공하기 위한 목적에서 이 책을 썼다고 고백한다. 여기서 말하는 조선 민족의 자각은 식민 통치를 수용하고, 독립운동을 하지 않는 것을 말한다. 그렇기 때문에 독립운동을 '소요(騷擾)'라고 표현한 것이다. 특히 제16편 '조선인과 사대사상 개주(改鑄)'에서는 '선민족(鮮民族) 망은(忘恩)의 사적 증좌(史的證佐)를 거(擧)하여 사대 사상의 개주를 주장함'이라는 부제에 맞게 일본의 지배를 은덕으로 표현한다.

【 鮮民族 忘恩의 史的 證佐를 擧ᄒ야 事大思想의 改鑄를 主張홈 】

獨立騷擾가 如何흔 誤解의 源因이 되얏ᄂᆫ지 又 武斷主義의 總督政治가 多少의 拘束이 有ᄒ얏던지 余輩ᄂᆫ 朝鮮人에 대ᄒ야 其失德忘恩을 責치 안이ᄒ기 不能흔 理由가 有ᄒ니 如今 內鮮 滔滔흔 言論이 多數ᄂᆫ 朝鮮人에게 媚ᄒ랴 ᄒᄂᆫ 時에 余ᄂᆫ 朝鮮 民族性의 醜陋흔 点을 指摘ᄒ야 卑劣흔 個性의 持續이 如何히 朝鮮 民族을 被禍케 ᄒᄂᆫ지를 論ᄒ야 其矯正에 대ᄒ야 內鮮 識者의 協力으로써 日本 民族性과 陶冶 融合케 方策을 講치 안이홈이 不可ᄒ니, 此가 實로 內鮮同化의 基本이오, 新日本人의 奮勵 育成케 ᄒ지 안이홈이 不可흔 當面의 急務됨을 失치 안이홀지니, 朝鮮 士民이여, 以下에 余로 ᄒ여곰 忌憚이 無히 忘恩의 史實을 語ᄒ기를 許홀지어다.

일제의 지배 목표가 '동화'에 있음을 천명하고, 조선 민족의 독립운동이 어떤 원인에서 비롯되었는지 또는 무단정치가 얼마나 구속적이었는지 불문하고, 조선 민족의 실덕 망은(失德忘恩)을 지적하고, 화를 입을 수밖에 없는 조선인의 민족성을 논하여 교정하도록 하겠다는 의도를 나타낸 이 글은 식민 통치에 대한 저자뿐만 아니라 일본 제국주의자들의 의식을 고스란히 드러내고 있다.

4.2. 생활서식과 법률·의례

식민통치를 강압하는 또 하나의 방식은 사회질서를 위계화하고, 전통 의례를 강조하며, 법률로써 민중을 위협하는 것이다. 전통적인 계급의식을 자연스러운 것으로 수용하게 하거나 유교적인 도덕질서를 강요하기 위한 방편으로 각종 서식을 산출하고 보급한다. 일제 강점기 '척독(尺牘)' 관련 서적이 유행한 것도 이러한 분위기와 무관하지 않다. 척독은 본래 편지글 형식을 의미하나 일제 강점기의 척독서는 단순한 편지 형식을 넘어 각종 서식과 응대 예절을 포함할 경우가 많다. 예를 들어 지송욱(1922)의 『신편척독대방』(경성서관)은 상·중·하편으로 구성되어 있는데, 상편은 척독 형식을 정리한 것이며, 중편과 하편은 각 부문별 척독례로 구성하였다. 그 중 상편의 구성은 다음과 같다.

【 지송욱(1922)의 『신편척독대방』(상편) 구성 】

구성	내용
착독활투 20류(尺牘活套二十類)	一 間闊活套, 二 思慕活套, 三 缺候活套, 四 추창活套, 五 妓者活套, 六 時景活套, 七 稱名活套, 八 頌德活套, 九 神相活套, 十 起居活套, 十一 欣慰活套, 十二 自敍活套 등
활투부4류(活套附四類)	復書思慕活套, 答候結語活套, 裁答遲延活套, 書後附名致意活套
기답식투입칙(寄答式套入則)	一 寄書式套, 二 答書式套, 三 寄書短札式套, 四 答書短札式套, 五 第二寄書短札式套, 六 第二答書短札式套, 七 第三寄書短札式套, 八 第三答書短札式套
고찰20칙(古札二十則)	一 漢諸葛亮與關羽書, 二 又與劉巴論張飛, 三 晋杜預與王濬書, 四 晋王羲之與桓溫書 등

구성	내용
부 열국 급 서한 12칙 (附 列國及西漢古札十二則)	一 魯莊公吊宋水災, 二 答, 三 楚人答齊師, 四 楚告晋國書 등
구체 척독 100칙 (具體尺牘一百則)	懷仰 答幷 未會仰慕, 幸遇 答幷 乍會欣喜, 紾闊 答幷 久別, 近別, 往來 答幷 造訪承擾, 承訪失款, 迎送 答幷 餞遠行 등
외투식 2류(外封式二類)	一 朝鮮式二十八則, 二 支那式十四則
각 응용용 첩식 10류 (各疑應用帖式十類)	請帖刱式内分六款, 賀請式十三則, 普通式十則, 方外式四則, 催 謝式五則 등
인기각당 칭호 14류 (人己各黨稱呼十四類)	(…中略…)
척독 여구 습유 28류 (尺牘麗句拾遺二十八類)	一 高尚隱逸, 二 行役餞送, 三 商賈貿易, 四 山水登臨, 五 邀約연 賞, 六 迎請姻屬 등

이 표에서 알 수 있듯이, 일제 강점기 척독이 서식뿐만 아니라 편지를 쓰는 상황에 따라 이와 같이 복잡한 것은, 일반 민중으로 하여금 자유로운 의사소통을 어렵게 하여, 사회질서에 순응하는 태도를 갖게 하는 요인이 된다. 이러한 복잡한 서식은 다른 척독류에도 일반적으로 나타난다.

복잡한 서식 못지않게 민중을 직접적으로 억압하는 것은 법률이다. 식민주의에서 주목할 문제 가운데 하나는 정치·경제·군사적 지배를 뒷받침하기 위한 통치 기구 정립과 식민 지배 이데올로기의 확립이다. 흥미로운 점은 제국주의의 식민 지배 과정에는 보편적으로 적용되는 지배 원리가 있다는 것이다. 그 가운데 대표적인 것은 식민 지배의 제1단계로 피지배 민족의 '지배 계급'을 동화시키는 것이다. 이러한 경향은 일본 제국주의도 마찬가지여서, 강제 병합 직후 조선 총독부에서 가장 먼저 발포한 법령이 '황실령'과 '조선 귀족령'이었음을 통해서도 증명된다. 정치적으로 황실과 귀족을 복속시키고 경제·문화적 지배 계급을 동화시킨다. 이러한 동화의 과정에서 피지배 민족의 지배 계급으로 하여금 '지배 국가(일본)에 대한 동경'을 갖게 하고, 그들의 정치·경제·문화에 대해 맹목적인 수용 분위기를 조성한다. 그러한 기반이 확립되면 피지배 민족 전체가 제국주의의 위세를 동경하게 되며, 그에 따라 제국주의의 언어와 문화, 정치, 경제 체제에 어느 정도 자발적인 편입을 원하는 세력도 늘어난다. 그것이 식민 지배의 기본 원리인 셈이다. 당연한 일이겠지만, 식민주의는 '군대', '행정 관료', '상인'을 매개로 한다. 다만 식민 지배 과정에서 어느 세력이 먼저인가는 동일하지 않다. 어떤 경우는 군사적 점령이 먼저 이루어지는 경우도 있고, 어떤 경우는 상업적 진출이 먼저 이루어지는 경우도 있다. 일제의 경우 강제 개항 당시나 청일전쟁, 러일전쟁 등의 군사적 행동과 함께, 각종 상인 집단의 조선 진출이 동시에 이루어졌고, 조선에 대한 영향력 증대에 따라 행정 관료나 교육 관료가 '고빙(雇聘)' 형식을 빌려 조선에 들어왔다. 식민주의에서 행정과 법률적인 지배는 민중들에게도 많은 영향을 미친다. 이 점에서 조선문 형법 안내 서적이 다수 발행되었는데, 이각종 (1912)의 『주해형법전서(注解刑法全書)』(광동서국), 조선출판연구회(1924)의 『인생처세 법률요감(人生處世 法律要鑑)』(경성서관 출판부) 등이 이에 해당한다.

『주해 형법 전서』 일제 강점 초기인 1913년 5월 15일 경성 광동서국에서 발행한 법률서이다. 이각종은 생몰 연대와 행적을 정확히 알 수는 없으나, 1910년 강제 병합 직후부터 총독부 소속 관리였으며, 1919년 3.1독립운동 당시 김포 군수, 1926년 총독부 학무국 촉탁, 1937년 '황국 신민의 서사'를 지은 인물로 알려져 있다. 그는 옥련암이라는 호를 사용했으며, 1908년 『실리 농방신편』, 1911년 『실용 작문법』 등의 교재를 편찬하기도 했는데, 『주해 형법 전서』는 강점 초기 '조선 형사령'(1912.3. 제령 제11호) 공포 이후 이에 대한 해설 성격의 저서이다. 책의 성격은 그가 쓴 '서(序)'와 '예언(例言)'을 참고하면 쉽게 알 수 있다.

【 서(序)[54] 】

刑法은 國家 勸力의 條件이오 個人 生命 財産의 保障이라. 人이 誰가 生命이 無ᄒ며 誰가 財産이 無ᄒ리오마는 國家 l 勸力으로써 保障홈이 아니면 宇宙 茫茫ᄒᄂ 오작 修羅場일 ᄲᆞᆫ이라. 然이ᄂ 吾人은 刑法의 支配下에셔 死活ᄒ며 刑法의 監護下에셔 衣食ᄒ며 刑法의 制限下에셔 喜怒홈으로 我 l 我의 生命을 有ᄒ며 我의 財産을 有ᄒ야 社會의 福利를 安享ᄒᄂ니 刑法이 吾人의 生存에 若是히 必要홈은 盖 眞理의 使然ᄒ 者 l 로다.

故로 刑法은 國家 l 文明으로 此를 規定ᄒ고 人民이 此를 知悉ᄒ야써 綱紀 安寧을 維持홈이 盖古今의 通義라. 然而 我朝鮮에셔ᄂ 從來로 法은 法官의 獨知ᄒᄂ 者오 人民은 此를 與知홀 바 l 아니라 誤信ᄒ야 因ᄒ야 如何ᄒ 行爲가 如何ᄒ 犯罪에 觸ᄒᄂ 與否와 如何ᄒ 行爲ᄂ 國家 l 何故로 此를 罰ᄒᄂ 所以를 不知ᄒ며 動作에 標準을 失ᄒ고 思想에 邪正을 迷ᄒ야 生存에 最大 要件의 存在를 沒却ᄒ 故로 小則官憲의 手를 煩勞히 ᄒ고 大則 罪禍에 陷ᄒ야 無悔ᄒ며 危害를 被ᄒ야 無救ᄒ니 其 因習之弊ᄂ 實로 可憫 可怜ᄒ 者 多ᄒᄃ 바ㅣ라. 今에 朝鮮 刑事令 實施의 結果로 刑事에 關ᄒ 日本의 諸般 法律이 一時에 適用됨에 彼 支離滅裂ᄒ 舊時의 刑律 狀態ᄂ 一毫 掃蕩되야 玆에 綱維가 盡擧ᄒ고 規模가 變改ᄒ지라. 於是乎 朝鮮 人士ᄂ 大히 此 狀勢에 刺激되야 法令 周知의 要가 隨處迸起홈을 見ᄒ니 此ㅣ 또ᄒ 理勢의 自至ᄒ 바ㅣ로다. 然이ᄂ 人의 行爲와 物의 狀態ᄂ 千差萬別이니 刑法은 有限ᄒ 狀態를 網羅ᄒ 故로 文句의 難解와 意義의 疑感이 有홈은 實로 不得已ᄒ 者ㅣ라. 余ㅣ 이에 所感이 有ᄒ야 現行 刑事實體法의 大綱에 涉ᄒ야 逐條로 難句疑義에 對ᄒ 解釋을 付ᄒ되 諸家의 學說 及 判決例 等을 參互ᄒ고 間間에 己意를 窃附ᄒ야서 是書를 成ᄒᄂ니 此誠 目下의 必要에 應ᄒ야 讀法 諸士로 ᄒ야곰 刑法을 容易 了解ᄒᄂ 便을 得케 코ᄌ 홈이라.

或曰 刑法은 國家 l 罪惡을 懲罰ᄒᄂ 條件이니 我 l 스스로 言忠信 行篤

---

54) 이각종(1913), 『주해형법전서』, 광동서국.

敬而已라 어지 刑法 了解를 必要로 ᄒ리오 ᄒᄂ니 果然ᄒ도다. 世人이 皆言行을 自重히 홀진딕 國家도 亦苦히 刑法을 存홀 必要가 無ᄒ리니 今에 國家ㅣ此를 明定ᄒ며 人民이 此를 了解ᄒ랴 홈도 畢竟 一民도 刑法을 不知ᄒᄂ者ㅣ 無ᄒ며, 一民도 刑法에 誤觸ᄒᄂ 事ㅣ 無코ᄌ 홈을 目的홈이라. 然而刑은 無刑을 期ᄒ나 또흔 刑이 無키 不可홈은 旣히 世間의 實情이라. 奈何오. 且 余ㅣ 是書를 作爲홈도 반ᄃ시 讀者로 ᄒ야곰 刑法의 奧義를 通曉홈을 ᄇ랄ᄂᄂ 者 아니라. 爲先 我朝鮮人도 亦有條理흔 刑法에 依ᄒ야 生命財産을 安全히 保障된 國民됨을 知悉케 홈으로써 足ᄒ다 ᄒ노라.

번역 형법은 국가 권력의 조건이요, 개인 생명 재산을 보장하는 것이다. 사람 가운데 누가 생명이 없으며, 누가 재산이 없겠는가마는 국가가 권력으로 보장하지 않으면 우주 망망하나 오직 수라장일 뿐이다. 그러나 우리는 형법의 지배 하에서 살고 죽으며 형법의 보호 하에서 입고 먹으며 형법의 제한 아래서 희로함으로 우리가 자신의 생명을 가지며 재산을 가져 사회 복리를 누리니 형법이 우리 생존에 이와 같이 필요함은 모두 당연한 진리이다.

그러므로 형법은 국가가 문명으로 이를 규정하고 인민이 이를 다 알아 기강과 안녕을 유지하는 것은 고금이 마찬가지이다. 그러나 우리 조선에서는 종래로 법은 법관만 알아야 하는 것이며, 인민을 이를 알 바가 아니라고 잘못 믿어서, 어떤 행위가 어떤 범죄에 저촉하는지 여부와 어떤 행위는 국가가 왜 이를 벌하는지 이유를 알지 못하고, 행위의 표준을 잃고 생각의 옳고 그름이 미혹하여 생존에 최대 요건인 존재를 몰각하였기 때문에 작으면 곧 관헌의 손을 수고롭게 하고, 크면 곧 죄와 재앙에 빠져 무한히 후회하며 위해를 입어 구제할 방법이 없으니, 그 인습의 폐해는 실로 가련한 것이 많았다. 지금 조선 형사령 실시 결과 형사에 관한 일본의 제반 법률이 일시에 적용된 것은 저 지리멸렬한 구시대 형사 법률 상태가 조금이라도 사라져 이에 법망이 다하고 규모가 바뀌었다. 이에 조선 인사는 크게 이 상태에 자격되어 법령을 알 필요가 곳곳마다 생겨나니 이것이 또한 이치가 스스로 그러한 바이다. 그러나 사람의 행위와 물건의 상태는 천차만별이니 형법은 유한한 상태를 망라하므로, 문구가 난해하고 뜻이 의혹스러운 데가 있음은 실로 어쩔 수 없는 일이다. 내가 이에 느낀 바 있어, 현행 형사 실체법의 대강에 대해 법조문을 따라 어려운 구절과 의혹스러운 의미에 대한 해석을 붙이되, 제가의 학설 및 판결 예문 등을 참고하고 간혹 나의 뜻을 감히 덧붙여 이 책을 완성하니, 이는 진실로 지금 필요에 따라 독자 여러분으로 하여금 형법을 쉽게 이해하도록 한 것이다.

혹은 말하기를 형법은 국가의 죄악을 징벌하는 조문이니, 내가 스스로 진실되게 말하고, 독실 공경하게 행동하면 그뿐이니, 어찌 형법을 이해할 필요가 있으리오 하고 말하나 과연 그러하다. 세상 사람이 모두 언행을 자중한다면 국가도 괴롭게 형법을 만들 필요가 없을 것이니, 지금 국가가 이를 명료히 정하고 인민이 이것을 이해하고자 함도 반드시 한 인민도 형법을 알지 못하는 자 없고, 한 인민도 형법에 저촉하는 일이 없게 하고자 하는 것을 목적으로 한다. 그러나 형은 형벌 없음을 기약하나 또한 형벌이 없는 일이 불가한 것은 이미 세간의 실정이니 어찌하겠는가. 또 내가 이 책을 지은 것도 반드시 독자로 하여금 형법의 깊은 뜻을 통하고 이해하는 일을 바라는 것이 아니라, 우선 우리 조선인도 또한 체계적인 형법에 따라 생명 재산을 안전하게 보장받는 국민이 됨을 알게 하는 데 족하다 할 것이다.

이상에서 확인할 수 있듯이, 이 책은 형법 안내서일 뿐만 아니라 일제의 경찰 행정의 내용과 이유를 설명하여, 식민 통치의 기반을 넓히는 데 사용된 책이라고 할 수 있다. 형법의 존재를 '문명(文明)'의 준거로 제시하고, 형법을 준수하는 것이 개인의 생명과 재산을 지키는 일이며, '조선 형사령'이나 '형법' 등이 필요한 이유를 제시하고 있는 셈이다. 이 책에는 이 두 법령 이외에 '형법대전(현재 유효한 조항)', '결투죄 처벌

법', '유죄파산자 처단제', '통화(通貨) 급 증권 모조 취체법(證券模造取締法)', '외국에서 유통하는 화폐, 은행권, 증권 위조 변조 급 모조에 관한 건', '폭발물 취체 벌칙', '인지범(印紙犯) 처벌법' 등을 해설하고, 부록으로 '경찰범 처벌 규칙', '매장 의약 등에 관한 건', '묘지, 화장장, 매장 급 화장 취체 규칙'과 이에 대한 '시행 규칙' 등을 수록하였다.

형법 이해와 관련된 서적은 조선총독부에서도 쉽게 출판 허가를 내주었는데, 조선출판연구회(1924)의 『인생처세 법률요감』도 대중을 대상으로 형사법을 알리고자 하는 목적을 갖고 있다. 이 책은 김재덕(金在惠)이 편찬자로, 박승호(朴承鎬)의 서문과 편찬자의 서언(緖言), '현행 형사편', '민법 질의 문답', '경찰법규에 위반한 죄', '정치 급 보안에 관한 범죄', '소송 신청원계 제서식(訴訟申請願届諸書式)'으로 이루어져 있다. 책의 내용으로 볼 때, 조선인의 형사법 위반을 경계하고자 하는 목적을 갖고 있음을 뚜렷이 알 수 있다.

이처럼 식민 지배 하에서 식민 지배이데올로기를 주입하고자 하는 노력은 지속적이고 광범위하게 이루어졌다. 이러한 교화 정책은 조선총독부뿐만 아니라 식민 통치를 옹호하는 종교 기관을 만들거나 유도진흥회와 같은 단체를 통해서도 이루어졌는데, 각종 의례 준칙 또는 중일전쟁 이후 주창된 '국체명징' 등에 따라 생활뿐만 아니라 조선인의 사상 전반에 걸쳐 식민주의를 수용하도록 강요되었다. 이러한 흐름에서 일제 강점기 계몽서는 민지 개발과 식민주의가 착종되어 계몽의 본질이 심각히 왜곡되는 현상이 나타나게 된 것이다.

참고문헌

1. 기본자료

『東亞日報』(1920~1945)
『朝鮮農民』(1925~1930)
『朝鮮日步』(1920~1945)

2. 논저

강동진(1970), 「日帝支配下의 勞動夜學」, 『歷史學報』 46, 역사학회, 1~39쪽.

강혜경(1995), 『한국 근현대 청년운동사』, 풀빛.

경기도 경찰청(1932), 「비밀결사 조선공산당 경기도 전위동맹 준비회 검거에 관한 것」, 『국내항일자료 경성지방법원 검사국 문서』(국사편찬위원회, 한국사데이터베이스).

경기도 지방과(1933), 『경기도 농민독본』, 경기도.

경기도(1933), 『농민독본』, 경기도.

경북대학교(2006), 『일제하 대구 경북지역 계몽운동』, 영한.

고영근(1988), 『한국어문운동과 근대화』, 탑출판사.

고영근·김민수·하동호 편(1977), 『역대문법대계』, 탑출판사.

구자황(2004), 「'독본(讀本)'을 통해 본 근대적 텍스트의 형성과 변화」, 『상허학보』 13, 상허학회, 213~244쪽.

구자황(2006), 「최남선의 『시문독본』 연구: 근대적 독본의 성격과 위상을 중심으로」, 『과학과 문화』 3(1), 1~12쪽.

구자황(2008), 「근대 독본문화사 연구 서설」, 『한민족어문학』 53, 한민족어문학회, 1~40쪽.

구자황(2010), 「근대적 글쓰기의 형성과 글쓰기 장(場)의 재인식: 근대 독본의 성격과 위상(3): 1930년대 독본(讀本)의 교섭과 전변을 중심으로」, 『반교어문연구』 29, 반교어문학회, 5~32쪽.

권덕규(1923), 『朝鮮語文經緯』. 京城: 廣文社.

권영민(1999), 『서사양식과 담론의 근대성』, 서울대학교 출판부.

권태억(2014), 『일제의 한국 식민지화와 문명화』, 서울대학교 출판부.

김경남(2014), 「근대 계몽기 여자 교육 담론과 수신·독본 텍스트의 내용 변화」, 『한국언어문학』 89, 한국언어문학회, 149~171쪽.

김경일(2005), 『한국독립운동의 역사(29): 노동운동』, 독립기념관

김계곤(1991), 「한힌샘 주시경 선생의 이력서에 대하여」, 『한힌샘 주시경 연구』 4, 한글학회, 5~59쪽.

김규창(1985), 「조선어과 시말과 일어교육의 역사적 배경」, 고 김규창 박사 유고논문 간행위원회 편, 『김규창 교수 유고논문집』.

김두정(2000), 「일제 식민지기 학교 교육과정의 전개」, 『교육과정연구』 18(1), 한국교육과정학회, 111~133쪽.

김민수(1963), 「『新訂國文』에 關한 硏究」, 『亞細亞硏究』 V(1), 아세아연구소, 205~244쪽.

김민수(1973/1984), 『국어정책론』, 탑출판사.

김민수(1977), 『주시경 연구』, 탑출판사.

김병문(2009), 「'國語'를 찾아서: 주시경의 경우」, 『사회언어학』 17(2), 한국사회언어학회, 22~55쪽.

김석득(1990), 『우리말연구사』, 정음문화사.

김슬옹(2009), 「한글 음절표 의미와 교육용 유형 설정」, 『한국어학』 44, 한

국어학회, 111~146쪽.

김슬옹(2010), 「국어교육 내용으로서의 맥락 연구」, 동국대학교 박사논문.

김용달(1997), 「春園의 〈민족개조론〉의 비판적 고찰」, 『도산사상연구』 4, 도산사상연구회, 290~310쪽.

김용달(2009), 『농민운동』, 경인문화사.

김윤경(1938), 『朝鮮文字及語學史』, 京城: 朝鮮記念圖書出版館.

김일대(1932), 창사7주년 기념, 『농민』, 1932(1).

김재영(2007), 「일제강점기 형평운동의 지역적 전개」, 전남대학교 박사논문.

김준엽 외(1969), 『韓國共産主義 運動史』, 고려대학교 아세아문제연구소.

김지영, 전용호(2007), 「최남선의 『시문독본』 연구」, 한국현대문학회 학술발표회자료집, 123~138쪽.

김채수 외(2002), 『한국과 일본의 근대언문일치체 형성과정』, 보고사.

김철(2005), 「갱생(更生)의 도(道) 혹은 미로(迷路): 최현배의 『조선민족갱생의 도(道)』를 중심으로」, 『민족문학사연구』 28, 민족문학사학회, 306~351쪽.

김택호(2003), 「개화기의 국가주의와 1920년대 민족개조론의 관계 연구」, 『한국문예비평연구』 13, 한국현대문예비평학회, 269~287쪽.

김현숙(1988), 「日帝下의 文字普及運動 硏究」, 성신여자대학교 석사논문.

김형국(1999), 「1919~1921년 한국 지식인들의 개조론에 대한 인식과 수용에 대하여」, 『충남사학』 11, 충남대학교 사학회, 119~145쪽.

김형국(2001), 「1920년대 초 民族改造論 검토」, 『한국근현대사연구』 19, 한국근현대사학회, 187~206쪽.

김형목(2009), 『교육운동』, 경인문화사.

김혜정(2002), 「개화기부터 미군정기까지의 국어과 교육과정에 대한 개괄적 고찰」, 『국어교육연구』 10집, 서울대학교국어교육연구소, 211~241쪽.

김호일(1991), 『일제하 학생운동』, 독립기념관 한국독립운동사연구소.

김화선(2006), 「한글보급과 민족형성의 양상: 심훈의 『상록수』를 중심으로」, 『어문연구』 51, 어문연구학회, 63~87쪽.

노영택(1979), 「일제하 농민계몽운동의 연구」, 『역사교육』 26, 역사교육학회, 69~101쪽.

노영택(1979), 『일제하 민중교육운동사』, 탐구당.

노영택(1980), 『日帝下 民衆教育運動史』, 探求堂.

노영택(2010), 『일제하의 민중교육운동사』, 커뮤니케이션북스.

동아일보사(1977), 『일정하의 금서 33선』, 동아일보사.

류시현(2009), 「1910~1920년대 전반기 안확의 '개조론'과 조선 문화 연구」, 『역사문제연구』 21, 역사문제연구소, 45~75쪽.

리의도(1997), 「건재 정인승 선생의 애국 운동」, 『나라사랑』 95, 외솔회, 106~124쪽.

리의도(2013), 「어문규범 갖추기에 쏟은 조선어학회의 노력」, 『국제어문』 59, 국제어문학회, 137~185쪽.

마루야마 마사오·가토슈이치, 임성모 옮김(2013), 『번역과 일본의 근대』, 이산.

미승우(1983), 『일제 농림 수탈상』, 녹원출판사.

미쓰이 다카시, 임경화·고영진 역(2013), 『식민지 조선의 언어 지배 구조』, 소명출판.

박만규(2016), 「도산 안창호의 개혁사상과 민족개조론」, 『역사학연구』 61, 호남사학회, 227~253쪽.

박붕배(1987), 『국어교육전사』(상·중·하), 대한교과서주식회사.

박붕배(2002), 「대한제국 말기의 국어 교육과 일제시대의 조선어 교육」, 『교육한글』 15, 한글학회, 7~37쪽.

박붕배(2003), 『침략기의 교과서』, 한국국어교육연구원(영인 자료).

박성의(1970), 「일제하의 언어·문자 정책. 한기언 외(1970)」, 『日帝의 文化侵奪史』, 玄音社, 191~370쪽.

박성의(1970), 「일제하의 언어·문자정책」, 한기언·김정학·박성의·오주환, 『일제의 문화침투사』, 민중서관, 189~370쪽.

박성진(1997), 「1920년대 전반기 사회진화론의 변형과 민족개조론」, 『한국민족운동사연구』 17, 한국민족운동사학회, 5~64쪽.

박성진(2003), 『사회진화론과 식민지 사회사상』, 선인.

박슬기(2011), 「이광수의 개조론과 기독교 윤리」, 『한국현대문학연구』 35, 한국현대문학회, 69~93쪽.

박용규(2012), 『조선어학회 항일투쟁사』, 한글학회.

박용규(2013), 『이윤재: 우리말 우리 역사 보급의 거목』, 독립기념관 한국독립운동연구소.

박철희(2009), 『청년운동』, 독립기념관 한국독립운동사연구소.

박한용(2013), 「일제강점기 조선 반제동맹 연구」, 고려대학교 박사논문.

박환(2005), 『식민지 시대 한인 아나키즘 운동사』, 선인.

성주현(2008), 「일제강점기 천도교청년당의 대중화운동」, 『한국독립운동사연구』 30, 독립기념관 한국독립운동연구소, 257~297쪽.

송기섭(2007), 「문자 보급과 언어 환경의 재현: '무정'과 '흙'의 경우」, 『우리말글』 39, 우리말글학회, 117~138쪽.

슈미드(Schumid, Andre), 정여울 역(2002/2007), 『제국 그 사이의 한국 1895~1919』, 휴머니스트.

시라카와 시즈카(白川精), 고인덕 역(1976/2008), 『漢子의 世界: 중국문화의 원점』, 솔.

신용하(1987), 『한국근대사회사연구』, 일지사.

신용하(1989), 『한국근현대의 민족문제와 노동운동』, 문학과지성사.

신용하(2005), 「1930년대 문자보급운동과 브나로드 운동」, 『한국학보』 31, 일지사, 95~132쪽.

신용하(2006), 『일제 식민지 정책과 식민지 근대화론 비판』, 문학과지성사.

심상훈(1996), 「1920년대 안동지역의 청년운동」, 『안동사학』 2(1), 안동대학교 사학회, 109~164쪽.

심상훈(2001), 「일제강점기 의성지역의 청년운동과 성격」, 『조선사연구』 21, 조선사연구회, 115~138쪽.

안병훈(1999), 「민족언론의 민중 계몽 교과서」, 안병훈 편, 『조선일보·동아일보 문자보급운동교재 1929~1935(영인본)』, LG상남언론재단.

安田敏朗(1999), 『'言語'の構築: 小倉進平と植民地朝鮮』, 三元社.

安田敏朗(2006), 『國語の近代史: 帝國日本と國語學者たち』, 中央公論新社.

안호상(1982), 『청년과 민족운동』, 탑영출판사.

양동순(1988), 『개화기 민중교화사』, 창문각.

양동순(1988), 『개화기 민중교화사』, 창문각.

오문석(2013), 「1차 대선 이후 개조론의 문학사적 의미」, 『인문학연구』 46, 조선대학교 인문학연구소, 299~323쪽.

오병수(2006), 「『개벽』의 개조론과 동아시아적 시공의식(時空意識): 중국의 『해방여개조』와 비교를 중심으로」, 『사림』 26, 수선사학회, 227~261쪽.

우남숙(2011), 「사회진화론의 동아시아 수용에 관한 연구: 역사적 경로와 이론적 원형을 중심으로」, 『동양정치사상사』 10(2), 한국동양정치사상사학회, 117~141쪽.

윤여탁 외(2006), 『국어교육 100년사』 I·II, 서울대학교 출판부.

이광순(1977), 「조선농민지의 내력」, 『조선농민』(영인본, 한국학자료원).

이동근(2007), 「일제강점기 수원청년동맹의 활동과 인물」, 『한국민족운동사연구』 51, 한국민족운동사학회, 189~230쪽.

이성환(1930), 『농민독본』, 전조선금융조합.

이송순(2008), 「일제하 식민 농정과 조선 농업, 농민 연구의 현황과 과제」, 『쌀 삶 문명연구』 1, 쌀 삶 문명연구원, 113~134쪽.

이송희(2011), 『대한제국기의 애국계몽운동과 사상』, 국학자료원.

이윤선(2007), 「조선농민사의 사회운동」, 한림대학교 석사논문

이윤재(1933), 『한글 공부(학생계몽대용)』, 동아일보사.

이윤재(1934), 「한글 마춤법 통일안 제정의 경과 기략」, 『한글』 1(10), 조선
　　　어학회, 575~576쪽.

이응백(1976), 『國語敎育史硏究』, 신구문화사.

이응호(1997), 「상동청년학원과 한글 운동」, 『나라사랑』 97, 외솔회.

이준식(2002), 「일제강점기의 대학 제도와 학문 체계: 성제대의 조선어문
　　　학과를 중심으로」, 『사회와 역사』 61, 한국사회사학회, 191~218쪽.

이준식(2008), 「최현배와 김두봉: 언어분단을 막은 두 한글학자」, 『역시비
　　　평』 82, 역사비평사, 41~67쪽.

이현주(2003), 「일제하 수양동우회의 민족운동론과 신간회」, 『정신문화연
　　　구』 26(3), 한국학중앙연구원, 185~209쪽.

이희호(2015), 「일제강점기와 미군정기의 한글 교육 맥락 연구: 민간 발행
　　　교재를 중심으로」, 수원대학교 박사논문.

임상석(2009), 「『시문독본』의 편찬 과정과 1910년대 최남선의 출판 활동」,
　　　『상허학보』 25, 47~78쪽.

장규식(2009), 「1920년대 개조론의 확산과 기독교사회주의의 수용·정착」,
　　　『역사문제연구』 21, 역사문제연구소, 111~136쪽.

장시원 외(1988), 『한국근대 농촌사회와 농민운동』, 열음사.

전갑생(2012), 「1920년대 거제지역 청년운동 연구」, 『한국독립운동사연구』
　　　41, 독립기념관 한국독립운동연구소, 157~202쪽.

전택부(1978), 『한국 기독교청년회 운동사』, 정음사.

정관(1995), 『구한말기 민족계몽운동연구』, 형설출판사.

정승철(2012), 「자산 안확의 생애와 국어 연구」, 『진단학보』 116, 진단학회,
　　　241~265쪽.

정연욱(2013), 「1920년대 한일 이상주의 문화운동의 딜레마에 대한 일고
　　　찰: 수양동우회와 아타라시키 무라의 비교 분석을 통하여」, 『일본
　　　어교육』 65, 한국일본어교육학회, 185~196쪽.

정재영(1996), 「19세기말부터 20세기 초의 한국어문」, 『한국문화』 18, 서울대학교 한국문화연구소, 1~31쪽.

정재환(2013), 『한글의 시대를 열다: 해방 후 한글학회 활동 연구』, 경인문화사.

정진석 편(1998), 『일제시대 민족지 압수기사 모음』I, LG상남언론재단, 704~705쪽.

정진석(1983), 「일제하의 동아-조선 양 신문의 발행부수는」, 『언론사 연구』 1, 일조각, 136~139쪽.

정진석(1997), 「언론을 통한 장지영의 국어운동」, 『어문연구』 25(4), 한국어문교육연구회, 62~29쪽.

정진석(1999), 『문자보급운동교재: 조선일보·동아일보 1929~1935』, LG상남언론재단.

정진석(1999), 「문자보급운동을 통한 농촌계몽과 민족운동」, 안병훈 편(1999), 『조선일보·동아일보 문자보급운동교재 1929~1935』(영인본), LG상남언론재단, 8~42쪽.

정혜정(2001), 「日帝下 天道敎 農民敎育運動」, 『한국민족운동사연구』 29, 한국민족운동사학회, 101~131쪽.

조경달 저, 정다운 역(2012), 『식민지기 조선의 지식인과 민중: 식민지 근대성론 비판』, 선인.

조동걸(1976), 『日帝下韓國農民運動史』, 한길사,

조동걸(1997), 『일제하 한국 농민 운동사』, 한길사.

조배원(2000), 「수양동우회 연구: 조직 변화와 운동론을 중심으로」, 『도산사상연구』 6, 도산사상연구회, 137~161쪽.

조성운(2002), 『일제하 농촌 사회와 농민운동』, 혜안.

조용만 외(1970), 『趙容萬日帝下의 文化運動史』, 民衆書館.

조용만(1982), 『일제하의 문화운동』, 현음사.

조정봉(2007), 「일제하 야학교재 『農民讀本』과 『大衆讀本』의 체제와 내용」,

『정신문화연구』 30(4), 한국학중앙연구원, 63~87쪽.

조찬석(1984), 「1920년대 한국의 청년운동」, 『논문집』 18(2), 인천교육대학
교, 233~258쪽.

조태린(1998), 「일제시대의 언어정책과 언어운동에 관한 연구」, 연세대학
교 석사논문.

조태린(2006), 「'국어'라는 용어에 대한 비판적 고찰」, 『국어학』 48, 국어학
회, 363~394쪽.

진덕규(1991), 「1920년대 社會主義 民族運動의 性格에 대한 考察: 조선노농
총동맹을 중심으로」, 『한국독립운동사연구』 5, 독립기념관.

차기벽 외(1985), 『일제의 한국 식민통치』, 정음사.

최경봉(2006), 「일제강점기 조선어학회 활동의 역사적 의미: 해방 전후사
의 재인식에 나타난 인식 태도를 비판하며」, 『민족문학사연구』 31,
민족문학사학회, 408~433쪽.

최기영(1997), 『한국 근대 계몽운동 연구』, 일조각.

최덕교(2004), 『한국잡지백년』 2, 현암사.

최민지·김민주(1978), 『일제하 민족언론사론』, 일월서각.

최배은(2011), 「근대 청소년 담론 연구」, 『한국어와 문화』 10, 숙명여자대
학교 한국어문화연구소, 123~170쪽.

최배은(2013), 「한국 근대 청소년소설의 형성과 이념 연구」, 숙명여자대학
교 박사논문.

최주한(2004), 「改造論과 근대적 개인: 1920년대 초반 『開闢』지를 중심으
로」, 『어문연구』 32(4), 한국어문교육연구회, 307~326쪽.

최주한(2011), 「민족개조론과 相愛의 윤리학」, 『서강인문논총』 30, 서강대
학교 인문과학연구소, 295~335쪽.

최현배(1942), 『한글갈(正音學)』, 정음사.

최희정(2011), 「1910년대 최남선의 자조론 번역과 청년의 자조」, 『한국사
상사학』 39, 한국사상사학회, 213~250쪽.

충청북도(1934), 『간이농민독본』, 충청북도.

한국가톨릭노동청년회(1977), 『가톨릭 노동 청년운동의 지침』, 한국가톨릭노동청년회.

한국사회사연구회 편(1987), 『한국근대 농촌사회와 일본제국주의』, 문학과지성사.

한규무(1997), 『일제하 한국 기독교 농촌운동』, 한국기독교사연구소.

한글학회 편(1971), 『한글학회 50년사』, 한글학회.

한글학회 편(2009), 『한글학회 100년사』, 한글학회.

한기언 외(1970), 『日帝의 文化侵奪史』, 玄音社.

한기형 외(2006), 『근대어·근대매체·근대문학』, 성균관대학교 대동문화연구원.

허수(2009), 「제1차 세계대전 종전 후 개조론의 확산과 한국 지식인」, 『한국근현대사연구』 50, 한국근현대사학회, 37~54쪽.

허재영 편(2012), 『근현대 계몽운동과 문자보급 자료』 1~8, 역락.

허재영(2004), 「근대 계몽기 이후 문맹퇴치 및 계몽운동의 흐름」, 『국어교육연구』 13, 서울대학교 국어교육연구소, 577~605쪽.

허재영(2009), 『일제강점기 교과서 정책과 조선어과 교과서』, 도서출판 경진.

허재영(2010), 『국어과 교육론: 국어과 교육의 내용과 역사』, 역락.

허재영 편(2011), 『조선교육령과 교육정책 변화자료』, 도서출판 경진.

허재영(2012), 『계몽운동·문자보급 자료 총서』 4, 역락.

허재영(2012), 『농민독본 및 갱생운동』 1~2, 역락.

허재영(2016), 「1920년대 초 청년운동과 청년독본의 의의」, 『어문논집』 68, 중앙어문학회.

허재영(2016), 「일제강점기 농민독본류의 발행 실태와 내용」, 『국어교육연구』 61, 7~56쪽.

홍성모(1989), 『한국근대 농촌사회의 변동과 지주층의 형성』, 연세대학교 출판부.

홍윤표(2012), 「일제강점기에 나온 한글 보급 운동 교재는 어떤 것이 있었을까요?」, 『국립국어원 소식지 「쉼표·마침표」』.

홍윤표(2013), 『한글이야기 1: 한글의 역사』, 태학사.

황미정(2008), 「최남선역 『自助論』: 中村正直譯, 畔上賢造譯과의 관련성에 관해서」, 『언어정보』 9, 고려대학교 언어정보연구소, 141~163쪽.

황미정(2010), 「최남선역 『自助論』의 번역한자어 연구＝崔南善譯『自助論』の翻譯漢字語研究: 日本語譯の受け入れと譯語の創出」, 『日本語學研究』, 한국일본어학회, 271~283쪽.

황선희(2001), 「일제 강점기 천도교 청년운동의 종합적 연구: 천도교청년회」, 『한국민족운동사연구』 28, 한국민족운동사학회, 317~321쪽.

황해도(1943), 『전시농민독본』, 황해도.

『簡易農民讀本』(忠淸北道地方課, 1937)

『農民讀本』(李晟煥, 1927)

『勞動讀本』(申明均, 1928)

『應世農民讀本』(池應鉉, 1938)